POLYGLOTT APA GUIDE

DEUTSCHLAND NEU ENTDECKEN

100 Sehnsuchtsziele

Wolfgang Rössig

Inhalt

Deutschland – Der Norden 8

Mecklenburg-Vorpommern

Schleswig-Holstein

Hamburg

Niedersachsen

Bremen

Deutschland – Der Osten 76

Sachsen

Deutschland – Der Süden 158

Bayern

Baden-Württemberg

Deutschland – Der Westen 240

Nordrhein-Westfalen

Rheinland-Pfalz

Saarland

Hessen

Norddeutschland

Ein unermesslich weiter Himmel wölbt sich über der silbrig schimmernden Wattlandschaft der Nordseeküste, violett blüht die Lüneburger Heide, blau wie Saphire schimmern die Seen Mecklenburgs: So schön ist Deutschlands Norden zwischen Ems und Oder! Von der Blütezeit der Hanse zeugt die Backsteingotik der Ostseehäfen, während weiter südlich verspielte Weserrenaissance und Fachwerkromantik im Märchenland der Brüder Grimm bezaubern. Zentrum des Nordens ist die Freie und Hansestadt Hamburg, deren Weltoffenheit und unerhört dynamischer Hafen jährlich Millionen von Besuchern an die Elbe locken.

Norddeutschland

Der Norden
0 30 km
N
Nordsee
Nordfriesische Inseln
Ostfriesische Inseln
Deutsche Bucht
Newcastle
Harwich
Sylt
List
Westerland
Föhr
Wyk
Amrum
Wittdün
Langeneß
Halligen
Hooge
Pellworm
Nationalpark
Helgoland
Westerhever
St.-Peter-Ording
Schleswig-Holsteinisches
Wattenmeer
Büsum
Neuwerk
Cuxhaven
Nationalpark Niedersächs. Wattenmeer
Großer Knechtsand
Mellum
Juist
Norderney
Baltrum
Langeoog
Spiekeroog
Wangerooge
Borkum
Norddeich
Norden
Neßmersiel
Bensersiel
Esens
Neuharlingersiel
Carolinensiel
Wittmund
Ostfriesland
Jever
Wilhelmshaven
Jadebusen
Nordenham
Varel
Zetel
Brake
Weser
Rastede
Wiefelstede
Bad Zwischenahn
Edewecht
Oldenburg
Westerstede
Delmenhorst
Hatten
Ganderkesee
Großenkneten
Wildeshausen
Cloppenburg
Garrel
Bremerhaven
Loxstedt
Langen
Otterndorf
Osterholz-Scharmbeck
Worpswede
Ritterhude
Lilienthal
Bremen
Neuenland
Oyten
Stuhr
Weyhe
Achim
Syke
Bassum
Langwedel
Verden
Vechta
Lohne
Dinklage
Sulingen
Diepholz
Damme
Nienburg
Niedersachsen
Tønder
Neukirchen
Süderlügum
Dagebüll
Bredstedt
Husum
Nordfriesland
Friedrichstadt
Tönning
Heide
Dithmarschen
Meldorf
Marne
Brunsbüttel
Albersdorf
Nord-Ostsee-Kanal
Rendsburg
Büdelsdorf
Kropp
Schleswig
Schlei
Kappeln
Gelting
Glücksburg
Flensburg
Schleswig-Holstein
Åbenrå
Århus
Ravsted
Als
Fynshav
Gråsten
Sønderborg
Eckernförde
Eckernförder Bucht
Altenhof
Gettorf
Kronshagen
Kiel
Westensee
Naturpark Westensee
Molfsee
Holstein
Neumünster
Itzehoe
Bad Bramstedt
Kaltenkirchen
Bad Oldesloe
Henstedt-Ulzburg
Norderstedt
Rellingen
Fuhlsbüttel
Hamburg
Pinneberg
Elmshorn
Glückstadt
Wischhafen
Drochtersen
Stade
Wedel
Altes Land
Buxtehude
Harsefeld
Bremervörde
Zeven
Tostedt
Seevetal
Buchholz
Winsen (Luhe)
Lüneburg
Handeloh
Scheeßel
Schneverdingen
Rotenburg
Bispingen
Lüneburger Heide
Visselhövede
Soltau
Munster
Faßberg
Walsrode
Bad Fallingbostel
Bergen-Belsen-Denkmal
Bergen
Heide
Winsen
Celle
Aller
Wedemark
Burgwedel
Neustadt a. Rübenberge
Steinhuder Meer
Langenhagen
Hannover Langenhagen
Garbsen
Wunstorf
Rehburg-Loccum
Hannover
Burgdorf
Uetze
Lehrte
Peine
Stadthagen
Barsinghausen
Pattensen
Laatzen
Sarstedt
Bückeburg
Obernkirchen
Porta Westfalica
Minden
Petershagen
Espelkamp
Stemwede
Bohmte
Bad Essen
Preuß.-Oldendf.
Lübbecke
Bissendf.
Melle
Bünde
Löhne
Herford
Bad Oeynhsn.
Bad Salzuflen
Rinteln
Hessisch-Oldendf.
Springe
Nordstemmen
Hameln
Aerzen
Lemgo
Lage
Detmold
Bielefeld
Halle
Gütersloh
Rheda-Wiedenbrück
Paderborn
Steinheim
Bad Pyrmont
Bodenwerder
Salzhemmendorf
Hildesheim
Bad Salzdetfurth
Salzgitter
Bockenem
Seesen
Kassel, Hann. Münden
Ilsede
Lahstedt
Lengede
Vechelde
Braunschweig
Belm
Leine
1 Rügen
2 Hiddensee
3 Stralsund
4 Fischland-Darß-Zingst
5 Mecklenburgische Seenplatte
6 Heiligendamm
7 Wismar
8 Lübeck
9 Holsteinische Schweiz
10 Schleswig
11 Friedrichstadt
12 Nord-Ostsee-Kanal
13 Westerhever
14 Sylter Listland
15 Helgoland
16 Hamburg
17 Lüneburger Heide
18 Hildesheim
19 Hannoversch Münden
20 Hameln
21 Altes Land
22 Worpswede
23 Bremerhaven

Fyn
Svendborg
Oslo
København
Sjælland
Præstø
Helsingborg
Trelleborg
Møn
Fejø
Femø
Vordingborg
Spodsbjerg
Stege
Tårs
Nyby
DÄNEMARK
Lolland
Bagenkop
Langeland
Maribo
Nykøbing Falster
Falster
Ostsee
Riga
Helsinki, Kaliningrad
Rønne
Klapeida
Rødbyhavn
Fehmarn
Puttgarden
Burg
Bucht
Gedser
Wittow
Kap Arkona
Vitt
Altenkirchen
Tromper Wiek
Hiddensee
Nationalpark Vorpommersche Boddenlandschaft
Nationalpark Jasmund
Trent
Sagard
Sassnitz
Rügen
Prorer Wiek
Darß
Zingst
Born
Grabow
Kubitzer Bodden
Bergen
Binz
Ahrenshoop
Barth
Altefähr
Fischland
Saaler Bodden
Stralsund
Putbus
Göhren
Lütjenburg
Oldenburg
Mecklenburger
Bucht
Naturpark Malente
Lensahn
Schönwalde
Graal-Müritz
Ribnitz-Damgarten
Greifswalder Bodden
Eutin
Kühlungsborn
Warnemünde
Pommern
Peenemünde
Haffkrug
Grömitz
Heiligendamm
Bad Sülze
Recknitz
Usedom
Neustadt
Lübecker
Bucht
Rostock
Grimmen
Greifswald
Zinnowitz
Timmendorfer Strand
Bad Doberan
Sanitz
Wolgast
Travemünde
Bolten-hagen
Poel
Peene
Bansin
Bad Schwartau
Mecklenburg-
Heringsdorf
Ahlbeck
Wismar
Dassow
Warnow
Demmin
Jarmen
Murchin
Swinoujście
Lübeck
Grevesmühlen
Bützow
Kummerower See
Anklam
Stettiner Haff
Flessenow
Güstrow
Teterow
Malchin
Schweriner See
Ratzeburg
Gadebusch
Reuterstadt Stavenhagen
Ducherow
Ueckermünde
Altwarp
Sternberg
Mölln
Schwerin
Dahmen
Vorpommern
Torgelow
Schaalsee
Nossentiner Heide
Neubrandenburg
Uckermark
Wittenburg
Karow
Kölpin-See
Penzlin
Hagenow
Lübz
Waren
Burg Stargard
Malchow
Pasewalk
Parchim
Plau
Plauer See
Müritz
Müritz-Nationalpark
Woldegk
Boizenburg
Zielow
Neustrelitz
Stettin
Ludwigslust
Feldberg
Prenzlau
Mirow
Müritz-Nationalpark
Elbe
Grabow
Hitzacker
Pritzwalk
Lychen
Wittstock
Zechlinerhütte
Havel
Dannenberg
Perleberg
Rheinsberg
Templin
Prignitz
Ruppiner Schweiz
Dierberg
Schwedt
Lüchow
Wittenberge
Kyritz
Zehdenick
Angermünde
Neuruppin
Odra
Seehausen
Chorin
Salzwedel
Havelberg
Havel
Cedynia
Osterburg
Eberswalde
Oder
Friesack
Oranienburg
Wandlitz
Lanke
Wittingen
Sachsen-
Bad Freienwalde
Velten
Bernau
Klötze
Hennigsdorf
Hohen Neuendorf
Stendal
Rathenow
Nauen
Brieselang
Neuenhagen
Strausberg
Gardelegen
Tangermünde
Milow
Premnitz
Falkensee
Tegel
Buckow
Wolfsburg
Berlin
Müncheberg
Oebisfelde
Anhalt
Elbe
Genthin
Brandenburg
Potsdam
Tempelhof
Kleinmachnow
Rüdersdorf
Erkner
Fürstenwalde
Werder
Teltow
Schönefeld
Haldensleben
Königslutter
Ziesar
Frankfurt (Oder)
Wolmirstedt
Burg
Beelitz
Ludwigsfelde
Königs Wusterhausen
Bad Saarow
Helmstedt
Zossen
Schöningen
Magdeburg
Belzig
Wiesenburg
Gommern
Brandenburg
Spree
Treuenbrietzen
Luckenwalde
Schönebeck
Raben
Biosphärenreservat Spreewald
Fläming
Leipzig
Zerbst
Leipzig
Jüterbog
Dresden
1
2
3
4
5
6
7
8
1
2
2
9
10
10
10
11
11
12
13
14
19
20
24
24
24
115
241

Rügen – Mythos Kreidefelsen

Früh am Morgen oder vor Sonnenuntergang muss man kommen, über den Hochuferweg, der durch Rotbuchenwälder entlang den steilen Klippen führt, denn dann ist es still, und sie leuchten in Rosa, Gold und Weiß, die Kreidefelsen in Deutschlands kleinstem Nationalpark Jasmund. Es war diese Stimmung, die um 1818 Deutschlands berühmtesten romantischen Maler so faszinierte, der Natur als Spiegel menschlicher Empfindungen darstellte.

Die genaue Stelle, an der Caspar David Friedrich malte, wird man nicht finden: Es waren nicht die Wissower Klinken, die im Februar 2005 nach einem Kreideabrutsch weitgehend zerstört wurden, und auch nicht der 119 m hohe Königsstuhl. Aber gerade deshalb sieht man Friedrichs Kreidefelsen überall, schaut wie der junge Maler rechts in den Abgrund, in die unendlich scheinende Weite des Meeres.

Später am Tag, wenn die Ausflugsbusse von Sassnitz und vom Großparkplatz in Hagen anrollen und Hunderte von Menschen auf die Aussichtsplattform des Königsstuhls drängen, ist es vorbei mit der romantischen Stimmung. Eine halbe Million Besucher im Jahr: Friedrich wäre entsetzt geflohen.

Für die Gäste hat man 2004 Deutschlands wohl innovativstes Besucherzentrum eingerichtet, mit Multivisionskino und Erlebnisausstellung, die »Unsichtbares sichtbar« machen will. Gut so, denn auch auf Rügen scheint nicht immer die Sonne. So erfährt man, dass kalkhaltige Schalen, Skelette und Panzer von Kleinlebewesen vor über 50 Millionen Jahren die Kreide der Felsen bildeten. Der Romantiker will das gar nicht so genau wissen.

Lieber flüchtet er hinüber zur ruhigeren, aber winzigen Balustrade der Viktoria-Sicht, von der aus sich der beste Blick auf den Königsstuhl bietet, geht unten am steinigen Strand auf Bernstein- und Hühnergottsuche oder streift durch urtümliche Rotbuchenwälder, durch Kesselmoore mit Schwarzerlen, Eiben und Wildobstbäumen, bewundert die Farbenpracht von Frauenschuh und Perlmuttfalter und hofft darauf, an einem der Bäche den seltenen Eisvogel zu erspähen. Gar nicht weit ist der Weg vom Königsstuhl zum dunklen Herthasee und zum zehn Meter hohen Erdwall der Herthaburg aus heidnischer Slawenzeit, um die sich mancherlei Volksdichtung rankt. Nur Todgeweihte durften die Fruchtbarkeits-

Natur als Spiegel menschlicher Gefühle – Karibik-Feeling an der Ostsee

zeremonien der Göttin am See beobachten, erzählt der römische Geschichtsschreiber Tacitus, der »auf einer Insel des Weltmeers« eine Opferstätte für die germanische Gottheit Nerthus wähnte. Pommersche Historiker verballhornten ihren Namen zu Hertha. Opferstein, Blutschale, ertränkte Jünglinge und Jungfrauen: Den Touristen wird hier so manche Elfe im Mondschein aufgebunden.

Manche Legenden haben fatale Folgen. Der Jüngling, der als Erster von der Seeseite her den Königsstuhl erklomm, wurde einst zum König der Insel gewählt, erzählen die Rüganer hartnäckig. Die Feuerwehr von Sassnitz findet diese Geschichte weniger lustig, denn sie muss mit bergwachttauglicher Ausrüstung immer wieder lebensmüde Nachahmer retten, die auf ihrer Klettertour an der senkrechten Kreidewand nicht mehr vor- noch zurückkönnen. Auf den gekennzeichneten Fußsteigen passiert derlei natürlich nicht.

Harmlos, aber vermutlich erfolglos ist die Suche nach dem Schatz, den der brüder-

Romantiker entfliehen den Massen in alte Laubwälder und -alleen auf Rügen

lich teilende Seeräuber Klaus Störtebeker am südlichen Ende des Nationalparks in der Piratenschlucht versteckt haben soll: ein Märchen, das wohl den Verkäufern von Metalldetektoren ihren Umsatz sichern soll. Ein sinnvollerer Erwerb ist ein Fernglas, mit dem Vogelfreunde Mehlschwalben, Zwergschnäpper, Wasseramseln, Gebirgsstelzen und Grüne Laubsänger beobachten können.

Sassnitz ist idealer Ausgangspunkt für Streifzüge durch den Nationalpark, und noch immer künden schöne Bädervillen von der Zeit, in der Fontane seine Effi Briest bemerken ließ: »Nach Rügen reisen heißt nach Sassnitz reisen.« Doch Anfang des 20. Jhs. lief das weiter südlich gelegene Binz dem »Tor zu Skandinavien« seinen Rang als schönster Badeort auf Rügen ab. Mit wilhelminischer Sittenstrenge, knielangem Badezeug und Fotografierverbot am Strand ist es im »Nizza der Ostsee« natürlich längst vorbei. Die blendend weißen Binzer Stadtvillen, die Bäderhotels der Gründerzeit und natürlich das 1908 im Jugendstil errichtete Kurhaus mit seinen Zeltdächern sind

◆ **Anreise:** Von Stralsund aus über den Rügendamm. Mehrmals täglich wird die Ziegelgrabenbrücke geöffnet. Ein zweiter Damm soll im Sommer 2007 eröffnet werden. Schneller geht es oft mit der Autofähre im 20-Minuten-Takt zwischen Stahlbrode und Glewitz. IC-Verbindungen mit Berlin, Hamburg, Köln, Frankfurt und München. Autozug von Dortmund, Neu-Isenburg und Stuttgart nach Sassnitz von Juni bis September.

◆ **Unterkunft:** Die architektonische Pracht des Fünfsternehotels **Kurhaus Binz** sollte man eine Nacht lang genossen haben. Strandpromenade 27, Binz, Tel. 0 38 93/66 50, www.tc-hotels.de.

Um einiges preiswerter nächtigt man in den zauberhaften Ferienwohnungen der strahlend weißen historischen **Villa Agnes,** ebenfalls direkt am Meer. Strandpromenade 2, Binz, Tel. 0 38 93/49 90.

Ideal für Ausflüge zu den Kreidefelsen liegt das Hotel **Villa Aegir** in Sassnitz, mit herrlichem Blick über den Hafen. Mittelstr. 5, Sassnitz, Tel. 03 83 92/30 20, www.hotel-villa-aegir.de.

Blickfang und Motive genug. Mit einer Express-Kleinbahn zuckelt man zum Jagdschloss Granitz, einer mittelalterlich anmutenden Burg aus dem 19. Jh. Drinnen wartet viel Klassizismus von Karl Friedrich Schinkel. So richtig mittelalterlich wirds erst beim »Schlemmerspektakel« in der Alten Brennerei, wo man sich an »Warmen Bärentatzen« und »Rügener Dampflümmeln« oder »Ritterbrot« erfreut, während Spielleute musizieren und Gaukler ihre Possen treiben.

Ruhe suchenden Zeitgenossen wird es ein paar Kilometer weiter in Sellin gefallen. In der Morgendämmerung leuchten die reich ornamentierten Holzfassaden der Bädervillen in der historischen Wilhelmstraße zartrosa, am Abend strahlt die 1998 wiedereröffnete Seebrücke mit ihrem Kaiserpavillon wie ein Weihnachtsbaum vor indigoblauem Meer. Mehrfach ist sie, wie andere Seebrücken auf Rügen, durch Stürme und Eisschollen zerstört worden. Vielleicht war es ja so ein Eisgang, der Friedrich sechs Jahre nach den Kreidefelsen zu seinem verstörenden Gemälde »Das Eismeer« inspirierte.

Auf Rügen haben sich auch andere berühmte Personen wohlgefühlt. »O Land der dunkeln Haine, O Glanz der blauen See, O Eiland, das ich meine, Wie tut's nach dir mir weh!«, dichtete der freiheitsliebende Schriftsteller Ernst Moritz Arndt, ein Zeitgenosse Friedrichs. Der Schriftsteller und Pastor Gotthard Kosegarten, auch er der Romantik verpflichtet, hielt seine berühmten Uferpredigten im Märchendörfchen Vitt. Er besuchte jene, die aufgrund ihrer Arbeit nicht nach Altenkirchen zum Gottesdienst kommen konnten. Seine Taktik war so erfolgreich, dass in Folge die Kapelle in Vitt errichtet wurde.

Und in Ralswiek am großen Jasmunder Bodden, wo man schon im frühen Mittelalter mit Arabern Handel trieb, feiern die Rüganer den ganzen Sommer über auf ihrer Freilichtbühne Klaus Störtebeker. Weil man dessen legendäre Schatzkiste noch immer nicht gefunden hat, packt man »Störtebekers Beute« in Seekisten zum Mitnehmen, mit hochprozentigem Arkonafeuer, Leuchtturmwärtertee und Kap-Arkona-Salami. Der Urlauber soll ja später nicht grummeln, wie 1584 ein fürstlicher Salzgraf, der auf Rügen nichts als Kreide und Kalk fand. Nun ja, er suchte ja auch nach dem weißen Gold der damaligen Zeit. Mit Kreide fahren die Rüganer heute aber besser.

◆ **Restaurants:** Im **Poseidon,** dem besten und teuersten Fischrestaurant von Binz, gibts auch frische Ostseeflunder und im Frühjahr Rügener Spargel. Lottumstr. 1, Binz, Tel. 03 83 93/26 69, www.ruegen-schewe.de.
Die **Orangerie Granitz** im Hotel Vier Jahreszeiten, Wylichstraße 6a, Binz, Tel. 03 83 93/37 73 01, bietet kreative pommersche Küche, wie Filet vom Ostseedorsch mit Zuckerschoten.
Mit der kürzesten Fährverbindung Deutschlands gehts über den kleinen Selliner See zur **Fischerhütte** im Dörfchen Moritzburg. Serviert wird fangfrischer Fisch (im Frühjahr der beliebte Hornfisch), auf Wunsch mit Tipps zum Entgräten, und dazu köstliche Bratkartoffeln: preiswert und gut. Tel. 03 83 03/8 60 98.

◆ **Info: Tourismusverband Rügen**, Am Markt 4, Bergen, Tel. 0 38 38/8 07 70, Fax 25 44 40, www.ruegen.de.
Nationalparkzentrum Königsstuhl, Stubbenkammer 2, Sassnitz, Tel. 03 83 92/6 61 70, www.koenigsstuhl.com.

Künstlerträume auf Hiddensee

»Hoch stand der Sanddorn am Strand von Hiddensee«, so besang die spätere Punkröhre Nina Hagen 1972 das Kult gewordene Urlaubsdrama vom vergessenen Farbfilm: »Ich frech im Mini, Landschaft ist auch da.«

Und was für eine Landschaft! »Sonnentau und Sanddornblatt, ich möchte die Augen nicht schließen, diese Insel ist schön«, schrieb Hanns Cibulka in seinen Ostseetagebüchern. Hierher reisen heißt zu sich finden, und so haben Künstler und Schriftsteller schon vor hundert Jahren das seepferdchenförmige Eiland westlich von Rügen entdeckt. Auf Hiddensee lauschte Gerhart Hauptmann während eines ersten Kurzbesuchs im Jahre 1885 dem Trillern der »Mondscheinlerchen«, und die Insel ließ ihn nicht mehr los. »Nur stille, stille, dass es nicht etwa ein Weltbad werde«, flehte der Dichter. Wohl unzählige Male ist er durch den Dornbusch gewandert, jene herbe, schöne Landschaft im Norden der Insel. 1998 folgte ein Wetterfrosch Hauptmanns Spuren den Steiluferweg hinauf zum windigsten Leuchtturm Deutschlands, der auf dem 72 Meter hohen Bakenberg thront: Jörg Kachelmann gründete hier sein Hiddenseer Wetterstudio. Zu DDR-Zeiten durfte kein Normalbürger auf den Leuchtturm klettern. Er hätte ja von dort womöglich einen Blick ins kapitalistische Ausland werfen und auf dumme Gedanken kommen können: An klaren Tagen kann man nämlich bis zu den Kreideklippen der dänischen Insel Møn schauen.

Gerhart Hauptmann kehrte immer wieder hierher zurück, doch da auch er den

◆ **Anreise:** Über Stralsund nach Schaprode auf Rügen, wo man das Auto abstellen kann. Mehrmals täglich Fährverbindung, April bis November auch ab Stralsund. Tel. 03 83 00/5 01 69 oder www.frs.de. Ab Schaprode verkehren auch Wassertaxis.

◆ **Unterkunft:** Luxuriöse Ferienwohnungen kann man im **Inselhaus Hiddensee** mieten, Süderende 185, Vitte, Tel. 03 83 00/66 20, Fax 6 62 10, www.inselhaus.de. Preiswerter, aber gemütlich wohnt man in der **Pension Lachmöwe,** Wallweg 5, Vitte, Tel. 03 83 00/2 53, http://lachmoewe.kapp.de, mit Kaffeestube.
Gleich beim Leuchtturm von Dornbusch, mitten im Wald, liegt die Pension **Zum Klausner,** Im Dornbuschwald 1, Kloster, Tel. 03 83 00/66 10, www.klausner-hiddensee.de, einen Katzensprung vom Meer entfernt und mit herrlichen

Ein Hauch von mediterranem Flair hoch im Norden

Goldschatz nicht fand, den die Zisterziensermönche vor der Reformation hier versteckt haben sollen, musste er erst durch Schreiben zu Geld kommen, bis er schließlich in Kloster die Villa Seedorn erwerben konnte, die heute Museum und kulturelles Zentrum ist. Andere erfüllten sich ihren Traum vom eigenen Domizil auf Hiddensee schon früher. 1904 steckte der Maler Oskar Kruse viel Geld in den Bau einer Jugendstilvilla in Kloster. Ein anderer Künstler, Felix Krause, malte viel, viel blauen Himmel, so blau wie die Atelierscheune in Vitte, zu der die Tagesbesucher pilgern. Joachim Ringelnatz richtete den Blick etwas tiefer: »Nackt im Sande, purzeln Menschen, selig töricht«, dichtete der Schwerenöter. So vielen Prominenten gefiel es hier in den Goldenen Zwanzigern: Filmstars wie Billy Wilder, Lilian Harvey und Asta Nielsen, die sich die runde Villa Karusel errichten ließ, Theatergrößen wie Max Reinhardt und Bertolt Brecht,

Sonnenuntergängen gesegnet. Das Restaurant serviert gute Fischgerichte.
Im stillen Fischerörtchen Neuendorf im Süden der Insel gibt es zahlreiche preiswerte Privatquartiere.
◆ **Restaurants:** Preisgekrönte Pommersche Spezialitäten serviert das Restaurant **Inselreif,** Süderende 9, Vitte, Tel. 03 83 00/2 63, www.hiddensee-inselreif.de.
Regional mit viel Fisch kocht auch die **Stranddistel,** Plogshagen 15, Neuendorf, Tel. 03 83 00/3 93.
Wer schmackhafte Hiddenseer Aalsuppe probieren möchte, ist im **Zum Kleinen Inselblick,** Klosterbirkenweg 2, Kloster, Tel. 03 83 00/2 34, www.zum-kleinen-inselblick.de, bestens aufgehoben.
◆ **Info: Insel-Information Hiddensee**, Norderende 162, Vitte, Tel. 03 83 00/6 42 26, www.seebad-insel-hiddensee.de.

Fröhliche Windspiele auf Hiddensee

Schriftstellern wie Carl Zuckmayer, Gottfried Benn, Hans Fallada und Lion Feuchtwanger. Sogar Albert Einstein nahm in Hiddensee Quartier. Zu Pfingsten 1935 verkündeten plötzlich infame Schilder, dass so mancher illustre Gast nicht mehr willkommen sei. Auf den literarischen Inselführungen von Ute Fritsch durch Kloster und Vitte zu den Quartieren der oft jüdischen Prominenz wird das nicht verschwiegen.

Hauptmann liegt auf dem idyllischen Klosterfriedhof begraben, unter einem riesigen efeuumrankten Findling, an der Westseite der 1332 geweihten Inselkirche, von deren mit Rosen bemalter Decke ein fröhlicher Taufengel herabschwebt. Noch manch anderes hat sich seit Hauptmanns Zeiten nicht geändert: Autos sind auf Hiddensee nicht geduldet, vom kleinen Inselbus mal abgesehen. Und so warten bei der Ankunft am Fährhafen in Kloster die Einheimischen mit Gepäckhandwagen auf ihre Gäste, die den Dornbusch mit seiner Steilküste, seinen Kiefern- und Birkenwäldern, seinen Heckenrosen und Sanddorndickichten hauptsächlich zu Fuß erkunden. Für weitere Strecken nimmt man das Fahrrad oder den Pferdewagen. Die meisten Besucher sind Tagesausflügler, doch da die letzte Fähre um 19 Uhr ablegt, entgeht ihnen zumindest im Sommer der glorreiche Hiddenseer Sonnenuntergang, was der Beschaulichkeit suchende Feriengast nicht im Mindesten bedauert.

Im Mai blüht der Ginster, im August die Dünenheide zwischen Vitte und Neuendorf. An winzigen, reetgedeckten Fischerhäusern vorbei spaziert man hinein in die Dünenlandschaft, die Luft schmeckt salzig, es duftet nach Glockenheide, Wacholder und Krähenbeere, sanft blöken die Schafe, und das Meer rauscht dazu. Bläst der Wind mal gar zu frisch, dann wärmen ein oder zwei Gläschen Hiddenseer Sanddornlikör. Man könnte es ewig genießen, das »söten Länneken«.

Stralsund –
Im Reich der Backsteingotik

Dem von Rügen kommenden Besucher präsentiert sich die schönste Seite der alten Hansestadt an der Ostsee. Es ist in erster Linie privater Initiative seit 1989 zu verdanken, dass der glanzvoll renovierte Altstadtkern wieder im tiefen Rot der gotischen Backsteinarchitektur erstrahlt. Das beeindruckte 2002 auch die UNESCO: Stralsund ist heute, zusammen mit Wismar, Weltkulturerbe.

»Meerstadt ist Stralsund, vom Meer erzeugt, dem Meere ähnlich«, dichtete Ricarda Huch. Profaner ausgedrückt: Stralsund verdankt seinen Aufstieg im Mittelalter den riesigen Heringsschwärmen an der Küste dieses Landstrichs, den die Slawen »po morje« nannten, »am Meer«. Die geschützte Insellage der Altstadt war es wohl, die Stralsund im Juli 2006 den Besuch des US-Präsidenten George W. Bush einbrachte. Die Stadt habe 1628 schon der Belagerung durch Wallenstein getrotzt, spotteten die Gegner. Wie alle illustren Gäste zog auch Bush mit einem Fässchen Stralsunder Bismarckhe-

Die schönste Seite Stralsunds blickt hinaus aufs Meer

Einst wichtiges Handelszentrum der Hanse im 14. und 15. Jahrhundert, heute Weltkulturerbe

rings wieder von dannen, der schon 1871 Reichskanzler Bismarck gemundet hatte: fangfrisch mild-sauer eingelegt, wie es sich gehört. Dazu schmeckt ein »Stralsunder Kümmelwasser«, ein herzhafter Klarer, den es »Bei Hanni« gibt, die in der Altstadt eine der ältesten Hafenkneipen Europas betreibt. Als »Taberna apud passagium« wurde das Lokal 1332 erstmals urkundlich erwähnt, und so heißt es heute noch: »Zur Fähre«.

Tatkräftig sorgen Hanni und viele andere Stralsunder dafür, dass die schmucke Altstadt nicht zum Freilichtmuseum ver-

◆ **Anfahrt:** Autobahn- und Zugverbindung mit Hamburg, Lübeck, Rostock und Berlin.

◆ **Unterkunft:** Die zentrale Lage am historischen Markt ist das große Plus vom **Hotel zur Post,** Tribseer Straße 22, Tel. 0 38 31/20 05 00, Fax 20 05 10, www.hotel-zur-post-stralsund.de. In geschmackvollem Puppenstuben-Ambiente schläft man in der **Hotel-Pension Quast,** Greifswalder Chaussee 54, Tel. 0 38 31/27 05 32, Fax 27 05 33.
Etwa 10 km außerhalb von Stralsund liegt das romantische, im klassizistischen Baustil Karl Friedrich Schinkels errichtete **Schlossparkhotel Hohendorf,** Am Park 7, Hohendorf, Tel. 03 83 23/25 00, www.schlosshotel-mv.de. Im Spätsommer rasten Kraniche in unmittelbarer Nähe. Vorzügliche regionale Küche.

◆ **Restaurants:** In einem besonders schönem mittelalterlichen Giebelhaus servieren

kommt. Wie im Museum fühlt man sich dennoch, wenn man die filigrane spätgotische Schaufront des Rathauses am Alten Markt bewundert. Mit seinen Giebeln und Fialtürmchen gehört es zu den Glanzstücken der Backsteingotik. Es fügt sich ein in das Ensemble stolzer Bürgerhäuser, wie das Wulflamhaus von 1358, hinter dessen Staffelgiebelfassade heute die feinen »Wulflamstuben« Leckeres aus alten Kochbüchern servieren. Blendbögen und Giebel blieben auch in späteren Zeiten schick. Das auf Brandschutz bedachte lübische Baurecht aus dem 13. Jh. sorgte dafür, dass sich zwar der Stil der Bürgerhäuser änderte, aber bis in den Klassizismus hinein die Baufluchten des Mittelalters bestehen blieben. Ein Haus aber ist mehr als nur Fassade: Im Museumshaus in der Mönchstraße 38 sind die Zimmer im Zustand des 14. Jhs. erhalten, inklusive guter Stube und Schwarzküche.

Von mittelalterlichem Bürgerstolz künden auch Stralsunds gotische Kirchen. Geradezu ein Fest für die Sinne bietet die Nikolaikirche, die heute wieder wie im 15. Jahrhundert in strahlenden Farben ausgemalt ist. Der Chor ist eine Symphonie von Pfeilern, Streben und Holzschnitzereien, bekrönt von einem rosenförmigen Schlussstein. Von wegen norddeutsche Nüchternheit! Monumentaler gibt sich die Marienkirche aus dem 15. Jahrhundert, von deren 104 Meter hohem Turm der Blick über die Altstadt schweift. Ihr Glanzstück ist die prächtige Barockorgel. Ältere Stralsunder berichten gerne von der Zeit, als die in den 1970er Jahren eingeführten Orgelkonzerte in der Marienkirche kleine Fluchten aus dem DDR-Alltag bedeuteten.

Auch heute haben die Menschen hier wieder mit wirtschaftlichen Problemen zu kämpfen. Aber sie stellen ihre Zähigkeit unter Beweis, und das nicht nur beim Sundschwimmen, dem ältesten Langstreckenschwimmen weltweit. Innovativ sind die Stralsunder ohnehin. Eine frühgotische Klosterkirche wandelten sie in ein Meeresmuseum um, das mit seinen Haien und Kraken inzwischen eine der meistbesuchten Attraktionen Mecklenburg-Vorpommerns ist. Und die erste Gorch Fock, die 1933 vom Stapel lief und lange als Towarischtsch Kadetten der sowjetischen Handelsmarine das Segeln beibrachte, liegt jetzt wieder sorgfältig restauriert an ihrem angestammten Liegeplatz an der historischen Ballastkiste und träumt schon vom Großseglertreffen 2008. Wie schrieb doch der Balladenkomponist Carl Loewe: »Mein Aufenthalt in Stralsund hat mich sehr beglückt … Ich hätte meine Zeit nicht besser verwenden können als hier.«

die **Wulflamstuben,** Alter Markt 5, Tel. 0 38 31/29 15 33, Mecklenburger Gerichte nach alten Rezepten.
Guten Fisch gibt's im gemütlichen **Kuddeldaddeldu,** Neue Badenstraße 3, Tel. 0 38 31/ 29 95 26.
Fischgerichte sind auch die Spezialität im **Fischermann's,** An der Fährbrücke 3, Tel. 0 38 31/29 23 22, untergebracht in einem alten Getreidespeicher am Hafen mit großer Terrasse.
Aufs Wasser schaut man ebenfalls im **Fischkontor Seestern,** Bei der Heiliggeistkirche 1, Tel. 0 38 31/27 83 93.

◆ **Info: Tourismuszentrale der Hansestadt Stralsund,** Alter Markt 9, Tel. 0 38 31/2 46 90, www.stralsundtourismus.de.

Atlantis der Ostsee – die Halbinsel Fischland-Darß-Zingst

Ob sie wirklich auf dem Grund des Barther Boddens liegt, die sagenhaft reiche Stadt Vineta? Heines »Seegespenst« versank im 12. Jahrhundert ob der Sündhaftigkeit seiner Bewohner. Von der Barther Hafenpromenade schweift der »Vineta-Blick« über den Bodden, zu den Wäldern der nahen Halbinsel Zingst, an deren Ostspitze zweimal im Jahr rund 60 000 Kraniche eine Rast einlegen.

Bodden, so heißen die flachen, seenähnlichen Ostseelagunen, die durch Inseln und Nehrungen weitgehend von der offenen See abgeriegelt sind. Altertümliche Zeesboote, deren breite eichene Rümpfe und rostrote Segel schon Caspar David Friedrich faszinierten, fahren heute fast nur noch zum Vergnügen kreuz und quer durch den 1990 eingerichteten Nationalpark Vorpommersche Boddenlandschaft, zu dem der Mittelteil des Darßes und der östliche Teil von Zingst gehören. Zusammen mit dem schmalen Fischland bilden Darß und Zingst eine amphibische Landschaft, eine Halbinsel, die aus drei Eilanden zusammengewachsen ist. Ob es wohl dieser Bodden war, auf den die Kinder aus Benno Pludras Roman »Tambari« bei Nacht und Nebel hinausfuhren, mit dem Kutter des alten Weltumseglers Luden Dassow, den sie in mühevoller Arbeit wieder instand gesetzt hatten? In beliebten Kinderbüchern wie diesem konnten DDR-Autoren die Sehnsucht nach Freiheit und großer Welt gefahrlos bedienen.

Früher durften normale DDR-Bürger noch nicht einmal den urtümlichen Darßwald besuchen, denn der war den Parteibonzen als Jagdrevier vorbehalten. Immerhin blieb

◆ **Anreise:** Über Rostock oder Stralsund nach Ribnitz-Damgarten und Ahrenshoop bzw. Barth und Zingst. Zugverbindung von Hamburg/Rostock nach Ribnitz-Damgarten oder nach Barth über Velgast. Ab Barth und Ribnitz-Damgarten fahren regelmäßig Busse auf die Halbinsel Fischland-Darß-Zingst (mit Fahrradtransport).

◆ **Unterkunft und Restaurants:** Das **Hotel Haferland,** Bauernreihe 5a, Wieck auf dem Darß, Tel. 03 83 22/6 80, www.hotelhaferland.de, glänzt nicht nur mit großem Wellnessangebot, sondern auch mit feiner Küche, die das Beste aus ausschließlich regionalen und lokalen Zutaten zaubert.

Ein ganz besonderer Tipp ist das ehemalige Jugendstil-Wohn- und Atelierhaus der Malerin **Elisabeth von Eicken** in Ahrenshoop, Dorfstr. 39,

Auf altertümlichen Booten durch die Vorpommersche Boddenlandschaft schippern

auf diese Weise die romantische Landschaft mit ihren bis zu 400 Jahre alten Baumriesen unberührt. Heute genießt man die Wanderung vom FKK-Paradies Prerow zum roten Leuchtturm und zum puderzuckerfeinen Weststrand des Darßes.

Frühjahrs- und Herbststürme waren einst ein Segen, spülten sie doch den begehrten Bernstein an die Strände. Die Darßer kamen aber auch durch Seefahrt und Schiffbau zu Wohlstand. Wie in Dänemark sind die in der Seemannskirche von Prerow aufgehängten Votivschiffe keine Bittgaben, sondern Statussymbole. Die bunt bemalten Türen der liebevoll restaurierten Kapitänshäuser von Prerow zieren oft aufgehende Sonnen: Symbol für eine gute Heimkehr. Farbenfroh gibt sich auch das am Südende des Darßes gelegene und teilweise schon zu Fischland gehörende Künstlerdorf Ahrenshoop, in dem 1892 Paul Müller-Kaempff das erste Malerhaus errichtete. Bis heute zieht das idyllische Dörfchen mit seinen bunt verzierten, reetgedeckten Bauernkaten Maler, Bildhauer und Schriftsteller an. Kein Wunder, an manchen Abenden brennt hier der Himmel in den goldenen Farben des Bernsteins, jener Tränen der Götter, die einst das sagenhafte Vineta in Wohlstand schwelgen ließen. Und wer ganz still ist, hört vielleicht sogar die Glocken Vinetas vom Meeresgrund heraufläuten.

Tel. 03 82 20/69 90, www.elisabethvoneicken.de. In sechs künstlerisch-individuell gestalteten Zimmern kann man nächtigen, doch bietet das Haus auch kulinarische Genüsse mit mediterranem Einschlag.

Exquisite, leichte Regionalküche zelebriert das **Cafe und Restaurant Namenlos** in Ahrenshoop, Schifferberg 2, Tel. 03 82 20/60 60, www.cafe-namenlos.de.

◆ **Info: Tourismusverband Fischland-Darß-Zingst,** Varther Straße 31, Löbnitz, Tel. 03 83 24/64 00, www.darss.net. **Nationalparkamt Vorpommern**, Im Forst 5, Born/Darß, Tel. 03 82 34/50 20, www.nationalpark-vorpommersche-boddenlandschaft.de.

Spiegel der Schäfchenwolken: Mecklenburgische Seenplatte

Einsame tiefblaue Seen, stille dunkelgrüne Buchenurwälder, weite Niedermoore, gelbe Rapsfelder unter endlosem Himmel: Das »Land der tausend Seen, Flüsse und Kanäle« ist eine Offenbarung für gestresste Stadtmenschen. Entdeckung der Langsamkeit!

Über das Buckelpflaster der herrlichen Alleen polterten schon Postkutschen, am Kummerower See entlang strampelt man auf Schienen mit altertümlichen Draisinen. Reiterhöfe laden zur Entdeckung der Natur hoch zu Ross oder in einer Pferdekutsche ein, und das beste Fortbewegungsmittel ist ohnehin das Fahrrad. Selbst in der Mecklenburgischen Schweiz sind die »Berge« höchstens 100 Meter hoch. Ausgeschilderte Radrouten gibt es fast so viele wie Seen, und egal wie lang die Tagestour ist, die man sich vorgenommen hat: Ein kleines Städtchen ist nie weit, immer wieder kann man in Ausflugslokale, Cafés und Restaurants einkehren. Hier kommt der Fisch frisch aus dem Rauch und das Brot aus dem Steinbackofen. Auch Übernachtungsmöglichkeiten finden sich für Pedalritter überall. Schiffe und Busse mit speziellen Anhängern nehmen die Drahtesel gerne mit, umsonst übrigens.

Aber Mitteleuropas größtes zusammenhängendes Seengebiet, das die zurückweichenden Gletscher der letzten Eiszeit hinterlassen haben, kann man natürlich auch zu Wasser erleben: Mit Hausboot, Kanu, Motor- oder Segelyacht schippert man gemächlich über idyllische Seen und Flüsse, und am Abend findet sich immer ein einsames Plätzchen für den Sonnenuntergang an Deck.

Inmitten dieses Wasserparadieses liegt die Müritz, mit 117 km^2 Deutschlands größter Binnensee. Fisch- und Seeadler kreisen hoch in den Lüften, denn der Nationalpark ist ihre Kinderstube. Ihre Horste bauen sie auf den höchsten Bäumen. Im Morgengrauen röhren die Hirsche, und im Herbst durchbrechen rastende Kranich- und Wildgansschwärme auf ihrem Zug gen Süden die Stille. Am Uferrand blitzt das türkis-orangene Gefieder eines Eisvogels auf, Haubentaucher ziehen Furchen durch die spiegelglatte Wasseroberfläche. Immer wieder stößt man auf verschwiegene Strände im Schilf. Baden darf man meist hüllenlos. Frühaufsteher rudern hinaus auf den von zarten Nebelschleiern eingehüllten See, bis das helle Grau sich rosa färbt. Auf ausgedehnten Wanderungen mit einem Ranger entdeckt man auch die verborgenen Schätze des Müritz-Nationalparks.

»Heilige Hallen« nennt man die mächtigen Buchenhaine im Naturpark Feldberger Seenlandschaft. Manche sind über 350 Jahre alt. Und immer wieder ist man auf stillen

Mecklenburgische Seenplatte: tiefblaue Seen, in denen sich die Weite des Himmel spiegelt

Alleenstraßen unterwegs, einst angelegt, damit die Einwohner auch im Winter den Weg von Dorf zu Dorf fanden. Da die Kutschen und später die Trabis gemächlich fuhren, mussten die herrlichen Bäume nicht aus Sicherheitsgründen abgeholzt werden. Von Rügen aus führt das grüne Band mitten durch die Mecklenburger Seenlandschaft. Besonders schön ist die Strecke am Ostufer des Malchiner Sees entlang und die Straße zwischen Wustrow und Rheinsberg, das schon zu Brandenburg gehört.

Städte und Dörfer liegen verstreut in der ganzen Region, nie spektakulär, aber oft mit eigenem See, einer hübschen Kirche, verwinkelten Altstadtgassen, stolzen Rathäusern und gelegentlich einem etwas großspurig Schloss genannten Herrensitz. In Neubrandenburg kann man gar 80 historische Gebäude der Region gleichzeitig

◆ **Anfahrt:** Autobahnverbindung mit Hamburg, Schwerin und Berlin, Regionalzugverbindung von Berlin und Rostock (Flughafen) nach Waren/Müritz und Neustrelitz.

◆ **Unterkunft:** Plätschernde Wellen wiegen den Gast im Reetdachhaus **Hotel Seglerheim** in den Schlaf, denn es steht teilweise auf Pfählen im Wasser. Müritzpromenade 11, Röbel/Müritz, Tel. 03 99 31/5 91 81, Fax 5 92 06.

Feudal am Ufer der Müritz, mit umfangreichem Wellness-Angebot, wohnt es sich auf **Schloss Klink,** das 1898 im Stil eines Loire-Schlosses errichtet wurde. Tel. 0 39 91/74 70, Fax 74 72 99, www.schlosshotel-klink.de.

Oberhalb des Tollensesees liegt das idyllische **Hotel Bornmühle,** Groß Nemerow, Tel. 03 96 05/6 00, Fax 6 03 99, www.bornmuehle.de.

Jugendliche Leichtigkeit des Seins an der Müritz

besichtigen, nämlich im Modellpark Mecklenburgische Seenplatte, und wer dann die Originale sehen möchte, lässt sich im Informationszentrum den Anreiseweg ausdrucken. Die spätgotischen Stadttore, die 32 Wiekhäuser und die 1298 geweihte, zur Konzertkirche umgebaute Marienkirche Neubrandenburgs sind nur einen Spaziergang entfernt.

Fritz Reuter, der Dichterstolz Mecklenburgs, begegnet einem in dieser Region auf Schritt und Tritt, besonders in Stavenhagen, wo er zur Welt kam – angemessen deshalb der Beiname »Reuterstadt«. Den unterirdischen Gang zwischen Stavenhagen und Ivenack, von dem Reuter erzählte, gibt es zwar nicht, wohl aber die tausendjährigen Eichen im Wildgehege von Ivenack, durch das Damhirsche streifen. Sage und schreibe 1200 Jahre alt ist der älteste der knorrigen Riesen, dem Reuter in schönstem Mecklenburger Platt ein Denkmal setzte: »Ick weit einen Eikbom, de steiht an de See, de Nurdsturm de brust in sin Knäst; stolz reckt hei de mächtige Kron in de Höh, so is dat all dusend Johr wäst.«

Direkt am Luzinsee befindet sich der romantische historische Gasthof **Altes Zollhaus,** Am Erddamm 31, Feldberg, Tel. 03 98 31/5 00, Fax 5 02 69, www.romantik-am-see.de.
◆ **Restaurants:** Köstlichen Fisch aus der Müritz und Wild aus den umliegenden Wäldern bietet das Gourmetrestaurant im **Hotel Kleines Meer,** Alter Markt 7, Waren (Müritz), Tel. 0 39 91/64 80, www.kleinesmeer.de. Preiswerter, aber ebenfalls topfrisch, sind selbst geräucherter Müritz- und Seefisch in der urigen Gaststätte **Altes Reusenhus,** Schulstr. 7, Waren/Müritz, Tel. 0 39 91/ 66 68 97, www.reusenhus.de.
◆ **Info: Tourismusverband Mecklenburgische Seenplatte,** Turnplatz 2, Röbel/Müritz, Tel. 03 99 31/53 80, www.mecklenburgische seenplatte.de.

Heiligendamm – Weiße Stadt am Meer

In der See zu baden galt noch im 18. Jahrhundert als befremdliches Tun. Aber einer muss ja immer anfangen. An der Ostseeküste war es Herzog Friedrich Franz I. von Mecklenburg-Schwerin, der sich anno 1793 mit einigen unverzagten Gefährten am Heiligen Damm in die Fluten der Ostsee wagte – auf Anraten seines Leibarztes Samuel Gottlieb Vogel.

1794 stand bereits das erste Badehaus in Heiligendamm, doch ins gefährliche Wasser trauten sich die 300 Badegäste zunächst nur mit Hilfe absonderlicher Vorrichtungen. Man zog am Strand vertäute Segelboote, die Badeschaluppen, aufs Meer hinaus, wo sich die Badenden hinter geschlossenen Gardinen entkleideten und über eine Treppe hinunter in einen Holzkäfig stiegen, der in die See abgesenkt wurde. Dummerweise verdarb oft Seekrankheit das Vergnügen, und bald ging man zu Badekarren über. Damen durften übrigens erst ab 1802 planschen, separiert natürlich.

Schon 1823 wurde zwischen Heiligendamm und Doberan die erste Galopprennbahn eröffnet, 1850 die herrliche Lindenallee zwischen beiden Orten angelegt, und ab 1885 schnaufte mit der »Molli« die erste Bäderbahn nach Heiligendamm. Es gibt sie

Das Schattenreich von Heiligendamm: Dunkler Buchenwald reicht bis an die Küste

heute noch, diese Rarität für Schmalspurbahnfreunde: Gemächlich zuckelt die Molli durch Bad Doberan mit seiner herrlichen gotischen Zisterzienserklosterkirche, dann weiter parallel zur Lindenallee und an der 1993 wieder eröffneten Rennbahn vorbei nach Heiligendamm. Von dort geht die Fahrt noch weiter ins größere Seebad Kühlungsborn, das mit einem herrlichen Sandstrand glänzt, an dem 1882 der Strandkorb erfunden wurde.

Schon der herzogliche Leibarzt Vogel hatte dem »ganz unbeschreiblich großen und herrlichen Anblick der See« heilende Kräfte zugeschrieben, und tatsächlich wollten die illustren Gäste bald direkt am Meer wohnen. So wurde aus Heiligendamm ein feudales Seebad mit Seebrücke. Die Architekten wechselten, doch das störte das Bild des konsequent zur See hin ausgerichteten Gesamtkunstwerks nicht. Es besteht aus dem Kurhaus mit dorischer Säulenvorhalle und flachem Dreiecksgiebel, dem barockisierten Haus Mecklenburg von 1795, den klassizistischen Logiervillen, der romantischen Burg Hohenzollern, dem Grandhotel und der Orangerie. Auf der Vorderseite des Kurhauses prangt das lateinische Motto des Seebads: Hic te laetitia invitat post balneum sanum – Hier empfängt dich Frohsinn nach gesundem Bade. Doch in DDR-Zeiten verfiel das einzigartige Architekturensemble, in dem der europäische Hochadel logiert und sogar die Zarenfamilie ihre Sommerfrische verbracht hatte.

Inzwischen wurde die Anlage aufwendig renoviert, stilsicher um das moderne Palais Severin erweitert und 2003 als Kempinski Grand Hotel eröffnet. Die Wahl Heiligendamms zum Tagungsort des G8-Gipfels im Sommer 2007 war sicherlich der Exklusivität und der leicht bewachbaren Abgeschiedenheit des Seebads zu verdanken. US-Präsident Bush hatte ja im Juli 2006 schon mal in der Burg Hohenzollern unter romantischen Zinnen, Giebeln und Türmchen »vorgeschlafen«.

Geradezu ungeniert setzen die Privatinvestoren auf Eliteklientel und Luxuswellness. Die Angebote, von indianischer La-Stone-Therapie bis zur tibetanischen Klangzeremonie, sind ebenso exotisch wie teuer. Inzwischen ist der Badeort größtenteils im Besitz der Investorengruppe und des Kempinski, und manchen Bad Doberanern und Heiligendammern wird das elitäre Treiben allmählich unheimlich. Die Überlegung, Teile der bisher öffentlichen Strandpromenade abzusperren, um die Gucci- und Prada-Klientel nicht mit etwaigen Gaffern zu behelligen, stößt auf großen Unmut, gerade bei den ganz normalen Kurpatienten

◆ **Anreise:** Über Rostock nach Bad Doberan (Zugverbindung), von dort weiter auf der Landstraße oder mit der mecklenburgischen Bäderbahn »Molli« (www.molli-bahn.de) weiter nach Heiligendamm.

◆ **Unterkunft:** Das **Kempinski Grand Hotel** in Heiligendamm ist das Maß aller Dinge. In den verschiedenen Gebäuden des Luxuskomplexes schläft man in noblen Gemächern (Präsident Bush logierte in der Burg Hohenzollern). In der Nebensaison werden erschwinglichere Aufenthaltspakete inklusive Wellness geschnürt. Tel. 03 82 03/74 00, www.kempinski-heiligendamm.com. Wesentlich preiswerter wohnt man im **Gästehaus Koch,** Gartenstr. 1a, Tel. 03 82 03/6 38 82, Fax 6 38 83, www.urlaub-in-heiligendamm.de, oder in Bad Doberan und Kühlungsborn.

Sonnenseite von Heiligendamm: feudale Architektur am schmalen Sandstrand

von Heiligendamm. Gleichzeitig verfallen viele zauberhafte Villen weiter und werden zum Teil sogar abgerissen: Zukunft ungewiss.

Dabei gibt es ein klassisches Strandleben in Heiligendamm wegen des schmalen und mit Geröllkieseln bedeckten Strandes nicht. Die eigentliche Attraktion ist der bis unmittelbar an die Küste reichende dunkle Buchenwald. Herrliche Spaziergänge führen zum waldgesäumten Spiegelsee und zum faszinierenden Gespensterwald von Nienhagen, dessen vom salzigen Seewind bizarr verformte Bäume wie Geister an der Steilküste stehen. Und die dortigen herrlichen Sonnenuntergänge werden auch in Zukunft nicht nur die Reichen und Schönen dieser Welt bewundern dürfen.

◆ **Restaurants:** Verfeinerte regionale Küche in edlem Ambiente serviert das **Restaurant im Kurhaus,** Gourmetküche das **Restaurant Friedrich Franz,** mediterrane Spezialitäten das italienische **Restaurant Medini's** im Haus Bischofsstab. Alle gehören zum Kempinski-Komplex. Regionale Köstlichkeiten gibt es auch im vornehmen Restaurant **Weißer Pavillon** in Bad Doberan, Am Kamp 14, Tel. 03 82 03/6 23 26, und im **Hotel Röntgen** in Kühlungsborn, Strandstraße 30a, Tel. 03 82 03/78 10.

◆ **Info: Tourist-Information Bad Doberan**, Alexandrinenplatz 2, Tel. 03 82 03/6 21 54, www.bad-doberan.de. **Touristik-Service Kühlungsborn**, Ostseeallee 19, Kühlungsborn, Tel. 03 82 93/ 84 90, www.kuehlungsborn.de.

Wismar – Im Reich von Nosferatu

Am 2. August 1921 war eine denkwürdige Anzeige im Mecklenburger Tagesblatt zu lesen: »Zur Filmaufnahme 30 bis 50 lebende Ratten zu hohen Preisen gesucht.« Cineasten erinnern sich: Diese Ratten huschten dann tatsächlich von Bord des führerlosen Totenschiffs in die düstere, neblige Altstadt von Wismar, um die Pest zu verbreiten. Als »Wisborg« war die Hansestadt an der Ostsee ein zentraler Drehort für Friedrich Wilhelm Murnaus Stummfilmklassiker »Nosferatu. Eine Symphonie des Grauens«.

Bei Nebel wirkt Wismar auch heute noch ein wenig gespenstisch, aber bei Sonne bietet die kleine, farbenfrohe Altstadt, seit 2002 Weltkulturerbe der UNESCO, ein wesentlich freundlicheres Bild. Alles ist noch da: das von spätgotischen Giebeln gekrönte Wassertor, durch das Nosferatu mit dem Sarg die Stadt betritt, der Platz mit Brunnen im Innenhof der Heilig-Geist-Kirche, der Turm von Sankt Marien und der Markt, über dessen spitzen Giebeln in Murnaus Film idyllisch die Sonne liegt, bis das große Sterben kommt. Auch die berühmte Wasserkunst, ein Brunnenpavillon von 1602, ist im Filmklassiker klar zu erkennen.

Murnau blickte vom 80 m hohen spätgotischen Turm der 1960 wegen irreparabler Kriegsschäden abgetragenen Marienkirche auf den Marktplatz. Am frühen Abend, wenn die kulissenhaft wirkenden Giebelfassaden des Platzes effektvoll beleuchtet werden, wirkt er besonders malerisch. Die Nordseite beherrscht das klassizistische Rathaus, in das man die gotischen Reste des Vorgängerbaus integrierte. Originalgetreu erhalten blieb das um 1380 errichtete Backsteinhaus an der Ostseite: Das darin untergebrachte Gasthaus »Alter Schwede« gibt es schon seit 1878.

Überhaupt die Schweden: Keine andere deutsche Stadt war so lange Teil eines nicht deutschsprachigen Staates wie Wismar: 1632 zogen die Schweden in die Stadt ein, und erst seit 1903 gehört Wismar wieder endgültig zu Mecklenburg, an das die Stadt schon 100 Jahre zuvor verpfändet worden war. Im Fürstenhof von 1553, der den mecklenburgischen Herzögen als Sommerresidenz gedient hatte, richteten die neuen Machthaber das höchste schwedische Gericht für die Besitzungen in Norddeutschland ein. Von der langen Schwedenzeit kündet auch das mächtige barocke Zeughaus, das der schwedische Baumeister Erik Dahlberg 1701 an der Ulmenstraße unweit des Alten Hafens errichtete: eine

Anlegestelle des Totenschiffs – glücklicherweise nur im Film

freitragende Deckenkonstruktion ohne Stützpfeiler. Das einstige Waffenarsenal dient heute als Stadtbibliothek friedlichen Zwecken.

Schwedische Touristen kommen heute gerne auf Spurensuche nach Wismar – und natürlich auch, um gemeinsam mit den Einwohnern das alljährliche Schwedenfest zu feiern. Mächtige »Schwedenköpfe«, gusseiserne, bunt bemalte Poller, zierten einst die Hafeneinfahrt. Ein erhaltenes Original ist heute der Stolz des Stadtgeschichtlichen Museums Schabbelhaus, Kopien sind vor dem Baumhaus am Alten Hafen zu besichtigen. Mit den vorgelagerten Inseln Walfisch und Poel bildet dieser einen der sichersten Hafenplätze der Ostseeküste: Grund genug, dass Wismar ab 1259 als Mitglied des Dreibunds mit Lübeck und Rostock zu einer der mächtigsten Städte der Hanse aufstieg. Das 14. Jahrhundert war Wismars Blütezeit. Hier wurden Fische und Gewürze, Pelze,

◆ **Anfahrt:** Autobahn- und Zugverbindung mit Rostock (Flughafen), Lübeck und Schwerin.

◆ **Unterkunft:** Direkt am Marktplatz hinter historischer Fassade wohnt man im **Steigenberger Hotel Stadt Hamburg,** Am Markt 24, Tel. 0 38 41/23 90, Fax 23 92 39, www.wismar.steigenberger.de. Eine komfortable Altstadtunterkunft in einem detailgetreu restaurierten hanseatischen Giebelhaus ist das Hotel **Alter Speicher,** Bohrstraße 12 & 12a, Wismar, Tel. 0 38 41/ 21 17 46, www.hotel-alter-speicher.de. Stimmungsvoll am alten Hafen liegt die **Pension am Wassertor,** Spiegelberg 66, Tel. 0 38 41/ 20 20 60, www.seelord.de.

◆ **Restaurants:** Über 600 Jahre alt ist das Haus, in dem die Traditionsgaststätte **Alter Schwede** mecklenburgisch-schwedische Spezialitäten serviert: Am Markt 20, Tel. 0 38 41/28 35 52.

Kein bisschen gespenstisch: die bunte Altstadt in strahlendem Sonnenschein

Holz und südliche Weine umgeschlagen – und natürlich Wismarer Bier. Das mundete seinerzeit halb Europa so gut, dass die Lübecker zeitweise seinen Ausschank verboten, um den eigenen Gerstensaft zu schützen.

Heute kann man in Wismars Hafen, vor der historischen Kulisse alter Speicherhäuser, in Restaurants und Kneipen zechen oder mit Hafenbarkassen und Ausflugsdampfern auf Rundfahrten gehen. Immer wieder rückt die mächtige spätgotische Backsteinbasilika Sankt Nikolai ins Bild, die als einzige der drei großen mittelalterlichen Kirchen Wismars den Zweiten Weltkrieg weitgehend unbeschadet überstanden hat. Sie war die Kirche der Seefahrer und Fischer und zählt zu den größten Gotteshäusern Mitteleuropas. Ihr 37 m hoch aufsteigender Innenraum ist ein Juwel norddeutscher Backsteingotik. Der reich geschnitzte Krämeraltar von 1430 stammt allerdings aus der noch größeren Georgenkirche, die seit Jahren wieder aufgebaut wird.

Murnau-Fans erkennen die Nikolaikirche natürlich sofort: als Hintergrund der Geisterschiffszene. Aber die Pestschiffe legten hier gottlob nur im Film an.

Das in einem fast ebenso alten, nur von außen schlicht wirkenden Dielenhaus eingerichtete Restaurant **Zum Weinberg** besticht besonders durch seine edlen Tropfen. Hinter dem Rathaus 3, Tel. 0 38 41/28 35 50, www.weinberg-wismar.de.
Viel historisches Ambiente, Gerichte wie Mecklenburger Gulasch und Wismarer Pfannfisch, dazu selbst gebraute Biere, bietet das **Brauhaus am Lohberg**, Kleine Hohe Straße 15, Tel. 0 38 41/25 02 38, www.brauhaus-wismar.de.
◆ **Info: Tourist-Information,** Am Markt 11, Tel. 0 38 41/1 94 33, Fax 2 51 30 91, www.wismar.de.

Lübeck:

Auf den Spuren von Thomas Mann

»Alte Schornsteine und Mäste der Schiffe schaukelten leise in Wind und Dämmerung auf dem trüben Flusse … Die schmalen Giebel und spitzen Türme, die über die nächsten Dächer herübergrüßten … Großer Gott, wie winzig und winklig das Ganze erschien!« So sah es aus, das Lübeck, in das Thomas Manns Novellenheld Tonio Kröger zurückkehrte, vor hundert Jahren.

Da hatte die über 850 Jahre alte Hansestadt an der Trave ihre große Zeit schon längst hinter sich und Kaiser Wilhelm II. ihr mit dem Nord-Ostsee-Kanal das letzte Wasser abgegraben. Heute ist die backsteinrote Altstadt Weltkulturerbe. Ihr mächtiges, 1478 vollendetes Holstentor, dessen Kanonen nie einen Schuss abfeuerten, kündet von der Vormachtstellung der reichsfreien Stadt im Ostseeraum. Auch das spätgotische Rathaus gleich daneben strahlt mit seinen Türmen, Erkern und der Renaissancelaube alles andere als hanseatische Zurückhaltung aus. Die 1250 bis 1350 errichtete Markt- und Stadtkirche St. Marien gleich nebenan war die Mutterkirche der norddeutschen Backsteingotik und Vorbild für rund 70 Kirchen dieses Stils im Ostseeraum. Noch heute beherrschen die sieben Türme der fünf mittelalterlichen Kirchen das Ufer der Trave

Keine Spur von hanseatischer Zurückhaltung: das spätgotische Rathaus

und lassen die Zeit erahnen, als die Macht der »Königin« des 1356 gegründeten Hansebunds vom norwegischen Bergen bis ins russische Nowgorod reichte und jede Mark lübisch verbucht wurde. Der schönste Blick auf die Silhouette der Altstadtinsel bietet sich vom Küsterberg an der Travebucht Schlutuper Wiek. Auch das Altstadtpanorama von der 50 m hohen Aussichtsplattform der romanischen Domkirche St. Petri, die Heinrich der Löwe 1173 gründete, ist einmalig.

Tonio Krögers winkeliges Lübeck, das gibt es auch, in Handwerkerquartieren wie Glockengießer- oder Fleischhauerstraße, bei den alten Salzspeichern aus dem 16. bis 18. Jahrhundert an der Obertrave, in den über 100 Wohngängen und in den Stiftshöfen, die wie Puppenstuben wirken. Im Heiligen-Geist-Spital, das die Reichen im 13. Jahrhundert für die Mittellosen und Kranken bauten, findet der schönste Kunsthandwerker-Weihnachtsmarkt Schleswig-Holsteins alljährlich statt. In den alten Gildehäusern wird getafelt, so auch in dem vor 1292 errichteten Haus der Schiffergesellschaft, wo man an langen Tischen aus Schiffsplanken sitzt.

Eng und museal war Lübeck mit der Zeit geworden, der »mäßige Handelsplatz an der Ostsee«, den Thomas Mann in seinem berühmten Roman »Buddenbrooks« nie beim Namen nennt. Jeder beschriebene Schauplatz ist in Lübeck wiederzuerkennen und doch keine Abbildung der Wirklichkeit, sondern literarische Fiktion. Selbst das im vornehmen Rokoko errichtete »Buddenbrookhaus« in der Mengstraße 4, das die Familie Mann bis 1891 tatsächlich besessen hat, das aber im Roman nicht so heißt, macht keine Ausnahme. Wie Konsul Buddenbrook, »in seinem Tuchrock ein wenig fröstelnd«, kann jeder Besucher an der grauen Giebelfassade den lateinischen

◆ **Anfahrt:** Autobahn und Zugverbindung mit Hamburg und Kiel.

◆ **Unterkunft:** Aus zwei Patrizierhäusern entstand das elegante **Hotel Kaiserhof,** Kronsforder Allee 11–13, Tel. 04 51/70 33 01, Fax 79 50 83, www.kaiserhof-luebeck.de. Klassisch-romantische, individuell gestaltete Gästezimmer mit dunklen Hölzern und hellen Farben bietet das im alten lübischen Stil wieder aufgebaute **Klassik Altstadt Hotel,** Fischergrube 52, Tel. 04 51/ 70 29 80, Fax 7 37 78, www.klassik-altstadt-hotel.de.

◆ **Restaurants:** Im Gildehaus von 1535 mit einzigartigem nautischen Dekor lädt die **Historische Gaststätte Schiffergesellschaft** zu dreierlei hausgebeizten Heringen, Ostseescholle, Steckrübenmus und dem unvermeidlichen Labskaus mit Spiegelei. Breite Straße 2, Tel. 04 51/76 77, www.schiffergesellschaft.de. Ein historisches Patrizierhaus ist das **Restaurant Markgraf,** in dem feine Küche mit regionalem bis mediterranem Einschlag serviert wird. Fischergrube 18, Tel. 04 51/ 7 06 03 43, www.markgraf-luebeck.de. Das schon seit dem Mittelalter gebraute naturbelassene Lübecker Zwickelbier kann man in der Traditionsgaststätte **Brauberger** verkosten. Alfstraße 36, Tel. 04 51/7 14 44, www.brauberger.de.

◆ **Info: Lübeck und Travemünde Tourist-Service,** Holstentorplatz 1, Tel. 0 18 05/88 22 33, Fax 04 51/4 09 19 92, www.luebeck-tourismus.de. Das **Buddenbrookhaus** in der Mengstraße 4 ist tgl. 10–18, von Jan. bis März 11–17 Uhr geöffnet, www.buddenbrookhaus.de. Besonders schön präsentiert sich Lübeck in der Adventszeit.

Aus dem »mäßigen Handelsplatz an der Ostsee« ist Weltkulturerbe geworden

Spruch »Dominus providebit« ablesen. Bei Betreten des Hauses wird man sich unweigerlich an die besondere Atmosphäre im Roman erinnert fühlen, auch wenn die Inneneinrichtung nicht den Beschreibungen Manns gehorcht. Da ist das Zimmer, dessen Tapeten zartfarbige, von Sonnenuntergängen beherrschte Landschaften zeigen, und der Speisesaal mit seinen schlanken Säulen, weißen Götterbildern, schweren roten Fenstervorhängen, vergoldeten Kandelabern und steiflehnigen Sofas in rotem Damast. Dabei ist nichts vom Inneren des Hauses so wie zu Zeiten der Familie Mann, denn der englischen Bombardierung am Palmsonntag 1942 widerstand nur die Fassade. Heute erzählt das Heinrich-und-Thomas-Mann-Zentrum vom Verhältnis der Brüder Mann zueinander und zu ihrer Heimatstadt Lübeck. Das war nicht immer so ungetrübt wie heute. Heinrich Mann hatte sich mit dem »Untertan« und »Professor Unrat« noch unbeliebter gemacht als Thomas, der sich in seinen »Buddenbrooks« ebenfalls so manchen Seitenhieb auf das bigotte, engstirnige Bürgertum der Heimatstadt leistete. Doch hat der Autor Lübeck dennoch über alles geliebt, und schon längst wird die Liebe erwidert. Der Roman ist an den Ort seiner Handlung zurückgekehrt, und zur Adventszeit wird an jedem Samstag ab 18 Uhr die Weihnachtsszene aus den »Buddenbrooks« zu neuem Leben erweckt: »Gott wird vorsorgen.«

Die schönsten Hecken Deutschlands:
In der Holsteinischen Schweiz

Alte Lindenalleen in zartem Grün, leuchtend gelbe, sanft gewellte Rapsfelder und Hecken, die nach Weißdorn-, Holunder- und Schlehenblüten duften: Mai und Juni ist die große Zeit der Holsteinischen Schweiz. Doch auch im Herbst, wenn bunte Früchte an den Sträuchern der »Knicks« hängen und sich lichte Hainbuchenwälder goldgelb gegen die still glitzernden Seen abzeichnen, zeigt Schleswig-Holsteins größter Naturpark, zwischen Lübeck und Kiel gelegen, eines seiner schönsten Gesichter.

»Knicks« nennt man die landschaftsprägenden Wallhecken, die einst die Güter voneinander abgrenzten und vor Wind schützten. Sie sind ein früher Glücksfall des Naturschutzes, denn hier können Singvögel ungestört nisten, und durchs Unterholz huschen Igel und Haselmäuse. Auf Wanderungen, Rad- und Reittouren durch den Naturpark entdeckt man 800 Jahre alte Feldsteinkirchen wie St. Petri in Bosau, Reetdachkaten mit alten Bauerngärten und prächtige Herrensitze aus dem 18. Jahrhundert.

Das Tor zur Holsteinischen Schweiz ist der Luftkurort Bad Segeberg, von dessen 91 m hohen Kalkberg sich ein großartiger Rundblick auf die Wald- und Seenlandschaft bietet. Unterhalb des Kalkbergs reiten Winnetou und Old Shatterhand allsommerlich zu ihren Abenteuern, denn hier finden auf einer der schönsten Freilichtbühnen Europas die Karl May-Festspiele statt. Die 15 000 Fledermäuse stört das Spektakel nicht: Sie fliegen erst zur Überwinterung in die Kalkberghöhlen ein.

◆ **Anfahrt:** Eutin und Plön liegen an der Straße und Bahnlinie zwischen Lübeck und Kiel.

◆ **Unterkunft und Restaurants:** Im romantischen Schwentinetal liegt das **Hotel Wiesenhof,** dessen Restaurant eine vorzügliche »Goosküül Söötsuur« (Süßsaure Gänsekeule mit Preisselbeer-Senf-Kruste) zu bieten hat. Leonhardt-Boldt-Str. 25, Eutin-Fissau, Tel. 0 45 21/7 07 60, Fax 70 76 66. In den Räumen des alten Plöner Pastorats, in dem fünf romantisch eingerichtete Zimmer als Hotelunterkunft dienen, serviert das **Restaurant Stolz** feine holsteinische Küche, wie Kürbis-Kartoffeleintopf mit Plöner Hecht und als Nachtisch im Frühjahr Schmandtörtchen von Fliederblüten, im Herbst Apfelsuppe mit frisch von den Hecken

Idyllische Lage inmitten von Seen: die Altstadt von Plön

Gleich von 16 Seen umgeben ist das Städtchen Plön. Von den Schlossterrassen bietet sich ein schöner Blick auf die idyllische Altstadt mit ihren Twieten – so werden die von Fachwerkhäusern gesäumten schmalen Gassen genannt. Durch die barocken Lindenalleen und den herrlichen Landschaftsgarten des Schlosses lassen sich wunderbare Spaziergänge unternehmen. Im Sommer spielt sich das Leben weitgehend auf dem Plöner See ab. Mit Paddel- oder Tretboot entdeckt man stille Buchten und verschwiegene Seitenarme, und vielleicht kreist hoch in den Lüften sogar ein Seeadler.

Als das Zentrum der Holsteinischen Schweiz gilt Eutin, die ehemalige Residenzstadt der Lübecker Bischöfe. Die historische Altstadt und die Promenade des Großen Eutiner Sees laden zum Bummeln ein. Um 1800 war das mehrfach umgebaute alte Schloss geradezu ein »Musenhof«, dem das klassizistisch geprägte Eutin seinen Beinamen »Weimar des Nordens« verdankt. Auf Eutins Schlossplatz finden zu Ehren des berühmtesten Sohns der Stadt, Carl Maria von Weber, Festspiele statt.

»Durch die Wälder, durch die Auen«, wird in Webers Freischütz gesungen – vielleicht hin zur 500 Jahre alten »Bräutigamseiche« im Dodauer Forst? 1891 tauschte eine Försterstochter hier heimliche Liebesbotschaften mit einem Schokoladenfabrikanten aus. Das Astloch wird noch heute als Briefkasten für Kontaktsuchende genutzt: Täglich gegen 12 Uhr stellt ein Postbote Briefe zu. Wer einsam ist, greift zu. Die Adresse? Bräutigamseiche, Dodauer Forst, 23701 Eutin. Viel Glück!

gepflückten Holunderbeeren. Markt 24, Tel. 0 45 22/ 5 03 20, Fax 50 32 10, www.hotel-restaurant-stolz.de.
Regional isst man auch im Café-Restaurant im ehemals herzoglichen **Witwenpalais** von 1786 in Eutin, das heute für Tagungen genutzt wird. Markt 9, Tel. 0 45 21/77 66 30, www.witwenpalais-eutin.de.

◆ **Info: Naturpark Holsteinische Schweiz,** Schlossgebiet 9, Plön, Tel. 0 45 22/74 93 80, Fax 74 93 77, www.naturpark-holsteinische-schweiz.de.
Die **Karl May-Festspiele** von Bad Segeberg finden von Ende Juni bis Anfang September statt: www.karl-may-spiele.de.
Die Opern und klassischen Operetten der **Eutiner Festspiele** werden im Juli und August aufgeführt: www.eutiner-festspiele.de.

Schleswig und die Wikinger von Haithabu

Langsam gleitet ein nordisches Langschiff die Schlei hinauf. Auf dem geblähten Segel prangt eine roter Drache: Die Wikinger kommen!

Doch bei näherem Hinsehen tummeln sich auf dem Schiff nur Touristen mit roten Rettungswesten, die sich während der alle zwei Jahre im August stattfindenden Schleswiger Wikingertage diesen Spaß gönnen. Dann wird direkt an der Schlei ein großes Wikingerdorf aufgebaut, in dem sich so mancher Hobbywikinger tummelt. Schaukämpfe, Axtwerfen, Bogenschießen, Holzschnitzen und – na ja – irische Folkmusik stehen auf dem Programm. Echter Wikingergesang soll eher geklungen haben »wie das Gebell von Hunden, nur noch tierischer«.

Vor einem Jahrtausend haben die wilden Nordmänner die Geschichte der Stadt Schleswig und der Schlei-Ostsee-Region maßgeblich geprägt. Die Wikingersiedlung Haithabu am Haddebyer Noor – in Sichtweite des heutigen Stadtkerns von Schleswig – war um das Jahr 1000 eine der größten Handelsstätten des nördlichen Europas. Hier verlief ab dem 8. Jahrhundert der Danewerk, ein frühmittelalterlicher Erdwall, mit dem sich die Dänen räuberische Sachsen und Slawen vom Leib hielten. Heute kämpft Haithabu mit friedlichen Mitteln – um die Anerkennung als Weltkulturerbe.

In der Schiffshalle des Museums von Haithabu werden derzeit vor den Augen der Besucher die Reste eines echten Wikinger-Kriegsschiffs wieder zusammengesetzt, und innerhalb des alten Halbkreiswalls von Haithabu sollen sieben Häuser der wikingerzeitlichen Bebauung wieder erstehen.

Nur einmal spielte die Wikingereuphorie den Schleswigern einen Streich. Da zeigten in den 1930er Jahren die restaurierten gotischen Fresken des mächtigen Schleswiger

◆ **Anfahrt:** Autobahn- und Zugverbindung mit Hamburg, Kiel und Flensburg. Von Schleswig verkehren Busse nach Haithabu und Schloss Gottorf.

◆ **Unterkunft:** In einem denkmalgeschützten Bahnhof ist das gemeinnützige **Hotel Alter Kreisbahnhof** untergebracht; die Hälfte seiner Angestellten sind Menschen mit Handicaps. Natürlich ist es besonders behindertenfreundlich eingerichtet: Königstraße 9, Tel. 0 46 21/3 02 00, Fax 30 20 10, www.hotel-alter-kreisbahnhof.de. Ein liebevoll renoviertes Altstadthaus bietet **Bed & Breakfast am Dom,** Ursula Sinram, Töpferstraße 9, Tel. 0 46 21/48 59 91, Fax 48 59 93, www.bb-schleswig.de.

◆ **Restaurants:** Im **Restaurant Ringelnatz** kommen mit Dorschfilet und Kutterscholle

Nichts für schwache Nerven: Wikingeraufruhr in Haithabu

Doms Sankt Petri plötzlich einen höchst amerikanischen Vogel. Gotische Truthähne, um 1320? Den Historikern des Dritten Reichs galt dies als Beweis, dass Schleswigs Vorfahren, die Wikinger, schon lange vor allen anderen Amerika entdeckt haben mussten. Früher wusste man in Schleswig mehr über die Welt: Im Garten des barokken Gottorfer Schlosses steht ein Nachbau des Gottorfer Riesenglobus, der zwischen 1650 und 1664 in herzoglichem Auftrag geschaffen worden war. Auf seiner Außenseite war die damals bekannte Welt »… so fein alß in den gedruckten Land Charten« eingezeichnet, mit »allerhand Thieren nach Landes Art«. Nur eben keine Truthähne an der Schlei: Wie sich herausstellte, hatte der Maler und Kunstfälscher Lothar Malskat 1937 Schleswigs »gotische« Fresken »hinrestauriert«. Die Fachwelt schwieg betreten, und Malskat widerfuhr erst postum Ehre: Günter Grass setzte ihm in seinem Roman »Die Rättin« ein literarisches Denkmal.

Zweifellos echt im gotischen Dom ist dagegen der Bordesholmer Altar, ein Meisterwerk nordischer Bildschnitzerkunst des ausgehenden Mittelalters. Zwischen 1514 und 1521 schuf Hans Brüggemann diesen szenischen Schnitzaltar mit 400 naturalistisch-sinnlich wirkenden Figuren: ein biblisches Bildprogramm auf zwölf Meter Höhe und sieben Meter Breite, dessen geistig-religiöse Aussagekraft und künstlerische Wirkung ohne Beispiel ist.

leckere fangfrische Fische aus Ostsee und Schlei auf den Tisch, Fischbrücke 3, Tel. 0 46 21/2 55 88, www.restaurant-ringelnatz.de. Für Kenner regionaler Gourmetküche lohnt sich die Fahrt Richtung Kappeln ins hübsche Dörfchen Sieseby an der Schlei. Hier serviert der **Schlie-Krog** in einem reetgedeckten alten Gasthof am Südufer der Schlei raffiniert zubereitete Siesebyer Fischsuppe und Schleiaal. Dorfstraße 19, Sieseby, Tel. 0 43 52/25 31, www.schliekrog.de. Tafeln wie die Nordmänner kann man in der **Wikingerschänke Am Runenstein,** Am Margarethenwall, Busdorf, Tel. 0 46 21/3 21 90, www.wikingerschaenke.de.

◆ **Info: Touristeninformation Schleswig,** Pliessenstr. 7, Tel. 0 46 21/98 16 17, Fax 98 16 19, www.schleswig.de.

Holländische Toleranz in Deutschland: Friedrichstadt

Kaufmannshäuschen mit Treppengiebeln, verträumte Grachten, Fahrräder auf holprigem Kopfsteinpflaster und der Kirchensegen auf Holländisch! Wie nur ist das »Amsterdam des Nordens« in die wildromantische nordfriesische Flusslandschaft von Eider und Treene gekommen? Und was sind eigentlich Remonstranten?

Das Historische Museum »Alte Münze« am Mittelburgwall erzählt, wie Friedrich III., Herzog von Schleswig-Holstein-Gottorf, Anfang des 17. Jahrhunderts holländische Kaufleute ins Land holte. Allein der erträumte Handel mit Spanien, Persien und Indien scheiterte am Dreißigjährigen Krieg, da halfen auch das Münzrecht und die Befreiung von Zoll und Steuer nicht. Als Lockmittel für die Holländer hatte der Herzog 1621 auch Religionsfreiheit gewährt. So wurde schon 1624 in Friedrichstadt die erste, 1854 wiedererrichtete Remonstrantenkirche erbaut. Sie ist bis heute die einzige außerhalb Hollands. Die Remonstrantse Broederschap, die noch etwa 10 000 Anhänger zählt (davon 200 in Friedrichstadt), wies die in Holland dominierende strenge Prädestinationslehre des Kalvinismus zurück und beharrte auf Willens- und Glaubensfreiheit. Sie ist die älteste religiöse Gemeinde, die versucht hat, Toleranz wirklich zu praktizieren, erläutert ihr Vorsitzender Wibren van der Burg. So gab es auch nie Konflikte zwischen den vielen verschiedenen Glaubensgemeinschaften in Friedrichstadt: Remonstranten, Lutheraner, Mennoniten, Quäker, Katholiken und dänische Lutheraner. Der kleine jüdische Friedhof ist stummer Zeuge einer Zeit, als in Friedrichstadt auch Platz für eine Synagoge war – sie stand bis 1938.

◆ **Anfahrt:** Auf der Autobahn von Hamburg nach Heide und weiter auf der B 5 bis zur Abzweigung Friedrichstadt. Regionalzüge von Hamburg nach Westerland halten in Friedrichstadt.

◆ **Unterkunft und Restaurants:** Vornehmste Unterkunft ist das **Ringhotel Aquarium Boddenberg,** dessen Gourmetrestaurant auch viele nordfriesische Spezialitäten auftischt: Räucheraalsuppe, Nordseescholle oder Buttermakrelensteak. Am Mittelburgwall 4–8, Tel. 0 48 81/9 30 50, www.hotel-aquarium.de. Das familiengeführte Hotel **Holländische Stube** ist in einem der ältesten Häuser (um 1630) untergebracht, und von der Caféterrasse fällt man fast

Ein Städchen wie aus dem Modellbahn-Katalog: Friedrichstadt

Herausgeputzt zieht das malerische Friedrichstadt heute immer mehr Besucher an. Ein beliebtes Fotomotiv ist die geschlossene holländische Fassadenzeile aus der Gründungszeit der Stadt an der Westseite des Marktplatzes. Aber auch in den umliegenden Gassen stehen noch einige schöne Doppelgiebelhäuser aus dem 17. Jahrhundert In einem dieser alten Kaufmannshäuser, dem Neberhaus von 1630 am Mittelburgwall, kann man sogar stilvoll nächtigen.

Die Hausmarken an den Giebeln der Häuser künden vom Beruf der einstigen Bewohner und animieren zum Rätseln: Mühle und Fisch sind klar, aber was mag wohl eine Katze bedeuten? Natürlich darf man sich auch eine Grachtenfahrt nicht entgehen lassen: Mit Ruderboot oder Kanu gleitet man gemächlich unter hölzernen Bogenbrücken hindurch, immer weiter hinaus auf die Treene. Auf die den Gezeiten unterworfene Eider sollten sich dagegen nur erfahrene Freizeitkapitäne wagen. Und wenn es regnet, schaut man sich eben den »Modellbahn-Zauber« der Familie Röckendorf in der Brückenstraße an: eine Minieisenbahnanlage auf 100 m² Fläche. Irgendwie wirkt das ganze Städtchen so, als sei es nach einem Bild im Märklin-Katalog gebaut worden. Oder ist es doch umgekehrt?

in die stille Gracht. Auch hier schmecken Lamm- und Fischgerichte. Am Mittelburgwall 22–26, Tel. 0 48 81/ 9 39 00, www.hollaendische stube.de.
Das **Hotel Herzog Friedrich** bietet sehr stilvoll eingerichtete Zimmer und ein Friesencafé mit idyllischem Garten, das hausgebackenen Kuchen zum Pharisäer (Kaffee mit Rum und Schlagsahne) serviert. Schmiedestraße 11a, Tel. 0 48 81/17 21, www.herzog-friedrich.de.
Leckeren Fisch gibt's im **Markt Café – Restaurant Altes Amtsgericht,** Markt 12, Tel. 0 48 81/77 43.
◆ **Info: Tourist Information Friedrichstadt,** Am Markt 9, Tel. 0 48 81/9 39 30 , www.friedrichstadt.de.

Dickschiffe auf grüner Wiese:
Am Nord-Ostsee-Kanal

Wenn die Norwegian Dream kommt, füllt sich die Aussichtsplattform auf der 42 Meter hohen Rendsburger Eisenbahnbrücke. Das Schiff ist der Lieblingskreuzfahrtriese der »Schiffegucker« am Nord-Ostsee-Kanal zwischen Brunsbüttel an der Elbe und Kiel an der Ostsee.

Viele Schiffe sparen sich durch die Benutzung der meistbefahrenen künstlichen Seeschifffahrtstraße der Welt den 250 Seemeilen längeren Weg ums stürmische Skagen. Kaiser Wilhelm II. hatte den 1895 eröffneten Kanal eigentlich zu militärischen Zwecken anlegen lassen, um Flottenteile geheim und ungehindert verschieben zu können.

Fernweh regt sich, wenn die imposante Norwegian Dream strahlend weiß durch grüne Wiesen und gelbe Rapsfelder gleitet. Nachts, mit Festbeleuchtung, wirkt das Spektakel geradezu wie aus einem Fellini-Film: E la nave va … Die Zuschauer haben Glück, dass der schwimmende Traum die größte erlaubte Länge von 235 Metern gerade noch unterbietet. Bei der Einfahrt in die Brunsbütteler Schleuse wird der Ozeanriese mit flotter Marschmusik empfangen, in Rendsburg spielt seit 2006 eine Begrüßungsanlage die Hymnen der vorbeifahrenden Pötte, während Zaungäste in der Schwebefähre, die an Seilen unter der Eisenbahnbrücke entlangfährt, die Kameras klicken lassen.

An Bord des Luxusliners hat während der 98,7 km langen Passage der Kanallotse das Sagen. Seit 2006 ist seine Arbeit leichter, denn jetzt schützt ein modernes elektronisches Verkehrsleitsystem vor Kollisionen

◆ **Anfahrt:** Die Kanalschleusen von Brunsbüttel an der Elbmündung erreicht man über Itzehoe (Autobahn) und Wilster, Züge fahren von Hamburg über Itzehoe nach St. Michaelisdonn, ab dort Bus. Autobahn- und Zugverbindung zwischen Hamburg und Rendsburg (über Neumünster) bzw. Hamburg und Kiel.

◆ **Unterkunft:** Im 1874 errichteten **Hotel Restaurant ConventGarten,** Hindenburgstr. 38–42, Rendsburg, Tel. 0 43 31/ 5 90 50, Fax 59 05 65, www.conventgarten.de, wohnt und speist man direkt am Kanal. Einen schönen Blick auf den Kanal bietet auch das **Hotel Waffenschmiede,** Friedrich-Voß-Ufer 4, Kiel-Holtenau, Tel. 04 31/36 96 90, www.hotel-waffenschmiede.de.

◆ **Restaurants:** Westlich von Kiel lohnt der kulinarische Abstecher ins Dörfchen Achterwehr. **Beckmanns Gasthof**

Lieber langsam und sicher: in Radfahrtempo von Nord- zu Ostsee

auf der engen Wasserstraße. Das elf Meter tiefe Fahrwasser ist am Grund des Kanals an vielen Stellen gerade einmal 44 Meter breit, und so gibt es zwölf Ausweichstellen. Telefon und Fernglas der professionellen Kanalbeobachter haben ausgedient.

Am Ende der Fahrt wird sich die Norwegian Dream langsam aus der Schleusenkammer von Kiel-Holtenau hinaus in die Ostsee schieben. Man könnte sich übrigens mit der ihr und anderen Dickschiffen ein gemütliches Wettrennen liefern: Die Betriebswege entlang der Kanalufer sind zwar für den privaten Autoverkehr gesperrt, doch Wandern und Radfahren ist erlaubt, und da auch Ozeanriesen auf der Wasserstraße nicht schneller als 15 km/h fahren dürfen, kann man sein Lieblingsschiff auf den gesamten acht Stunden der Passage begleiten. Fähranleger, Hochbrücken, Schleusen, Restaurants und Cafés mit Kanalblick gibt es auf dem Weg zur Genüge.

Es muss ja nicht immer die Norwegian Dream sein, die kommt ohnehin nur alle zwölf Tage vorbei. Man kann auch mit dem 1905 gebauten Raddampfer Freya den gesamten Kanal durchfahren. Mit der Norwegian Dream würde dieser Spaß sehr viel teurer …

tischt vorzügliche Holsteiner Spezialitäten wie Aal in Gelee mit Bratkartoffeln und Rote Grütze mit Holunderblütensorbet auf. Übernachten kann man auch: Dorfstraße 16, Achterwehr, Tel. 0 43 40/43 51, www.beckmanns-gasthof.de.

◆ **Info: Touristische Arbeitsgemeinschaft Nord-Ostsee-Kanal,** Schiffbrücken-Galerie, Rendsburg, Tel. 0 43 31/ 6 96 38 44, www.nok-sh.de. **Tourist-Info Nord-Ostsee-Kanal,** Am Altstädter Markt 1, Rendsburg, Tel. 0 43 31/ 2 11 20.

Durchfahrende Schiffe werden von der **Schifffahrtsverwaltung** Kiel, Tel. 04 31/3 60 31 22, und Brunsbüttel, Tel. 0 48 52/ 88 51 22, angesagt, außerdem stehen sie auf www. nok-sh.de/nok-route.

Passagen auf dem **Raddampfer Freya:** Adler-Schiffe Insel- und Halligreederei, Tel. 0 46 51/9 87 00, www.raddampfer-freya.de.

Im Land des Schimmelreiters: Der Leuchtturm von Westerhever

»Heut bin ich über Rungholt gefahren, die Stadt ging unter vor fünfhundert Jahren …« Noch heute weckt Detlev von Liliencrons Ballade Fantasien vom reichen Rungholt des Mittelalters. Aber gab es Rungholt wirklich, und wo lag es?

Fahren wir auf die Halbinsel Eiderstedt in Dithmarschen. Nördlich von St. Peter-Ording steht er wie hingemalt, der weithin sichtbare Leuchtturm mit seinen zwei baugleichen Häusern auf einer Warft in reizvoller Salzwiesenlandschaft. Er ist das rotweißrote Entzücken der Werbefotografen, Briefmarkensammler und Modelleisenbahner. 1906 wurde er errichtet, 41 Meter beträgt seine Feuerhöhe, und bei klarer Sicht kann man sein Licht noch auf Helgoland ausmachen. Wer die 157 Stufen nicht scheut, kann dort oben sogar heiraten, im eigens dafür eingerichteten Hochzeitszimmer. Von der Leuchtturmspitze schweift der Blick über die glitzergraue nordfriesische Insel- und Halligwelt aus Schlick, Meer und einsamen Gehöften, die dem »Blanken Hans«, der tosenden Nordsee, Trutz bieten. Es mutet an, als habe Theodor Storm bereits den Ausblick vor Augen gehabt: »Graues Geflügel huschet / Neben dem Wasser her / Wie Träume liegen die Inseln / Im Nebel auf dem Meer.«

Manchmal war das Meer stärker: Am 16. Januar 1362 holte sich die Flut das mythische Rungholt, das alte Karten auf der großen Insel Strand im Nordfriesischen Wattenmeer verzeichnen. 1634 versanken in einer weiteren Sturmflut Dörfer, Häfen und Kirchen Strands: Was blieb, waren die Inseln Pellworm und Nordstrand sowie die Halligen. Noch heute soll man an windstillen Tagen die vom Tidestrom bewegten Glo-

◆ **Anfahrt:** Von Hamburg über Heide (Holstein) nach Tönning, dort weiter nach St. Peter-Ording. Zugverbindung mit Hamburg über Husum (Nord-Ostsee-Bahn). Von St. Peter-Ording Busverbindung zum Leuchtturm Westerheversand.

◆ **Unterkunft:** Besonders vornehm, mit Gourmetrestaurant »Vivaldi« und Wellnessprogramm, wohnt man in St. Peter-Ording im **Hotel Vier Jahreszeiten**, Friedrich-Hebbel-Straße 2, Tel. 0 48 63/70 10, Fax 26 89, www.hotelvierjahreszeiten.de. In der Pension **Zum Alten Anker,** Norderdeich 10–13, St. Peter-Ording, Tel. 0 48 63/13 41, Fax 74 22, www.zumaltenanker.de, ist der Blick über Deich, Strand, Meer und grüne Marsch besonders schön.

Schäfchen, weite Landschaft, Leuchtturm – was könnte norddeutscher sein?

cken in der Tiefe hören, dort, wo nur noch die kleine Hallig Südfall aus dem Meer ragt.

Ein paar Scherben des friesischen Atlantis hat man wohl im Schlick gefunden, den Rest spülte der Heverstrom ins offene Meer. Das echte Rungholt war wohl lediglich ein bäuerlicher Handelshafen und schwelgte kaum im Reichtum der Legende, die eine blasphemische Stadt ihrer Gottlosigkeit wegen versinken lässt – von »drey jungfrawen« einmal abgesehen, denn etwas Moral muss sein.

An der nordfriesischen Küste gäbe es so manchen Schauplatz von Legenden zu erwandern. Mit etwas Fantasie taucht in stürmischen Nächten Storms Schimmelreiter auf, auch er aus alten Überlieferungen in Husum zu einer berühmten Novelle geformt. Vor der Hattstedter Marsch soll er entlanggeritten sein – erfunden zwar, aber die geografischen Details vollkommen realistisch. All diese Legenden künden vom ewigen Kampf der Menschen gegen die wütende Nordsee, der man hinter hohen Deichen bis heute die Stirn bietet. Auf Pellworm hat der Turm der Alten Kirche St. Salvator seit dem 12. Jahrhundert alle Sturmfluten überdauert. Auf Hallig Hooge ragen bei »Land unter« nur noch die neun Warften aus dem Wasser.

◆ **Restaurants:** Die **Friesenstube** in St. Peter-Ording, Dünenweg 14, Tel. 0 48 63/ 35 00, serviert schmackhaftes Salzwiesenlamm.
Fisch schmeckt im auf Stelzen errichtete Strandrestaurant **Seekiste,** Böhler Sandbank, St. Peter-Ording, Tel. 0 48 63/4 75 00, vorzüglich.
Friesisch lecker und mit viel Lamm kocht auch das Restaurant **Gambrinus,** Strandweg 4, St. Peter-Ording, Tel. 0 48 63/ 29 77, www.restaurant-gambrinus.de.
◆ **Info: Tourismus-Zentrale St. Peter-Ording,** Tel. 0 48 63/99 90, www.st.peter-ording.de.
Kur- und Tourismusservice Pellworm, Uthlandestr. 2, Tel. 0 48 44/1 89 40, www.pellworm.de.
Kurverwaltung, Schulweg 4, Nordstrand, Tel. 0 48 42/4 54, www.nordstrand.de.

Sylter Listland:
Wo endet Deutschland?

Gleich hinter dem Dorffriedhof von List, wo junge Kaninchen zwischen alten Kapitänsgräbern Fangen spielen, führt ein sandiger Trampelpfad auf eine kleine Anhöhe. Von hier schweift der Blick über das gesamte Listland: im Süden der schwarzweiße Leuchtturm von Kampen, im Westen die blendend weißen Lister Wanderdünen und im Norden der Königshafen mit dem Ellenbogen, ein schmaler Nehrungshaken mit zwei Leuchttürmen in Rotweiß. Dort drüben liegt Deutschlands nördlichster Punkt, und da wollen wir hin.

Aber nehmen wir nicht die Straße. Spazieren wir durch das Listland, in dem im Mai die Lerchen trällern und im Sommer die Glockenheide betörend violett blüht. Heute darf man die beiden Wanderdünen nur noch aus der Ferne bewundern, doch aus glücklichen Ferientagen, als wir noch unbehelligt die fast senkrechte Sandwand hinaufstapften und uns im Sand rollten, wissen wir, wie es da oben aussieht: fast wie in der Sahara, abgesehen von den wenigen Büscheln Strandhafer und der rauschenden Nordsee im Hintergrund. Spazieren wir also auf dem Bohlenweg an der nördlichen Wanderdüne vorbei hinunter zum Weststrand, wo in der Hochsaison ein legaler Wegelagerer der Kurverwaltung nach der Kurkarte fragen wird. Und nun immer weiter den Strand entlang. Immer einsamer wird es, fast unmerklich knickt die Küste nach Nordosten um, der Strand weitet sich. Hinter den flachen Uferdünen lugt die Spitze des Leuchtturms Westellenbogen hervor. Und jetzt sind wir da. Ein Schild, das uns erzählen könnte, dass es von hier genau 1061 km Luftlinie bis in Deutschlands südlichste Gemeinde Oberstdorf sind, würde die nächste Flut fortspülen. Aber sobald am Horizont der weiße Strand der dänischen Insel Rømø in Sicht kommt, sind wir schon vorbeigelaufen, an jenem Punkt, wo Deutschland endet.

Im Nachbarland Dänemark hält man Strandkörbe, Strandburgen und Verbotsschilder übrigens für typisch deutsche Marotten. Aber die Zeiten, in denen Listland und Königshafen dänisch waren, sind eben Vergangenheit, und so findet man alles. Dänen kommen heute höchstens für ein paar Stunden nach Sylt, wegen der niedrigeren Alkoholsteuer.

Man könnte um den ganzen Ellenbogen herumlaufen, kilometerlang den weißen Sandstrand entlang, und dann auf der Wattenmeerseite zurück über den Deich nach List. Die verlockende Abkürzung übers

Einsamkeit und weite See am Ende von Deutschland

Watt des Königshafens bei Ebbe ist tabu, denn die reißenden, tiefen Priele, über die das Wasser abfließt, die sieht man vom Strand aus nicht.

Aber übernachten könnte man in dieser Einsamkeit: Üthörn heißen Deutschlands nördlichste Ferienwohnungen, und zum ruhigen Wattenmeerstrand sind es nur wenige Meter. Im Sommer scheint die Dämmerung kaum enden zu wollen. Wattvögel piepsen, Säbelschnäbler schreien, Silbermöwen klagen, Schafe blöken. Am violetten Horizont fährt das letzte Schiff hinüber nach Rømø, ein einsamer Windsurfer trotzt den Wellen des vollgelaufenen Königshafens: »Rüm Hart, klaar Kimming«, sagen die Friesen, weites Herz, klarer Blick.

Nur zum Essen muss man dann doch nach List zurück. Am besten schmeckt der Fisch am Lister Hafen, bei Gosch natürlich.

◆ **Anfahrt:** Von Hamburg nach Niebüll, dort Verladung in den Autoreisezug über den Hindenburgdamm nach Westerland (auch IC/ICE-Verbindung mit Hamburg), von dort Straße über Kampen nach List. Zum Ellenbogen führt eine Mautstraße. Die Anreise von Dänemark aus erfolgt über Flensburg und die Insel Rømø. Per Autofähre gelangt man von Havneby nach List. Linienflugverbindungen von Hamburg, Berlin und anderen Städten nach Westerland.

◆ **Unterkunft:** Deutschlands nördlichste Unterkunft sind die **Ferienwohnungen Üthörn** von Conni und Thomas Diedrichsen, List-Ellenbogen, Tel. 0 46 51/87 02 18, Fax 87 74 09, www.uethoern.de.
Im Ort List gibt es zahlreiche Ferienwohnungen; wer Hotelservice vorzieht, kann im **Landhaus Silbermöwe**, Süder-

Nordseeromantik und Leuchtfeuer: der Leuchttum List Ost strahlt beides aus

Die alten Hasen unter den Urlaubern wissen noch, wie er angefangen hat, der Maurergeselle aus Tönning: vor über 30 Jahren mit »Deutschlands nördlichster Fischbude« direkt am Hafen, und wer ihn kannte, kippte mit ihm so manches Flens mit Köm zum fettigen Aalbrötchen. Das Seemannsgarn gabs gratis dazu, und die Nordseekrabben nahmen zum Pulen noch nicht den globalisierten Umweg über Marokko – die Welt war einfach noch in Ordnung. Heute ist Gosch ein Fischdelikatessenimperium, und längst ist »Aal-Jürgen« umgezogen in die lustig dekorierte »Alte Bootshalle«. Jetzt gibt es hier jeden nur erdenklichen Edelfisch aus aller Welt, doch keiner schmeckt so gut wie frischer junger Matjes im Juni: Schließlich bedeutet das dänische »Sild« nichts anderes als Hering. Natürlich muss man hier auch mal die Sylter Royal schlürfen, eine zart-nussige Auster. Immerhin, so schick wie weiter südlich in Kampen will man in List nicht sein: Hier braucht man noch keine teuren Modelädchen oder reetgedeckte Schickikneipen, hier ist immer noch die Natur die Nummer 1.

hörn 7, Tel. 0 46 51/9 52 20, Fax 95 22 22, wohnen, einem schönen Reetdachhaus in den Dünen.

◆ **Restaurants:** Fisch natürlich bei **Gosch am Hafen,** Tel. 0 46 51/87 10 70, oder in Goschs **Lister Fischhaus,** Tel. 0 46 51/87 13 21. Lister Deichlamm wird im **List Hüs,** Hafenstraße 7, Tel. 0 46 51/87 03 77, www.listhues.de, in vielen Varianten serviert. Für die Sylter Royal ist **Austernmeyer** zuständig: Hafenstraße 10–12, Tel. 0 46 51/8 70 86, www.sylter-royal.de. Bei steifer Brise wärmt ein friesischer Pharisäer (Kaffee mit Rum und Schlagsahne) in Deutschlands nördlichstem Cafe **Voigts Alte Backstube,** Süderhörn 2, List, Tel. 0 46 51/87 05 12, www.altebackstube.de.

◆ **Info: Kurverwaltung List** auf Sylt, Am Brünk 1, List, Tel. 0 18 05/54 78 00, 0 46 51/87 13 98, www.list.de.

Kleine Möwe, flieg nach Helgoland

»Irgendwo ins grüne Meer, hat ein Gott mit leichtem Pinsel, lächelnd, wie von ungefähr, einen Fleck getupft: die Insel.« Nun, James Krüss hatte gut reden, der ließ sich von seiner Heimatinsel zu dem wunderschönen Kinderbuch »Der Leuchtturm auf den Hummerklippen« inspirieren. Normalsterbliche aber müssen erst mal aufs Schiff, und diese Fahrt kann sich ziehen.

Doch seit einigen Jahren düst man mit einem flinken Katamaran, dem Halunder-Jet, in nur 70 Minuten von Cuxhaven nach Helgoland hinüber und legt direkt an der Mole an. So schnell kann man fast nicht seekrank werden! Meistens gab aber angeschlagenen Passagieren ohnehin erst das »Ausbooten« in die schaukelnden Börteboote den Rest. »Was in den Tüten landet, wird dann in Helgolands Hummerbuden als Labskaus verkauft.« Wer den derben Humor der Bootsmänner nicht missen möchte, nimmt das stolze Bäderschiff Wappen von Hamburg, das hat zuviel Tiefgang für Helgolands Hafen, so dass einem das Ausbooten nicht erspart bleibt.

»Welkoam iip Lunn«, begrüßt Deutschlands einzige Hochseeinsel eine halbe Million Besucher pro Jahr. Den Spießrutenlauf durch die »Lästerallee«, an der einst Helgoländer und Badegäste die grüngesichtigen Neuankömmlinge verspotteten, gibt es schon lange nicht mehr. Dafür den Lung Wai, wo sich ein zollfreier Laden an den

◆ **Anfahrt:** Besonders schnell flitzen wetterfeste Katamaran-Schnellfähren von Hamburg (3,5 Std.) und Cuxhaven (70 Min.) sowie verschiedenen nord- und ostfriesischen Häfen nach Helgoland, direkt in den Südhafen. Gemächlicher verläuft die Überfahrt mit einem der komfortablen Seebäderschiffe (mit Ausbooten), die von vielen Nordseehäfen und -inseln Helgoland anlaufen. Tägliche Flugverbindungen (Landeplatz auf der Badedüne mit Bootstransfer) gibt es mit Bremerhaven und Büsum, in der Hauptsaison auch mit Hamburg.

◆ **Unterkunft:** Neuer Platzhirsch ist das **Atoll Ocean Resort,** ein moderner Wellnesstempel am Lung Wai 27, Tel. 0 47 25/80 00, www.atoll.de.
Ein nettes Mittelklassehotel direkt am Wasser mit Panoramafenstern, Wintergarten und »mediterranem« Gartenpark in Hanglage ist das **Hotel Insulaner,** Am Südstrand 2, Tel. 0 47 25/8 14 10.

Den Sprung in den Abgrund wagen jährlich unzählige todesmutige Trottellummen

nächsten reiht. Mancher Tagesbesucher belässt es bei dieser Meile. Bis man die Preise von 800 Whiskysorten verglichen hat, ist die Aufenthaltszeit meist schon rum. Da muss man wohl Willem Zwo danken, der 1890 mit den Engländern Sansibar gegen Helgoland tauschte: Auf die Insel im Indischen Ozean wärs zum Einkaufen zu weit.

Doch ein Helgoland-Besuch hat weit mehr zu bieten. Man sollte sich ruhig ein bisschen beeilen: Das Wahrzeichen der rostroten Steilküste des Oberlands, die einsame Felsnadel »Lange Anna«, hält vielleicht nicht mehr allzu vielen Stürmen statt. Und das neue Luxushotel Atoll dürfte dafür sorgen, dass es mit der herrlichen Einsamkeit nach dem Abdampfen der Tagesgäste nicht mehr weit her ist. Man muss aber schon übernachten, um die westliche Steilküste im Sonnenuntergang flammendrot erglühen zu sehen. Auch den »Lummensprung« gibts nur abends zu bestaunen: Auf Helgoland nistet nämlich Deutschlands einzige Kolonie von Trottellummen, die an possierliche Pinguine erinnern. Im Juni und Juli ziehen sie ihre Jungen drei Wochen lang an der Felswand auf, dann springt Papa ins Meer und ruft sein Junges so lange, bis es hinterherhüpft. Mit einem Fernglas kann man das große Schauspiel live erleben.

Auch für einen Ausflug auf die Düne reicht bei einem Tagesbesuch die Zeit nicht. Auf dieser Helgoland vorgelagerten Strandinsel tummeln sich nicht nur Badende, sondern auch Seehunde und Kegelrobben. Und die zahlen noch nicht mal Kurtaxe!

Außerdem gibt es zahlreiche Privatunterkünfte und auf der Düne ein Camping- und Bungalowdorf.
◆ **Restaurants:** Spezialitäten wie Helgoländer Knieper (Scheren des Taschenkrebses), Seezunge, Steinbutt, Steinbeißer und Helgoländer Angeldorsch gibts im **Atoll** und in vielen Lokalen der Unterstadt, z. B. im gemütlichen Restaurant **Bunte Kuh,** Am Binnenhafen, Tel. 0 47 25/81 13 44.
◆ **Info: Kurverwaltung Helgoland,** Tel. 01 80/ 5 64 37 37, Fax 0 47 25/ 81 37 25, www.helgoland.de.

Hamburg zu Wasser: Hafenrundfahrt und Elbfahrten

»Wussten Sie, verehrte Herrschaften, dass man vom Turm des Michel drei Meere sehn kann? Wie dat? Tags das Häusermeer, abends das Lichtermeer und inne dunkle Nacht gornix mehr!«

»He lücht!« (Er lügt), hätte früher ein Arbeiter in schönstem Hamburger Platt von einem Nachbarschiff oder der Kaimauer gerufen. Diesen Spitznamen haben die »Erklärer« auf den Barkassen, die Touristen durch die faszinierende Welt des Hamburger Hafens schippern, seit Jahrzehnten weg. Aber Seemannsgarn gehört nun mal dazu. Besonders wenn das Wetter tatsächlich so ist, wie es die bayrische Feindpropaganda immer behauptet, dann fallen Döntjes (Anekdoten), Tühnkram (Flunkereien) und Klein-Erna-Witze auch mal etwas deftiger aus, was aber keinen mit einem »steifen Grog« (Rum muss, Zucker darf, Wasser kann) »angetüterten Quiddje« (beschwipsten Nicht-Hamburger) stört.

Eigentlich ist man froh, dass es in Hamburg noch vertraute Dinge gibt, vom »Schietwetter« mal abgesehen. Wer vor zehn Jahren das letzte Mal hier war, erkennt die Stadt kaum wieder. Aber zum Glück

Hafenstadt Hamburg: Fischmarkt an der Elbe

Videokamera einschalten und durch: Hafenrundfahrt in Hamburg

gibt es ja immer noch den »Michel«, die St. Michaelis-Kirche, von deren Turmplattform in 82 m Höhe man sich einen ersten Überblick verschaffen kann. Auch die vornehme Binnenalsteransicht von Lombardsbrücke und Jungfernstieg, die wird erst mal so bleiben. Auf dem St. Pauli-Fischmarkt frühmorgens am Sonntag wird »Aal-Dietääh« noch lange seine Bananen und »so'n schönen Aal« unters feixende Volk werfen, und auf der Reeperbahn werden auch künftig nachts um halb eins die sündigen Lichter funkeln. Aber sonst?

Nun mal keine Bangbüx sein und rauf aufs Wasser! Barkasse oder Ausflugsboot?, lautet die Gretchenfrage. Dat geiht nur kattameng (beides zusammen), also zuerst die Barkasse und später das große Boot. Denn nur die flachgängigen Barkassen können in die kleinen Fleete – so werden in Hamburg die innerstädtischen Kanäle genannt – und in die Speicherstadt fahren. Die großen Boote schippern dagegen von den Landungsbrücken in entgegengesetzte Richtung, zu den großen Containerpötten.

Am Jungfernstieg legen Barkassen zur zweistündigen Fleetfahrt ab. Hart an der Wasseroberfläche geht es durch die Rathausschleuse in die Alsterfleet, unter reich verzierten Brücken hindurch, am Neuen Rathaus und an den Alsterarkaden entlang, wo im Herbst 2006 die größte innerstädtische Shoppingmall Europas eröffnet wurde. Doch, die Slamatjenbrücke (»Brücke der schlampigen Mädchen«) hat ihren Namen tatsächlich von den losen »Dockschwalben«, die hier einst ihre Dienste anboten. Durch die Schaartorschleuse fährt man in den Binnenhafen und in eine Welt, die Normalsterbliche erst einigen Jahren zugänglich ist: Mit über 300 000 m^2 Lagerfläche ist die Speicherstadt, die aus dem Freihafen ausgegliedert wurde, das größte Lagerhausareal der Welt. Seit 1991 steht sie unter Denkmalschutz.

Fast zwei Kilometer Kontorlandschaft aus dunkelrotem Backstein, zierlichen Giebeln, Türmchen, Brücken und Kais. Die hohen Häuser erinnern an neogotische Kathedralen. Kein Wunder, die meisten Architekten hatten damals Kirchenbau studiert. »Warenhaus der Welt« nannte man die alte Hamburger Speicherstadt, für die man ab 1888 über 20 000 Bewohner umsiedelte und ein ganzes altes Wohnviertel plattmachte. Hier lebten die Händler und Quartiersleute hundert Jahre lang in einer eigenen Welt. Über hydraulische Winden erreicht man noch immer jedes Speicherhaus auf dem Wasserweg.

Wie es hier einst zuging, davon erzählt das Speicherstadtmuseum in einem der alten Lagerhäuser am St. Annenkai. Als die Container kamen, zog man um ans Südufer, wo Platz war für Kräne, Schienen und Straßen. Heute sind die Schauerleute verschwunden, nur noch wenige Ewerführer steuern ihre Schute (Lastkähne) in die Fleeten. Hafenromantik ade. Jetzt ziehen Medienfirmen, Designer und Modemacher, Fotografen und Filmausstatter in die großen, bis zu sechs Meter hohen Hallen. Die größte digital gesteuerte Modelleisenbahn der Welt hat auf der Kehrwiederinsel Platz gefunden. Nebenan sitzen die erfolgreichen Musicalmacher von Stage Entertainment. Im gruseligen Hamburg Dungeon führt die Reise in die Vergangenheit der Freien und Hansestadt: mit interaktiv präsentiertem Großen Brand und Wiederauferstehung der Sturmflut.

Immerhin, bei »Hälssen & Lyon« werden noch immer, wie seit 1879, täglich Hunderte Sorten Tee verkostet, und am Sandtorkai sitzt mit der Neumann-Gruppe noch der größte Kaffeehändler der Welt. Der Kaffee wird jedoch längst auf der anderen Elbseite entladen. Immerhin ist die Speicherstadt noch das Zentrum des orientalischen Teppichhandels, wie das Afghanische Museum am Sandtorkai demonstriert. Im selben Speicher erzählt das Gewürzmuseum Spicy's die Geschichte der Gewürze vom Anbau bis zum Verkauf. Spannend auch das Deutsche Zollmuseum, das beredtes Zeugnis darüber ablegt, auf was für ausgefallene Schmuggelverstecke Menschen kommen können.

Nachts erstrahlt die Wunderwelt der Speicherstadt im Licht Hunderter Scheinwerfer und blauer Neonröhren: Hamburg inszeniert sich als Gesamtkunstwerk.

Binnen weniger Minuten tuckert die Barkasse von der Vergangenheit durch den Magdeburger Hafen in Hamburgs Zukunft. Ganz allmählich nimmt auf 155 Hektar Flä-

◆ **Anfahrt:** Flug-, Autobahn- und ICE-Verbindungen mit allen deutschen Großstädten.
◆ **Unterkunft:** Ein kleines, vornehmes Hotel mit Elbblick ist das **Louis C. Jacob,** Elbchaussee 401–403, Nienstedten, Tel. 0 40/82 25 50, www.hotel-jacob.de. In einer hanseatischen Jugendstilvilla bietet das **Hotel Abtei** mit Antiquitäten eingerichtete Zimmer und ein Gourmetrestaurant. Abteistraße 14, Harvestehude, Tel. 0 40/ 44 29 05, Fax 40 44 98 20, www.abtei-hotel.de. Höchst originell nächtigt man in den Einzel- und Doppelkabinen mit Bad im historischen Stückgutfrachter **Cap San Diego,** Liegeplatz Vorsetzen (Überseebrücke), Neustadt, Tel. 0 40/36 42 09, www.capsandiego.de.

che die futuristische HafenCity Gestalt an. Europas größtes Neubaugebiet, die neue Wasserseite der Hamburger Innenstadt, beginnt nur zehn Fußminuten hinterm Rathaus, mit Wohnungen am Wasser, Lofts und Cafés, Büros und Bootsstegen. Die großen Firmen ziehen bald ein, die ersten Luxusappartements stehen schon: Würfel aus Glas, Stahl und Backstein. Geplant sind 5500 Wohnungen und 20 000 Arbeitsplätze, zehn Kilometer Uferpromenade, ein Museums- und ein Sportboothafen. Will man hier schon wohnen, auf einer ewigen Baustelle? Noch gibt es kaum Läden und keine Schulen, aber am Kai legen bereits Kreuzfahrtschiffe an. Man denkt im Großen hier. Und an 2020, in etwa.

Von der Zukunftsmusik wieder in die Vergangenheit. Über Norderelbe und den Binnenhafen schippert die Barkasse, wenn die Tide das erlaubt, hinein in Hamburgs ältestes Hafengebiet: das Nikolaifleet. Hier lag der erste Umschlagplatz in der 1189 gegründeten Neustadt, der Kaiser Friedrich I. Barbarossa freien Handel und Zollfreiheit auf der Unterelbe zusicherte. An der Deichstraße stehen noch restaurierte alte Kaufmannshäuser: Nostalgie pur.

Hamburgs Herz aber pulsiert an den Landungsbrücken. »Grrroße Hafenrundfahrt« schallt es allerorten, und bevor man Zeit hat, sich zu fragen, ob es eigentlich auch kleine gibt, will einen schon der erste Schlepper auf sein Boot bugsieren. Am besten nimmt man einfach das Boot, das als nächstes startet. Auch von hier fahren Barkassen zur Hafencity und in die Speicherstadt, doch wir wollen jetzt die großen Pötte sehen.

Aber vielleicht fahren wir vorher erst noch mit dem Auto oder dem Taxi über die Köhlbrandbrücke. Die grazile Schrägseilbrücke führt über den 300 m breiten Verbindungsarm zwischen Süder- und Norderelbe. Von hier aus überblickt man den gesamten Hafen. Stadteinwärts rechter Hand, pardon, steuerbord, liegt der Hansaport, Hamburgs Schüttguthafen, mit riesigen Kohle- und Erzhalden, die auf Schiffe und Eisenwaggons verladen werden und in den unterschiedlichsten Farben schimmern. Gleich nebenan leuchtet blau, gelb und rot der topmoderne CTA (Container-Terminal Altenwerder). Fast vollautomatisch steuern Computer die Warenwege: Nur wenige Menschen kontrollieren dieses Meisterwerk minutiöser Just-in-Time-Logistik. Wie von Geisterhand bewegt, sausen transponderkontrollierte Roboterfahrzeuge hin und her, drehen sich die Kräne, schweben mit Laserradar überwachte Container an dünnen Seilen über Schiffen und Brücken. Rund um die Uhr wird hier gearbeitet, stets liegen neue Schiffe und Tanker auf Reede. Bei Son-

In (ehemals!) Norddeutschlands vornehmstem Bordell bietet das **Hotel Village** ein romantisch-plüschiges Ambiente, das oft von Fotografen gebucht wird. Steindamm 4, St. Georg, Tel. 0 40/ 4 80 64 90, Fax 48 06 49 49, www.hotel-village.de. Junge Gäste bis 26 bekommen Rabatt in der durchgestylten, preisgünstigen Stadtvilla **YoHo – the young hotel,** Moorkamp 5, Tel. 0 40/2 84 19 10, Fax 28 41 91 41, www.yoho-hamburg.de. Bed & Breakfast in hanseatischen Bürgerhäusern vermittelt **Margarete Barth,** Tornquiststr. 1, Tel. 0 40/ 40 18 61 37, Fax 40 18 61 36, www.bedroomforyou.de.

◆ **Restaurants:** Eine beliebte Adresse in der Speicherstadt ist das **Fleetschlösschen,** einst ein Zollhäuschen, in dem heute ein Café Pasta und

Barkassen erkunden in zweistündiger Tour die Fleete und die Speicherstadt

nenuntergang und nachts bei Flutlicht ist das ein geradezu berauschender Anblick.

Die Wunder der Technik sieht man auch vom Schiff aus. Und wenn es um harte Fakten geht, dann »lücht« der Erklärer auf dem Ausflugsboot nicht: Über acht Millionen Container werden im Hamburger Hafen pro Jahr umgeschlagen, 2015 sollen es doppelt so viele sein. Nur Rotterdam schafft bisher noch mehr. Hamburgs Hinterland reicht jetzt vom Atlantik bis Osteuropa, ja bis nach China. Alle zwei Minuten wird ein 20 oder 40 Fuß (6 bzw. 12 m) langer Container vom Schiff gehoben und einer aufs Schiff geladen. Bis zu 40 000 Euro pro Tag kann das Liegegeld kosten: Time is money. Welche Schiffe gerade wo im Hafen liegen, was sie geladen haben, woher sie kommen, und unter welcher Flagge sie fahren, steht haarklein im »Shipping Lloyd's Index« und im täglichen Hafenbericht. Aber den wirklichen Überblick haben wohl nur die Hafenlotsen, denn die hat noch kein Computer ersetzen können.

Wrap Rolls serviert. Brooktorkai 17, Tel. 0 40/30 39 32 10, www.fleetschloesschen.de. Die Panoramafenster des **Café Engel** eigenen sich bestens zum Schiffegucken. Elbanleger Teufelsbrück, Nienstedten, Tel. 0 40/82 41 87, www.restaurant-engel.de. Wunderbar ist auch der Blick von den **Süllberg-Terrassen** in Blankenese (mit Mini-Hotel). Man hat die Wahl zwischen einfachen Gerichten auf der Sommerterrasse, feinerer Kost auf der Bistroterrasse oder exklusiver Gourmetküche im Restaurant Seven Seas. Süllbergterrasse 12, Blankenese, Tel. 0 40/8 66 25 20, www.suellberg-hamburg.de. Besonders gute Fischgerichte serviert das **Fischereihafen Restaurant,** Große Elbstraße 143, Tel. 0 40/38 18 16, www.fischereihafen restaurant.de.

Na gut, ein paar Döntjes zur Auflockerung müssen schon sein. Den Schuppen, in dem die Bananen aus Südamerika erst krummgebogen werden müssen, vollautomatisch natürlich, den lässt kein Erklärer aus. Und warum gibt es nur Schwesterschiffe? »Schiffe sind immer weiblich. Das sieht man doch sofort: Erstens an den schönen Formen, zweitens an den hohen Betriebskosten, und sie laufen einem auch gerne aus dem Ruder. Außerdem sind sie mit allen Wassern gewaschen.«

Ein paar elegante Ladys haben im Hafen für immer den Anker geworfen. Zwischen Landungs- und Überseebrücken liegen die elegante grüne Dreimastbark Rickmer Rickmers, die einst als Frachtensegler über die Meere fuhr, und der schnittige weiße Stückgutfrachter Cap San Diego am Kai, dem die Konkurrenz der Containerschiffe den Garaus machte. Weiter elbabwärts sind im Museumshafen Övelgönne das Feuerschiff Elbe 3, das einst als mobiler Leuchtturm auf See diente, der Hafenschlepper Tiger und andere historische Elbschiffe zu sehen. Auch aus dem Hansahafen mit seinen alten Kaischuppen aus der Jahrhundertwende soll eine Museumszeile werden.

Ewig spannend ist der Hafen, da reicht eine Fahrt nicht aus. Wer ganz nah ran will an die Pötte, muss doch eine Barkasse nehmen, auch wenn's mal schaukelt und der Rettungsring nur für den Kapitän da ist, wie geflunkert wird.

Nicht nur für »Pennschieter« (Geizhälse) sind auch die regulären Hafenfähren des HVV interessant, auf denen man zum Preis einer Tageskarte ebenfalls eine ganze Menge sieht. Wie das geht? Einfach mit der U-Bahn in die Speicherstadt (U3 Baumwall), dann am Sandtorhöft, der westlichen Spitze der Speicherstadt, auf die Fährlinie 62, am Elbufer entlang vorbei an Landungsbrücken (ab hier wird's voll), an der Blohm & Voss-Werft, am Fischmarkt, am Museumshafen Övelgönne und am Containerterminal bis nach Finkenwerder. Von dort gehts mit der Linie 64 weiter zum Fähranleger Teufelsbrück. Dort setzt man sich ins Café Engel und sieht zu, wie sich die Riesenfrachter zum Greifen nah in den Hafen schieben. 12 000 Seeschiffe und ebenso viele Binnenschiffe kommen hier jedes Jahr vorbei. Oder man fährt noch weiter die vornehme Elbchaussee mit ihren prächtigen Kaufmannsvillen entlang bis nach Blankenese, »wo sie sogar die Petersilie mit Fleurop bestellen«.

Im Rennen um die beste Hamburger Aussicht liegt das topmoderne Stück Desig-

Aal aus eigener Räucherei, aber auch andere ausgezeichnete Fischgerichte in historischem Ambiente gibt's im **Alt Hamburger Aalspeicher,** Deichstr. 43, Tel. 0 40/36 29 90, www.aalspeicher.de. Exzellente internationale Küche und einen großartigen Blick auf Containerterminals genießt man im **Tafelhaus,** Neumühlen 17, Tel. 0 40/ 89 27 60, www.tafelhaus.de.

◆ **Info: Tourist Information,** Hauptbahnhof, Bahnhof Dammtor und Landungsbrücken; **Hamburg Tourismus GmbH,** Tel. 0 40/30 05 13 00, www.hamburg-tourist.de. Dort sind auch die Anbieter von Hafenrundfahrten verzeichnet. Weitere gute Infos für Touristen unter www.hamburg.de. Die Besichtigung des Containerhafens (nur mit Sondergenehmigung) ermöglicht jedes Wochenende die dreistündige Bus-Tour von **Jasper Rundreisen,** Tel. 0 40/ 2 27 10 60, www.jasper.de. Wichtigste Veranstaltung ist das **Hafenfest** im Mai (mit Windjammerparade).

Spazierfahrt nach Hamburg

nerarchitektur namens »Dockland« am alten Fischereihafen ganz weit vorn: ein spitz in See stechendes Büroschiff aus Glas und Stahl mit bestem Panoramablick. Wann kommt endlich der Luxusliner Queen Mary 2 wieder, zum Gucken? Und wie wird erst der Ausblick von der Elbphilharmonie sein, wenn das spektakuläre Konzerthaus hoch über dem Hafen 2009 fertig ist? Knapp 200 Millionen soll es kosten, aber die Pfeffersäcke haben's ja.

Man kann sich aber auch einfach am Elbstrand in den Sand setzen, zu einem der vielen Lagerfeuer, und den Schiffen nachsehen, ganz kostenlos.

Ja, und was ist mit dem Nachtleben, mit der Reeperbahn? Eines ist mal sicher: Die Seeleute der großen Pötte bekommen das sündige Treiben nicht mehr zu Gesicht, nur wenige Stunden beträgt heute noch die Verweildauer im Hafen. Auf der »Reeperbahn nachts um halb eins« tummeln sich fast nur noch Touristen und Einheimische. Wer das Treiben mit Insiderblick kennen lernen möchte, bucht die »historische Hurentour«. Hier vermittelt eine (völlig seriöse) Gästeführerin in historischer Hurentracht auf einem zweieinhalbstündigen Streifzug durchs Hamburger Rotlichtviertel Einsichten in das älteste Gewerbe der Welt und berichtet von Barkassenhuren, Zuschickfrauen und Schlafbaaswirtschaften. Allerdings kostet so eine Tour um einiges mehr als den sprichwörtlichen »Heiermann«, das Handgeld, das Matrosen beim Anheuern bekamen und oft noch schnell vor dem Auslaufen des Schiffes bei gewissen Damen anlegten. Die Hamburger sahen das immer ganz unverkrampft. Was gut ist für den Hafen, das ist nun einmal gut für Hamburg.

Heidschnuckenbilder in Violett:
Die Lüneburger Heide

Calluna vulgaris heißt die Besenheide, deren rosaviolette Blütenpracht im August und September für Heideromantik sorgt, wie man sie aus Gedichten von Hermann Löns und aus Heimatfilmen der 1950er Jahre kennt. Sieht es da wirklich so aus, in der Lüneburger Heide? Da ist man mit dem ICE in einer guten Stunde von Hamburg nach Hannover gefahren, durch Lüneburg und Celle, und nirgendwo hat man violette Heide, dunkle Wacholdersträuche, einsame Birken, kleine Schäferkaten oder wollige Heidschnucken gesehen.

Nun, die »echte« Heide liegt abseits der großen Verkehrswege. Zwischen Totengrund und Wilseder Berg, im Herzen des Naturschutzparks, da ist sie noch so, wie sie Theodor Storm 1848 beschrieben hat: »Die Kräuter blühn; der Heideduft / Steigt in die blaue Sommerluft. / Laufkäfer hasten durchs Gesträuch / In ihren goldnen Panzerröckchen. / Die Bienen hängen Zweig um Zweig / Sich an der Edelheide Glöckchen, / Die Vögel schwirren aus dem Kraut – / Die Luft ist voller Lerchenlaut.«

Nur einsam und still wie bei Storm ist die Heide längst nicht mehr. Millionen Besucher bevölkern jedes Jahr die sandigen Wege: zu Fuß, mit dem Fahrrad oder per Pferdekutsche. Oft ist der Heide-Ausflug nur ein Abstecher, vom Vergnügungspark in Soltau oder vom Serengetipark in Hodenhagen. Doch der Blick vom 169 m hohen Wilseder Berg ist schon berauschend, die Menschenmassen jedoch eher weniger. Die Kameras klicken: Könnte der bärtige Schäfer bitte noch etwas dekorativer ins Bild? Doch, der ist echt, und seine Heidschnucken werden mal wieder Überstunden machen müssen. Dabei sind sie nicht in erster Linie zum Streicheln da: Die typischen Schafe der Heide halten das Gras kurz und sind somit biologische »Heidepfleger«.

Im August und September haben auch die Heideköniginnen von Schneverdingen und Amelingshausen viel zu tun, die mit ihren Kutschgespannen die Touristen erfreuen. Gewählt werden sie auf den Heideblütenfesten ihrer Ortschaften, ein farbenfrohes Spektakel. Wer es ruhiger mag, kommt im Mai, da singen auch die Lerchen viel schöner.

Unter der Heide ist Sand, aber in Lüneburg hat man auf Salz gebaut. »Träumereien in Backstein« nannte Ricarda Huch die stolzen Bürger- und Patrizierhäuser. Giebel, wohin das Auge schaut: schlichte gotische Dreiecksgiebel, prunkvolle Staffelgiebel der

»Bitte mehr nach rechts« – fotogenes Motiv in der Lüneburger Heide

Renaissance und barock geschwungene Giebel, häufig mit ranken- oder kranzförmigen Ornamenten aus Formsteinen geschmückt, gelegentlich auch mit farbigen Terrakotten verziert. Lüneburgs Saline belieferte die Ostseeländer schon vor tausend Jahren mit dem weißen Gold – es war im Mittelalter die einzige Möglichkeit, Fleisch und Fisch zu konservieren. Seit 1372 war Lüneburg Mitglied der Hanse und zwischen 1460 und 1530 eine der reichsten Städte des Nordens. Hinter einer imposanten Barockfassade verbirgt sich ein kostbar ausgestattetes gotisches Rathaus, mit leuchtenden farbigen Fenstern, kostbar geschnitztem Ratsstuhl und einer Gerichtslaube, die mit Darstellungen aus der römischen Geschichte und dem Jüngsten Gericht ausgemalt ist. Kunstvoll ausgestattet sind auch die gotischen Kirchen von Lüneburg und das etwas außerhalb liegende Kloster Lüne.

Weitgehend unzerstört geblieben ist auch Celle, die alte Residenzstadt des Fürs-

◆ **Anfahrt:** Lüneburg und Celle liegen an der Bahnlinie von Hamburg nach Hannover. Der schnellste Weg zum Wilseder Berg führt über die Autobahn von Hamburg bis Egestorf und weiter nach Undeloh.

◆ **Unterkunft:** Ein restauriertes Ensemble im Wasserviertel ist das **Hotel Bergström,** Bei der Lüner Mühle, Lüneburg, Tel. 0 41 31/30 80, Fax 30 84 99, www.bergstroem.de.

Das **Hotel Utspann** hat in einem Altstadt-Fachwerkhaus stilvolle, komfortable Zimmer eingerichtet. Im Kreise 13, Celle, Tel. 0 51 41/9 27 20, Fax 92 72 52, www.utspann.de.

Direkt im Naturschutzpark liegt der romantische **Hof Tütsberg,** Schneverdingen Heber, Tel. 0 51 99/9 00, Fax 90 50, www.tuetsberg.de.

◆ **Restaurants:** Gourmetküche serviert man im **Zum Heidkrug,** einem Giebelfachwerkhaus mit Übernachtungsmöglichkeit. Am Berge 5, Lüneburg, Tel. 0 41 31/2 41 60, www.zum-heidkrug.de.

Im gotischen Gewölbe des **Historischen Ratskellers**

Ihren ganzen Zauber entfaltet die Heide im Spätsommer

tentums Lüneburg. Dieses Kleinod unter den Heidestädten besitzt noch rund 500 seit spätgotischer Zeit entstandene Fachwerkbauten. Die Fassade des sechsgeschossigen Hoppener-Hauses von 1532 ist geradezu ein architektonisches Bilderbuch. In Celle befindet sich die einzige erhaltene Synagoge aus der Barockzeit in Norddeutschland, und im Barockschloss lockt Deutschlands ältestes bespieltes Theater.

Höhepunkt einer Kunstreise durch die Lüneburger Heide ist das gotische Zisterzienserinnenkloster Wienhausen südöstlich von Celle. Der Nonnenchor von 1330 zeigt eine in seltener Vollkommenheit erhaltene gotische Ausmalung und einen prachtvollen Marien-Flügelaltar von 1519. Sogar die Zellen der Nonnen sind teilweise kunstvoll ausgemalt. Nur an elf Tagen, vom Freitag nach Pfingsten an, werden die exquisiten neun Wienhäuser Bildteppiche ausgestellt, die zwischen 1300 und 1500 von den Nonnen geschaffen wurden. Besonders berühmt sind drei Teppiche, auf denen die Abenteuer Tristans und Isoldes abrollen. Auch Nonnen sind eben romantisch.

schmecken Heidschnuckengerichte und frische Forellen. Markt 14, Celle, Tel. 0 51 41/ 2 90 99, www.ratskeller-celle.de.
Mitten in Naturschutzpark bietet ein reetgedecktes Heidehaus Unterkunft und heidetypische Spezialitäten. **Landhaus Haverbeckhof,** Niederhaverbeck 2, Bispingen, Tel. 0 51 98/9 89 80, www.haverbeckhof.de.
◆ **Info: Lüneburger Heide Tourismus,** Barckhausenstr. 35, Lüneburg, Tel. 0 18 05/ 20 07 05, Fax 4 26 06, www.lueneburger-heide.de.
Heideblütenfest in Amelingshausen (Mitte Aug.; www.heidebluetenfest.com) und Schneverdingen (Ende Aug.; www.heidebluetenfest.de).

Hildesheim: Ottonische Träume vom Himmlischen Jerusalem

Dreißig Kilometer südlich von Hannover liegt Hildesheim, die »Hauptstadt des romanischen Comicstrips«. Nein, das ist nicht despektierlich gemeint, wir reden hier immerhin von einem Weltkulturerbe. Fast zärtlich streicht die Hand über die biblischen Reliefs der berühmtesten Bronzetüren Deutschlands, die unbekannte Künstler 1015 im Auftrag von Bischof Bernward geschaffen haben.

Am Westportal der Vorhalle des Doms St. Maria, dem »Paradies«, läuft auf zwei mal acht rechteckigen, thematisch aufeinander zukomponierten Bildfeldern das gesamte biblische Programm ab: links der alttestamentarische Sündenfall und die immer tiefere Schuldverstrickung des Menschen, die Vertreibung aus dem Paradies und die Erschlagung Abels, rechts die wichtigsten Etappen der Heilsgeschichte Christi und der Erlösung aus dem Neuen Testament. Bernward ließ sich von den geschnitzten

Massive Mauern und wehrhafte Türme: die burgähnliche Michaeliskirche

Holztüren der Kirche Santa Sabina in Rom inspirieren. Seine Türen verweisen zurück auf das antike Bronzeportal des Tempels Salomo. Gerühmt wird insbesondere die ausgeprägte Individualität der Einzelfiguren.

Im Dom selbst geht es weiter mit der biblischen Lektüre, diesmal an der im südlichen Querhaus aufgestellten, 3,79 m hohen Christussäule aus Bronze, die Bernward um 1020 wohl der Trajanssäule in Rom nachbilden ließ. Das spiralförmig ansteigende Reliefband schildert in 24 Szenen das öffentliche Leben Jesu, von der Taufe im Jordan und den Wundern bis hin zum triumphalen Einzug in Jerusalem. Früher thronte ein monumentales Kruzifix auf dem (nachgebildeten) Kapitell der Säule.

Bernwards Träume vom Himmlischen Jerusalem vollendete der um 1061 von Bischof Hezilo gestiftete romanische Radleuchter über dem Hochaltar mit aus vergoldetem Blech getriebenen Zinnen, Toren und Türmen. Ursprünglich war die bronzene Christussäule genau unter ihm aufgestellt, was dem Heilsprogramm erst den wahren Sinn gibt. Auch das um 1225 geschaffene Bronzetaufbecken in der Kapelle des heiligen Georg an der Nordseite des Langhauses erzählt eine Bildergeschichte vom Sakrament der Taufe. Getragen wird das Becken von vier knienden Männern mit Wasserkrügen, die für die Paradiesströme stehen.

Wer romanische Paradiesträume auch in Farbe sehen möchte, besucht die Michaeliskirche. Zwar musste die Basilika nach dem Krieg in ihrer ursprünglichen Form von 1010 wieder aufgebaut werden, doch ihre einzigartige Holzdecke mit vollständiger spätromanischer Bemalung von 1200 blieb bis auf die östlichen Bildfelder in ihrem ursprünglichen Zustand erhalten, da man sie 1943 in weiser Voraussicht ausgelagert hatte. Man möchte sich am liebsten auf den Boden legen, stundenlang nach oben schauen und den Verästelungen des als Leitmotiv gestalteten Baums Jesse folgen. Von West nach Ost erscheinen der Sündenfall, der schlafende Jesse, die Könige David, Salomon, Hiskia und Josias, dann Maria mit der Spindel und Christus als Weltenrichter.

Und wieder taucht das Himmlische Jerusalem auf: diesmal auf der Rückseite der Chorschranke, in deren Rundbogennischen sieben reliefierte Stuckfiguren mit bereits frühgotisch anmutenden, fein ausgearbeiteten faltenreichen Gewändern erscheinen. In der Mitte Maria mit Kind, flankiert links vom Ordensgründer Benedikt und rechts vom inzwischen heilig gesprochenen Bernward, der das Modell der Michaeliskirche trägt. Nach außen folgen die Apostel Jakobus und Petrus sowie Paulus und Johannes.

◆ **Anfahrt:** Autobahn- und Zugverbindung mit Hannover.

◆ **Unterkunft:** In nach historischem Vorbild wieder aufgebauten Häusern am Marktplatz bietet das **Van der Valk Hotel** modernen Komfort. Markt 4, Tel. 0 51 21/30 00, Fax 30 04 44, www.vandervalkhildesheim.de. Besonders ruhig, aber keineswegs spartanisch nächtigt man in der **Tagungsstätte im Michaeliskloster,** Hinter der Michaeliskirche 5, Tel. 0 51 21/6 97 13 00, Fax 6 97 13 20, www.michaeliskloster.de.

◆ **Restaurants:** Frisch vom Hildesheimer Markt sind die Zutaten, die das historische **Gildehaus** im Van der Valk Hotel zu schmackhafter regionaler Küche verarbeitet. Markt 4, Tel. 0 51 21/3 00 62, www.gildehaus.de.

Ursprünglich Gildehaus der Fleischer: Knochenhaueramtshaus am Marktplatz

Die abendländischen Kirchenbauten in den Bogenzwickeln der mit Schirmkuppeln bedeckten Rundbogennischen symbolisieren die Tore zum Himmlischen Jerusalem.

Es grenzt schon an ein Wunder, dass die bedeutendsten Kunstschätze von Hildesheim nicht mit dem Rest der Stadt 1945 im Bombenhagel versanken. Inzwischen wurde vieles restauriert, vor allem der historische Marktplatz mit dem berühmten Knochenhaueramtshaus. Auch die romanischen Kirchen hat man originalgetreu wieder aufgebaut. Die päpstliche Basilika St. Godehard wurde weniger hart getroffen und bietet daher ein besonders reines Beispiel romanischer Architektur, mit achteckigem Vierungsturm, drei Radialkapellen des Chorumgangs und zwei schlanken Querhausapsiden. Im steilen dreischiffigen Langhaus erzählen diesmal Würfelkapitelle aus dem Leben Jesu und von einem Reich, das nicht von dieser Welt ist.

Im angeblich schönsten Fachwerkhaus der Welt tischt die **Gaststube Knochenhaueramtshaus** herzhafte Gerichte auf. Markt 7, Tel. 0 51 21/2 88 99 09, www.knochenhaueramtshaus.com.

◆ **Info: Tourist Information Hildesheim,** Rathausstraße 18–20, 31134 Hildesheim, Tel. 0 51 21/1 79 80, www.hildesheim.de.

Die **Michaeliskirche** ist wegen Restaurierungsarbeiten bis voraussichtlich Mai 2007 geschlossen. Sehenswert sind die romanischen Schätze des **Dom-Museums,** Domhof 4, Tel. 0 51 21/1 79 16 40, www.dommuseum-hildesheim.de (Di–Sa 10–13, 13.30–17 Uhr, So 12–17 Uhr) und die Sammlungen alter Kulturen des **Roemer- und Pelizaeus-Museums,** Am Steine 1–2, Tel. 0 51 21/9 36 90, www.rpmuseum.de (tgl. 10–18 Uhr).

Auf der Tillyschanze in Hannoversch Münden: Fachwerk pur

»Wo Werra sich und Fulda küssen / Sie ihre Namen büßen müssen / Und hier entsteht durch diesen Kuss / Deutsch bis zum Meer der Weser Fluss.« Generationen von Schülern haben seit 1899 dieses Flusspoem eines Mündener Fabrikanten memoriert, aber über die Stadt des Kusses, auf halbem Wege zwischen Kassel und Göttingen am südlichen Zipfel des Weserberglandes, oft wenig erfahren. Dabei rühmte schon Alexander von Humboldt Münden als eine der sieben schönstgelegenen Städte der Welt.

Und Humboldt hatte recht: Vom 25 m hohen Turm der Tillyschanze bietet sich ein herrlicher Blick auf ein geschlossenes mittelalterliches Stadtbild mit über 700 Fachwerkhäusern aus sechs Jahrhunderten im »Mündener Sonderstil«, mit Wehrtürmen und Resten der Befestigungsmauern. »Hier hab' ich so manches liebe Mal / Mit meiner Laute gesessen / Hinunterblickend ins weite Tal / Mein selbst und der Welt vergessen«, dichtet Franz von Dingelstedt in seinem Weserlied. Der Feldherr Tilly war weniger romantisch gewesen: 1626 ließ er fast die gesamte Bevölkerung Mündens massakrieren.

Und dann war da noch der Doktor Eisenbart, der »die Leut kurirt auf seine Art«, wie das Spottlied behauptete. Mit marktschreierischem Gefolge zog der Chirurg um 1700 von Stadt zu Stadt, zog Zähne,

◆ **Anfahrt:** Hann. Münden liegt an der Bundesstraße und der Bahnlinie zwischen Göttingen und Kassel und ist ein idealer Ausgangspunkt für Radtouren durch das Wesertal.

◆ **Unterkunft und Restaurants:** In schönster Altstadtlage am Zusammenfluss von Werra und Fulda wurde im 1837 erbauten Lagerhaus das **Hotel Alter Packhof** mit komfortablen Zimmern im Landhausstil eingerichtet. Im Restaurant kann man die grätenlose Reinhardswälder Bachforelle probieren. Alter Packhof, Bremer Schlagd 10–14, Tel. 0 55 41/9 88 90, Fax 98 89 99, www.hotel-alter-packhof.de.

Der schön gelegene ehemalige Sommersitz eines Bildhauers am Waldrand unweit der Tillyschanze mit tollem Blick ins Tal ist jetzt das **Berghotel Eberburg,** dessen italienisches

Laut Humboldt eine der schönstgelegenen Städte der Welt

operierte Brüche, stach den Leuten den Grauen Star und entfernte quälende Nierensteine. Weil das alles ohne Narkose höllisch weh tat, traten Gaukler und Spielleute auf, die den Patienten, aber auch das gaffende Volk unterhielten und ablenkten. Der Doktor ging durchaus fortschrittlich zu Werke: Er soll sogar schon sein Besteck unter einer Flamme erhitzt haben. Trotzdem verweilte der Wanderdoktor nie lange – besser, man war schon meilenweit fort, wenn es Komplikationen gab.

Dass der hochberühmte Medicus ausgerechnet in Münden starb, anno 1727 im ehemaligen Gasthaus »Zum Wilden Mann«, hat man ihm nicht vergessen. In der Ägidienkirche liegt er bestattet, und dreimal täglich ertönt das Glockenspiel mit dem Spottlied im Giebel des 1609 vollendeten Rathauses – schönste Weserrenaissance natürlich. Dazu

Restaurant einen Hauch Toskanaflair verbreitet: Tillyschanzenweg 14, Tel. 0 55 41/50 88, Fax 46 85, www.berghotel-eberburg.de. Schöne Gästezimmer und marktfrische regionale Küche, z. B. Filet vom Hilwartshäuser Weideochsen, Rehrücken aus lokaler Jagd oder Ziegenhagener Schafskäse, bietet das **Gasthaus Letzter Heller** in einem liebevoll renovierten Fachwerkhaus. Letzter Heller 7, Tel. 0 55 41/64 46, www.letzter-heller.de.

◆ **Info: Tourist-Information Hann. Münden,** Rathaus, Lotzestraße, Tel. 0 55 41/7 53 13, www.hann.muenden.de. **Museum im Welfenschloss:** Mi–Fr 10–12, 14.30–17, Sa bis 16, So bis 12.30 Uhr.

Der Turm der Tillyschanze bietet hervorragende Tief- und Rundblicke

erscheint ein Figurenumlauf mit einer Szene aus dem Wirken des Wanderarztes. In den Sommermonaten finden an fast allen Sonntagen die Doktor-Eisenbart-Spiele vor dem Rathaus statt, und samstags um halb zwei ist kostenlose »Sprechstunde« im Rathaus: Zu Risiken und Nebenwirkungen fragen Sie Ihren Arzt oder Apotheker.

In Münden konnte man den Bürgern nicht nur Zähne, sondern auch Geld aus der Tasche ziehen. Schon 1247 hatte der Ort von Heinrich dem Löwen Stadt- und Stapelrecht erhalten. So mussten alle Kaufleute, die hier auf einer der ältesten Steinbrücken Norddeutschlands die Werra überquerten, ihre Ware für einige Tage feilbieten. Die Fürstenmacht ist vergangen, doch im mächtigen Welfenschloss zeugen erlesene Mündener Fayencen und in dieser Qualität für Norddeutschland fast singuläre profane Renaissancefresken von jener Zeit. Im Sommer sind auch die Konzerte im 20 Kilometer entfernten romanischen Kloster Bursfelde ein Hochgenuss.

Perlen der Weserrenaissance: Hameln und die Hämelschenburg

Eigentlich hätte Hameln längst mal wieder einen echten Rattenfänger nötig. Er könnte die Brotratten aus den Bäckereien holen und die Lakritzratten aus den Konditoreien. Er würde dafür sorgen, dass den Touristen keine flambierten Rattenschwänze mehr vorgesetzt werden, dass sie keinen Rattenködertee und keinen Rattenblutschnaps mehr trinken müssen. Rattenschlipse, Rattenbecher und Rattenshirts würden verschwinden, und das sonntägliche Rattenfängerfreilichtspiel gehörte endlich der Vergangenheit an, vom rockigen Musical »Rats« ganz zu schweigen.

Dabei leistet sich Hameln gleich fünf offizielle Rattenfänger, doch führen die keine Ratten aus der Stadt, sondern Touristen in ihr herum. Viele Japaner kennen den Rattenfänger besser als das Brandenburger Tor. Das will vermarktet sein. Über zwei Millionen Tagestouristen kommen jedes Jahr: Die Ratten würden vermutlich freiwillig fliehen, wenn es noch welche gäbe, echte natürlich.

Dabei ist das Ganze sowieso Lug und Trug. Eine Tragödie, die sich wohl tatsächlich im 13. Jahrhundert in der Weserstadt abgespielt hatte, wurde erst 300 Jahre später mit einer Rattenplage verknüpft. Die

◆ **Anfahrt:** Mit dem Auto von Hannover (Flughafen). Von Dortmund fährt man über Minden und Bückeburg, von Kassel entweder über Paderborn und Bad Pyrmont oder (viel schöner) über Hann. Münden gemütlich die Weser flussabwärts. Zugverbindungen führen über Hannover.

◆ **Unterkunft:** In einem Fachwerkhaus in der Altstadt bietet das **Hotel Christinenhof** modernen Komfort. Alte Marktstraße 18, Tel. 0 51 51/ 9 50 80, Fax 4 36 11.
Eine schlossartige Anlage mit Gefängnisvergangenheit ist das sehr komfortable Hotel **Stadt Hameln,** Münsterwall 2, Tel. 0 51 51/90 10, www.hotel-stadthameln.de.

◆ **Restaurants:** Das Restaurant im historischen **Rattenfängerhaus** serviert die oben zitierten »Rattenschwänze« – leckere Schweinefiletstreifen – und kredenzt Rattenfängerschnaps. Es gibt aber auch gute Wildspezialitäten: Oster-

Käme doch nur ein Rattenfänger, der die Stadt von dem Rattenwahn befreite ...

Inschrift am Rattenfängerhaus erzählt lediglich, dass anno 1284 ein buntgekleideter Pfeifer 130 Hamelner Kinder aus der Stadt den Kalvarienberg hinaufgeführt hat. Vermutlich war er ein lautstarker Werber, der auswanderungswillige Bürger mit einem besseren Leben im Osten lockte. Von Ratten kein Wort. Doch spätestens mit den Brüdern Grimm verschmelzen der Pfeifer und der Rattenfänger zu ein und derselben Person, zum Rattenfänger von Hameln, dem die Ratsherren seinen gerechten Lohn vorenthielten, nachdem er die lästigen Tiere in der Weser ertränkt hatte. Aus Rache lockte der Mann mit seiner Pfeife 130 Hamelner Kinder aus der Stadt heraus – sie wurden nie wieder gesehen.

Da fragt man sich, was dem Frevler passieren würde, der in der Bungelosen-Straße ketzerisch eine Flöte zückte. Durch diese Straße sollen die Kinder das Ostertor hinausgezogen sein, und danach durfte in der

straße 28, Tel. 0 51 51/38 88, www.rattenfaengerhaus.de. In den Ruinen der alten Klütfestung genießt man nicht nur den schönen Ausblick auf Hameln und die Weser, sondern im Restaurant **Klütturm** auch eine gute internationale Küche. Tel. 0 51 51/6 16 44, www.kluetturm.de. Böhmische Küche wird in den historischen Räumen der Pfortmühle serviert, mit Terrassencafé auf der Weserpromenade. **Restaurant Böhmerwald,** Sudetenstraße 1, Tel. 0 51 51/2 93 90, www.boehmerwald-restaurant.de.

◆ **Info: Hameln Marketing und Tourismus,** Deisterallee 1 (am Bürgergarten), Tel. 0 51 51/95 78 23, Fax 95 78 40, www.hameln.de. Das **Rattenfänger-Freilichtspiel** findet am Sonntag um 12 Uhr statt, das Musical »Rats« gibt es mittwochs um 16.30 Uhr, beide am Hochzeitshaus, beide gratis, jeweils Mitte Mai bis Mitte September.

»tonlosen Straße« niemals mehr Musik erklingen. Das strenge Verbot gilt bis heute.

Etwas Gutes hat das Spektakel aber doch. Vielleicht hätte man ohne die Legende die Stadt nie besucht, nie die großartigen Profanbauten der Weserrenaissance in der Osterstraße kennen gelernt, mit ihren Rundbogenportalen, Volutengiebeln, breiten Ornamentbändern, skulpturenverzierten Erkern, die man hier Utluchten nennt, mit ihren Masken, Girlanden und Löwenköpfen. Besonders prunkvoll ist das Ensemble aus Stiftsherrenhaus und Leisthaus. Hier erzählt das Hamelner Heimatmuseum – man ahnt es – von der Rattenfänger-Sage, aber gottlob nicht nur, und das Rattenfängerhaus von 1603 heißt auch nur wegen seiner Balkeninschrift so.

Angenehm rattenfrei sind die Kirchen von Hameln, in denen man sich durch die Baustile gucken kann: in der Münsterkirche von der Romanik bis zum Barock.

Wer noch nicht genug hat von der Weserrenaissance, der fährt zur Hämelschenburg 8 km südlich. Das über dem Emmerthal gelegene Schloss ist das Paradebeispiel dieses Baustils: eine hufeisenförmige Anlage mit zwei achteckigen Treppentürmen. Für die Ornamentik kennt die Fachwelt so schöne Ausdrücke wie Zahnschnittgesimse, Beschlagwerklisenen, Bossensteinbänder und verkröpfte Gesimse.

Einiges von Hameln abgeschaut hat man sich 16 km weiter weseraufwärts im Fachwerkstädtchen Bodenwerder. Hier wurde der berühmte Lügenbaron Karl Friedrich Hieronymus von Münchhausen (1720 bis 1797) geboren, und hier starb er auch. Das Rathaus, Münchhausens ehemaliger Herrensitz, ist selbstredend im Stil der Weserrenaissance erbaut. Natürlich vermarktet Bodenwerder seinen illustren Sohn nach Kräften. Dabei hat der weit gereiste Münchhausen zwar fesselnd zu erzählen verstanden, aber die absurden Anekdoten, die man in seinem Namen verbreitete, die hat er nie zum Besten gegeben. Es wird also nicht nur in Hameln für Touristen geflunkert.

Die ehrwürdige Hämelschenburg in Renaissance-Stil

Obstblüte, Hochzeitsbänke und Brauttüren: Im Alten Land

Mitte Mai werden die Hamburger langsam nervös. Ob sie schon blühen, die Obstbäume im Alten Land, Deutschlands größtem geschlossenen Obstanbaugebiet? Zeit, sich aufs Fahrrad zu schwingen und am linken Elbufer stromabwärts in die Blüten- und Fachwerkpracht zwischen Buxtehude, Jork und Stade hineinzuradeln, »drei Meilen vor Hamburg«.

Schon bald werden die Wiesen mit weißen Kirschblüten zugeschneit sein, später folgen die zartrosa Blüten der Birnen-, Pflaumen- und Apfelbäume. Auf der Elbe ziehen mächtige Pötte dahin, und ein altes Fachwerkhaus mit kleiner Gaststube ist nie weit. An den schönsten Plätzen sind von Brautpaaren gestiftete weiße »Altländer Hochzeitsbänke« aufgestellt. Einmal die Zeit anhalten: Hier kam nur der Hase außer Atem, der sich mit dem Igel das berühmte Wettrennen lieferte, »up de lütje Haide bi Buxtehude«.

Nur im Juli herrscht Stress, wenn die Bauern sich sputen müssen, um die reifen Kirschen vor den gefräßigen Staren von den Ästen zu pflücken. Bei der Apfelernte gibt es solche Probleme nicht: Ohne Leitern holt man die Früchte von den niedrigen Bäumen, und an zahlreichen Ständen am Straßenrand werden Holsteiner Cox und Jonagored erntefrisch angeboten.

Zu allen Jahreszeiten ein ästhetischer Hochgenuss sind die Altländer Bauernhäuser. Besonders schöne stehen in Neuenfelde und Jork. Die älteren Bauten stammen noch aus dem 17. Jh. Es sind dreischiffige Zweiständerhäuser mit reich gegliederten und verzierten Giebeln. Ihre strahlend weiß gestrichenen Fachwerkbalken sind mit

◆ **Anfahrt:** Straßen- und Zugverbindung zwischen Hamburg und Stade. Der Elbe-City-Jet fährt von den Hamburger Landungsbrücken zum Lüheanleger (Nähe Jork) und nach Stadersand (Nähe Stade).

◆ **Unterkunft:** Eine familiär geführte preiswerte Unterkunft mit bürgerlicher Küche ist das **Vier Linden Kiek In Hotel,** Schölischer Straße 63, Stade, Tel. 0 41 41/9 27 02, www.hotel-vierlinden.de. In Jork kann man im Hotel **Altes Land,** Schützenhofstraße 16, Jork, Tel. 0 41 62/9 14 60, www.hotel-altes-land.de, nächtigen, dessen Gaststube deftig-ländlich kocht.

◆ **Restaurants:** Ein hübsches, reetgedecktes Bauernhaus in einem Museumsdorf ist das **Insel-Restaurant,** das viel Fisch und Wild serviert. Die Bedienung trägt traditionelle Altländer Tracht. Auf der Insel,

Blütenpracht und Fachwerkzauber: Frühjahrserwachen im Alten Land

gemusterten Backsteinfüllungen ausgemauert; diese Ziegelmuster fügen sich zu Sinnbildern. Der eingemauerte Hexenbesen schützte vor Blitzeinschlag und bösem Blick, und die Teufelsmühle sorgte dafür, dass immer frisches Brot im Hause war.

Hauptschmuck des Altländer Hauses ist die Brauttür, die früher nur von innen zu öffnen war. Diese zweiflügelige Holztür ist oft fantasievoll geschnitzt, mit Ornamenten, frommen Sprüchen und Namen bunt bemalt. Öffnen durfte man sie nur bei Hochzeiten und Beerdigungen. Ansonsten betrat man das Haus durch Prunkpforten, die noch vor mehreren Höfen stehen.

Mit einem nahezu unversehrten Häuserensemble des 17. Jahrhunderts punktet Stade, eine der ältesten Hansestädte. Besonders malerische Häuserzeilen mit alten Giebelhäusern säumen die Uferstraßen des Alten Hafens. Saniert hat man die Pracht mit den Steuereinnahmen aus Deutschlands ältestem Atommeiler. Aber der wird demnächst abgerissen.

Stade, Tel. 0 41 41/20 31, www.insel-restaurant.de. In einem Fachwerkhaus mitten in der Stader Altstadt schmeckt die mediterran geprägte, aber mit regionalen Produkten kreierte Gourmetküche des **Knechthausen,** Bungenstraße 20–22, Tel. 0 41 41/4 53 00, www.knechthausen.de.

◆ **Info: Touristikzentrale Jork – Altes Land,** Osterjork 12, Jork, Tel. 0 41 62/91 47 55, www.tourismus-jork.de. **Stade Tourismus,** Tourist-Information am Hafen, Hansestr. 16, Tel. 0 41 41/40 91 70, www.stade-tourismus.de. Schönste Besuchszeit zur **Obstblüte** Mitte April bis Mitte Mai. Höhepunkt ist das **Blütenfest** Anfang Mai mit Krönung der Blütenkönigin.

Worpswede:
Das lichte Moor der Maler

»Es ist ein seltsames Land. Wenn man auf dem kleinen Sandberg von Worpswede steht, kann man es ringsum ausgebreitet sehen, ähnlich jenen Bauerntüchern, die auf dunklem Grund Ecken tief leuchtender Blumen zeigen. Flach liegt es da, fast ohne Falte, und die Wege und Wasserläufe führen weit in den Horizont hinein. Dort beginnt ein Himmel von unbeschreiblicher Veränderlichkeit und Größe.«

Man kann sie noch finden, die Worpsweder Natur mit ihren bizarren Wolkenformationen und faszinierenden Lichteffekten, von der Rainer Maria Rilke einst schwärmte. Im April leuchtet der Himmel über den hellgrünen Birken in diesem zarten Blau, das den Jugendstilkünstler Heinrich Vogeler so faszinierte, aber auch im November sind die unzähligen Schattierungen von Silbergrau, die Wind, Wolken und Nebelschleier zaubern, ein Erlebnis.

»Worpswede, Worpswede, Worpswede ... es ist ein Wunderland«, schrieb die später mit Otto Modersohn verheiratete Malerin Paula Becker, eine der bedeutendsten Vertreterinnen des frühen Expressionismus, 1897 begeistert in ihr Tagebuch. »Entdeckt« hat die Landschaft des Teufelsmoors der Kunststudent Fritz Mackensen, dem bald sein Studienkollege Otto Modersohn folgte. Zusammen mit ihren Malerfreunden Fritz Overbeck, Hans am Ende und Heinrich Vogeler rebellierten die akademieverdrossenen Studenten gegen die Historienmalerei der Jahrhundertwende und begeisterten sich für die Ursprünglichkeit der Worpsweder Natur. Mit einer Ausstellung im Münchner Glaspalast gelang den »ersten

◆ **Anfahrt:** von Bremen über Lilienthal und Grasberg. Gemächlich zuckelt der »Moorexpress« vom 1. Mai bis 3. Oktober einspurig durchs Teufelsmoor. Fahrräder werden mitgenommen. Er verkehrt zwischen Stade und Osterholz-Scharmbeck mit Halt in Worpswede. Von Mai bis September kann man sonntags mit dem Torfkahn auf der Hamme zwischen Worpswede und Osterholz-Scharmbeck (Bahnverbindung mit Bremen) durchs Moor gleiten.

◆ **Unterkunft:** Der **Eichenhof** ist ein modernes, kreatives Designhotel, in dessen Restaurant ARTisst regionale Küche mit mediterranem Pfiff serviert wird. Ostendorferstr. 13, Tel. 0 47 92/26 77, Fax 44 27, www.eichenhof-worpswede.de.
Eine idyllische Hofanlage mit Museum, Handweberei und

Unzählige Schattierungen von Grün und Grau bei Nebel im Huvenhoopsmoor

Fünf« der künstlerische Durchbruch, und immer mehr Maler zog es nach Worpswede.

Heute reisen die zahlreichen Besucher Worpswedes mit der Schienenbahn »Moorexpress« an und kehren erst einmal am Bahnhof ein, den Heinrich Vogeler 1910 im Jugendstil entworfen hat. Oder sie speisen im »Kaffee Worpswede«, das der 1914 zugezogene Bildhauer und Architekt Bernhard Hoetger 1926 als Künstlercafé baute: ein verwinkeltes Gebäude mit unregelmäßig ausgemauertem Fachwerk, über das seinerzeit mancher die Nase rümpfte. Nebenan sind in der Großen Kunstschau viele Bilder der Worpsweder Künstlerkolonie ausgestellt.

Zeitweiliger Mittelpunkt der Kolonie war der Barkenhoff, ein Fachwerk-Hallenhaus des 18. Jhs., das Vogeler 1895 erworben hatte und anschließend im Jugendstil mit geschweiftem Giebel umbaute. Jetzt ist das Gebäude ein modern konzipiertes Museum, das Arbeiten des Künstlers zeigt.

Das Moor war zwischenzeitlich fast komplett dem Torfabbau zum Opfer gefallen. Heute wird es liebevoll renaturiert. Mit Torfkähnen, auf naturkundlichen Radtouren und Moorwanderungen lernt man das Huvenhoopsmoor kennen, in dem mittlerweile wieder Kraniche brüten. Auch Künstler gibt es immer noch in Worpswede, aber die malen heute natürlich ganz anders.

einer kleinen Gästepension ist das **Haus im Schluh,** Im Schluh 35–37, Tel. 0 47 92/95 00 61, Fax 95 00 63, www.haus-im-schluh.de. In einem Nebengebäude warten im Haus Tulipan vier mit modernem Komfort eingerichtete Zimmer. Das Mobiliar wurde größtenteils nach Entwürfen von Heinrich Vogeler gefertigt.

◆ **Restaurants:** Das kreisförmige Restaurant **Kaffee Worpswede** bietet nicht nur jede Menge Kunst, sondern auch mediterran inspirierte Küche. Lindenallee 1, Worpswede, Tel. 0 47 92/10 28, Fax 31 02 35, www.kaffee-worpswede.de.

◆ **Info: Gästeinformation für Worpswede und das Teufelsmoor,** Bergstraße 13, Tel. 0 47 92/93 58 20, Fax 0 47 92/93 58 23, www.worpswede.de.

Nimm mich mit, Kapitän …: Das Deutsche Schifffahrtsmuseum in Bremerhaven

Bis vor fünf Jahrzehnten kannte man Koggen, die alten Kaufmannsschiffe der Hanse, nur noch von spätmittelalterlichen Stadtsiegeln und aus Erzählungen. Doch 1962 stießen Bagger im Hafenbecken von Bremen auf ein hölzernes Schiff mit geräumigem Rumpf aus breiten Planken in Klinkerbauweise, dazu vorn und achtern gerade Steven auf einer flachen Kielplanke und ein Achterkastell: Genauso sahen die Koggen auf den alten Darstellungen aus.

Gleich dreimal hat man die Bremer Kogge inzwischen nachgebaut. Die Kogge ist aber natürlich nicht das einzige Schiff des Deutschen Schifffahrtsmuseums (DSM), das mitten im Zentrum von Bremerhaven, zwischen Columbus-Center und Weserdeichpromenade, liegt. Es erzählt von Ozeanriesen, historischen Großseglern und Dampfschiffen: eine spannende Reise durch tausend Jahre Seefahrtsgeschichte.

Im Museumsgebäude sind neben der Hansekogge aus dem Jahr 1380 über 100 Originalfahrzeuge und über 500 Schiffsmodelle zu sehen, der Schiffsglobus von 1715 ebenso wie der Reaktorleitstand des Atomschiffs Otto Hahn von 1968.

Aber nun hinaus ins Freie! Im Alten Hafen, der heute zum Museum gehört, bewacht der Loschen-Leuchtturm von 1855 ein einzigartiges Schiffsensemble. Besondere Erwähnung verdienen der weltweit letzte hölzerne Handelsgroßsegler Seute Deern (1919), der als Restaurant genutzt wird, das heute unter deutscher Handelsflagge regis-

◆ **Anfahrt:** Autobahn- und Zugverbindung mit Bremen.

◆ **Unterkunft:** Nur einen Katzensprung vom DSM entfernt liegt das komfortable **Hotel Haverkamp,** Prager Straße 34, Tel. 04 71/4 83 30, www.hotel-haverkamp.de. Architektonisch spektakulär und direkt am Weser-Deich gelegen eröffnet im Feb. 2008 das Atlantic Hotel Sail City seine Pforten. Columbusstraße, www.atlantic-hotels.de.

◆ **Restaurants:** Auf der historischen Dreimastbark Seute Deern, »süßes Mädchen«, servieren Smutjes und Stewards in Laderaum, Salon und Kapitänskajüte Schwarzbrot mit Matjes oder Limandesfilet. Von Ronzelenen Straße, Tel. 04 71/41 62 64, www.seutedeern.de.

Über sechs Jahrhunderte Schifffahrtsgeschichte in Bremerhaven

trierte Polarexpeditionsschiff Grönland (1867) als zweitältestes Seeschiff sowie das Feuerschiff Elbe 3 (1909). Ein Highlight ist die von einem eigenen Museumsverein betriebene Wilhelm Bauer (1945). Dieses einzige erhaltene Unterseeboot der deutschen Kriegsmarine vom revolutionär modernen Typ XXI konnte durch einen neuartigen Schnorchel unter Wasser »atmen« und 220 Meter tief tauchen. Es wurde zum Vorbild für die atomgetriebenen U-Boote der Siegermächte.

Bremerhavens Blick ging immer in die Ferne. Im DSM sind auch Zwei- und Dreimaster zu sehen, auf denen Auswanderer ihrer neuen Heimat entgegensegelten. Für 7 Millionen Emigranten, darunter fast 4 Millionen Deutsche, waren die Kais von Bremerhaven ihr letztes Stück Europa. Von den Auswanderern erzählt die Ausstellung im Auswandererhaus an der Deichpromenade. Deutsche Schiffe waren beliebt, weil sie als sicher galten. Der Kapitän nahm alle mit, zurück kamen nur wenige.

Den herrlichsten Anblick bietet Bremerhaven, wenn sich hier Windjammer aus aller Welt, allen voran das stolze Segelschulschiff Gorch Fock, zur »Sail Bremerhaven« treffen, die allerdings erst wieder 2010 stattfindet. Aber auch zur allsommerlichen Festwoche Ende Juli läuft so mancher Großsegler ein. Schiff ahoi!

Viel nautisches Flair zu Bremerhavener Labskaus oder Aal-Essenz mit Meeresfrüchten bietet das **Natusch Fischereihafen-Restaurant,** das sich seinen frischen Nordseefisch von der Auktionshalle gegenüber holt. Am Fischbahnhof 1, Tel. 04 71/7 10 21, www.natusch.de.

◆ **Info: BIS Bremerhaven Touristik & Tourist-Infos,** H.-H.-Meier-Str. 6, Tel. 04 71/ 41 41 41, Fax 9 46 46 19, www.bremerhaven-touristik.de.

Deutsches Schifffahrtsmuseum, Hans-Scharoun-Platz 1, Bremerhaven, Tel. 04 71/48 20 70, www.dsm.de.

Info zur **Sail Bremerhaven** unter www.sail-bremerhaven.de.

Ostdeutschland

Weltberühmt sind Schloss Sanssouci und Dresdener Zwinger, doch zwischen Erzgebirge und Oderbruch gibt es so viel mehr zu entdecken. Mit Luther geht es auf die Wartburg und durch Wittenberg, mit Goethe durch Weimar und das Gartenreich Dessau-Wörlitz, mit Bach und Mendelssohn durch die Musikstadt Leipzig und mit Fontane durch die stille Mark Brandenburg. Ein Juwel der Renaissance ist die Grenzstadt Görlitz an der Neiße, die Geburtsstätte der modernen Architektur besichtigt man in Dessau. Zur Hauptstadt des 21. Jahrhunderts entwickelt sich Berlin, dessen Museumsinsel über 3000 Jahre Menschheitsgeschichte versammelt.

schland

Ostdeutschland

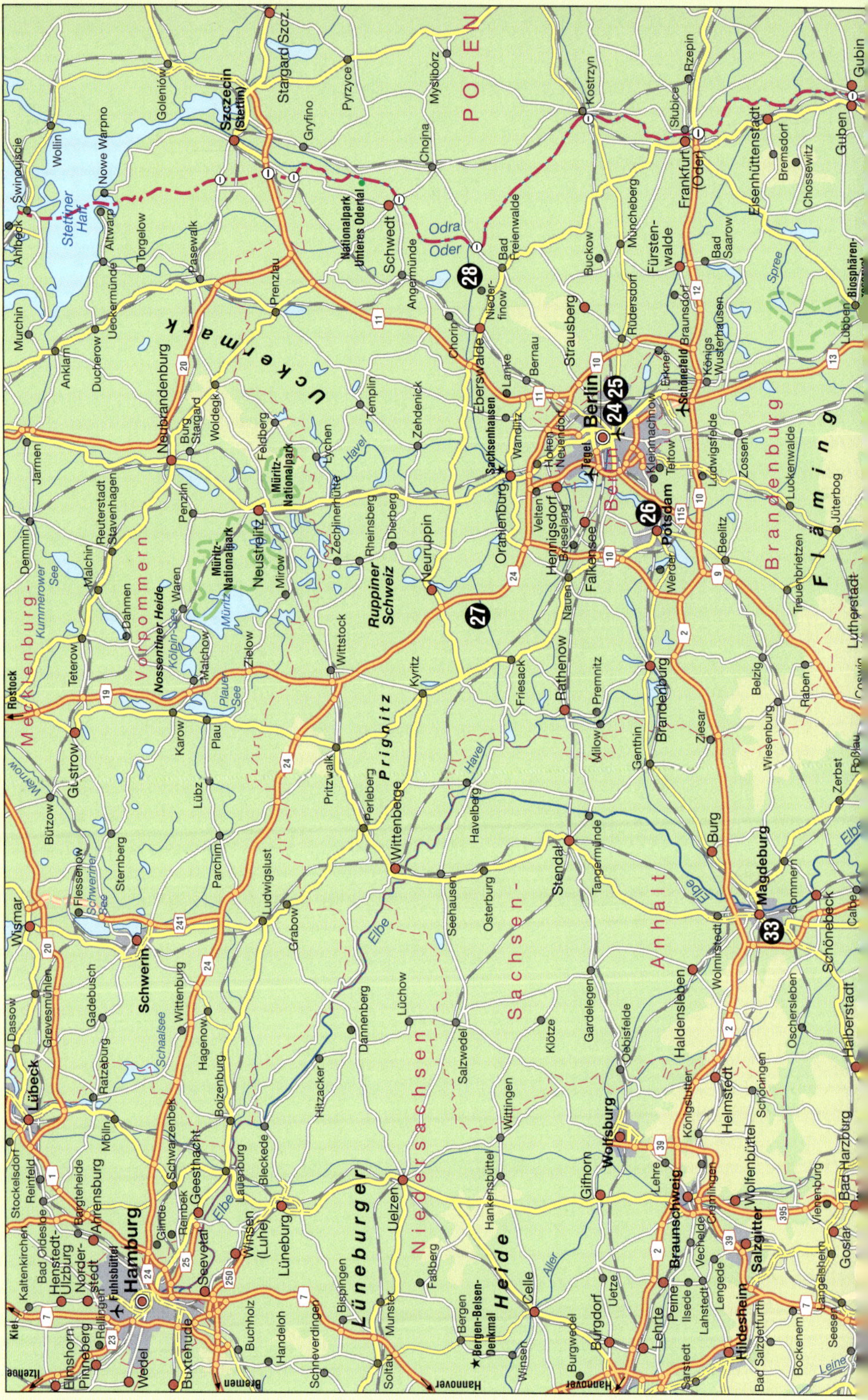
POLEN
Szczecin (Stettin)
Stettiner Haff
Świnoujście
Wollin
Nowe Warpno
Goleniów
Stargard Szcz.
Gryfino
Pyrzyce
Myślibórz
Chojna
Kostrzyn
Słubice
Rzepin
Gubin
Odra
Oder
Nationalpark Unteres Odertal
Schwedt
Angermünde
Uckermark
Prenzlau
Pasewalk
Torgelow
Ueckermünde
Anklam
Murchin
Ahlbeck
Altwarp
Neubrandenburg
Burg Stargard
Woldegk
Feldberg
Templin
Zehdenick
Lychen
Eberswalde
Chorin
Bad Freienwalde
Bernau
Strausberg
Buckow
Müncheberg
Fürstenwalde
Frankfurt (Oder)
Eisenhüttenstadt
Guben
Bad Saarow
Spree
Lübben
Königs Wusterhausen
Berlin
Tegel
Schönefeld
Potsdam
Teltow
Kleinmachnow
Zossen
Luckenwalde
Jüterbog
Ludwigsfelde
Beelitz
Werder
Brandenburg
Fläming
Treuenbrietzen
Lutherstadt
Belzig
Wiesenburg
Ziesar
Raben
Zerbst
Roßlau
Oranienburg
Sachsenhausen
Wandlitz
Hennigsdorf
Velten
Falkensee
Nauen
Rathenow
Premnitz
Friesack
Neuruppin
Ruppiner Schweiz
Rheinsberg
Zechlinerhütte
Wittstock
Mirow
Neustrelitz
Müritz-Nationalpark
Waren
Malchow
Plau
Mecklenburg-Vorpommern
Nossentiner Heide
Teterow
Malchin
Demmin
Jarmen
Reuterstadt Stavenhagen
Penzlin
Kummerower See
Güstrow
Rostock
Bützow
Warnow
Sternberg
Parchim
Lübz
Karow
Prignitz
Pritzwalk
Kyritz
Perleberg
Wittenberge
Havelberg
Havel
Stendal
Tangermünde
Genthin
Burg
Magdeburg
Elbe
Schönebeck
Calbe
Gommern
Wolmirstedt
Haldensleben
Oschersleben
Halberstadt
Anhalt
Sachsen-
Niedersachsen
Seehausen
Osterburg
Salzwedel
Klötze
Gardelegen
Obisfelde
Wolfsburg
Gifhorn
Helmstedt
Schöningen
Königslutter
Braunschweig
Wolfenbüttel
Salzgitter
Goslar
Bad Harzburg
Hildesheim
Peine
Lehrte
Burgdorf
Celle
Aller
Heide
Lüneburger
Uelzen
Hankensbüttel
Wittingen
Lüchow
Dannenberg
Hitzacker
Bleckede
Lüneburg
Lauenburg
Boizenburg
Hagenow
Wittenburg
Schwerin
Schweriner See
Wismar
Grevesmühlen
Gadebusch
Ratzeburg
Mölln
Lübeck
Dassow
Reinfeld
Bad Oldesloe
Ahrensburg
Hamburg
Fuhlsbüttel
Norderstedt
Henstedt-Ulzburg
Kaltenkirchen
Pinneberg
Elmshorn
Wedel
Buxtehude
Seevetal
Winsen (Luhe)
Buchholz
Handeloh
Schneverdingen
Bispingen
Soltau
Munster
Bergen
Bergen-Belsen-Denkmal
Faßberg
Winsen
Hannover
Bremen
Kiel
Itzehoe
Geesthacht
Schwarzenbek
Reinbek
Glinde
Bargteheide
Ludwigslust
Grabow
Hildesheim
Bad Salzdetfurth
Bockenem
Sarstedt
Leine
Vienenburg
Langelsheim
Seesen

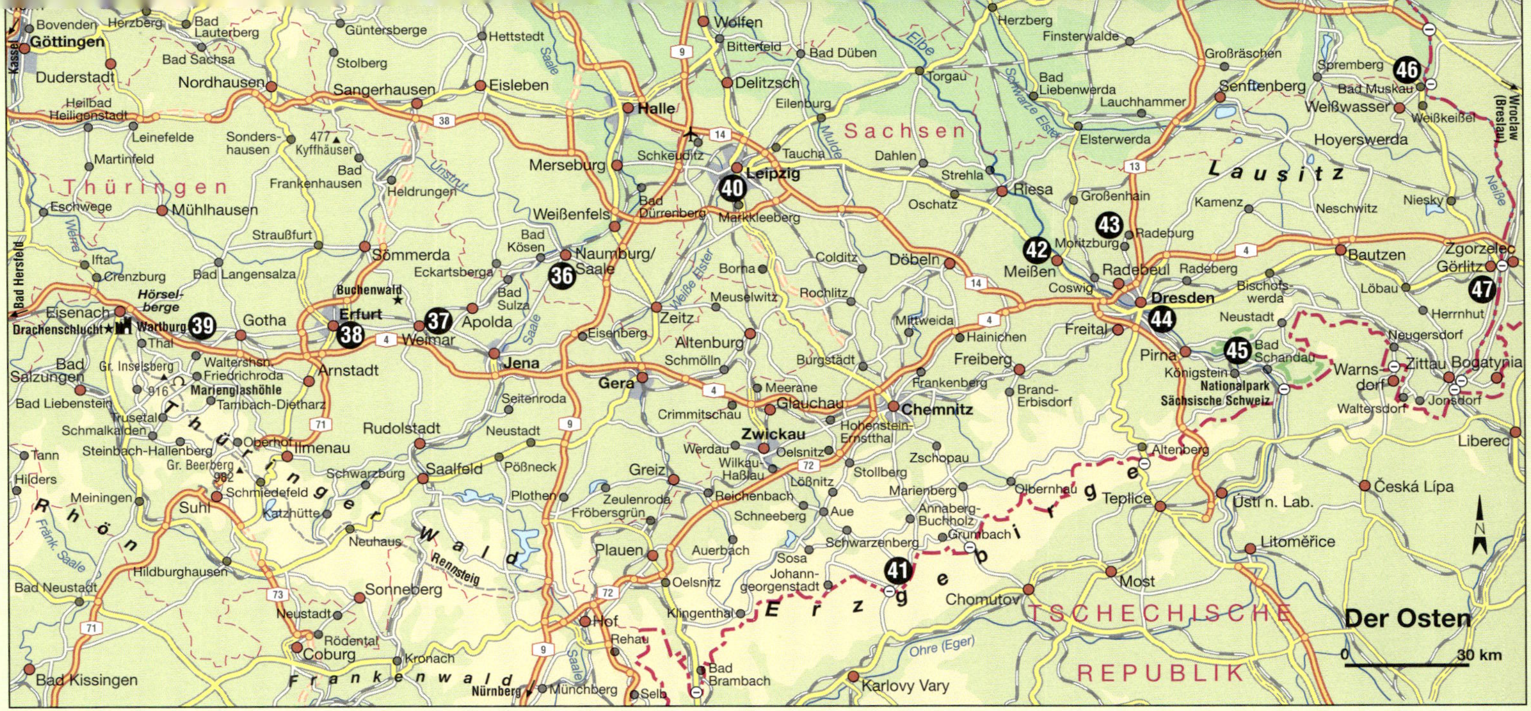

- ㉔ Berlin
- ㉕ Berliner Museumsinsel
- ㉖ Sanssouci
- ㉗ Mark Brandenburg
- ㉘ Niederfinow
- ㉙ Spreewald
- ㉚ Wittenberg
- ㉛ Dessau-Wörlitz
- ㉜ Dessauer Bauhaus
- ㉝ Dom zu Magdeburg
- ㉞ Quedlinburg
- ㉟ Harz
- ㊱ Naumburg
- ㊲ Weimar
- ㊳ Erfurt
- ㊴ Wartburg
- ㊵ Leipzig
- ㊶ Erzgebirge
- ㊷ Meißen
- ㊸ Schloss Moritzburg
- ㊹ Dresden
- ㊺ Sächsische Schweiz
- ㊻ Bad Muskau
- ㊼ Görlitz

Berlin: Besichtigung des 21. Jahrhunderts

Wer wirklich begreifen will, was heute in Berlin geschieht, der muss die Stadt einmal gesehen haben, bevor die Mauer fiel. Damals führte der Regierende Bürgermeister wichtige Gäste der Stadt gern hinaus auf jenen Schaubalkon des Reichstags, der fast über der Mauer hing. Man blickte über die riesige Schneise, die quer durch die Innenstadt verlief, starrte den Wachposten drüben auf den Beobachtungsturm an, der starrte mit dem Fernglas zurück, und es sah so aus, als würde das noch hundert Jahre lang so bleiben: das Brandenburger Tor versperrt, der Potsdamer Platz eine Wüstenei. Heute blickt man nicht mehr von einem Balkon, sondern von der filigranen Reichstagskuppel über die Stadt, und alles ist anders, radikal anders.

Nur junge Menschen können sich dem neuen Berlin unbefangen nähern, alle anderen werden stets vergleichen. Sanft gleitet der ICE in die 320 Meter lange gläserne Halle des brandneuen Berliner Hauptbahnhofs, und schon erinnert man sich daran, dass hier noch vor gut 15 Jahren der verwahrloste Lehrter Bahnhof stand, ein schmuddeliger Abgesang des Westens, bevor es hinüberging in eine bizarre Landschaft aus Absperrungen, Minenfeldern und viel grauer Leere, bis der Zug nach wenigen Minuten in den Bahnhof Friedrichstraße einlief. Auch ihn erkennt man nicht wieder, den einstigen Tränenpalast mit seinen von Grenzpolizisten gesäumten Bahnsteigen, seinen – pardon – pissgelben Kacheln und den Klaustrophobie auslösenden Kabuffs, in denen DDR-Grenzer einem endlos lange in die Augen stierten. Ab 1991 veranstaltete man hier Konzerte, Performances und Partys, jetzt soll ein zehnstöckiges Geschäftshaus auf dem Gelände entstehen.

Wenige Meter vom ehemaligen Checkpoint Charlie entfernt ist jetzt Luxusshopping in den postmodernen Friedrichstadt-Passagen angesagt: Architektonisch nicht so geglückt, sagen die Kritiker, nur die Galeries Lafayette mit ihrem gigantischen Lichtkegel gehen gerade noch durch. Nun ja, nicht alles konnte gelingen, doch vielleicht macht gerade der Kontrast zwischen neuer Spießigkeit und alter Avantgarde oder umgekehrt den Reiz des neuen Berlins aus.

Die wahre Orgie der internationalen Architekten-Elite fand jedoch auf dem

Traum oder Wirklichkeit: zukunftsweisende Architektur am Potsdamer Platz

Potsdamer Platz statt, vor dem Krieg der verkehrsreichste Platz Europas, danach lange ödes Niemandsland, zerteilt von Mauer und Grenzanlage. In den 1990ern durften sich die besten Baumeister der Welt hier austoben. Das Forum des Sony Center schlägt dabei die debis-Zentrale von Renzo Piano, der immerhin das Pariser Centre Pompidou schuf, um Längen – obwohl das kathedralenartige Atrium des debis-Baus noch ein kreativer Lichtblick ist in der glas- und klinkerverkleideten Bürohochhauslangeweile der DaimlerChrysler City, durch deren Schluchten der kalte Wind pfeift. Gut, der Blick vom Kollhoff-Haus (Potsdamer Platz 1), zu dessen Aussichtsplattform in 100 Meter Höhe Europas schnellster Aufzug mit 8,5 Metern pro Sekunde hinaufschießt, ist schon großartig, und durch die dreistöckige Einkaufspassage bummeln Berliner wie Touristen gern.

Aber architektonisch kommt nichts an den sensationellen Zeltdach-Fujijama des Sony-Forums heran, der auf den Umschlagseiten der neuen Berlin-Reiseführer schon mit der Reichstagskuppel konkurriert. Architekt Helmut Jahn durfte sich was trauen, er kippte die gewaltige Kuppel sogar aus der Achse, verstärkte damit den Eindruck von Dynamik und eruptiver Energie, der besonders nachts bei wechselnder Beleuchtung atemberaubend ist. Gäbe es ein besseres Symbol des neuen Berlin?

Der berühmte, von den Bomben verschonte Kaisersaal aus dem einstigen Hotel Esplanade mit seinen reizenden Wandmalereien, Schauplatz von »Cabaret« (1972) und »Der Himmel über Berlin« (1986), war bei den Bauarbeiten im Weg. Also setzte man die Mauern auf ein luftkissengestütztes Fundament, verschob sie um 75 Meter und integrierte sie so in das Sony Center: In

Amerika hätte man das nicht besser gemacht. Natürlich darf man auch einen Besuch im Filmmuseum nicht auslassen: für Marlene-Dietrich-Fans ohnehin ein Wallfahrtsort, denn ihr Nachlass ist hier ausgestellt.

Kann die Politik da mithalten? Der Reichstags ist zweifellos geglückt: im Krieg zerbombt, 1995 von Christo in silbriger Schönheit verhüllt und auf seine neue Rolle vorbereitet. Norman Foster ließ ihn auferstehen, ohne die düstere Vergangenheit zu verleugnen. Sogar die Graffiti sowjetischer Soldaten sind sorgfältig konserviert. Leicht und luftig präsentiert sich der hochfunktionelle Plenarsaal des Bundestags. Von der gläsernen Kuppel kann das Volk seinen Vertretern zwar auf die Finger schauen, bleibt aber hinter Glas doch ausgesperrt. Tatsächlich wirkt die Politik in Berlin entrückt wie in kaum einer anderen Metropole. Brücken und Tunnel verbinden die Parlamentsgebäude, ein Steg führt vom riesigen, achtgeschossigen Paul-Löbe-Haus, das an die 1000 Büros, Sitzungssäle und den Besucherdienst des Bundestags beherbergt, hinüber zum Marie-Elisabeth-Lüders-Haus, in dem die Bundestagsbibliothek und der Wissenschaftliche Dienst untergebracht sind. Die Architektur gaukelt Transparenz vor, bewirkt aber Abschottung: viel Beton, viel Glas, viel Leere.

Die Isolation besonders deutlich macht das Bundeskanzleramt, in das Gerhard Schröder 1999 als erster Kanzler einzog. Später jammerte er über sein einsames Wohnen dort. »Kohlosseum« schimpft Berliner Schnauze den avantgardistischen, aber doch sehr monumental geratenen Bau von Axel Schultes und Charlotte Frank: zwei lang gestreckte Bürotrakte, die ein 36 Meter hoher Kubus zusammenhält. Die »Bundeswaschmaschine« rächt sich: Volk wird nur einmal im Jahr, am Tag der offenen Tür, eingelassen. An anderen Tagen muss der Blick auf parkende Staatslimousinen genügen, mit Sicherheitsabstand, versteht sich.

Andere Zeichen setzten so manche der neuen Botschaften. Nur die Schweizer residieren noch in ihrem unzerstörten klassizistischen Bau direkt neben dem Bundeskanzleramt, die anderen Länder durften, ja mussten oft neu bauen und taten das erstaunlich unbekümmert. Die mexikanische Vertretung legte sich einen schrägen Fassadenvorhang zu, die Briten durchbrachen

◆ **Anfahrt:** Berlin ist mit der gesamten Bundesrepublik per Autobahn, Zug oder Flugzeug verbunden. Den Reichstag erreicht man mit der S-Bahn, Haltestelle Unter den Linden, oder mit Bus M41 bzw. 100, den Potsdamer Platz mit S- und U-Bahn, Haltestelle Potsdamer Platz.

◆ **Unterkunft:** Eine Sehenswürdigkeit für sich ist das **Radisson SAS,** in dessen Innenhof das größte Rundaquarium der Welt steht: ein 25 m hoher Acrylzylinder, der das Hotel zu einer maritimen Erlebnislandschaft macht. Karl-Liebknecht-Str. 3, Tel. 0 30/23 82 80, Fax 2 38 28 10, www.radissonsas.com.
Ein kleines Künstlerhotel mit Wellnessangebot am Spreeufer ist das **Artist Riverside Hotel & Spa**, mit individuell eingerichteten Zimmern in allen Kategorien von Budget bis Luxus, wobei letztere mit Wasserbetten und Whirlpool locken. Friedrichstr. 106, Tel. 0 30/28 49 00, Fax 2 84 90 49, www.great-hotel.com.
Sensationelles Design bietet das futuristisch anmutende **Hotel Q!** in Charlottenburg, Knesebeckstraße 67, Tel. 0 30/8 10 06 60, Fax 8 10 06 66 66, www.loock-hotels.com.

Schicker Arbeitsplatz: Bundeskanzleramt

eine Fassade in rosa und lila mit einem himmelblauen Balkon, der jeden Feng-Shui-Anhänger in den Herzinfarkt treiben würde, die fünf Nordischen Botschaften verwirklichten ihre Idee von einem Gemeinschaftskomplex aus landestypischen Bauten, den ein Kupferband aus rund 4000 vorpatinierten Lamellen umzieht, Indien versuchte es mit einem Bauhaus in rotem Stein aus Rajasthan, und die Amerikaner sind noch gar nicht fertig mit ihrer Botschaftsfestung am Pariser Platz.

Manchmal trügt der Schein. Da stellte der kanadische Architekturstar Frank O. Gehry der DG-Bank (jetzt DZ Bank) einen von außen geradezu unspektakulär wirkenden Bau hin, um den strengen Vorschriften am Pariser Platz Genüge zu tun. Bei nähe-

◆ **Restaurants:** Frühstücken im Reichstag, das bietet nur **Käfers Dachgarten.** Wer reserviert hat (Reservierungsnummer geben lassen!), kommt durch den Seiteneingang für Rollstuhlfahrer ohne langes Anstehen nach oben in die Reichstagskuppel.
Im Deutschen Bundestag, Platz der Republik 1, Tel. 0 30/22 62 99 33.
Gutbürgerliche Küche, aber wirklich vorzüglich, serviert das Restaurant **Die Eselin von A.** in Wilmersdorf, Kulmbacher Str. 15, Tel. 0 30/2 14 12 84, www.die-eselin-von-a.de.
Die besten Currywürste brutzeln **Konnopkes Imbiss,** Schönhauser Allee 44a, Prenzlauer Berg (nur bis 20 Uhr), **Krasselts Imbiss,** Steglitzer Damm 22, Steglitz, und **Curry 36,** Mehringdamm 36, Kreuzberg.

◆ **Info: Berlin Tourismus Marketing,** Am Karlsbad 11, Tel. 0 30/25 00 25, Fax 25 00 24 24, www.berlin-tourist-information.de (Touristinformation im Hauptbahnhof, im Fernsehturm, im Neuen Kranzler-Eck, im Brandenburger Tor, im Pavillon am Reichstag).
Öffnungszeiten für die **Kuppel des Reichstags:** tgl. 8–24 Uhr (letzter Einlass 22 Uhr).

Bewegende und bewegte Architektur des Jüdischen Museums von Daniel Libeskind

rem Hinsehen zeigt sich jedoch, dass sich Gehry bei der Fassadengestaltung stilistisch auf geniale Weise beim Brandenburger Tor nebenan bediente – und hinter der Fassade versteckte er eine spektakuläre lichtdurchflutet-biomorphe silberne Hallenkreation.

Und was noch? Die bunten Würfel des Mailänder Architekten Aldo Rossi zwischen Springerhochhaus und Checkpoint Charlie? Die gläserne Wand mit messerscharfer Spitze von Helmut Jahn hinter dem altehrwürdigen Kranzler-Eck? Ihr musste das traditionelle Café Kranzler weichen, weil der etwas ins Hintertreffen geratene Kurfürstendamm aufgepeppt werden sollte. Oder das Kantdreieck in der vorderen Kantstraße, ein elfgeschossiger Turmbau mit metallenem Werbesegel auf dem Dach? Vielleicht die Treptowers und Twin Towers an der Spree, mit dem »Molecule Man«? Alles modern, mehr aber auch nicht. Bewegender ist da das Jüdische Museum von Daniel Libeskind in der Kreuzberger Lindenstraße, dessen Grundriss an einen geborstenen Davidstern erinnert. Seine architektonische Symbolik veranschaulicht das Schicksal der Juden in Deutschland: kultureller Austausch, Exil, Holocaust und die Leere des Verlusts.

Aber beenden wollen wir den Besuch des neuen Berlins woanders: in der Kapelle der Versöhnung, die am zehnten Jahrestag des Falls der Berliner Mauer 1999 Richtfest feierte. Sie erinnert an eine alte Kirche von 1894, die seit 1961 im Todesstreifen lag und 1985 gesprengt wurde. Auf den alten Fundamenten entstand nach den Plänen der Berliner Architekten Peter Sassenroth und Rudolf Reitermann für die Gemeinde und für die Besucher der Gedenkstätte »Berliner Mauer« eine Kapelle in Stampflehmbauweise. »Es gibt nichts oder fast nichts Altes mehr in Berlin«, hatte bereits 1909 der französische Reiseschriftsteller Jules Huret beklagt. Doch die Erinnerung daran, die gibt es sehr wohl.

Von Babylon nach Pergamon: Auf der Berliner Museumsinsel

Nofretete ist schon da! 2006 zog die schöne Gattin des Echnaton von Charlottenburg auf die Museumsinsel um – vorläufig ins Alte Museum, wo sie in Gesellschaft der Schätze griechischer Kunst- und Kulturgeschichte ausharrt, bis sie in die Ägyptische Sammlung, ihre endgültige neue Heimat, überwechseln kann. Diese wird im Neuen Museum eingerichtet – etwa 2009 soll der Brite David Chipperfield mit dem Umbau der Kriegsruine fertig sein. Auch einen Teil der Schätze aus Troja wird es dann hier zu sehen geben – und vielleicht kehrt sogar der berühmte Schatz des Priamos aus Russland zurück?

Aber auch das Alte Museum wird – im laufenden Betrieb – noch bis 2010 saniert, und im Pergamonmuseum soll es 2008 losgehen. Was das bedeutet, ist klar: Noch viele Jahre lang wird das UNESCO-Weltkulturerbe Berliner Museumsinsel »work in progress« bleiben. »Eine gewaltige Zeitmaschine« nennt Klaus-Dieter Lehmann, Präsident der Stiftung Preußischer Kulturbesitz, das größte Museumsprojekt der Welt, das bis 2012 mindestens anderthalb Milliarden Euro kosten wird. Ein neues gläsernes Eingangsgebäude wird nach der geplanten Eröffnung 2008 die Besuchermassen empfangen.

Begonnen hatte das Abenteuer mit dem Alten Museum, einem 1830 eröffneten klassizistischen Meisterwerk Karl Friedrich Schinkels mit ionischer Vorhalle und Rotundenkuppel. So begeistert war König Friedrich Wilhelm IV., dass er schon 1835 seine Vision von einer Berliner Museumsakropolis mit kolonnadengesäumten Plätzen und herausgehobenen Tempeln skizzierte und beschloss, die ganze Spreeinsel am Zusammenfluss von Spree und Kupfergraben »zu einer Freistätte für Kunst und Wissenschaft umzuschaffen«. Der Schinkel-Schüler Friedrich August Stüler entwickelte daraus 1841 einen Gesamtentwurf für die Museumsinsel. Mit ihren fünf Häusern demonstrierte sie den Anspruch, auf engem Raum weltumfassende Kulturgeschichte zu schreiben. Die Museumsinsel der Gegenwart wird allerdings erst um 2012 ihr endgültiges Gesicht annehmen. Dann wird man auf einer zum Teil unterirdisch angelegten »Archäologischen Promenade« von Nofretete zum Pergamonaltar und zu spätgotischen Madonnen spazieren.

Im Oktober 2006 bejubelte die Fachwelt das glanzvoll wiederöffnete Bodemuseum.

Auch die 1903 entworfene Monbijoubrücke vor dem Museum ist endlich wiedererstanden. Zwischen 1897 und 1904 hatte Hofarchitekt Ernst von Ihne für die Skulpturen- und Gemäldesammlung Wilhelm von Bodes (1845–1929) einen Kuppelbau errichtet, den der Wiener Heinz Tesar nun großartig restauriert hat. Lichte Säle präsentieren die größte Sammlung europäischer Skulptur, die ein halbes Jahrhundert lang in Ost und West aufgeteilt war. Jetzt sind alle Stationen europäischer Bildhauerkunst an einem Ort erlebbar, aufgestellt »in möglichst schöner Umgebung«, wie es Bode gefordert hatte, eingebunden in ihre zeitlichen und stilistischen Zusammenhänge von der Spätantike über Byzanz und die Spätgotik Riemenschneiders bis hin zum Klassizismus des friderizianischen Berlin. Die 1700 Skulpturen repräsentieren alle großen europäischen Länder, und das meiste ist nicht in Glasvitrinen versteckt, sondern frei zugänglich, ohne Absperrung. Man bewundert die romanische Sitz-Madonna aus Arezzo von 1199, die lange als Beutekunst verschollenen Patroklus-Figuren von 1330, die berühmte Dangolsheimer Madonna des Niclaus Gerhaert von Leyden (Straßburg 1465), Tilman Riemenschneiders vier Evangelisten vom Münnerstädter Magdalenen-Retabel (1490/92) und Antonio Canovas grazile klassizistische »Tänzerin« von 1757.

Noch trennt die Trasse der Stadtbahn das Bodemuseum vom neoklassizistischen Dreiflügelkoloss des Pergamonmuseums in der Mitte der Insel, das die Antikensammlung, das Vorderasiatische Museum und das Museum für Islamische Kunst vereint. Der Umbau des Pergamonmuseums soll von 2008 bis 2010 durch den Kölner Oswald Mathias Ungers erfolgen. Besonders effektvoll wird sich danach der Zeusaltar aus Pergamon (um 180–159 v. Chr.) präsentieren, mit seinem umlaufenden, 120 Meter langen Fries, auf dem Götter gegen Giganten kämpfen. In neuem Ambiente wird man dann auch das hellenistische Markttor von Milet (165 v. Chr.) und Skulpturen aus Milet, Samos, Naxos und Attika bewundern können.

4000 Jahre Geschichte und Kultur durchwandert der Besucher im Vorderasiatischen Museum im rechten Flügel des Hauptgeschosses. Die meisten Funde stammen aus Grabungen, die zwischen 1898 und 1917 von der Deutschen Orientgesellschaft durchgeführt wurden. Weltberühmt sind das Ischtar-Tor, einstiges Stadttor von Babylon, ein Teil der davor gelegenen Pro-

◆ **Anfahrt:** U-Bahn U6 (Friedrichstraße), S-Bahn S1, S2, S25 (Friedrichstraße), S5, S7, S75, S9 (Hackescher Markt), Tram M1, 12 (Am Kupfergraben), M2, M4, M5, M6 (Hackescher Markt), Bus TXL (Staatsoper), 100, 200 (Lustgarten), 147 (Friedrichstraße).

◆ **Unterkunft:** Eine »Galerie zum Übernachten« ist das **Arte Luise Kunsthotel** in Sichtweite des Reichstags. Es ist in einem Stadtpalais von 1825 und einem Erweiterungsneubau aus dem Jahr 2003 untergebracht. Alle Zimmer wurden von namhaften Künstlern gestaltet. Luisenstr. 19, Tel. 0 30/28 44 80, Fax 28 44 84 48, www.luise-berlin.com.
Für Kunstfans empfiehlt sich auch das Designerhotel **art'otel ermelerhaus** in Mitte, Wallstr. 70–73, Tel. 0 30/ 24 06 20, Fax 24 06 22 22, www.artotels.de.

◆ **Restaurants:** Einfallsreiche, französisch inspirierte Küche und eine gut sortierte Weinkarte bietet gegenüber dem Pergamonmuseum das Restaurant **Kaiserstuben** im Souter-

Vergangene Hochkulturen und 4000 Jahre Geschichte im Pergamonmuseum

zessionsstraße sowie die Thronsaalfassade aus Babylon aus der Zeit Nebukadnezars II. (603–562 v. Chr.). Noch älter sind die Stiftmosaikwand (um 3000 v. Chr.) und die Baksteinfassade (etwa 1415 v. Chr.) aus dem Eanna-Heiligtum in Uruk, einzigartig das Riesenvogelstandbild vom Teil Halaf (um 900 v. Chr.), die Siegesstele des Asarhaddon von Assyrien (680–669 v. Chr.) und das große Löwentor der Burg von Sendschirli.

Auch die Höhepunkte des Museums für Islamische Kunst im Obergeschoss werden in neuem Glanz erstrahlen: die Fassade des jordanischen Wüstenschlosses Mschatta (8. Jh.), die der türkische Sultan Kaiser Wilhelm II. vermachte, das Aleppo-Zimmer

rain eines Bürgerhauses von 1830. Am Kupfergraben 6a, Tel. 0 30/20 45 29 80.
Ebenfalls nur einen Spaziergang von der Museumsinsel entfernt, kann man in der **Bomibar** mit großer Sonnenterrasse traditionelle Berliner Küche und internationale Kaffeespezialitäten genießen. Anna-Louisa-Karsch-Str. 2, Tel. 0 30/28 04 23 07, www.bomibar.de.

◆ **Info: Altes Museum** (Besuchereingang Am Lustgarten), **Pergamonmuseum** (Besuchereingang Am Kupfergraben 5) und **Bode-Museum** (Besuchereingang Monbijoubrücke) sind tgl. 10–18 Uhr, Do 10–22 Uhr geöffnet, die **Alte Nationalgalerie** (Besuchereingang Bodestraße 1–3) ist Mo geschlossen. Tel. für alle Museen 0 30/20 90 55 66, www.smb.spk-berlin.de. Führungen: **Besucher-Dienste/Museumspädagogik,** Tel. 0 30/2 66 36 66, www.smb.museum/fuehrungen.

Unermessliche Schätze und mystische Schönheit Altägyptens im Pergamonmuseum

(Anfang 17. Jh.), eine Gebetsnische aus der Maidan-Moschee in Kaschan (13. Jh.), ein Prachtkoran, eine Gebetsnische der Safawiden (16. Jh.), persische und indische Miniaturen, Teppiche und vieles mehr.

Bereits 2001 wurde die Sanierung der 1866 bis 1876 nach Plänen von Friedrich August Stüler und Johann Heinrich Strack erbauten Alten Nationalgalerie abgeschlossen, deren Sammlung seit 1991 wiedervereinigt ist. In der Skulpturenhalle steht Schadows berühmtes Doppelstandbild der Schwestern Kronprinzessin Luise und Prinzessin Friederike. Die Vielzahl der Meisterwerke des Klassizismus, der Romantik und des Impressionismus ist überwältigend. Stellvertretend genannt seien Caspar David Friedrichs »Abtei im Eichwald«, Adolph Menzels »Eisenwalzwerk«, Arnold Böcklins »Toteninsel«, Manets »Wintergarten« und Cézannes »Mühle an der Couleuve bei Pontoise«. Für immer verloren hat das Museum allerdings einen großen Teil der Sammlung deutscher Expressionisten, die von den Nazis ins Ausland verschleudert wurde. An diese unselige Zeit gemahnt heute vieles in Berlin, so das Denkmal zur Erinnerung an die Bücherverbrennung auf dem Bebelplatz oder das Stelenfeld des Holocaust-Mahnmals unweit des Brandenburger Tors. Bei aller Begeisterung für die großartigen Kunstschätze sollte man nicht vergessen, dass auch diese Orte bei einem Berlin-Besuch unbedingt dazugehören.

Sorgenfreie Tage in Potsdam:

Sanssouci

Am Anfang war die Sehnsucht nach Italien. Einen Weinberg am »Wüsten Berg« wollte Friedrich der Große anlegen. Die parabolisch nach innen geschwungenen Terrassen sollten möglichst viel Sonne auffangen, damit die kostbaren winterfesten Weinstöcke aus Italien, Portugal und Frankreich gedeihen konnten. Landschaftskünstler Peter Joseph Lenné hatte in Frankreich, wo romantische Gärten à l'anglaise gerade in Mode gekommen waren, ein Gespür dafür entwickelt, wie man Parks, Gärten, künstliche Seen und elegant geschwungene Wege zu einem harmonischen Ganzen vereint. Mit den Gärten von Sanssouci schuf der Königliche Garteningenieur sein unübertroffenes Meisterwerk.

Aber Friedrich wollte mehr: eine »maison de plaisance«, in der er nicht nur repräsentieren, sondern nach Herzenslust philosophieren, dichten, Flöte spielen und handverlesene Freunde empfangen konnte. In den großen Palästen in Berlin und Charlottenburg fühlte er sich nicht wohl, er suchte dezente Eleganz und ruhige Ländlichkeit. »So will ich es haben«, sagte er seinem Freund Georg Wenzeslaus von Knobelsdorff, wie Friedrich ein Verehrer antiker Baukunst, als dieser ihm 1745 die erste Skizze reichte – und so wurde es auch: ein gelbes Lustschloss, das sich hinter der sechsten Weinterrasse beinahe versteckt. Wer den militaristischen Geist von Potsdam sucht, in Sanssouci findet er ihn nicht, es sei denn, man betrachtet die lediglich zwei Jahre währende Bauzeit als Sinnbild preußischer Disziplin. Erst unter Friedrich Wilhelm IV. wurden 1840 die Seitenflügel des Schlosses verlängert und aufgestockt.

Im Park von Sanssouci regieren Leichtigkeit und Eleganz des Rokoko, raffiniert angelegte Sichtachsen eröffnen immer wieder neue Perspektiven, eine ausgelassene Schar von Bacchantinnen und Bacchanten aus Sandstein empfängt den Spaziergänger. Kaum zu glauben, der erste Wunsch Friedrichs galt 1744 einem stattlichen Mausoleum auf der obersten Terrasse: »Erst hier werde ich ohne Sorgen seyn.«

»SANS, SOUCI.«, so steht es an der Gartenseite. Über das seltsame Komma ist viel spekuliert worden, und nicht immer jugendfrei. Fest steht, dass Friedrich Frauen grundsätzlich als Sorgen betrachtete, die er hier in Sanssouci nicht haben wollte, eingeschlossen seine ungeliebte Gemahlin Königin Elisabeth Christine. Enge Alkovenbetten in den als offene Zimmerfluchten konzipierten Gästequartieren und schmale Rokokosofas an den Wänden: Für amouröse Ausschweifungen war Sanssouci denkbar ungeeignet. Hier sollten sich nach Friedrichs Wunsch die geistvollsten Männer Europas zur berühmten Tafelrunde treffen, über Gott und die Welt philosophieren – ohne von Weibsbildern abgelenkt zu werden – und das Flötenspiel des »Philosophen von Sanssouci« genießen, wenn der »böhse Mann«, wie ihn die österreichische Kaiserin Maria Theresia nannte, nicht gerade einen seiner drei Schlesischen Kriege führte.

Mittelpunkt des Schlosses ist der ovale Marmorsaal, den acht korinthische Säulenpaare aus Carraramarmor mit vergoldeten Kapitellen gliedern. Unter der Kuppel, für die das Innere des römischen Pantheons als Vorbild diente, diskutierte die Elite der europäischen Aufklärung freimütig über Kunst, Literatur, Philosophie, Religion, Geschichte und Kriegsführung, über Medizin und über die Wissenschaften: Francesco Algarotti, Julien Offray de la Mettrie, der Marquis Jean-Baptiste d'Argens, Pierre Louis Moreau de Maupertuis und natürlich Voltaire, der Berühmteste der Tafelrunde, der 1750 in Potsdam eintraf und zunächst sehr angetan war. »Nirgends auf der Welt wurde je mit so viel Freiheit über den Aberglauben der Menschen gesprochen, und nie mit so viel Spott und Verachtung. Gott war ausgenommen; aber von denen, die in seinem Namen die Menschen getäuscht hatten, blieb keiner verschont.«

An kalten, feuchten Tagen wich die plaudernde Runde lieber ins beheizbare Audienzzimmer aus. Prunkvoller geben sich die östlich anschließenden königlichen Zimmer. Als eine der schönsten Raumschöpfungen des friderizianischen Rokoko gilt das Konzertzimmer, ganz in strahlendem Gold und Weiß gehalten. Große Spiegel verstärken die Raumwirkung. Goldene Rocaillen lassen Blumen und Früchte an den Wänden und der Decke sprießen, umranken die spielerisch leichten Gemälde von Antoine Pesne, die Liebesszenen aus Ovids Metamorphosen schildern. In diesem entzückenden Ambiente erklang Friedrichs Flötenspiel, von Adolf Menzel auf Leinwand gebannt.

Wie Friedrichs Arbeits- und Schlafzimmer nebenan einst aussah, wissen wir nur aus Beschreibungen des Marquis de Bouille, denn Friedrich Wilhelm II. ließ es als einzigen Raum des Schlosses klassizistisch umgestalten. Das Gemach war tatsächlich äußerst renovierungsbedürftig, denn Friedrichs geliebte Hunde hatten hier allzu große Narrenfreiheit genossen. Die prunkvolle Bibliothek durften dagegen weder Gäste noch Hunde betreten: ein intimer Raum in

◆ **Anfahrt:** Von Berlin nach Potsdam per Zug oder S-Bahn. Ab Potsdam Hauptbahnhof mit Bus 695 oder X15 bis Schloss Sanssouci.

◆ **Unterkunft:** Im letzten Schlossbau der Hohenzollern, errichtet im Stil englischer Landhäuser, wurde 1945 das Potsdamer Abkommen unterzeichnet. Heute wohnt man hier in den eleganten Suiten und Gästezimmern des **Relexa Schlosshotel Cecilienhof,** Neuer Garten, Tel. 03 31/ 3 70 50, www.relexa-hotel.de. Ein denkmalgeschütztes Palais von 1726 ist das **Hotel am Luisenplatz,** mit elegant ausgestatteten Zimmern und riesigen Bädern. Luisenplatz 5, Tel. 03 31/97 19 00, www.hotel-luisenplatz.de.

Unumstrittener Höhepunkt Potsdams: Schloss Sanssouci

warmen Farben. Die umlaufende Bücherwand ist mit kostbarem Zedernholz getäfelt und mit vergoldeten Bronzeornamenten verziert. Von der kreisrunden Decke strahlt eine vergoldete Sonne: das Symbol der Aufklärung und der Freimaurer. In den niedrigen Bücherschränken reihen sich in hellbraunes Maroquinleder oder rotes Ziegenleder gebundene Werke von Voltaire und anderen französischen Autoren, naturwissenschaftliche Schriften und Architekturwerke bis hin zu den griechischen und römischen Philosophen und Geschichtsschreibern. Seneca und Mark Aurel las der König besonders gern.

Die Kleine Galerie zwischen Vestibül und Wohngemächern diente als Kunstkabinett für einen Teil der Gemälde- und Skulp-

◆ **Restaurants:** Einen Spaziergang von Sanssouci entfernt gibt es im **Krongut Bornstedt** echte Berliner und Brandenburger Küche wie Sauerfleisch und Kohlwickel. Ribbeckstr. 6 bis 7, Tel. 03 31/55 06 50, www.krongut-bornstedt.de. International verfeinerte märkische Küche fernab der Kindheitskost Friedrichs II., die hauptsächlich aus Graupen, Getreidebrei, Kohl und Biersuppe bestand, serviert das Restaurant **Friedrich Wilhelm** im Hotel Bayrisches Haus, Im Wildpark 1, Tel. 03 31/5 50 50, www.bayrisches-haus.de. 1752 von Knobelsdorff entworfen wurde das Haus, in dem heute **Speckers Gaststätte zur Ratswaage** preußisch mit dezidiert mediterranem Einschlag kocht. Am Neuen

Das Neue Palais effektvoll illuminiert während der Schlössernacht im August

turensammlung des Königs, darunter die heiter-melancholischen Bilder von Watteau, den der König besonders schätzte.

Die fünf Gästezimmer, ohne Bad, aber jeweils mit Zutritt zum Garten, sind sparsam dekoriert. Das vierte, genannt das Voltairezimmer (in dem der Philosoph aber nie schlief), erinnert mit seinen in natürlicher Farbigkeit präsentierten Blumen- und Früchteverzierungen aus Stuck oder bemaltem Eisenblech an eine charmante Gartenlaube. »Man presst die Orange aus und wirft die Schale weg«. Mit diesem abfälligen Spruch provozierte Friedrich die Abreise Voltaires. Nach dem verlustreichen Siebenjährigen Krieg ließ er zwischen 1763 und 1769 das gewaltige Neue Palais bauen: eine »Prahlerei«, wie er das Ganze selbst in weiser Selbsterkenntnis nannte. Allzu flüchtig war die heitere Zeit von Sanssouci, und aus dem Philosophenkönig wurde der griesgrämige Alte Fritz.

Markt 10, Tel. 03 31/2 80 43 11, www.speckers.de.

◆ **Info:** Der **Park von Sanssouci** ist (bislang) frei zugänglich. Eingänge: Obeliskportal (Schopenhauerstraße), Grünes Portal (Allee nach Sanssouci), Historische Mühle.

Schloss Sanssouci ist nur im Rahmen einer Führung zu besichtigen: April–Okt. Di–So 9–17 Uhr, sonst bis 16 Uhr. In der Hauptsaison sollten Sie früh kommen, da die Führungen schnell ausgebucht sind!

Besucherzentrum, an der Historischen Mühle (An der Orangerie 1), Tel. 03 31/ 9 69 42 02, Fax 9 69 41 07, www.spsg.de.

Rheinsberg und Stechlin: Mit Fontane durch die Mark Brandenburg

»Da lag er vor uns, der buchtenreiche See, geheimnisvoll, einem Stummen gleich, den es zu sprechen drängt.« Schön, wenn ein Meister der unpathetischen Erzählkunst für eine oft als langweilig verschriene Region die Werbetexte schreibt. Wenn es um seine Neuruppiner Heimat geht, sind Theodor Fontanes »Wanderungen durch die Mark Brandenburg« noch heute beste Reiselektüre. Es müssen ja nicht gleich alle 4000 Seiten sein.

So wie ihn Fontane anno 1862 beschrieb, tief und glasklar, ist der Stechlinsee immer noch, denn schon seit 1938 steht er unter Naturschutz. Er ist gar nicht besonders groß, aber 68 Meter tief und so nährstoffarm, dass man bis zu 12 Meter in die Tiefe schauen kann. Buchen, Eichen und Kiefern neigen sich weit in den See hinein. Am Ufer blühen Bärlapp, wilder Rosmarin und Waldhyazinthen, See- und Fischadler kreisen über dem spiegelglatten Wasser, Waldkäuzchen schreien, und »wenn's draußen was Großes gibt, dann brodelt's hier nicht bloß und sprudelt und strudelt, dann steigt

Sorglose Sommertage am Stechlinsee

ein roter Hahn auf und kräht in die Lande hinein«. Halt, Letzteres ist nur eine Sage, und überdies aus Fontanes Spätwerk »Der Stechlin«, in dem der Neuruppiner Literat den See dann doch noch zum Sprechen bringt, in Gestalt des Junkers Dubslav von Stechlin. »Zum Schluss stirbt ein Alter und zwei Junge heiraten sich; – das ist so ziemlich alles, was auf 500 Seiten geschieht«, beschrieb der Meister bescheiden seinen Roman.

Heutzutage passiert mehr auf der Welt, und der Hahn wäre längst stockheiser. Dabei findet man den Stechlin gar nicht so schnell auf der Landkarte, so viele Seen gibt es nördlich und östlich von Rheinsberg ... Moment mal, Rheinsberg? War das nicht das Schloss, in dem der Alte Fritz noch jung und glücklich philosophieren durfte, anstatt zu regieren? Rheinsberg, wo 1912 Kurt Tucholskys »Bilderbuch für Verliebte« spielt, diese wunderbare Liebesgeschichte von Wolfgang und Claire: »Träge schob sich der See in kleinen Wellchen an die schilfigen Ufer ...« Da könnte man doch auch mal hinfahren!

Friedrich Wenzeslaus von Knobelsdorff schuf in Rheinsberg ab 1740 ein harmonisches barockes Stadtbild und verwandelte das Schloss nach und nach in schönstes friderizianisches Rokoko: mit Spiegelsaal, Muschelsaal, Bibliothek und Lustgarten jenseits des Sees. »An einem kleinen Rondell schimmerten weiße Figuren aus dem Blätterwerk. Ein Satyr lehnte an einem Baumstumpf, mit gesenkter Flöte, ein Faun stach eine fliehende Nymphe ...«, fabulierte Tucholsky, dem man im Nordflügel ein Museum eingerichtet hat. Alles trägt die Handschrift von Friedrichs frankophilem Bruder Prinz Heinrich von Preußen, der Unsummen für seine Residenz verschleudern durfte. Länger als ein halbes Jahrhundert hat er hier gewohnt und gestaltet, und hier ist er auch begraben, in einer von ihm selbst entworfenen Pyramide. Dabei hätte der kunstsinnige Heinrich, der auf militärische Mäßigung setzte, viel lieber die Arbeit seines großen Bruders getan, gern auch als König Polens. Erst allmählich erfüllt sich Fontanes Wunsch, dass dem »klugen, geistvollen Prinzen« endlich Gerechtigkeit und Anerkennung widerfahre.

Unweit von Rheinsberg lockt bestens erhaltenes Mittelalter in der »festen Stadt« Gransee, über die Fontane manch Geschichtchen zu erzählen wusste. Besonders prächtige Giebelarchitektur zeigt das Ruppiner Tor. Aber Fontanes höchstes Lob galt dem Luisendenkmal auf dem Marktplatz. Karl Friedrich Schinkel hatte diese Laube in Eisenguss zum Gedenken an die jung verstorbene, sehr geliebte Luise von Preußen an die Stelle gesetzt, an der 1810 der Lei-

◆ **Anfahrt:** Neuruppin, Gransee und Rheinsberg erreicht man mit Auto und Zug von Berlin, Neuglobsow am Stechlinsee mit dem Auto über Gransee oder mit dem Zug über Fürstenberg (ab dort Bus oder Taxi).

◆ **Hotels:** In Sichtweite des Schlosses bietet das 2003 komplett renovierte **Schlosshotel Rheinsberg** komfortable Unterkunft mit einem Restaurant, in dem Bundeskanzlerin Angela Merkel mit dem französischen Staatspräsidenten Jacques Chirac speiste. Seestraße 13, Rheinsberg, Tel. 03 39 31/3 90 59, www.schlosshotel-rheinsberg.de. Elegante Zimmer zeichnen das Hotel **Der Seehof** aus, ein umgestaltetes Ackerbürgerhaus von 1750 mit exzellentem Restaurant mit regionaler Küche. Seestraße 18, Rheins-

Schauplatz von Tucholskys Liebesgeschichte: Schloss Rheinsberg am Grienericksee

chenzug der Königin gerastet hatte: »Es spricht nur für sich und die Stadt und ist rein persönlich in dem Ausdruck seiner Trauer. Und deshalb rührt es.«

Bleibt noch Zeit für Neuruppin, Heimatstadt Fontanes und auch Schinkels, der die mächtige frühgotische Klosterkirche restaurierte. In der Bilderbogengalerie des Alten Gymnasiums sind viele Exemplare des berühmten Neuruppiner Bilderbogens zu bewundern. Seine 22 000 verschiedenen Motive wurden 1810–1937 gedruckt, den Ereignissen der Weltgeschichte auf dem Fuße folgend, wie Fontane bemerkte. Für wenige Pfennige sah man mit diesem Vorläufer der Illustrierten hinaus in die große Welt, aber das wäre nun wirklich »ein zu weites Feld«.

berg, Tel. 03 39 31/40 30, www.seehof-rheinsberg.de.

◆ **Restaurants:** Der **Ratskeller Rheinsberg,** eigentlich ein Fachwerkhaus, serviert Fontanes Leibspeise Alt-Brandenburgischen Schmorbraten in Ingwersoße, dazu Apfelrotkohl und Kartoffelklöße. Markt 1, Rheinsberg, Tel. 03 39 31/22 64, www.ratskeller-rheinsberg.de. Deftige Brandenburger Küche, dazu herbwürziges Bier, kommt im Gasthof **Zum Alten Brauhaus** auf den Tisch. Rhinhöher Weg 1, Rheinsberg, Tel. 03 39 31/7 20 88.

◆ **Info: Tourist-Information Neuglobsow,** Stechlinseestr. 17, Stechlin, Tel. 03 30 82/ 7 02 02, Fax 4 06 05, www.stechlin.de.
Stadt Rheinsberg, Seestr. 21, Rheinsberg, Tel. 03 39 31/ 5 50, Fax 5 52 50, www.rheinsberg.de.

Giganten in Bewegung: Das Schiffshebewerk Niederfinow

Zwischen Oderbruch und Schorfheide, am Nordrand des Eberswalder Urstromtals, nehmen schwere Schiffe den Fahrstuhl. 1934 wurde das damals größte Schiffshebewerk Europas eingeweiht – in Niederfinow, einem Nadelöhr an einer der wichtigsten Wasserstraßen in Ostdeutschland. Noch heute gilt die 60 Meter hohe und 14 000 Tonnen schwere genietete Stahlkonstruktion als technisches Meisterwerk. Kann man da auch mal mit dem Schiffsaufzug fahren?

Man kann. Um 11 Uhr legt der Ausflugsdampfer am Parkplatz »An den Treppenschleusen« zwischen Eberswalde und Liepe ab, tuckert gemächlich auf den Stahlkoloss zu. Schon ab 1605 wurde das Flüsschen Finow zwischen Havel und Oder zu einem schiffbaren Kanal ausgebaut, erzählt der Schiffsführer. Friedrich der Große ließ ihn bis 1747 neu anlegen, mit 19 Schleusen. Nur dampfschifftauglich war er nicht. Niederfinow erhielt eine Schleusentreppe, an der sich der Schiffsverkehr zwischen Berlin und Stettin oft tagelang staute.

Überall Stahlträger, Räder, Trossen. 4300 Tonnen wiegt der 85 Meter lange Trog mitsamt dem Wasser. Aber wenn jetzt das Schiff dazukommt, wird er doch viel schwerer? Nein, das überschüssige Wasser fließt einfach in den Kanal, das Gewicht ändert sich nie. Ah ja, Verdrängung. Aber was das an Strom kostet? Aber nein, erklärt der Kapitän geduldig, Ausgleichsgewichte aus Beton sorgen dafür, dass nur Reibung und Anfahrkräfte überwunden werden müssen: Das schaffen vier Gleichstrommotoren mit einer Leistung von je 55 kW. Diese simple

- **Anfahrt:** Von Berlin über Bernau nach Eberswalde, Zugverbindung zwischen Berlin und Eberswalde/Chorin. Ausflugsdampferverkehr ab Parkplatz »An den Treppenschleusen« zwischen Eberswalde und Liepe.

- **Unterkunft:** In unmittelbarer Nachbarschaft des Technikwunders nächtigt man im modernen **Hotel am Schiffshebewerk,** Hebewerkstraße 43, Niederfinow, Tel. 03 33 62/ 7 00 99, Fax 61 90 66, www.hotel-schiffshebewerk.de.

Komfortable Zimmer in Klosternähe bietet das **Hotel Haus Chorin,** Neue Klosterallee 10, Chorin, Tel. 0 33 66/5 00, Fax 3 26, www.chorin.de.
An einem kleinen See, 4 km von Chorin entfernt, im Biosphärenreservat Schorfheide, liegt das **Seehotel Mühlen-**

»Erster Stock, bitte!« – Fahrstuhl für Schiffsgiganten

Physik von Gewicht und Gegengewicht funktioniert nun schon seit 70 Jahren.

36 Meter geht es aufwärts, nur fünf Minuten dauert das Heben, etwa 20 Minuten die gesamte Schleusung. Bis zu 1000 Tonnen schwere Boote und Lastkähne werden mitgenommen, ein ausgeklügeltes Sicherheitssystem verhindert Havarien. Dennoch wird bis 2011 ein gigantisches neues Hebewerk gebaut, das alte, das jährlich ca. 11 000 Schiffe passieren, wird aber noch bis mindestens bis 2025 in Betrieb bleiben.

Von der 36 Meter hohen Besucherplattform des Stahlgerüsts schweift der Blick übers Barnimer Land. Von hier bieten sich Ausflüge in die Schorfheide an. Die schöne Waldlandschaft lockt mit Mooren, glasklaren Seen und Bächen. Und das pseudobayrische Jagdschloss Hubertusstock kennen wir doch? Richtig, hier bewarfen Helmut Schmidt und Erich Honecker im Dezember 1981 handverlesenes DDR-Volk vom Balkon aus mit Schnee. Eine beinah heile Welt in der Schorfheide.

haus, Ragoeser Mühle 1, Sandkrug, Tel. 0366/5 23 60, Fax 5 23 69, www.hotel-muehlenhaus.de.

Restaurants: Schon seit 1753 gibt es die **Alte Klosterschänke Chorin,** die herzhafte regionale Gerichte serviert: Am Amt 9, Chorin, Tel. 0 33 66/53 01 00, www.alte-klosterschaenke-chorin.de.

Info: Schiffshebewerk Niederfinow, Hebewerkstraße, Niederfinow, Tel. 03 33 62/2 15, www.wna-berlin.de, oder **Wasser- und Schiffahrtsamt Eberswalde,** Schneidemühlenweg 21, Eberswalde, Tel. 0 33 34/27 60, www.wsa-eberswalde.de. **Information Tourismuszentrum,** Familiengarten Eberswalde, Am Alten Walzwerk 1, Eberswalde, Tel. 0 33 34/38 49 10, Fax 38 49 20.

Auf Kahnfahrt durch den Spreewald

»Jesungen wird in Italjen, uff de Jondel!« Damit ist der Unterschied zwischen Spreewaldschiffer und Gondoliere erschöpfend beschrieben, abgesehen davon, dass es im Spreewald mehr Bäume und in Venedig mehr Häuser gibt. Offenbar hält der zitierte Kahnschiffer nichts von Fontanes Reimkunst: »Und dass dem Netze dieser Spreekanäle, nichts von dem Zauber von Venedig fehle, durchfurcht das endlos wirre Flussrevier, in seinem Boot der Spreewalds-Gondolier.«

Nun, als Fontane hier eine champagnerselige Segelpartie unternahm, ging das mit dem Touristenschippern in Lübbenau erst los. Aber seit hundert Jahren floriert das Geschäft der Kahnführer. Die berühmten süß-sauer eingelegten Spreewälder Gurken, im 16. Jh. von Holländern eingeführt, von Fontane lobend erwähnt und spätestens seit dem Film »Good bye, Lenin« Inbegriff hemmungsloser Ostalgie, werden gleich am Bootsanleger aus Fässern verkauft. Sanft schaukelt der flache Holzkahn, leise gluckst das Wasser, unglaublich grün ist das Blätterwerk der Erlen und Moorbirken, durch das tiefblauer Himmel blitzt: So geht es durch das Wasserlabyrinth, von einem Dorfhafen zum nächsten, über 1000 km Wasserwege.

Erholsamer als die allzu lärmende Fahrt im drängend vollen Touristenboot ist das Paddeln im eigenen Kahn, den man in Lübbenau mieten kann, vorausgesetzt man besorgt sich gute Wasserwanderkarten und viel Mückenschutz. In ihren Nebenarmen entfaltet die Spree ihren ganzen Zauber: Hier blühen Teichrosen und Sumpfschwertlinien, Eisvögel stürzen sich ins

◆ **Anfahrt:** Autobahn- und Zugverbindung von Berlin, Cottbus und Dresden nach Lübbenau.

◆ **Hotels:** Feudal im Grünen wohnt man in den mit Stilmöbeln eingerichteten Zimmern des klassizistischen Hotels **Schloss Lübbenau,** dessen Restaurant regionale Zutaten mit internationalem Touch serviert. Schlossbezirk 6, Lübbenau, Tel. 0 35 42/87 30, www.schloss-luebbenau.de. Romantisches Flair im Grünen bieten die kleine **Pension Jerkel,** Max-Plessner-Straße 22, Lübbenau, Tel./Fax 0 35 42/ 4 36 96, www.pension-jerkel.de, sowie die **Pension Nopper,** Bergstraße 11, Lübbenau, Tel. 0 35 42/26 61, Fax 88 96 64, www.pension-nopper.de, Letztere mit Storchennest auf dem Dach.

◆ **Restaurants:** Nur mit dem Kahn zu erreichen ist das in

Mehr Bäume und weniger Häuser als in Venedig – Gondoliere im Spreewald

klare Wasser, in dem man mit viel Glück sogar einen Fischotter erspäht.

Wenn Spreewälder Dörfer ihre Heimatfeste feiern, ist was los auf den Kanälen. Dann holen die Einwohner von Vetschau oder Burg ihre alten sorbischen Spreewaldkostüme hervor, die noch so aussehen wie bei Fontane beschrieben: kurzer faltenreicher Friesrock, knappes Mieder, Busentuch, Schnallenschuhe, bunte seidene Bänder und extravaganter Kopfputz. In Burg ist die Tracht noch Alltagskleidung der auf deutsch Wenden genannten Sorben, die sich ihre slawische Kultur und Sprache über viele Jahrhunderte bewahren konnten. Ansonsten vermittelt das Freilichtmuseum von Lehde bei Lübbenau einen lebendigen Eindruck davon, wie es sich in wendischen Spreewaldhäusern lebte und arbeitete. In Luckau säumen noch verzierte barocke Schmuckgiebelhäuser den Markt, und in der spätgotischen Pfarrkirche ertönt eine herrliche Barockorgel.

Inzwischen hat der Spreewald sogar Südseeatmosphäre zu bieten. Nordwestlich von Lübben hat man die riesige CargoLifter-Luftschiffwerft in ein Tropenparadies verwandelt, mit Palmenstrand, Bali-Lagune und Bühnenshows. Mit dem Kahn kommt man da aber nicht hinein.

einem alten Bauernhaus eingerichtete **Gasthaus Kaupen Nr. 6,** das Spreewälder Kost wie Grützwurst, Hefeplinsen und Quark mit Leinöl serviert: Lübbenau/Lehde, Tel. 0 35 42/ 4 78 97. Eine Institution ist die **Spreewaldgaststätte Wotschofska.** Hier schmecken Spreewälder Fischplatte und Sorbische Bauernsuppe. Wotschofskaweg 1, Lübbenau, Tel. 0 35 46/76 01.

◆ **Info: Tourismusverband Spreewald e. V.,** Lindenstraße 1, Ortsteil Raddusch, Vetschau, Tel. 03 54 33/7 22 99, www.spreewald.de.

Höllbergfest (1. Mai) in Luckau, **Spreewald- und Schützenfest** mit Kahnkorso in Lübbenau (Juli), **Handwerker- und Bauernmarkt** (Juli) sowie **Heimatfest** (August) in Burg, **Museumsfest** (August) und **Dorffest** (Sept.) in Lehde, **Stadtfest** (Sept.) in Vetschau.

Lutherstadt Wittenberg: Hauptstadt der Reformation

»Hier stehe ich. Ich kann nicht anders«, so steht es zu lesen ... auf den bunten Luthersocken der Souvenirshops von Wittenberg! Zusammen mit Martin Luthers Geburts- und Sterbeort Eisleben ist das auf halbem Wege zwischen Leipzig und Berlin gelegene Wittenberg seit 1993 Weltkulturerbe. Die Schlosskirche der Lutherstadt wurde 2006 in einer ZDF-Abstimmung gar zum drittliebsten Ausflugsziel der Deutschen gewählt.

Ausgerechnet die Schlosskirche? Eigentlich wurde die Universitätskirche Friedrichs des Weisen, der das kleine Elbestädtchen im 16. Jh. zu einem europäischen Kunst- und Geisteszentrum machte, im Siebenjährigen Krieg zerstört und ist im Wesentlichen eine 1892 wiedereröffnete staatsprotestantische Anmaßung der Hohenzollern. »Eine Mischung aus Kaiserkrone, Pickelhaube und Wasserturm«, lästerte der Theologe Friedrich Schorlemmer über die Turmhaube.

Aber da ist ja das Portal, an dessen Tür Luther 1517 seine Thesen gegen den Ablasshandel Johann Tetzels heftete. Doch leider: Selbst die Tür gibt es nicht mehr. Das verbrannte hölzerne Original wurde 1853 durch bronzene Türflügel ersetzt, in die alle 95 Thesen eingelassen sind, auf lateinisch in spätgotischen Minuskeln: Glorifizierung eines Akts der Weltgeschichte, der so möglicherweise nie stattgefunden hat.

Aber warum die Illusion zerstören? Die Thesen hat Luther ja wirklich zur Disputation gestellt, und sie bleiben gültig: »Dem Armen zu geben oder dem Bedürftigen zu leihen, ist besser als sich mit Ablass freizukaufen.« Unter der Kanzel, die das mächtigste Instrument der Reformatoren war, liegt er unter einer Bronzeplatte begraben, der »feiste Doktor und alte stinkende Madensack«, wie er sich selbstironisch nannte. In ebenso schlichter Manier ruht Philipp Melanchthon (1497–1560), der zweite große deutsche Reformator, neben ihm.

Der von schönen Bürgerhäusern gesäumte Marktplatz ist sommerliche Bühne für die in historischem Gewand gefeierte Lutherhochzeit. Vor dem mächtigen Renaissancerathaus findet man die beiden Freunde wieder, als neugotische Tabernakelfiguren unter eisernen Baldachinen: Luther unbeweglich wie die feste Burg, die sein Gott war, Melanchthon kompromissbereit, die Schriftrolle der Confessio Augustana in Händen, bis heute wichtigste Bekenntnisschrift der evangelischen Kirchen.

Geschichtsträchtiger Ort: 1517 veröffentlichte Luther in Wittenberg seine 95 Thesen

Den Platz beherrscht die wuchtige doppeltürmige Stadtkirche St. Marien aus dem 13. bis 15. Jahrhundert, Luthers Predigtkirche. Berühmt ist der Hochaltar (1547) von Lucas Cranach d. Ä., dessen vier Bildtafeln die reformatorische Heilsbotschaft formulieren: Erlösung allein durch den Glauben. Da erscheinen Melanchthon bei der Taufe, Luther als Junker Jörg, Johannes Bugenhagen im offenen Beichtstuhl und andere Mitglieder der Reformationsgemeinde.

Die vorreformatorische Kanzel, von der Luther regelmäßig predigte, ist heute im Lutherhaus zu besichtigen. Originalgetreu erhalten blieb die Lutherstube, wo der Theologe fast 35 Jahre lebte und zu Tischgesprächen einlud. Heute ist das Lutherhaus mit seinen reichen Sammlungen das größte Museum zur Reformationsgeschichte und erinnert unter anderem daran, dass Wittenberg zur Reformationszeit auch auf dem Gebiet des Buchdrucks führend war. Hier

◆ **Anfahrt:** Über Berlin, Magdeburg und Leipzig (auch Bahnverbindung).

◆ **Unterkunft und Restaurants:** Ein Designerhotel in Nachbarschaft von Luther- und Melanchthonhaus ist das **Best Western Stadtpalais Wittenberg** mit klassizistischer Fassade, komfortablen Zimmern, Restaurant und begrünter Terrasse. Collegienstraße 56/57, Tel. 0 34 91/42 50, Fax 42 51 00, www.stadtpalais.bestwestern.de. Zwischen Thesentür und Cranachhof liegt ein Gasthof, in dem schon Luther verkehrte. Heute besitzt hier das **Stadthotel Wittenberg Schwarzer Baer** individuell eingerichtete Zimmer und das älteste Restaurant der Stadt. Schlossstr. 2, Tel. 0 34 91/4 20 43 44, Fax 4 20 43 45, www.stadthotel-wittenberg.de.

Wirkstätte von Cranach d. Ä. im Cranach-Hof am Markt

hängt auch Cranachs »Luther mit Doktorhut« (um 1520), das erste erhaltene gemalte Porträt des Reformators. Wie geschäftstüchtig die Cranach-Werkstatt für Katholiken Marienbilder und für Protestanten rebellische Holzschnitte fertigte, dokumentieren Cranach-Haus und Cranach-Höfe am Markt 4 und in der Schlossstr. 1.

Nur einen Steinwurf vom Lutherhaus entfernt steht das 1536 erbaute Melanchthonhaus in der Collegienstraße. Studier- und Sterbezimmer 1898 sind historisierend nachgebildet, das schmale, dreigeschossige Giebelhaus selbst ist jedoch eines der schönsten Renaissancegebäude der Stadt. Drei Etagen erläutern das Wirken des berühmten Humanisten, der 1521 die erste gültige Zusammenfassung der reformatorischen Lehre schrieb.

An Melanchthons illustre Studenten erinnert manche Gedenktafel. Nur das bei seinen Studiosi sehr beliebte Freudenhaus an der Stadtmauer, wo sich wohl auch Lucas Cranach d. Ä. Anregungen für seine nackten Quellnymphen und Grazien holte, ist spurlos verschwunden. Zu heftig hatte Luther gegen das »giftige Geschmeiß« gewettert. So weit ging die Freiheit eines Christenmenschen dann auch in Wittenberg nicht.

Gleich gegenüber der berühmten Thesentür bietet die 1391 erbaute **Alte Canzley** stilvolle, besonders behindertengerechte Zimmer und ein Restaurant mit gotischem Kreuzgewölbe und Bioküche. Schlossplatz 3–5, Tel. 0 34 91/42 91 90, www.alte-canzley.de.

◆ **Info: Wittenberg-Information,** Schlossplatz 2, Tel. 0 34 91/49 86 10, Fax 49 86 11, www.wittenberg.de. **Lutherhaus Wittenberg Stiftung,** Collegienstr. 54, Tel. 0 34 91/42 03 18, Fax 42 03 27, www.martinluther.de, April–Okt. tgl. 9–18 Uhr, Nov.–März Di–So 10–17 Uhr. Im Juni findet die **Lutherhochzeit** statt, www.lutherhochzeit.de, im September der **Töpfermarkt** auf dem Marktplatz, im Beyerhof und im Cranachhof.

Im Paradies der Aufklärung: Das Dessau-Wörlitzer Gartenreich

»Unendlich schön« fand Goethe das Gartenreich bei Dessau zwischen Elbe und Mulde, das er oft besuchte. In einen Brief an Charlotte von Stein 1778 rühmte er den »Charakter elysischer Felder«. Fürst Leopold III. Friedrich Franz von Anhalt-Dessau (1740–1817) setzte Goethe in »Dichtung und Wahrheit« ein Denkmal: »Alles sprach zu Gunsten eines Fürsten, der, indem er durch sein Beispiel den Übrigen vorleuchtete, Dienern und Untertanen ein goldenes Zeitalter versprach.«

Denn Fürst Franz wollte, ganz im horazischen Sinne, »Nützliches mit dem Schönen mischen«. Barockgärten dienten immer nur der Ergötzung der Augen, doch in Wörlitz führte man den Besuchern moderne Agrarmethoden und neue Bewässerungstechniken vor, die der Herrscher in England kennen gelernt hatte. 19 Brücken allein in den Wörlitzer Anlagen demonstrierten die fortwährende Verbesserung der Brückenbautechnik. Als »Stolz und Vorbild« des 18. Jhs. rühmte Wieland das Gesamtkunstwerk, das keine Mauern und Zäune kannte und dem Volk frei zugänglich war.

Magnolienblüte vor dem Gotischen Haus

Noch heute fasziniert die harmonische, ganz dem Geist der Aufklärung verpflichtete Verbindung aus Gartengestaltung, Architektur und freier Landschaft in den Elbauen. Wohldurchdacht war das System von Sichtbeziehungen, das die Gartenteile miteinander verbindet.

Aber wandern wir ziellos umher, so wie Goethe: »In der sachtesten Mannigfaltigkeit fließt eins in das andere, keine Höhe zieht das Aug' und das Verlangen auf einen einzigen Punkt, man streicht herum, ohne zu fragen, wo man ausgegangen ist und hinkommt.« Es gibt so viel zu entdecken. Verträumt liegen Rousseau-Insel und Nymphäum im milden Licht des späten Nachmittags, plötzlich rückt das Pantheon ins Blickfeld, spiegelt sich der Venustempel im Wasser, blitzt der Floratempel auf.

Und dann erst die großen Bauten! Schloss Wörlitz (1769–1773) entstand im Stil palladianisch geprägter Landhäuser, mit korinthischen Säulen und Dreiecksgiebelkrönung, und wurde zum Gründungsbau des deutschen Klassizismus. Die Inneneinrichtung mit kostbaren Sammlungen antiker Plastiken, Gemälde und Wedgwoodporzellan blieb überwiegend erhalten.

Bestimmendes Baudenkmal im Parkteil Schochs Garten ist das Gotische Haus (1773–1813), privates Refugium und Liebesnest des Fürsten, errichtet nach dem Vorbild von Horace Walpoles malerischem Landhaus »Strawberry Hill«. Die Fassade zum Kanal wurde der venezianischen Kirche Santa Maria dell'Orto nachgestaltet, die Gartenseite präsentiert – zum ersten Mal in Deutschland – das Formengut der englischen Tudorgotik. Herrliche Glasgemälde und Bilder von Lucas Cranach empfangen den Besucher.

Mit Oranienbaum (ab 1683) ist dagegen eine niederländisch geprägte Barockanlage erhalten – in Deutschland höchst selten. Zu den wertvollsten Räumen des Schlosses zählen der mit niederländischen Fliesen verzierte Sommerspeisesaal und der Nordflügel mit seinen Goldledertapeten. Im Park ließ der Fürst 1797 Europas einzigen in seiner ursprünglichen Form erhaltenen englisch-chinesischen Garten mit Pagode und Teehaus anlegen. 1812 wurde außerdem die Orangerie modernisiert.

Ins bezaubernde klassizistische Landhaus Luisium, das in seiner Formensprache ebenso schlicht wie elegant ist, zog sich Fürstin Luise gerne vor ihrem ungeliebten Gatten zurück. Schloss- und Gartenanlage Mosigkau sind wiederum ein in Mitteldeutschland seltenes Juwel des Rokoko, mit kostbaren, barock gehängten Gemälden flämischer und holländischer Meister im Galeriesaal. Erhalten blieb auch der Rokoko-Lustgarten mit einem Irrgarten des

◆ **Anfahrt:** Über Dessau, Oranienbaum und Wörlitz, mit der Dessau-Wörlitzer Eisenbahn oder zu Fuß auf dem Fürst-Franz-Wanderweg von Dessau.

◆ **Unterkunft und Restaurants:** Die Kulturstiftung Dessau-Wörlitz (s. u.) vermietet Ferienwohnungen im Gartenreich: im turmartigen **Elbpavillon,** im **Schlangenhaus des Luisiums** und im **Eyserbeck-Haus** (Wirtschaftshof des Luisiums).
In unmittelbarer Nähe der Insel Stein übernachtet man im **Ringhotel Zum Stein,** das komfortable Zimmer mit Wellnessprogramm bietet. Das Hotelrestaurant serviert regionale Küche, im Frühjahr Spargel aus dem Zerbster Umland, im Herbst Wild aus den umliegenden Wäldern, dazu Weine aus dem lokalen Anbaugebiet Saale-Unstrut. Das Hotel ver-

Keine Zäune und Mauern versperren den Blick auf die neugotische Kirche St. Petri

18. Jhs., alten Heckenbosketten und einem chinesisch inspirierten Teehaus.

Das 1780 angelegte Georgium mit Landhaus, Rotunde und einem Landschaftspark, in den klassizistische Skulpturen hineinkomponiert wurden, war die Antwort von Prinz Johann Georg, einem Bruder des Fürsten, auf den Wörlitzer Park. Hier sind seit 1959 erlesene Kunstwerke der Gemälde- und Grafiksammlungen anhaltinischer Fürstenhäuser versammelt.

Ein spektakulärer Schlusspunkt: Im September 2005 konnte die 1794 auf einem künstlichen Vulkan angelegte Insel Stein mitsamt Grotte der römischen Quellnymphe Egeria, antikem Amphitheater und Nachbildung der berühmten Villa Hamilton in Neapel am Fuße des Vesuv wiedereröffnet werden. Sogar der nächtens als »künstlicher Lavafluss« illuminierte Wasserstrom funktioniert wieder – und sogar besser als zu Zeiten des Fürsten.

mietet auch Ferienwohnungen im klassizistischen **Roten Wachhaus** von 1772. Erdmannsdorffstraße 228, Wörlitz, Tel. 03 49 05/5 00, Fax 5 01 99, www.hotel-zum-stein.de.

◆ **Info: Kulturstiftung Dessau-Wörlitz,** Schloss Großkühnau, Dessau, Tel. 03 40/64 61 50, www.gartenreich.com. Der **Wörlitzer Park** ist immer frei zugänglich. Schloss Wörlitz und Gotisches Haus: Mai–Sept. Di–So 10–18 Uhr, Ostern, April, Okt. Di–So 10–17 Uhr. Alle anderen Park- und Schlossanlagen: Mai–Sept. Di–So 10–18 Uhr; Ostern, April, Okt. Sa, So 10–17 Uhr.

Stadtinformation Oranienbaum, Schlossstraße 17, Tel. 03 49 04/2 25 20, www.oranienbaum.de. (s. auch Dessauer Bauhaus, S. 108 f.).

Wo Funktion zur Kunst wurde: Das Bauhaus in Dessau

»... architektur erschöpft sich nicht in zweckerfüllung, es sei denn, dass wir unsere psychischen bedürfnisse nach harmonischem raum, nach wohlklang und maß der glieder, die den raum erst lebendig machen, als zwecke höherer ordnung betrachten«. Als Bauhausgründer Walter Gropius 1930 diesen Satz schrieb, träumte man in Dessau vom neuen, humanen, erschwinglichen Wohnen für alle. Herausragenden Baumeistern und Künstlern der Weimarer Republik gelang hier ein neues Zusammenspiel von Architektur, Wandmalerei, Design, Typografie, Tischlerei, Weberei und plastischer Werkstatt.

Architektur sollte die »Gestaltung von Lebensvorgängen« sein. Wer heute, ein Dreivierteljahrhundert später, durch die Gropiusallee geht, glaubt, das alles schon gesehen zu haben, in New York, London oder in der Heimatstadt, manchmal revolutionär modern, viel öfter aber banaler, in grauer Betontristesse. Meist ist man später dem zutiefst humanitären Anspruch vom Wohnen in der Zukunft durch Ausrichtung auf kostensparende industrielle Massenproduktion gerecht geworden, wie es 1926 bis 1932 Walter Gropius, Hannes Meyer und Ludwig Mies van der Rohe vormachten.

Dann steht man vor dem Bauhausgebäude mit seinem weltberühmten vertikalen Schriftzug und der Glasvorhangfassade. Plötzlich wird klar, wie gerade dieses 1925/26 von Walter Gropius geschaffene, glanzvoll restaurierte Ensemble zur Ikone

◆ **Anfahrt:** Von Berlin, Leipzig und Magdeburg (auch Zugverbindung).

◆ **Unterkunft:** Im Bauhausstil errichtet wurde das **Steigenberger Fürst Leopold,** das alle Annehmlichkeiten und großzügige Zimmer bietet. Friedensplatz, Tel. 03 40/2 51 50, Fax 2 51 77, www.dessau.steigenberger.de.
Eine nette Pension in einem grünen Stadtteil ist die Pension **An den 7 Säulen,** Ebertallee 66, Tel. 03 40/6 40 09 00, Fax 61 96 22.

◆ **Restaurants:** Das in einem Fachwerkhaus von 1743 untergebrachte **Pächterhaus** tischt vorzügliche Gerichte wie Rinderfiletspitzen, Barbarie-Entenbrust und Steinbeißerfilet auf. Kirchstraße 1, Tel. 03 40/6 50 14 47, www.paechterhaus-dessau.de.
1929 von Carl Fieger im Bauhausstil errichtet wurde das

Betontristesse oder architektonische Ikone der klassischen Moderne?

der Klassischen Moderne werden konnte: Es ist eine den herkömmlichen geschlossenen Baukörper sprengende, transparent und fast schwerelos wirkende kubische Komposition aus Stahl, Beton und Glas. Die Architektur überbrückt die Grenzen zwischen Wohnen, Lernen und Arbeiten und präsentiert innen durch farbige Absetzung von tragenden und verkleidenden Bauteilen offen ihre konstruktiven Elemente.

Die 1925/26 im kleinen Kiefernwäldchen der heutigen Ebertallee errichteten weißen Meisterhäuser für die Professoren der Bauhausschule erinnern mit ihren ineinander verschachtelten kubischen Bauelementen, vertikalen Glasbändern und verglasten Ateliers an architektonische Umsetzungen der Bilder Picassos. Bauhausgebäude, Meisterhäuser, das Schulgebäude sowie das in Weimar gelegene Haus am Horn wurden 1996 von der UNESCO zum Weltkulturerbe erklärt, doch auch andere über Dessau verstreute Bauten sind sehenswert, so das damalige Arbeitsamt, die Ausflugsgaststätte Kornhaus am Elbufer, das Konsumgebäude, die Siedlung Dessau-Törten, das Stahlhaus und die Laubenganghäuser.

Dass die Nazis 1932 die Schließung des Bauhauses erzwangen, hat seinen weltweiten Einfluss eigentlich erst begründet. Heute ist es wieder ein lebendiger Ort der experimentellen Gestaltung, Forschung und Lehre. Mit dem 2005 errichteten Umweltbundesamt beweist Dessau, dass es auch heute noch architektonische Maßstäbe setzen kann: energieeffizient und nachhaltig.

Ausflugslokal Kornhaus. Es serviert internationale Küche aus regionalen Zutaten. Kornhausstr. 46, Tel. 03 40/ 6 40 41 41, www.kornhaus.de.

◆ **Info: Besucherdienst der Stiftung Bauhaus Dessau,** Gropiusallee 38, Tel. 03 40/ 6 50 82 51, Fax 6 50 82 26, www.bauhaus-dessau.de (tgl. 10–18 Uhr, Führungen 11 und 14 Uhr oder öfter). **Meisterhaus Kandinsky/Klee,** Ebertallee 69/71, Tel. 03 40/ 6 61 09 34, Fax 6 61 09 35, www.meisterhaeuser.de. **Kurt-Weill-Zentrum im Meisterhaus Feininger,** Ebertallee 63, Tel. 03 40/61 95 95, Fax 61 19 07, www.kurt-weill.de. **Tourist.Information** im Rathaus, Zerbster Str. 2c, Tel. 03 40/2 04 14 42, Fax 2 04 11 42, www.dessau.de.

Mittelalterliche Skulpturenpracht: Der Dom zu Magdeburg

Als noch der Interzonenzug von Helmstedt nach Westberlin fuhr, da passierte mancher Durchreisende aus dem Westen auf halbem Wege Magdeburg. Manchmal tauchte im Industrienebel der Braunkohlewerke nur eine mächtige Doppelturmsilhouette über der Elbe auf: der Magdeburger Dom. Man hätte ihn sich gerne einmal angesehen, aber Aussteigen war unmöglich. Und so fuhr man ein ums andere Mal an Deutschlands erster gotischer Kathedrale vorbei.

Der braune Nebel über Sachsen-Anhalts Hauptstadt hat sich längst gelichtet. Ein »sächsisches Rom« hatte Kaiser Otto I. im 10. Jh. hier gründen wollen. Sein romanischer Dom muss prunkvoll gewesen sein, doch 1207 brannte er größtenteils ab. Eigentlich ein Wunder, dass überhaupt noch Mittelalterliches in der Stadt erhalten ist: 1631 »magdeburgisierte« Tillys Soldateska die Stadt, und im Zweiten Weltkrieg versanken 90 Prozent der Altstadt in Schutt und Asche. Aber den Dom St. Mauritius und St. Katharina gibt es immer noch.

Von außen ist die lichte Erhabenheit des gotischen Chors kaum zu erahnen. Erzbischof Albrecht II. hatte die Architektur französischer Kathedralen in der Île-de-France bewundert. So wollte er auch an der Elbe bauen: eine dreischiffige, kreuzrippengewölbte Pfeilerbasilika mit Umgang und Kapellenkranz, über den Ruinen des ottonischen Doms, im Jahre des Herrn 1209. Nur zögerlich lösten sich die Magdeburger Baumeister von der Romanik, doch der Skulpturenschmuck kann sich mit jedem französischen Vorbild messen. Ungemein differenziert sind die klugen und törichten Jungfrauen in der Paradiesvorhalle dargestellt: Eine himmelhoch jauchzende Brautjungfer blickt in das zutiefst verzweifelte

◆ **Anfahrt:** Autobahn- und Zugverbindung mit Berlin, Hannover und Leipzig.

◆ **Unterkunft:** In einer Gründerzeitvilla von 1903 im Grünen, in der einst das schwedische Konsulat residierte, bietet das vorzüglich geführte Privathotel **Residenz Joop** stilvolle komfortable Zimmer. Jean-Burger-Straße 16, Tel. 03 91/ 6 26 20, www.residenzjoop.de. Goethe hat zwar nicht im **Hotel Geheimer Rat** geschlafen, aber das stilvolle Ambien lohnt den Aufenthalt. Goethestraße 38, Tel. 03 91/7 38 03, www.geheimer-rat.bestwestern.de.

◆ **Restaurants:** Im (auch als Herberge empfehlenswerten)

Prächtige Skulpturen im Dom zu Magdeburg: Herrscherpaar in einer sechzehnseitigen Rotunde

Gesicht ihres Gegenübers, bei einem anderen Paar begegnen sich demütige Freude und melancholisches Nachsinnen.

Es gibt unglaublich viele Kunstschätze im Dom, von antiken Säulen aus Ravenna und romanischen Bronzeplatten bis hin zu einem schlichten, ergreifenden Ehrenmal für die Toten des Ersten Weltkriegs von Ernst Barlach (1929). Im Chorraum ruhen die Gebeine Ottos I. im geplünderten Kaisersarkophag von 973. Würde und Freundlichkeit strahlt die erste authentische Darstellung eines Schwarzafrikaners in der deutschen Kunst aus: Es ist der hl. Mauritius (um 1250). Kaiser Otto der Große hatte den »Streiter Christi« besonders verehrt.

Wie oft man in Magdeburg der Zeit voraus war, demonstriert andernorts der avantgardistische Jahrtausendturm von 1999 im Elbauenpark, mit 60 m der höchste Holzturm Deutschlands. Im Inneren rollen 6000 Jahre Menschheits- und Wissenschaftsgeschichte ab. Und da ist Magdeburg gut dabei. Immerhin hat Bürgermeister Otto von Guericke hier schon im 17. Jh. demonstriert, dass man aus Nichts eine ganze Menge machen kann: Er begründete nämlich die Vakuumtechnik.

Parkhotel Herrenkrug serviert das Gourmetrestaurant **Die Saison** in glanzvollem Jugendstilambiente vorzügliche mediterrane Küche. Herrenkrug 3, Tel. 03 91/8 50 80, www.herrenkrug.de. Deftige Küche in 800 Jahre altem Gemäuer kommt im **Gewölbekeller Buttergasse,** Alter Markt 13, Tel. 03 91/ 6 62 56 66, auf den Tisch. Idyllisch im Stadtpark am See gelegen ist die **Brasserie Le Frog,** Heinrich-Heine-Platz 1, Tel. 03 91/5 31 35 56, www.lefrog-md.de.

◆ **Info: Tourist-Information,** Ernst-Reuter-Allee 12, Tel. 03 91/5 40 49 02, www.magdeburg-tourist.de.

Irrfahrt eines Domschatzes:

Quedlinburg

»Herr Heinrich saß am Vogelherd« – viele kennen die Quedlinburger Ballade von Heinrichs des Allerersten Kaiserwahl anno 919. Wie ein gewaltiges Schiff thront die romanische Stiftskirche St. Servatius mit ihren Türmen auf dem Burgberg von Quedlinburg, zu dessen Füßen Heinrich I. gern Fallen für Singvögel aufstellte. Ein anderer Heinrich, Himmler mit Nachnamen, erhob gut tausend Jahre später den »Vogler« zum Ahnherrn des Dritten Reichs, präsentierte kaiserliche Gebeine aus der Hallenkrypta und profanierte den Dom von 1129 zur germanischen Weihehalle der SS.

Es waren nicht wirklich Heinrichs Knochen. Reden wir lieber über Heinrichs Kamm. Der ist aus Elfenbein, auch über tausend Jahre alt und war plötzlich verschwunden, zusammen mit einem Gebetsbuch, einem Reliquienschrein, fünf juwelenbesetzten Kristallgefäßen, einer Reliquienkapsel aus Silber und dem mit Goldtinte geschriebenen Samuel-Bibelmanuskript aus dem 9. Jh. samt Einband aus vergoldetem Silber und Juwelenintarsien. Ein kunstverständiger US-Leutnant hatte die ausgelagerten Preziosen im Juni 1945 per Feldpost ins texanische Kaff Whitewright geschickt, deklariert als »bible«, was nun wahrlich nicht gelogen war. Als die Erben das Evangeliar 1987 für viel Geld verscherbeln wollten, war dies der Beginn eines Kunstkrimis, den man sich am besten vor Ort von Pfarrer Friedemann Goßlau erzählen lässt. Jedenfalls sind seit 1993 fast alle geraubten Dinge wieder daheim bei den anderen guten Stücken und die knapp drei Millionen Dollar, die für den gerichtlichen Vergleich bezahlt wurden, gut angelegt.

Doch bei allem Respekt vor dem Domschatz: Die ganze Altstadt von Quedlinburg ist eine Kostbarkeit – Deutschlands größtes Flächendenkmal. Mit ihren wuchtigen Kirchtürmen, verwinkelten Gassen, bröckelnden Ziegeldächern und modernden Fachwerkgiebeln adelte sie die UNESCO 1994 zum 90 Hektar großen Welterbe. Die Hälfte der über 1300 Fachwerkhäuser ist inzwischen saniert, erzählt die Stadtführerin Christa Rienäcker. Acht Baustile gibt es in der Stadt. Das Fachwerkmuseum im gotischen Ständerhaus von 1375 in der Wordgasse 3 informiert über Andreaskreuze, Fächerpalmetten, Sonnenscheiben, Laubstäbe, Diamantbänder, Schiffchen und Knaggen. Das Ständerhaus muss aber damit

Von romanischer Stiftskirche zum Weltkulturerbe: Quedlinburg

leben, dass es seit kurzem nicht mehr das älteste Fachwerkhaus Deutschlands ist. Letzteres ist nämlich fast 800 Jahre alt und steht in der Hölle, Hausnummer 11. Vorläufig jedenfalls, denn wer weiß, ob bei Sanierungsarbeiten nicht noch ein älteres entdeckt wird. Und ja, die Gasse heißt wirklich so. Da erstaunt es auch nicht mehr, dass die Stadt sogar ein Holzwurmmuseum hat.

Ja, die Quedlinburg war bedeutend. Nicht nur Heinrich fühlte sich wohl auf seiner Lieblingspfalz, auch die Ottonen überhäuften das Damenstift auf dem Schlossberg mit Reliquien. In Quitilingaburg schloss Otto I. 973 Frieden mit den Ungarn, zumindest mit denen, die nicht 955 bei der Schlacht auf dem Lechfeld gestorben waren. Zu Pfingsten stellt eine Laienspielgruppe den »Kaiserfrühling« nach, mit viel Enthusiasmus und historischem Gewand.

Aber es gab nicht nur olle Kaiser in Quedlinburg. Während der Reichsführer Heinrich Himmler morsche Knochen barg, rettete der Quedlinburger Architekt Her-

◆ **Anreise:** z. B. über Magdeburg (Zugverbindung).

◆ **Unterkunft:** Nach der byzantinischen Gemahlin Ottos II. benannt ist das **Romantik-Hotel Theophano,** ein barocker Fachwerktraum. Charmant mit Antiquitäten und edlen Teppichen eingerichtete Zimmer, Weinkeller mit mediterraner Küche, Café und romantischer Innenhof. Markt 13, Tel. 0 39 46/9 63 00, www.hoteltheophano.de. 250 Jahre alt ist das **Hotel zum Bär** mit sehr stilvollen Zimmern und Wellnessangebot. Markt 8/9, Tel. 0 39 46/77 70, Fax 70 02 68, www.hotelzumbaer.de. Fachwerkidylle bietet die **Propstei Vorwerk,** ein Familienhotel mit rustikal eingerichteten Zimmern. Im Wasserwinkel 1a, Tel. 0 39 46/81 16 96, Fax 81 17 16, www.propstei-vorwerk.de.

◆ **Restaurants:** Regionale Küche aus dem Harz und vier hausgebraute Biersorten gibts

Die Altstadt mit ihren verwinkelten Gassen und über 1300 Fachwerkhäusern

mann Klumpp viele Bilder des »entarteten« Malers Lionel Feininger vor den Nationalsozialisten. Die Feiniger-Galerie zeigt die Sammlung, gleich neben dem Fachwerkhaus, in dem der Dichter und Aufklärer Friedrich Klopstock zur Welt kam. Das hier eingerichtete Museum weiß noch von anderen illustren Quedlinburgern zu berichten: von Friedrich GutsMuths, der die Schulgymmastik erfand, und von Carl Ritter, neben Alexander von Humboldt bedeutendster wissenschaftlicher Geograf seiner Zeit. Aber auch Deutschlands erste promovierte Ärztin praktizierte in Quedlinburg. »Academische Abhandlung von der gar zu geschwinden und angenehmen, aber deswegen öfters unsicheren Heilung der Krankheiten«, lautete das Thema, mit dem Dorothea Erxleben (1715–1762) nach langem Kampf den Doktortitel erwarb.

Ob die Heilung des in DDR-Zeiten maroden Quedlinburgs zu geschwind verläuft, wird sich zeigen. Direkt über dem Rathausportal schüttet eine Figur der Göttin des Wohlstands ihr Füllhorn aus. Allmählich mausert sich die Stadt zum Touristenmagneten. Wie heißt es doch in Johann Nepomuk Vogls Ballade vom Vogelherd so schön: »Du gabst mir einen guten Fang! Herr Gott, wie Dir's gefällt.«

im **Brauhaus Lüdde,** Blasiistraße 14, Tel. 0 39 46/70 52 06, www.hotel-brauhaus-luedde.de.
Die Weinstube im **Romantik Hotel am Brühl** (auch empfehlenswerte Zimmer) serviert verfeinerte regionale Küche, wie Harzer Bachforelle, Ochsenschwanzsülze und Terrine vom Harzgeröder Reh.
Billungstraße 11, Tel. 0 39 46/9 61 80, Fax 9 61 82 46, www.hotelambruehl.de.
◆ **Info: Quedlinburg-Tourismus-Marketing,** Markt 2, Tel. 0 39 46/90 56-24 oder -25, www.quedlinburg.de.
Zu Pfingsten findet der »Kaiserfrühling« statt, im Dezember »Advent in den Höfen« rund um den Marktplatz.

Mit Heinrich Heine in den Harz

»Die Bäume flüstern wie mit tausend Mädchenzungen, wie mit tausend Mädchenaugen schauen uns an die seltsamen Bergblumen, sie strecken nach uns aus die wundersam breiten, drollig gezackten Blätter, spielend flimmern hin und her die lustigen Sonnenstrahlen, die sinnigen Kräutlein erzählen sich grüne Märchen, es ist alles wie verzaubert.«

Ja, keiner hat dem Brocken ein schöneres literarisches Denkmal gesetzt als Heinrich Heine 1831. Dabei waren vor ihm schon viele Poeten auf den höchsten Gipfel des Harzgebirges hinaufgestiegen. Goethe schrieb Charlotten von den Gefühlen, die ihn 1777 auf dem Gipfel überwältigten, in Briefen: »Ich hab's nicht geglaubt bis auf der obersten Klippe ... Alle Nebel lagen unten und oben lag herrliche Klarheit.« Selbstredend führt jetzt ein »Goetheweg« hinauf. Joseph von Eichendorff, Adelbert von Chamisso, Theodor Fontane und Hermann Löns, der während eines Urlaubs gleich 16-mal den Gipfel erklomm, sie alle gerieten ins Schwärmen – und heute wandeln jährlich über eine Million Besucher auf ihren Spuren. Nach Rom sind es 1110 Kilometer, verkündet eine Tafel auf der »Brockenuhr«, doch hier, auf 1141 Meter Höhe, pfeift es eher sibirisch, was eigentlich nur der arktischen Krautweide, dem kleinsten Baum der Erde, so recht behagen dürfte. Dafür sah Märchendichter Hans Christian Andersen frühmorgens »deutlich Magdeburg mit seinen Türmen, Halberstadt und Quedlinburg, die Türme der großen Domkirche zu Erfurt ...«. Meistens aber blickt man vom

◆ **Anfahrt:** Die großen Orte am Harzrand erreicht man über Schnellstraßen und mit dem Zug. Die Harzer Schmalspurbahnen (HSB) fahren 24 regionale Bahnhöfe an. Mit der Brockenbahn geht es auf den Gipfel des Brocken.

◆ **Unterkunft:** Im umgebauten Fernsehturm sind das komfortable **Brockenhotel** und die einfache **Brockenherberge** untergebracht, wo sich eine Übernachtung schon wegen des herrlichen Ausblicks am frühen Morgen und am Abend lohnt, wenn die Tagesausflügler verschwunden sind: Brockenplateau, Schierke, Tel. 03 94/5 51 20, Fax 5 51 21 00, www.brockenhotel.de.
Ein schöner Fachwerkbau am Marktplatz von Wernigerode ist das **Hotel Weißer Hirsch,** das komfortable gutbürgerliche Zimmer und ein Restau-

Gipfel nur in eine trübe Wolkennebelsuppe. Warum waren den Poeten immer die klarsten Tage vergönnt?

Aber auch der Nebel hat seine Reize, wenn einem so ist, »als ob hinter jedem Erlenstamm eine Hexe hervorsähe«, wie Fontane 1887 schrieb. Versagen wir uns Goethes »ergötzliche Blocksbergsgeschichten«, denn die Berichte von den wilden Orgien der Walpurgisnacht sind kaum romantische Lektüre, sondern schon seit 1540 aktenkundig und meist unter Folterqualen erpresst. Das hindert aber viele Leute nicht daran, von weither anzureisen, um in der Nacht zum 1. Mai eine ausgelassene Walpurgisnachtfeier zu erleben, allerdings nicht auf dem zugigen Brocken, sondern weiter östlich am Hexentanzplatz. Da ist es wärmer, wenn auch sehr touristisch, und der Ausblick von Teufelskanzel und Rosstrappe ins wildromantische, tosende Bodetal mit seinen bizarren Felsformationen und mächtigen Granitblöcken im Flussbett ist höchst beeindruckend. Einst sprang hier die schöne Königstochter Brunhilde waghalsig mit ihrem Pferd über das tiefe Tal zum gegenüberliegenden Felsen. Vor Heine, dem das Antlitz der Bode »in sonnigster Pracht« entgegenleuchtete, wanderte hier Goethe, sammelte Inspiration für seinen Faust, und natürlich ist nicht nur ein Felsen nach ihm benannt.

»Der Brocken ist ein Deutscher«, befand Heine – aber oft doch ein sehr kalter. Ein halbes Jahrhundert lang war er sogar unzugänglich, als von hier aus der »VEB Horch und Guck« die Telefonate zwischen der BRD und West-Berlin abhörte. Wir lauschen beim Abstieg durchs Ilsetal lieber dem Quellengemurmel von Heines »lieblicher, süßer Ilse« und freuen uns, dass endlich wieder »goldene Sonnenlichter« durch dichtes Tannengrün und moosige Baumwurzeln huschen. Aber bitte nicht vom markierten Heinrich-Heine-Weg abschweifen: Der Renditeforst Harz soll wieder Urwald werden, zumindest in einem 2900 Hektar großem Kernbereich. Für Fußlahme gibt's die Brockenbahn mit Dampflok und brauner Koksfahne.

Heine war ja kein naiver Schwärmer: Auf seiner Harzwanderung bekam so mancher

rant mit Harzer Küche bietet. Marktplatz 5, Tel. 0 39 43/ 60 20 20, Fax 63 31 39, www.hotel-weisser-hirsch.de. In Goslar wohnt man stilvoll-komfortabel im **Hotel Kaiserworth,** einem Gildehaus aus dem 15. Jh. Markt 3, Tel. 0 53 21/70 90, Fax 70 93 45, www.kaiserworth.de.

◆ **Restaurants:** Lokale Köstlichkeiten, wie Harzer Forelle, Talsperrenzander und Rehrücken, serviert das Restaurant im Romantik-Hotel **Zur Tanne,** Herzog-Wilhelm-Straße 8, Braunlage, Tel. 0 55 20/9 31 20, Fax 9 31 24 44, www.tanne-braunlage.de. Urige Harzer Spezialitäten, wie Goslarer Braumeistersteak und Rammelsberger Steigerplatte, dazu das traditionelle Gosebier, gibts im **Restaurant Worthmühle,** Worthstraße 4, Goslar, Tel. 0 53 21/4 34 02, Fax 70 99 67, www.worthmuehle.de.

◆ **Info:** Harzer Verkehrsverband, Markstr. 45, Goslar, Tel. 0 53 21/3 40 40, Fax 3 40 66, www.harzinfo.de. Weitere gute Informationsseiten sind www.nationalpark-harz.de und www.nationalpark-hochharz.de. **Museum und Besucherbergwerk des Weltkulturerbes Rammelsberg,** Bergtal 19, Goslar, Tel. 0 53 21/75 00, www.rammelsberg.de (tgl. 9–18 Uhr).

Brocken-Blick: Aussicht vom höchsten Gipfel Norddeutschlands

Ort einen bissigen Seitenhieb ab. Das alte Goslar erschien ihm als »Nest mit meistens schmalen, labyrinthisch krummen Straßen, allwo mittendurch ein kleines Wasser, wahrscheinlich die Gose, fließt, verfallen und dumpfig, und ein Pflaster, so holprig wie Berliner Hexameter«. Heute schätzen die Besucher das mittelalterliche Flair des einstigen salischen Kaisersitzes, seine 1200 Fachwerkhäuser, das spätgotische Rathaus, die zweistöckige Kaiserpfalz von 1050, heftigst restauriert und mit schwülstigen Kaiserdarstellungen aus wilhelminischer Zeit ausgemalt, sowie die Domvorhalle, die der Abrisswut des frühen 19. Jahrhunderts entging. Wie hatte schon Heine gespottet: »Wir leben in einer bedeutungsschweren Zeit: tausendjährige Dome werden abgebrochen, und Kaiserstühle in die Rumpelkammer geworfen.« Immerhin, der Thronsessel der Salier- und Stauferkaiser ist zurückgekehrt.

Seit 1992 ist Goslar Weltkulturerbe, zusammen mit dem anderthalb Kilometer entfernten historischen Bergwerk Ram-

Einst grausame Hexenverfolgung, heute verklärende Hexenromantik im Harz

melsberg, wo man über tausend Jahre lang nach Silber, Eisenerz und Kupfer schürfte. Wer mit der Grubenbahn einfährt, kann vielleicht ermessen, wie sich Heine fühlte, als er die Grube Carolina bei Clausthal-Zellerfeld besuchte: »Immerwährendes Brausen und Sausen, unheimliche Maschinenbewegung, unterirdisches Quellengeriesel, von allen Seiten herabtriefendes Wasser, qualmig aufsteigende Erddünste, und das Grubenlicht immer bleicher hineinflimmernd in die einsame Nacht.«

Mehr als ein Frösteln wird Besucher überkommen, die in die Gedenkstätte des Konzentrationslager Mittelbau-Dora einfahren, wo 60 000 aus Buchenwald herangeschaffte Häftlinge bei Nordhausen ab August 1943 eine gigantische unterirdische Raketenfabrik für den Bau der V2 in die Kohnbergstollen sprengen mussten. Den klassischen Dichtern hätte bei dieser Höllenfahrt die Stimme versagt.

Naturkundler Goethe durchkroch dagegen die seit 1649 zugängliche Baumannshöhle: »Schwarze Marmormassen, aufgelöst, zu weißen kristallinischen Säulen und Flächen wieder hergestellt, deuteten mir auf das fortwebende Leben der Natur. Freilich verschwanden vor dem ruhigen Blick alle die Wunderbilder, die sich eine düster wirkende Einbildungskraft so gern aus formlosen Gestalten erschaffen mag ...« Die märchenhafte Hermannshöhle, eine der schönsten Tropfsteinhöhlen Deutschlands, kannte Goethe noch nicht: Sie wurde erst 1866 entdeckt. Beide Höhlen liegen beim Dörfchen Rübeland, an der Straße von Elbingerode nach Blankenburg: schon wieder ein Harzstädtchen mit romantischen Gassen und malerischen Fachwerkhäusern.

Noch mehr Fachwerkseligkeit bietet das östlich von Blankenburg gelegene Wernigerode, dessen Rathaus mit zwei spitzen Türmchen ein architektonisches Wahrzeichen des Harzes ist. Viele Häuser sind farbenfroh gestrichen und zeigen fantasievolles Schnitzwerk. Aber jetzt sind uns die Goethe- und Heinezitate ausgegangen ...

Die Stifterfiguren von Naumburg

Sie hieß Uta von Ballenstedt und stammte aus dem Geschlecht der Askanier. Seit über 750 Jahren blickt die unnahbare Schöne vom Westchor des Doms zu Naumburg an der Saale herab. Herder, Wieland, Goethe und Schiller haben sie noch ignoriert: Sie war eben nicht antik genug. Später musste Uta hanebüchene literarische Ergüsse über sich ergehen lassen. Wirklich Infames widerfuhr ihr, als ihr Foto 1937 in der Münchner NS-Ausstellung »Entartete Kunst« als Symbol für die Reinheit der deutschen Rasse gegen die Frauenporträts eines Otto Dix oder Max Ernst antreten musste.

Von wegen deutsch: Ihr Schöpfer, der unbekannte Naumburger Meister, hat seine Handschrift auch in Metz, Amiens, Noyon, Straßburg und Mainz hinterlassen. Ob er bei Uta nicht eher an eine französische Dame gedacht hat, wie sie so kapriziös den Mantelkragen hochschlägt, als wolle sie nichts zu tun haben mit ihrem herrischen Gemahl Ekkehard II., Markgraf von Meißen, der neben ihr steht? 1034 hatte dieser skrupellose Herrscher den Grafen Dietrich ermorden lassen. Kein Wunder, dass Dietrichs Sohn, Thimo von Kistritz, so ein grimmiges Gesicht zieht. Dagegen blickt Graf Wilhelm von Camburg schwermütig. Er war ein erbitterter Gegner Kaiser Heinrichs IV. und wurde von ihm ins slawische Exil getrieben. Neben ihm lächelt heiter, geradezu keck seine Gattin Reglindis, eine polnische Prinzessin. Hinter seinem Schild versteckt sich »Dietmarus comes occisus«, »Dietmar, der Graf, der erschlagen wurde«.

- **Anfahrt:** Naumburg liegt etwas abseits der Autobahn Nürnberg–Berlin und an der ICE-Strecke München–Nürnberg–Berlin.
- **Unterkunft:** Direkt am historischen Marktplatz bietet in einem größtenteils aus dem Mittelalter stammenden Haus das **Hotel Stadt Aachen** mit Stilmöbeln eingerichtete komfortable Zimmer. Im Hotelrestaurant **Carolus Magnus** kommen regionale Gerichte und Saale-Unstrut-Weine auf den Tisch. Markt 11, Tel. 0 34 45/24 70, www.hotel-stadt-aachen.de. Ein gemütliches kleines Hotel mit Restaurant ist das **Sankt Wenzel,** Friedrich-Nietzsche-Str. 21a, Tel. 0 34 45/7 17 90, Fax 71 79 13, www.sankt-wenzel.de.

Von literarischen Ergüssen und NS-Propaganda verunglimpft: die unnahbar schöne Uta

Der Naumburger Meister musste um 1250 improvisieren, denn die abgebildeten Herrschaften waren bereits seit 200 Jahren tot. Über das Ehepaar Ekkehard und Uta wissen wir kaum mehr, als dass sie kinderlos blieben und ihr Vermögen einem Vorgängerbau des Doms stifteten. Dennoch bleibt es eine Sensation, dass sie erhöht auf einem Podest die Wände des Westchores zieren dürfen, der sonst nur Heiligen vorbehalten war.

Es gibt im Naumburger Dom noch viel mehr zu sehen: eine frühgotische Trennwand zwischen Langhaus und Westchor mit kunstvollem Figurenfries der Leidensgeschichte sowie gotische Glasmalereien im Chor. Auch die Naumburger Altstadt ist attraktiv. Ein harmonisches Ensemble von Bürgerhäusern aus Renaissance und Barock säumt den Marktplatz. Hier stehen auch das spätgotische Rathaus und die schöne Kirche St. Wenzel, deren 1746 eingeweihte Hildebrandt-Orgel wegen ihrer Klangfülle als Verkörperung des Bachschen Orgelideals gilt.

Die Lokale in Naumburg kredenzen gern den angenehm trockenen Wein von Deutschlands nördlichster Rebfläche, dem Saale-Unstrut-Gebiet. Zu DDR-Zeiten waren die edlen Tropfen begehrte »Bückware«. Auch der bekannte Rotkäppchen-Sekt wird nicht weit von Naumburg gekeltert: in der Freyburger Sektkellerei. Es gibt ihn übrigens auch trocken …

◆ **Restaurants**: Eine Naumburger Institution ist das in einem alten Zunfthaus untergebrachte **Bocks,** mit Domblick-Salon, Brunnenhof und Weinkeller. Zu neuer deutscher Küche mit internationalem Touch werden viele Tropfen aus der Saale-Unstrut-Region kredenzt. Steinweg 5, Tel. 0 34 45/2 30 13 30, Fax 23 04 99.
Lokale Weine zu regionaler Küche gibts auch im **Ratskeller**, Markt 1, Tel. 0 34 45/20 20 63.

◆ **Info: Tourist- und Tagungsservice Naumburg,** Markt 12, Tel. 0 34 45/27 31 12, www.naumburg-tourismus.de.

Am letzten Juniwochenende feiert Naumburg das Hussitenkirschfest mit großem Mittelalter-Festumzug, das daran erinnert, dass der Hussitengeneral Prokob 1432 Naumburger Kinder, die um Gnade für ihre Stadt flehten, mit Kirschen beschenkte.

Weimar: Ruhm und Elend des deutschen Geistes

»Nach Weimar zieht es die Deutschen gewaltig hin; es ist auch einzig in der ganzen Geschichte«, notierte Robert Schumann 1828 in sein Tagebuch. Schon zu Lebzeiten Goethes kamen die Leute in Scharen in das thüringische Städtchen an der Ilm, um den berühmten Geheimen Rat einmal aus der Nähe zu besehen. Ein Jahrhundert später spöttelte Egon Erwin Kisch: »Ganz Weimar ist eine zur Stadt erhobene Dichterbiographie. Wer nicht zumindest einige Werke über das Leben Goethes studiert hat, kann sich in der Stadt verirren. Fragt man den Einheimischen, wie man ins Hotel kommt, so antwortet er, man müsse am Wohnhaus der Frau von Stein vorüber, bei der Bank, bei der Christiane Vulpius ihrem nachmaligen Gemahl mit einer Bittschrift entgegentrat, nach links biegen, dann geradeaus ... und schon sei man beim Absteigequartier Zelters.«

Wo nur fängt man an im klassischen Weimar? Weltkulturerbe ist es, zur Kulturhauptstadt aufgeputzt, aber keine museale Puppenstube geworden. Dafür sorgt schon das Autonome Cultur Centrum (ACC), das im angeblich ersten Wohnhaus Goethes das Weimarer Bürgertum provoziert. Fast alles liegt in Rufweite. »Bei uns in Weimar gibt's dergleichen wie weite Wege nicht«, heißt es in Thomas Manns Roman »Lotte in Weimar«. Und so könnte man sich von Zitat zu Zitat schwingen – die Sehenswürdigkeiten der Altstadt wären in zwei Stunden abzulaufen: »Wo finden sie auf einem so engen Fleck noch so viel Gutes«, so Goethe zu Eckermann. Nur abends wird es allzu still.

Lust auf Unklassisches, Profanes kommt auf: Köstlich schmecken Weimarer Zwiebelkuchen und Zwiebelsuppe. Anfang des 19. Jhs. fand der Zwiebelmarkt mit seinen kunstvoll geflochtenen Zwiebelrispen auf dem Frauenplan statt. »Goethe ließ davon für 14 Pfennig für das ganze Jahr einkaufen und hing sie an seinem Fenster patriotisch auf«, erzählt Karl-Friedrich Zelter, Komponist und Freund des Dichterfürsten. Schon holt uns die Klassik wieder ein, denn Goethes Haus, heute Goethe-Nationalmuseum, steht just hier, in Rufweite zum Haus der Frau von Stein. Die spröde Dame bestimmte Goethes frühe Jahre in Weimar, bis Goethe sich wegstahl, ins sinnenfreudige Italien.

Seit 1782 wohnte er am Frauenplan. Über die großartige Treppe betritt man Goethes häusliche Welt, ausgebreitet in den 20 Räumen des ersten Stockwerks. Verteidigt hat sie einst Goethes »kleine Hausfreundin« Christiane Vulpius, die 1806 napoleonische Plünderer in die Schranken wies. Dankbar legalisierte der geadelte Dichterfürst die missbilligte Verbindung mit einer Blumenbinderin, auch das revolutionär.

Immerhin, kein Drudenfuß auf der Schwelle, sondern ein »Salve« begrüßt den Besucher des Gelben Saals. Überhaupt ist der Spaziergang durch die Räume eine Stunde praktische Goethesche Farbenlehre. Fünfzig Jahre lang war das Haus ein geistiger Mittelpunkt Deutschlands, und noch heute ist es von einer Anziehungskraft, die manchmal sprachlos macht. »Verweile doch! du bist so schön!«, möchte man vor dem Gipsabguss der Juno Ludovisi im blauen Junozimmer deklamieren, doch es sind uns nur Minuten vergönnt, und stumme Zweisamkeit schon gar nicht. Flüchten wir hinüber zum original erhaltenen Schillerhaus, es ist ja so nahe, »dass die beiden Freunde einander die Briefe und Zettel hätten in die Fenster werfen können«, wie Hebbel notierte. Zum ungestörten Schreiben zog sich der Nachtmensch Schiller in die schlichte Mansarde zurück, das Bett im Arbeitszimmer aufgestellt, um bei Bedarf die kranken Glieder ruhen zu lassen. Und trotz aller Leibesqual entstanden »Die Braut von Messina« und »Wilhelm Tell«. Nur noch drei Jahre waren Schiller im endlich eigenen Haus beschieden, im Tod mit Goethe in der barocken Fürstengruft auf dem Historischen Friedhof vereint.

Vor dem Nationaltheater, in dem Goethe die meisten Dramen Schillers aufführen ließ und wo man 1919 das Stück »Geburt der Weimarer Republik« gab, präsentiert Rietschels Denkmal Schiller und Goethe in vertrauter Pose: Ihre Zusammenarbeit in den Jahren 1796 bis 1804 war Weimars Goldene Epoche. Als Begründerin des Weimarer Musenhofs gilt die Fürstin Anna Amalia (1739–1807). An ihrer Tafel im Wittumspalais ist jeder Dichter, Künstler und Gelehrte des klassischen Weimar gesessen. Der Brand in ihrer kostbaren Bibliothek 2004, dem 50 000 wertvolle Bände zum Opfer fielen, entsetzte auch diejenigen, die von Goethe nur das Götz-Zitat kennen. Eine Million Bücher, vor allem aus der Zeit zwischen 1750 und 1850, lagern jetzt feuer- und wassersicher im modernen Bücherkubus der neuen Bibliothek. Der Rokokosaal ist bereits neu erstanden und ab Dezember 2007 wieder zur Besichtigung freigegeben

Eine wenig Natur an der Ilm täte jetzt gut. Das »liebe Gärtgen vorm Tore« ist ein herrlicher Landschaftspark mit klassizistischen Lustbauten, Blutbuchen, Eichen und Eiben. Oft durchquerten ihn Goethe und sein junger Schützling, Herzog Carl August, in scharfem Galopp, woran man-

- **Anfahrt:** u. a. über Erfurt (nächstgelegener Flughafen). Weimar liegt an der Bahnlinie Frankfurt/Main–Dresden und Düsseldorf–Berlin.
- **Unterkunft:** Thomas Mann verewigte in »Lotte in Weimar« das im Art-Déco- und Bauhausstil wieder aufgebaute **Hotel Elephant,** mit renommiertem italienischem Feinschmeckerrestaurant »Anna Amalia«. Markt 19, Tel. 0 36 43/80 20, Fax 80 26 10, www.starwoodhotels.com. Ebenso eine Institution in Weimar ist das **Grand Hotel Russischer Hof,** dessen Jugendstilrestaurant auch Weimarer Zwiebeldelikatessen

Blick von der Jakobikirche auf literaturträchtigen Boden: das klassische Weimar

cher in Weimar Anstoß nahm. Harmonisch fügt sich das Gartenhaus in die Landschaft ein; Goethe ließ es im Stil der Frühklassik renovieren. Hier arbeitete er an »Iphigenie«, »Egmont« und »Torquato Tasso«, und die rauschende Ilm flüsterte ihm Melodien zu, wie es im hier ersonnenen Gedicht »An den Mond« heißt.

Es ließe sich noch lange berichten – von noch mehr Schlössern, Denkmälern und Museen, vom Wirken Cranachs, Herders und Wielands, von Nietzsche, der hier seinen Lebensabend verbrachte, von Franz Liszt, der musikalischen Glanz auf die Stadt warf. Aber selbst in Weimar muss mal Schluss sein mit den Klassikern ...

serviert. Goetheplatz 2, Tel. 0 36 43/77 40, Fax 77 48 40, www.russischerhof.com. Fast bei Goethe wohnt man im **Hotel am Frauenplan,** dem ehemaligen Bernstoffschen Haus. Brauhausgasse 10, Tel. 0 36 43/4 94 40, Fax 4 94 44 44, www.hotel-am-frauenplan.de.

◆ **Restaurants:** Der **Elephantenkeller** im Hotel Elephant (s. o.) pflegt regionale Küche, wie Weimarer Rostbrätel, Thüringer Topfbraten oder Gänsebraten mit Thüringer Klößen. Dazu schmeckt ein Köstritzer Schwarzbier vom Faß. Tel. 0 36 43/8 02 66. Echte thüringische Hausmannskost kommt im

Barbarei der Nationalsozialisten – dokumentiert in der KZ-Gedenkstätte Buchenwald

Am Parkrand erzählt das Haus am Horn, einziges realisiertes Zeugnis der Bauhauszeit in Weimar, von einer Chance, die Weimar nicht ergriff. Ein Jahrzehnt später zerstörte das protzige Gauforum den Traum von Deutschland als Bildungsnation. Weimar sei, so jubelte 1937 der Präsident der Reichsschrifttumskammer, »Symbol jener Sehnsucht nach dem Reich der Deutschen, das uns heute wahre Wirklichkeit wurde.« Auf dem Ettersberg versank es in nackter Barbarei. Von Schloss Ettersberg, barocker Sommersitz der Herzogin Anna Amalia, wo philosophiert, diskutiert und Theater gespielt wurde, wo Schiller »Maria Stuart« vollendete, von dort sind es genau 1,3 km hinüber zum Konzentrationslager Buchenwald. Zwischen 1937 und 45 waren etwa 250 000 Menschen hier inhaftiert, über 56 000 wurden als »Feinde der Volksgemeinschaft« zu Tode gequält. »Jedem das Seine« steht zynisch über dem Lagereingang. Beides, das klassische Weimar und das barbarische Buchenwald, ist das Unsrige.

Restaurant Zum Zwiebel auf den Tisch, natürlich auch Rostbratwürste und warmer Zwiebelkuchen vom Blech. Teichgasse 6, Tel. 0 36 43/50 23 75, www.zum-zwiebel.de. Weimars schönstes Fachwerkhaus ist das **Köstritzer Schwarzbierhaus,** in dem Weimarer Zwiebelgulasch und Köstritzer Bierfleisch schmecken. Scherfgasse 4, Tel. 0 36 43/77 93 37, www.koestritzer-schwarz bierhaus-weimar.de.

Info: Tourist-Information, Markt 10, Tel. 0 36 43/74 50, Fax 74 54 20, www.weimar.de.

Gedenkstätte Buchenwald, Weimar-Buchenwald, Tel. 0 36 43/43 00, Fax 43 01 00, www.buchenwald.de (Außenanlagen frei zugänglich bis Einbruch der Dunkelheit, Museen April–Okt. 10–18, Nov.–März bis 16 Uhr, Mo geschl.).

Erfurt:

Auf der Krämerbrücke

Ein Ponte Vecchio in Deutschland? Ja, den gibt es: in Thüringens Hauptstadt Erfurt. Hier führt die malerische, 1325 errichtete steinerne Krämerbrücke in sechs Bögen über den Fluss Gera. Sie ist heute die einzige bebaute Brücke nördlich der Alpen, 120 Meter lang und 18 Meter breit. Ab 1472 drängten sich 60 mittelalterliche Fachwerkhäuser auf der Brücke zwischen Anger und Domplatz zusammen. Heute sind sie zu 32 größeren Häusern zusammengefasst.

Schuld an allem waren Zölle, die man in Erfurt nicht zahlen wollte. Da die Enden der Krämerbrücke die Grenzen zu zwei Fürstentümer bildeten, musste jeder, der auf der anderen Seite etwas verkaufen wollte, Zoll bezahlen. Pfiffig verlegten die Kaufleute ihren Markt direkt auf die Brücke. Noch heute leben und arbeiten Menschen in den Brückenhäusern, Ateliers und Galerien haben sich hier niedergelassen, und auch die Geschäftstüchtigkeit haben die Krämer unserer Zeit nicht verlernt. So bietet das Haus »Zum Schwarzen Ross« hübsche Flaschen mit hochprozentigem »Krämerbrü-

Im Erfurter Dom hängt die Gloriosa, eine der größten freischwingenden Glocken der Welt

cken-Wasser« an. Im Juni sorgen die Ritter, Gaukler und Artisten während des Krämerbrückenfests für Amüsement.

Vom Turm der Ägidienkirche am östlichen Brückenende schweift der Blick über Luthers vieltürmiges »Erfordia turrita« mit seiner markanten gotischen Doppelkirchenanlage von Mariendom und Severikirche und der mächtigen Freitreppe, die zu den Gotteshäusern hinaufführt. Über 300 Jahre lang hat man am Dom gebaut. Die gotischen Glasfenster in seinem Chor zählen zu den schönsten Deutschlands. Im mittleren Domturm hängt eine der größten freischwingenden Glocken der Welt: Wenn die 1497 gegossene, über 11 Tonnen schwere Gloriosa läutet, hört man sie bis nach Weimar.

Schon Luther wird sie vernommen haben, als er 1505 über die Krämerbrücke zog. Zu dieser Zeit war Erfurt eine Hochburg der Humanisten, seine Universität eine der ältesten des Heiligen Römischen Reichs. Im Haus Zum Güldenen Stern (Allerheiligenstr. 1) wurde 1473 erstmals mit beweglichen Lettern gedruckt, ausgerechnet ein Ablassbrief.

Zunächst studierte Luther in Erfurt Philosophie und Juristerei, doch als ihn im Juli 1505 in der Nähe von Stotternheim ein schweres Gewitter überraschte, gelobte er in Todesangst, zur Theologie zu wechseln. Aus dem fröhlichen Zecher, der in den Kellergewölben der Altstadtkneipe »Engelsburg« so manchen Humpen weggeschluckt hatte, wurde ein sittenstrenger Mönch im Erfurter Augustinerkloster.

In den Altstadtkneipen wird nach wie vor fröhlich gebechert. Der heute noch bestehende Gasthof »Zur Hohen Lilie« an der Südseite des Domplatzes wurde schon 1341 erwähnt. Wie zu Luthers Zeiten kündigt inzwischen wieder ein durchs Viertel ziehender Bierausrufer an, wo es »junges gutes Bier« gibt. Im Andreasviertel pflegt die Minibrauerei im Haus Zum Pfauen die Tradition der im Mittelalter gebrauten »Erfurter Schlunze«.

»Im übrigen war Erfurt damals nichts besseres denn ein Hurenhaus und Bierhaus. Die 2 Lectiones haben die Studenten am fleißigsten allda gehört«, urteilte Luther. Aber dass die jungen Erfurterinnen scherzhaft »Puffbohnen« genannt werden, hat mit der liederlichen Vergangenheit der Stadt nun gar nichts zu tun. Puffbohnen sind vielmehr ein traditionelles knackiges Gemüse, das auf dem großen Erfurter Wochenmarkt am Domplatz inzwischen sogar schon als Plüschmaskottchen verkauft wird.

Für ihre Trinkfestigkeit haben die Erfurter eine gute Ausrede. Schon im Mittelalter mixte man hier aus den blauen Schoten des Färberwaids einen überwiegend blauen

◆ **Anreise:** Autobahn- und Zugverbindung u. a. mit Frankfurt und Leipzig.

◆ **Unterkunft:** Geschmackvoll mit Kirschbaummöbeln eingerichtete Zimmer und ein vorzügliches Restaurant bietet das **Hotel Zumnorde,** Anger 50/51, Tel. 03 61/5 68 00, Fax 5 68 04 00, www.hotel-zumnorde.de.
Das mittelalterliche Gasthaus **Alter Schwan** direkt an der Krämerbrücke wurde zur Designerherberge umgewandelt. Gotthardtstraße 27, Tel. 03 61/6 74 00, Fax 6 74 04 44, www.sorat-hotels.com.

◆ **Restaurants:** Im vornehmen Kaisersaal, in dem Napoleon Galadiners gab und Schiller erstmals seinen »Don Carlos« aufführen ließ, bietet das Gourmetrestaurant **Alboth's** internationale Köstlichkeiten. Futterstr. 15/16, Tel. 03 61/5 68 82 07, www.alboths.de.

Brückenschlag in Erfurt: lebendiges Wohn- und Ladenquartier

Farbstoff zusammen, der als »Thüringisches Waidpulver« in ganz Mitteleuropa gehandelt wurde. Zur Herstellung wurde auch eine menschliche Zutat benötigt, für deren Gewinnung viel getrunken werden musste. Bis dann die Fermentation zu Indigo abgeschlossen war, dauerte es etliche Stunden, und so wurde das »Blaumachen« zu einer Lieblingsbeschäftigung der Erfurter. Am schönsten ist das Nichtstun in einem der vielen Biergärten oder – anspruchsvoller – bei einem Musikabend im idyllischen Fachwerkhof der Michaeliskirche. Und wer beim Abschied vom Tannenwäldchen am Nordrand des Steigerwaldes noch einmal zurücksieht, der begreift, warum die Humanisten Erfurt als »thüringisches Rom« bezeichneten.

Internationale, aber auch Thüringer Küche, wie Erfurter Puffbohneneintopf und Rostbrätl, serviert das Gasthaus **Zur hohen Lilie,** in dessen Gewölbekeller 1522 schon Luther speiste. Domplatz 31, Tel. 03 61/6 01 19 90, www.hohe-lilie.de.

Deftige regionale Spezialitäten in der Altstadt, besonders Thüringer Klöße in vielen Variationen, kommen im **Haus zur Pfauen** auf den Tisch, das auch Übernachtungspension ist. Marbacher Gasse 12/13, Tel. 03 61/2 11 11 00, www.haus-zur-pfauen.de.

Info: Tourismus Gesellschaft, Benediktsplatz 1, Tel. 03 61/6 64 00, Fax 6 64 02 90, www.erfurt-tourist-info.de.
Das **Krämerbrückenfest** im Juni ist Thüringens größtes Altstadtfest.

Die Wartburg, ein deutscher Mythos

Wo ist er denn nur, Doktor Luthers berühmter Tintenklecks an der Wand seiner Stube, den der Kastellan von Zeit zu Zeit angeblich wieder auffrischt? »Die meisten Reisenden haben doch etwas Handwerksburschenartiges und sehen sich gern nach solchen Wahrzeichen um«, notiert Goethe. Die modernen Kuratoren der Wartburg, die weiterhin sichtbar auf einer Felskuppe südlich von Eisenach über dem Thüringer Wald thront, nehmen auf solche Schnurren wohl keine Rücksicht mehr: Der Fleck ist weg. Die Originaltinte aus dem Fässchen, mit dem Luther nach dem Teufel geworfen haben soll, hatten Souvenirjäger wohl ohnehin schon im 16. Jahrhundert abgeschabt.

Was ist überhaupt noch original in der Vogteistube, die Luther vom Mai 1521 bis März 1522 als Junker Jörg bewohnte? Der Schreibtisch, an dem er das Neue Testament aus dem griechischen Urtext übersetzte und damit die Grundlage für eine einheitliche deutsche Schriftsprache schuf, ist es wohl nicht mehr, aber der Gesamteindruck wirkt authentisch. Kunstschätze aus Luthers Zeit zeigt das Museum. Berühmt sind der Dürerschrank sowie Gemälde von Lucas Cranach d. Ä., darunter die »Madonna mit der Weintraube« von 1537.

Kein Geringerer als Goethe regte 1815 die Gründung des Museums an. Als der Geheimrat die Wartburg 1777 zum ersten Mal besuchte, beeindruckte ihn eher die herrliche Landschaft, weniger der Palas, den er als »öden Kasten mit ungeheurem Dach und kleinen Fenstern« bezeichnete, und in dessen Inneren er »eine unbeschreibliche Unbehaglichkeit« vorfand. Dennoch hat Goethe viel zur Wiedererweckung der Wartburg und ihres Mythos beigetragen. Aus seinen Zeichnungen wissen wir, wie die Anlage vor ihrer Restaurierung aussah.

Die 500 Burschenschaftler sind dem Dichter nicht so ganz geheuer gewesen, »unsere Jenaer Brauseköpfe«, die 1817 den Jahrestag der Leipziger Völkerschlacht und der Reformation zum Anlass nahmen, »Ehre, Freiheit, Vaterland« einzufordern. Doch führten sie Goethe und dem Weimarer Herzogshaus die Bedeutung des Nationaldenkmals Wartburg, der »deutschesten aller Burgen«, vor Augen.

Ihr Mix an Baustilen ist etwas gewöhnungsbedürftig, denn im 19. Jh. entstanden unter dem Architekten Hugo von Ritgen zahlreiche historisierende Neubauten, wie

Original und Anbau: wilder Stilmix auf der Wartburg

der Bergfried, die Neue Kemenate und die Torhalle. Aber der mächtige, um 1155 von rheinischen Steinmetzen errichtete Palas ist mit seinen Arkaden, Säulen und reich verzierten Kapitellen einer der schönsten und besterhaltenen romanischen Profanbauten diesseits der Alpen.

Der Rittersaal im Erdgeschoss zeigt noch ein unverfälschtes Raumerlebnis des 12. Jhs. Darüber liegt die Elisabethkemenate, das einstige Frauengemach. Von 1211 bis 1228 lebte hier die mildtätige ungarische Königstochter Elisabeth als Braut und Gemahlin Ludwigs IV. von Thüringen. Gleich daneben betritt man den Sängersaal. Hier soll 1206 der berühmte Wettstreit der sechs Minnesänger stattgefunden haben. Erwiesen ist, dass Heinrich von Veldeke, Walther

◆ **Anfahrt:** Eisenach liegt an der Autobahn und Eisenbahnstrecke (ICE) zwischen Frankfurt/Main und Dresden. Von Eisenach fährt oder wandert man über die Wartburgallee zur Wartburg hinauf (auch Bustransfer).

◆ **Unterkunft:** In Fünfsternequalität nächtigt man auf dem Burgfelsen im **Hotel auf der Wartburg** in sehr romantischen Zimmern. Die Landgrafenstube kocht alte Rezepte der Region nach, rustikal-mittelalterlich geht es in der Burgschenke Gadem zu. Auf der Wartburg, Tel. 0 36 91/79 70, Fax 79 71 00, www.wartburghotel.de. Eine günstige Unterkunft in einer Eisenacher Gründerzeitvilla ist die **Villa Anna,** Fritz-Koch-Straße 12, Tel. 0 36 91/

Im Sängersaal soll 1206 der Wettstreit der Minnesänger ausgetragen worden sein

von der Vogelweide und Wolfram von Eschenbach am landgräflichen Hofe Hermanns I. auf der Wartburg zu Gast waren. 1845 setzte Richard Wagners »Tannhäuser« dem Ereignis ein musikalisch-dramatisches Denkmal, und im Sängersaal erzählt ein spätromantisches Fresko von Moritz von Schwind die Legende.

Besonders prächtig ist der Festsaal, der das gesamte zweite Stockwerk des Palas einnimmt. Moritz von Schwinds Darstellungen beeinflussten unmittelbar auch die Opernbilder und Opernfiguren Richard Wagners bis weit über beider eigene Zeit hinaus.

Historie und Legende vermischten sich auf der Wartburg schon früh. Bereits die Gründung der Burg um 1067 hat Sagenpotenzial: »Wart Berg, du sollst mir eine Burg tragen«, rief Landgraf Ludwig der Springer beim Anblick des schroffen Felsens, und weil ihm das Land nicht gehörte, ließ er einfach Erde von seinem eigenen Grund und Boden herbeischaffen. Ein wenig neidisch ob dieser simplen Methode des Grunderwerbs möchte man da schon werden.

2 39 50, Fax 23 95 30, www.hotel-villa-anna.de.
◆ **Restaurants:** Regionale Leckereien, wie geschmorte Wildschweinkeule mit Thüringer Hüllerchen, serviert in und neben einem mittelalterlichen Turm das **Weinrestaurant Turmschänke,** Karlsplatz 28, Tel. 0 36 91/21 35 33, www.turmschaenke-eisenach.de.

◆ **Info: Wartburg-Stiftung,** Auf der Wartburg, Tel. 0 36 91/25 00, Fax 20 33 42, www.wartburg.de. Palas nur mit Führung, Museum/Außenanlagen individuell: März–Okt. tgl. Führungen 8.30–17 Uhr, Torschluss 20 Uhr, Nov.–Feb. tgl. Führungen 9–15.30 Uhr, Torschluss 17 Uhr.

In **Eisenach** lohnt die Besichtigung des Lutherhauses am Lutherplatz, wo der Reformator 1498–1501 als Lateinschüler wohnte, und des Bachhauses am Frauenplan 21, in dem Johann Sebastian Bach zur Welt gekommen sein soll. **Tourist Information,** Markt 2, Tel. 0 36 91/7 92 30, Fax 79 23 20, www.eisenach.de.

Musikalisches Leipzig: Zwischen Thomaskirche und Gewandhaus

»Ei! wie schmeckt der Coffee süße, lieblicher als tausend Küsse, milder als Muskatenwein.« Ja, Leipzig und der Kaffee! Als Johann Sebastian Bach 1734 seine »Kaffeekantate« (BWV 211) komponierte, da waren die Einwohner der sächsischen Messestadt dem Türkentrank bereits verfallen.

Schon 1695 wurde in Leipzig zum ersten Mal Kaffee getrunken, und seit 1719 reicht über dem Portal des ältesten erhaltenen Kaffeetempels »Zum arabischen Coffe Baum« in der Fleischergasse ein liegender Osmane dem kleinen Amor ein »Schälchn Heeßen«. Es heißt, August der Starke habe die Plastik zum Dank für erbrachte Liebesdienste der ersten Wirtin gestiftet. Noch wenige Jahrzehnte zuvor war der Kaffeegenuss gelegentlich von höchster Stelle verboten worden, hochoffzielle »Kaffeeriecher« gingen durch die Straßen, um illegalen »Gaffeesaggsn« auf die Spur zu kommen. Kaffeehäuser waren gar als Lasterhöhlen verschrien, in denen »verdächtige Weibspersonen« nicht nur die Sucht nach dem schwarzen Türkentrank stillten …

Aber es half alles nichts: So wie Liesgen aus der Bachkantate vom Kaffee nicht lassen wollte, so blühten auch die Leipziger Kaffeehäuser, und bald spielte sich hier das kulturelle Leben der Stadt ab. Bach produzierte in Leipzig als Thomaskantor nicht nur Kirchenmusik, er war auch Leiter des Collegium Musicum. Dieses spielte in der Regel zur Unterhaltung der Gäste im (1943 zerstörten) Zimmermannschen Kaffeehaus in der Katharinenstraße zum »Ordinairen Concerte« auf, besonders häufig während der dreimal im Jahr stattfindenden Handelsmessen.

Vom »Coffe Baum« sind es nur wenige Schritte zur berühmten Thomaskirche. Hier führte Bach ab 1729 als Thomaskantor den nunmehr seit fast 800 Jahren bestehenden Thomanerchor zu neuen musikalischen Höhen und ließ nicht weniger als eine neue Kantate pro Woche einstudieren. Noch heute begleiten die etwa hundert Chormitglieder in der neogotisch umgebauten, durch vortreffliche Akustik glänzenden Kirche den Gottesdienst am Sonntag. Am Freitagabend und Samstagnachmittag singt der Knabenchor Motetten und Kantaten: stets ein Hochgenuss.

Heute mag man kaum glauben, wie schwer es Bach trotz seiner Schaffensfülle mit der »wunderlichen und der Musik wenig ergebenen Obrigkeit« hatte. Am Ende seines Lebens entsprach seine komplexe, geradezu mathematisch präzise Musik nicht mehr dem Zeitgeschmack, und er geriet fast in Vergessenheit, bis der junge Felix Mendelssohn Bartholdy als Leipziger Gewandhauskapellmeister eine bis heute andauernde Bach-Renaissance einleitete. Auch Robert Schumann, der in Leipzig lange um seine Clara kämpfen musste, hat das Andenken Bachs maßgebend gefördert.

Womit wir noch einmal zum »Coffe Baum« zurückkehren, in dem Mendelssohn, Liszt, Schumann, Wagner und viele andere Komponisten und Musiker Stammgäste waren. Das hatte Gründe: Mendelssohn hatte ab 1835 das seinerzeit im ehemaligen Zunfthaus der Tuchmacher untergebrachte Gewandhausorchester zum zweiten musikalischen Fixstern Leipzigs gemacht. Zahllose musikalische Berühmtheiten traten am Gewandgässchen auf, Tschaikowski, Mahler und Grieg dirigierten hier, der Thomanerchor begleitete das Orchester.

Das 1884 vollendete Neue Concerthaus wurde im Zweiten Weltkrieg zerstört, 1981 weihte man das neue Gewandhaus an der Südseite des Augustusplatzes ein. Kurt Masur, von 1970 bis 1997 populärer Leiter des Gewandhausorchesters, war einer von sechs prominenten Leipzigern, die mit ihrem Aufruf »Keine Gewalt!« wesentlich zum friedlichen Verlauf der historischen Montagsdemonstration von 100 000 Leipzigern am 9. Oktober 1989 beitrugen. Keimzelle des gewaltlosen Widerstands war die Nikolaikirche. »Offen für alle« – unter diesem Motto hatte ihr Pfarrer Christian Führer jahrelang auch nicht religiösen Protestgruppen Zuflucht gewährt. Im schönen lichten klassizistischen Kirchenraum, dessen Säulen in zartgrünen Palmwedeln enden, wurde gebetet, musiziert und diskutiert. Als sich dann an jenem schicksalhaften Montag der große Demonstrationszug von der Nikolaikirche aus in Bewegung setzte, wurde die Staatsmacht völlig überrascht: »Wir hatten alles geplant, wir waren auf alles vorbereitet, nur nicht auf Kerzen und Gebete.«

Leipzigs dritte große Stätte der Musik, die 1693 eingeweihte Oper, ist das drittälteste europäische Musiktheater. Drei bedeutende Komponisten haben ihren Ruf begründet: Johann Adam Hiller im 18. Jahrhundert sowie Albert Lortzing und Richard Wagner im 19. Jahrhundert. Nach einer

◆ **Anreise:** Autobahn- und Zugverbindung u. a. mit Nürnberg, Berlin, Dresden und Frankfurt/Main.

◆ **Unterkunft:** Besonders nobel wohnt man im klassizistischen Patrizierpalast und Wellnesstempel **Hotel Fürstenhof,** Tröndlinring 8, Tel. 03 41/14 00, Fax 1 40 37 00, www.starwoodhotels.com. Ein renoviertes denkmalgeschütztes Gebäude von 1907 mit stilvoll eingerichteten Zimmern und sehr gutem Restaurant (mediterran inspirierte Küche) ist das **Hotel Michaelis** im Szeneviertel Südvorstadt. Paul-Gruner-Str. 44, Tel. 03 41/2 67 80, Fax 2 67 81 00, www.hotel-michaelis.de. Im **Hotel am Bayrischen Platz,** in dem 1874 Karl Marx als Gast von Karl Liebknecht weilte, sind die Zimmer komfortabel, aber auch heute noch recht preiswert. Paul-List-Str. 5, Tel. 03 41/14 08 60, Fax 1 40 86 48.

◆ **Restaurants:** Das zweitälteste noch bestehende Kaffeehaus Europas, **Zum Arabischen Coffe Baum,** bietet im 1. Stock auch ein Restaurant, das Säch-

Blick über die Dächer Leipzigs auf die geschichtsträchtige Nikolaikirche

Durststrecke in DDR-Zeiten hat sie sich seit 1990 im Nachkriegsbau am Augustusplatz erneut einen großen Namen gemacht.

»Ich komme nach Leipzig, an einen Ort, wo man die ganze Welt im kleinen sehen kann ...«, schrieb Gotthold Ephraim Lessing 1749, und tatsächlich sind es von den drei musikalischen Fixpunkten immer nur wenige Schritte zu den anderen Sehenswürdigkeiten der Altstadt. Überblick aus 130 Meter Höhe verschafft das Café »Panorama« im ehemaligen Universitätshochhaus von 1970. Vom Alten Rathaus mit seiner schönen Renaissancefassade spaziert man hinüber zur Alten Börse, Leipzigs erstem Barockbau, und zum Museum der Bilden-

sischen Sauerbraten oder Krostitzer Bierfleisch serviert. Kleine Fleischergasse 4, Leipzig, Tel. 03 41/9 61 00 60, www.coffe-baum.de.
Bereits seit 1785 wird im Restaurant **Zill's Tunnel** gekocht. Hier ist sogar die Speisekarte auf »säggssch« verfasst. Wie wär's mit »Ä scheenem Stügge Fleesch midd Schwarde oder In Briehe gegochdem Rindfleesch midd Mährädschdidsche?« Das Restaurant liegt übrigens auf der Innenstadt-Kneipenmeile Barfußgässchen. Barfußgässchen 9, Tel. 03 41/9 60 20 78, www.zillstunnel.de.
Im seit 1525 bestehenden **Auerbachs Keller** ritt einst Faust auf einem Weinfass, heute ist die Leipziger Institution mit ihrer guten sächsischen Küche trotz des Touristenrummels einen Besuch wert. Grimmaische Straße 2 (Mädlerpassage), Tel. 03 41/ 21 61 00, www.auerbachs-keller-leipzig.de.
Info: Leipzig Information, Richard-Wagner-Straße 1, Tel. 03 41/7 10 42 65, Fax 7 10 42 71, www.leipzig.de.

Eindrucksvolle Stadtansichten: Gewandhaus auf dem Augustusplatz

den Künste, das seit 2004 einer der bedeutenden europäischen Kunstsammlungen eine Heimat bietet. Denn in der Messe- und Verlagsstadt Leipzig wurde nicht nur die Musik, sondern auch die anderen Künste gefördert. Im 18. Jahrhundert schwamm das »Schaufenster der Welt« geradezu in Geld. »Wenn einer in der größeren Welt noch so sehr Neuling wie ich, um die Messzeit zum erstenmal nach Leipzig kommt, so ist es, wo nicht verzeihlich, doch wenigstens sehr begreiflich, dass er in den ersten Tagen über den Mannigfaltigkeiten, die durch seinen Kopf gehen, seiner selbst vergisst …«, hatte Schiller 1785 beeindruckt geschrieben. Das galt auch noch zu DDR-Zeiten, in denen die Messewochen immer wieder ein wenig große weite Welt nach Leipzig brachten. Seit 1995 residiert die Messe in einem avantgardistischen Neubau im Norden der Stadt.

Trotz vieler Kriegsverluste prägen noch immer schöne Barock-, Gründerzeit- und Jugendstilfassaden das Stadtbild. Man kann leicht die Zeit vergessen in Leipzigs eleganten Einkaufspassagen und versteckten Durchgängen. Natürlich muss man durch die schicke Mädlerpassage hinter dem Alten Rathaus bummeln und im berühmten »Auerbachs Keller« auf »Drallewatsch« gehen, sprich einen draufmachen – so wie die fröhlichen Zecher aus Goethes »Faust«: »Uns ist ganz kannibalisch wohl, als wie fünfhundert Säuen!«. Heute würde das wohl heißen: »Uns geht's saugut!«

Wann ist endlich Weihnachten? Bei Pyramiden und Nussknackern im Erzgebirge

Auf jedem deutschen Weihnachtsmarkt sind sie zu finden: Nussknacker und Räuchermännchen, Lichter tragende Bergleute und Engel, Kurrendesänger mit ihrem Stern, Pfennigvieh, Spanbäume, Hängeleuchter und natürlich die zwei rührenden Striezelkinder, die frierend Spielzeug feilbieten.

Im Dezember verwandelt sich das Erzgebirge südlich von Chemnitz in eine festliche Weihnachtswunderwelt. Verschneit muss es freilich sein, damit die Romantik hält. Lichterketten und hell erleuchtete Schwibbögen, wohin man schaut. Fast jeder Haushalt baut seine eigene Krippe auf, deren Figurenreichtum oft über viele Jahrzehnte gewachsen ist. Schon 1809 berichtet Christian Gottlob Wild in seinen »Interessanten Wanderungen durch das sächsische Obererzgebirge« vom fleißig schnitzenden Bergmann: »So findet man hölzerne Steiger, in deren Bauche man ein ganzes, wohllöbliches

Kitsch, Kommerz oder Kult?

Gipfel der Winterromantik im Erzgebirge

Bergamt mit den Köpfen nickend Session halten sieht; überbaute vier bis fünf Stock hohe Pyramiden, wo man das ganze Bergwesen, auch die Eisenhammer, Wasserkünste in völligem Gange sieht.«

Im westlichen Erzgebirge hatten die Bergleute der Silberminen ein relativ gesichertes Auskommen und konnten ihre wenigen Mußestunden mit Schnitzarbeiten für den Heimbedarf zubringen. Dagegen waren die Holzdrechsler im Raum Seiffen, die zunächst Teller und Spindeln drehten, auf den kargen Lohn ihrer mühevollen Arbeit bitter angewiesen. Zwar war bereits um 1750 auf den Messen von Leipzig und Nürnberg »Spiel- und Tändelkram« aus Seiffen begehrt und wurde bis nach Frankreich und England exportiert, doch speiste man die Hersteller stets mit Hungerlöhnen ab. Um 1905 trat die Seiffener Zündholzschachtelware mit ihren Miniaturen ihren Siegeszug durch Europa an. Aber selbst heute verdienen die Schnitzer kaum mehr als 1000 Euro im Monat und müssen sich überdies der Konkurrenz durch billige Plagiate aus Asien erwehren. Zu DDR-Zeiten waren die »Jahresendfiguren« aus dem Erzgebirge so wertvoll wie Devisen, denn fast alles ging in den Export. Wer eine kunstvolle Weihnachtspyramide zu vergeben hatte, konnte mit ihr sogar die Wartezeit auf einen Trabi verkürzen.

Einmalig auf der Welt ist die Arbeit des Reifendrehens, bei der man aus einem in Form gedrechselten Fichtenholzring zahlreiche identische Figuren sägt. Das Erzgebirgische Spielzeugmuseum in Seiffen präsentiert mit etwa 3000 meist gedrechselten Spielwaren, vorwiegend aus den Jahren 1800 bis 1930, einen umfassenden Überblick über die historische Spielzeugproduktion. Bei der Seiffener Arche Noah, die 192

Tierpaare zählt, bekommen nicht nur Kinder leuchtende Augen. Nicht minder faszinierend ist die über zwei Stockwerke des Museums reichende sechs Meter hohe Weihnachtspyramide.

Entlang der Hauptstraße von Seiffen reihen sich über hundert Schnitzereiwerkstätten aneinander. Unbedingt besuchen sollte man das Bergmannshaus von 1750 an der Hauptstraße 63, in dem ein mechanischer Heimatberg mit 88 Figuren die Lebensweise der Bergleute um 1830 in Szene setzt. Mancher Meister lässt sich bei seiner Arbeit über die Schulter gucken; auf jeden Fall bekommt man diese Gelegenheit in der Schauwerkstatt der Seiffener Volkskunst. Im Handwerksbetrieb Füchtner wurde 1870 der Nussknackerkönig geboren – 126 Handarbeitsschritte sind notwendig, um ihn herzustellen. Im benachbarten Neuhausen zeigt Europas einziges Nussknackermuseum an die 2000 Figuren aus aller Welt: die größte ist fast 6 m groß, die kleinste gerade mal 6,5 mm. Die meisten stammen natürlich aus Werkstätten des Erzgebirges.

Mitten in Seiffen steht die kleine Dorfkirche, die, tausendfach modelliert, in alle Welt gegangen ist. Sie wurde nach dem Vorbild der Dresdner Frauenkirche als barocker achteckiger Zentralbau mit steilem Zeltdach und Glockentürmchen errichtet. Einmal in dieser Weihnachtskirche die Christmette feiern: welch ein Erlebnis!

Man kann natürlich auch in die Bergbaustadt Freiberg 30 km östlich von Chemnitz fahren. Hier bietet der mittelalterliche Obermarkt eine wunderbare Kulisse für den Weihnachtsmarkt. Dann betritt man durch die romanische Goldene Pforte den prunkvoll ausgestatteten Dom St. Marien. Von der berühmten spätgotischen Tulpenkanzel verkündet der Pastor die Weihnachtsbotschaft, und die große Silbermannorgel spielt »In dulci jubilo: Nun singet und seid froh!« – Und stört Euch nicht am fröhlichen Kitsch.

Anfahrt: Von Chemnitz über Marienberg bzw. von Chemnitz oder Dresden mit dem Regionalzug nach Olbernhau, ab hier regelmäßige Busverbindung nach Seiffen. Zugverbindung von Chemnitz bzw. Dresden nach Freiberg.

Unterkunft: In unmittelbarer Nähe des Spielzeugmuseums liegt ein Traditionshaus mit 500 Jahren Geschichte, liebevoll restaurierten Räumen und Restaurant: **Hotel Erbgericht Buntes Haus,** Hauptstr. 94, Seiffen, Tel. 03 73 62/77 60, www.erzgebirgshotels.de. Ein romantisches Jugendstilhotel mit eleganten Zimmern und Restaurant in Freiberg ist der **Silberhof,** Silberhofstraße 1, Freiberg, Tel. 0 37 31/ 2 68 80, Fax 26 88 78, www.silberhof.de.

Restaurants: Im **Hotel Seiffener Hof** kommen erzgebirgische Spezialitäten auf den Tisch. Hauptstr. 31, Seiffen, Tel. 03 73 62/1 30, Fax 13 13, www.seiffener-hof.de. Im Hotel Wettiner Höhe bietet das **Restaurant Einkehr** neben feineren deutschen und internationalen Gerichten auch rustikale Küche aus dem Erzgebirge. Jahnstrasse 23, Seiffen, Tel. 03 73 62/14 00, Fax 1 41 40, www.wettiner-hoehe.de.

Info: Tourist-Information Seiffen, Hauptstraße 95, Tel. 03 73 62/84 38, Fax 7 67 15, www.seiffen.de. **Spielzeugmuseum,** Hauptstraße 73, Seiffen, Tel. 03 73 62/ 82 39, www.spielzeug museum-seiffen.de (tgl. 9–17 Uhr). **Tourist-Information Freiberg,** Burgstraße 1, Tel. 0 37 31/ 27 32 66, Fax 27 32 60, www.freiberg.de.

Meißen, die Wiege Sachsens: Im Reich des Porzellans

»Tu mir zurecht Böttger, sonst lass ich dich hängen.« So motivierte August der Starke den jungen Johann Friedrich Böttger, denn der ließ die versprochene Goldherstellung für Augusts Geschmack allzu gemächlich angehen.

Ausgerechnet in die Hände des verschwendungssüchtigen sächsischen Kurfürsten war der unglückliche Alchimist gefallen, und nun sollte das wertvolle Edelmetall her. Das Gold, dessen Rezeptur Böttger 1709 dem Naturforscher Ehrenfried Walther von Tschirnhaus abschaute, war dann zwar weiß, aber August war dennoch hochzufrieden: Bis dato hatte sich die Niederländisch-Ostindische Kompanie mit dem Import von Vasen, Tässchen und Tellern aus China die Taschen gefüllt, und alle Mächtigen Europas fieberten danach, das wertvolle Porzellan selbst herstellen zu können. Böttger machte schließlich die fabrikmäßige Produktion möglich. 1710 gründete August auf der Albrechtsburg die erste Porzellanmanufaktur Europas. Seit 1723 sind die dem Wappenschild der sächsische Kurfürsten entnommenen kobaltblauen Schwerter unverkennbares Markenzeichen des Meißener Porzellans. Bald lösten Blumenmalerei und Zwiebelmuster die frühen Chinoiserien ab. Johann Joachim Kaendler modellierte im 18. Jahrhundert die heute teuer gehandelten fantasievollen Porzellanfigürchen, wobei er sich von der Commedia dell'arte und der Schäferromantik des Rokoko inspirieren ließ. Als zeitloses Kunstwerk gilt Kaendlers 1753 entstandene Affenkapelle, die heute in der Sammlung Ludwig in Bamberg zu sehen ist. Auch in späterer Zeit blieb die hohe künstlerische Qualität des Meißener Porzellan stets gewahrt.

◆ **Anfahrt:** Straßen- und Zugverbindung (S-Bahn) mit Dresden.

◆ **Unterkunft:** Eine schöne Jugendstilvilla von 1870 mit Elbblick, komfortablen Zimmern und Wellnessangebot ist das **Mercure Grand Hotel,** Hafenstraße 27, Tel. 0 35 21/ 7 22 50, Fax 72 29 04, www.mercure.de.
Mitten in der Altstadt bietet das bereits 1657 urkundlich erwähnte **Hotel Goldener Löwe** stilvolle Unterkunft und ein Restaurant mit gut sortiertem Weinkeller. Heinrichsplatz 6, Tel. 0 35 21/4 11 10, Fax 4 11 14 44, www. meissen-hotel.com.

◆ **Restaurants:** Mittelalterliche Atmosphäre, sächsische Küche und dazu vorzüglichen hauseigenen Meißner Vincenzwein bietet das historische Romantikrestaurant **Vincenz Richter,** An der Frauen-

Hohe Kunst der Porzellanmalerei in Meißen

Heute zieht es Touristen aus aller Welt in das tausendjährige Meißen 26 km nordwestlich von Dresden, und sie bekommen viel mehr zu sehen als die Porzellanfabrik. Vom barocken Schloss Proschwitz, Sachsens ältestem noch existierenden Weingut, schweift der Blick über das Elbtal zum »Palladium des Sachsenlandes« (Gottfried Semper): dem harmonischen Ensemble aus gotischem Dom, Bischofsschloss und Albrechtsburg, das auf einem steilen Plateaufelsen thront. Hier hatte Heinrich I. im Jahr 929 die Gründung der ersten Burg mit Namen Misni beschlossen, die als Bollwerk für die Eroberung slawischer Territorien dienen sollte – die Wiege des Sachsenlands.

Unter Markgraf Heinrich dem Erlauchten blühte auf der Meißener Burg der mittelalterliche Minnesang: Walter von der Vogelweide war 1210 zu Gast, Heinrich Frauenlob von Meißen besang ein Jahrhundert später auch Frauen aus dem einfachen Volk. Ihr heutiges Aussehen erhielt die

kirche 12, Tel. 0 35 21/45 32 85, www.vincenz-richter.de.
Noch älter ist der seit 1470 existierende **Domkeller,** wo es so wohlklingende Gerichte wie »Dohmgellerschmaus glei fom Ohworr im Diechl serwierd midd verschiednen Schdeegs« mit Meißener Wein gibt – und dazu ein großartiges Altstadtpanorama. Domplatz 9, Tel. 0 35 21/45 76 76, www.domkeller-meissen.de.

Info: Tourist-Information, Markt 3, Tel. 0 35 21/4 19 40, Fax 41 94 19, www.touristinfo-meissen.de.

Besucherzentrum auf der Albrechtsburg mit Museumsshop, Talstraße 9, Tel. 0 35 21/46 82 08, www.albrechtsburg-meissen.de (Mai–Okt. tgl. 9–18, Nov.–April 9–17 Uhr).

Die Albrechtsburg, erste Porzellanmanufaktur Europas

Albrechtsburg zwischen 1471 und 1525: ein spätgotischer Profanbau mit ersten Schmuckelementen der Renaissance. Als Meisterwerk des Treppenbaus gilt wegen seiner spielerischen Leichtigkeit der Große Wendelstein. Da die Albrechtsburg fast nie bewohnt war, konnte sie ihr Erscheinungsbild weitgehend erhalten.

Stilreine Gotik zeichnet den um 1260 begonnenen Meißner Dom aus. Goethe rühmte ihn in höchsten Tönen als »das schlankeste, schönste aller Gebäude, die ich kenne, durch keine Monumente verdüstert, durch keine Emporkirchen verderbt«. Die Türme der 1413 weitgehend eingestürzten Doppelturmfassade wurden allerdings erst 1904–1909 neogotisch wieder aufgebaut. Aus der Naumburger Werkstatt stammen die Stifterfiguren im Chor.

Meißens romantische Altstadt hat nicht nur den Zweiten Weltkrieg unbeschädigt überstanden, sondern auch mit knapper Not die Gleichgültigkeit der DDR-Zeit überlebt. Heute präsentiert sie sich mustergültig restauriert, mit engen Kopfsteinpflastergassen, vielen Treppen und schönen Ausblicken. Viele Bürgerhäuser besitzen noch reich verzierte Renaissance- und Barockportale, und in den alten Werkstätten rund um die Albrechtsburg haben sich Porzellan- und Antiquitätenhändler eingerichtet. Das Meißener Porzellan wird schon seit 1863 in der neuen Fabrik im Triebischtal hergestellt, wo man den Handwerkern über die Schulter schauen kann. Aber auch in den Museumsräumen der ersten Manufaktur auf der Albrechtsburg demonstriert eine Schauwerkstatt, wie man das weiße Gold mit Kaolin, Quarz, Feldspat, sehr viel Hitze und noch mehr künstlerischem Geschick herstellt. Jeweils 3000 erlesene Stücke werden im Wechsel gezeigt. Hinterher kann man im Café Zieger Meißener Fummel kosten, ein sehr luftiges Gebäck, das August der Starke angeblich den Fuhrleuten mit dem Meißener Porzellan mitgeben ließ. Blieb das fragile Gebäck intakt, dann war auch das kostbare Porzellan heil geblieben.

Moritzburg:
Ein König geht jagen

»Hier, Mademoiselle, regieren nur Sie. Und aus dem Großsultan, den ich jetzt noch spiele, wird Ihr Sklave werden.« So warb August der Starke im Winter 1696/97 auf der Moritzburg bei Dresden um Maria Aurora von Königsmarck, die seine erste offizielle Mätresse werden sollte.

Der junge August musste sich einiges einfallen lassen, um die kluge Schwedin zu erobern, von der Voltaire sagte, sie sei die bemerkenswerteste Frau zweier Jahrhunderte gewesen. »Zähne wie Perlen, feurige dunkle Augen, volles schwarzes Haar hoben den Glanz ihrer weißen Haut«, pries ein Zeitgenosse die Schönheit der Gräfin. Also bereitete August auf Schloss Moritzburg ein rauschendes Fest vor. Eine Schar leicht geschürzter Nymphen, deren Anführerin als Diana verkleidet war, empfing die neue Favoritin. Dann trat August auf, verkleidet als Gott Pan und umgeben von einem Satyrgefolge. Nach einer spielerischen Hirschjagd brachte man Aurora mit einer Gondel auf eine Insel im Schlossteich, wo in einem türkischen Zelt der nun als Sul-

Festbankette unter düsteren Blicken

tan verkleidete August wartete. Schließlich legte der Kurfürst ein kostbares Diadem um Auroras Hals, und da wars um die Morgenröte geschehen.

Auroras Stern sollte bald sinken, aber 25 Jahre später beauftragte August seine Baumeister Matthäus Daniel Pöppelmann und Zacharias Longuelune damit, das Jagdschloss im Barockstil umzubauen. Kurfürst Moritz von Sachsen (1541–1553) hatte einst hier im Friedewald, dem bevorzugten Jagdgebiet der Wettiner, ein kastellartiges Schloss im Stil der Renaissance errichten lassen. Pöppelmann machte daraus ein prächtiges Lustschloss in Ocker und Weiß, dessen vier rotbemützte Eckrundtürme sich effektvoll im damals ebenfalls neu angelegten Schlossteich spiegeln. Bei den zahlreichen Wasserfesten auf Schloss Moritzburg wurden auf dem Großteich sogar Seeräuberspiele veranstaltet. Dazu errichtete man künstliche Ruinen und mit Geschützen versehene Bastionen, die sog. Dardanellen. Die nach dem Vorbild echter Kriegsschiffe geschaffene Miniaturfregatte ist allerdings nicht erhalten.

Vor dem Schloss bläst ein steinerner Piqueur zum fröhlichen Jagen. Aber August war nicht nur an kapitalen Hirschen, sondern auch an hübschen Damen interessiert. In vielen Räumen des Schlosses hängen Geweihtrophäen, so auch im Steinsaal, wo das etwa 10 000 Jahre alte Schaufelgeweih eines Riesenhirsches ausgestellt ist, ein kostbares Geschenk des Zaren Peter I. Im »Zimmer mit den Damenbildnissen« sind dagegen sieben sächsische und polnische Hofdamen verewigt: nur eine sehr kleine Auswahl der ganz speziellen Trophäen des unersättlichen Kurfürsten, der Hunderte von Kindern gezeugt haben soll.

Über 200 Räume zählt das Schloss, das seit 1947 als Sächsisches Barockmuseum dient. Als schönster Saal gilt der Audienz- oder Monströsensaal mit seiner Ausstellung von fehlgebildeten Geweihtrophäen, darunter der berühmte Moritzburger 66-Ender. Die kostbaren Ledertapeten, die mit Blattsilber belegt und danach mit Goldlack und Farben kunstvoll verziert wurden, zeigen – natürlich – Jagdszenen, in denen Diana, die antike Göttin der Jagd, nicht fehlen darf. Beim Spaziergang durch die Gemächer kann man sich kaum satt sehen an dem Barockmobiliar aus Frankreich und Sachsen, an ostasiatischen und europäischen Lackmöbeln, an feinstem Meißener Porzellan und an Gemälden europäischer Meister des 18. Jhs. In der frühbarocken Schlosskapelle fasziniert die Statue des gegeißelten Christus (um 1725) von Balthasar Permoser.

Einen wunderbaren Kontrapunkt setzt das unter Kurfürst Friedrich August III. im Jahr 1770 entstandene Fasanenschlösschen,

◆ **Anfahrt:** Vom Bahnhof Dresden-Neustadt verkehrt ein Bus. Ein besonderes Erlebnis ist die Fahrt von Radebeul mit dem »Lößnitzdackel«, Sachsens dienstältester Schmalspurbahn, nach Moritzburg.

◆ **Unterkunft:** Nur wenige Meter vom Schloss entfernt bietet im historischen Ortskern das **Hotel Landhaus Moritzburg** komfortable Zimmer und regionale Küche. Schlossallee 37, Tel. 03 52 07/8 96 90, Fax 89 69 19, www.landhaus-moritzburg.de.
Angenehm schläft man auch im familiengeführten **Hotel Eisenberger Hof,** in dem sächsische Hausmannskost auf den Tisch kommt. Kötzschenbrodaer Str. 8, Tel. 03 52 07/8 16 73, Fax 8 16 84, www.hotel-eisenberger-hof.de.

◆ **Restaurants:** Im ehemaligen Torwärterhaus von 1770 serviert die **Churfürstliche**

Auf dem See, in dem sich die Moritzburg spiegelt, wurden einst Seeräuberspiele inszeniert

eine verspielte Chinoiserie des sächsischen Rokoko. Drunten am Teich wurde ein Miniaturhafen angelegt, mit dem am weitesten landeinwärts gelegenen Leuchtturm Europas, der als standesgemäße Kulisse für nachgestellte Seeschlachten diente.

Dass sich August der Starke gern die eine oder andere königliche Extravaganz leistete, erfährt man im Federzimmer, in dem nach 19-jähriger Restaurierungszeit nun wieder »ein von allerhand bunten natürlichen und gemahlten Federn kostbar gewürcktes« Paradebett mit Baldachin und Vorhängen zu sehen ist: Millionen in Leinwand gewebte Federn von Hühnern, Enten, Eichelhähern, Pfauen und Fasanen. 1723 kaufte August dem Federschmücker Nicolas Le Normand das außergewöhnliche Stück ab. Man kann nur hoffen, dass Augusts Mätressen im Bett nicht allzu oft niesen mussten …

Weinschänke sächsische und internationale Gerichte. Man kann hier auch übernachten. Große Fasanenstraße, Tel. 03 52 07/86 00, Fax 8 60 93, www.waldschaenke-moritzburg.de.
Deftigen Räuberschmaus mit Fisch- und Schlachtspezialitäten verspricht die urige **Räuberhütte,** An der Räuberhütte 1, Tel. 03 52 07/8 93 90, www.rudiraub.de.

◆ **Info: Moritzburg Tourismus,** Schlossallee 3b, Tel. 03 52 07/85 40, Fax 8 54 20, www.schloss-moritzburg.de.
Das Schloss ist April–Okt. tgl. 10–17 Uhr, Nov.–März Di–So 10–16, im Januar nur Sa–So 10–16 Uhr geöffnet.
Am 1. Sonntag im September **Schau des Sächsischen Landesgestüts.**

Dresden:

Canaletto malt Elbflorenz

Stahlblau glänzt die Elbe, in mattem Ocker schimmern die barocken Prachtbauten, und darüber wölbt sich ein silbriger Himmel: So kennt man Canalettos berühmteste Stadtansicht von 1748, die im Saal 102 der weltbekannten Dresdner Gemäldegalerie Alte Meister hängt.

»Nun ja, ein wenig geschummelt hat Canaletto schon bei der Perspektive«, erklärt ein Student der Dresdner Kunstakademie, der am Neustädter Ufer im barocken Garten des Japanischen Palais den »Canaletto-Blick« gefunden hat und jetzt die gleiche und doch Stunde um Stunde wechselnde Stimmung auf Leinwand zu bannen sucht. Für die Vedute »Dresden vom rechten Elbufer unterhalb der Augustusbrücke« hatte Canaletto die katholische Hofkirche und die noch unter August dem Starken errichtete Elbbrücke als Schwerpunkt der Komposition gewählt und zum Ausgleich die steinerne Kuppel der Frauenkirche in relative Ferne gerückt.

Trotz mancher Überhöhung und Idealisierung haben die detailgetreuen Darstellungen des Venezianers beim Wiederaufbau Dresdens unschätzbare Dienste geleistet. Kurfürst Friedrich August II., zugleich als August III. König von Polen, hatte 1748 Bernardo Bellotto, genannt Canaletto, zum Hofmaler ernannt – mit der Auflage, alle drei Monate eine Vedute der sächsischen Residenzstadt zu fertigen, die zu dieser Zeit ein strahlender Mittelpunkt spätbarocker Kunst und Kultur war. Der Siebenjährige Krieg beendete 1756 diese glorreiche Zeit.

Herders »Elbflorenz« entfaltet seinen ganzen Zauber vom Fluss aus. Die 90-minütige Fahrt mit dem Schaufelraddampfer vom eleganten Schloss Pillnitz zurück nach Dresden ist ein unvergessliches Erlebnis. Durch eine malerische Weinberglandschaft gleitet man vorbei an den drei Elbschlössern und unter der Hängebrücke »Blaues Wunder« hindurch. Zurück in der Stadt, hat man auf der Brühlschen Terrasse, dem einstigen »Balkon Europas«, freien Blick auf die Dresdner Prachtbauten. Gottfried Sempers berühmte Oper fügt sich vortrefflich in die eindrucksvolle Szenerie ein. 1878 setzte Goethes »Iphigenie« den Auftakt zu zahlreichen umjubelten Aufführungen, 1911 geriet die Premiere des »Rosenkavaliers« von Richard Strauss zu einem rauschenden Fest. 1985 wurde die Oper nach langjährigem Wiederaufbau neu eröffnet, diesmal mit Webers »Freischütz«.

»Ich musste, was schön sei, nicht erst aus Büchern lesen«, beschrieb Erich Kästner

So muss es ausgesehen haben, das Dresden Canalettos

das Glück, in Dresden aufgewachsen zu sein. Auf dem Theaterplatz, einem der schönsten Plätze Deutschlands, begreift man schnell, was Kästner meinte. Zwinger, Sempergalerie, Hofkirche, Schloss, Taschenbergpalais, Semperoper, die klassizistische Altstädter Wache Schinkels und das 1911–1913 entstandene Italienische Dörfchen von Hans Erlwein bilden trotz der unterschiedlichen Baustile aus allen Epochen ein einzigartiges, harmonisches architektonisches Ensemble. »Soviel ich vermag«, lautete die Devise Augusts des Starken – und das war einiges. Unter seiner Herrschaft von 1694 bis 1733 entstanden die Dresdner Meisterwerke des Barock; unter seinem nicht minder kunstsinnigen Erben August III. wurden sie vollendet.

Die Pläne für den Zwinger hatte August der Starke sogar eigenhändig entworfen. Auf einer Bastion der Stadtbefestigung schufen Matthäus Daniel Pöppelmann und der Bildhauer Balthasar Permoser ein eigentlich als Orangerie konzipiertes Meisterwerk des höfischen Barock. August wollte damit dem französischen Sonnenkönig nacheifern: ein großer Festplatz, umgeben von Längsgalerien, Pavillons und dem Kronentor. »Die sämtlichen Gebäude sind durch eine rings herum geführte Galerie miteinander vereinigt, darauf findet man nicht nur die schönsten Spatzier Gänge, … sondern es pflegen auch in diesem mitten in der Stadt und ganz nahe am Schlosse liegenden Garten die vornehmsten Damen und Cavaliere vom Hofe und viele Einwohner der Stadt spatzieren zu gehen, welche sich an den lustigen Aussichten nach allen vier Himmels-Gegenden daselbst ergötzen.« So beschrieb Pöppelmann selbst sein grandioses Werk, das trotz des wuchtigen Sandsteins fast schwerelos wirkt.

Aus dem restlichen Schlossprojekt wurde dann allerdings nichts mehr. Erst

Sempers fast hundert Jahre später entstandene Galerie schloss den Zwinger zur Elbseite hin endlich ab. Am 13. Februar 1945 sank die ganze Pracht in Trümmer, doch schon zu frühen DDR-Zeiten konnte man wieder durch das goldblitzende Kronentor schreiten und August als »Hercules Saxonicus« auf der Zinne des Wallpavillons bewundern. Heute sind im Zwinger die weltberühmte Gemäldegalerie Alte Meister mit Raffaels »Sixtinischer Madonna«, die Porzellansammlung, der Mathematisch-Physikalische Salon sowie derzeit noch die Rüstkammer untergebracht. Ein wunderbares Erlebnis sind die Serenaden im Zwinger und die Ballettaufführungen vor den prunkvollen Giebelbauten des Wallpavillons.

Auch das Dresdner Schloss ist – zumindest äußerlich – in seiner Formenpracht von Renaissance und Neorenaissance wiedererstanden. So konnte 2004 das Kupferstichkabinett an seinen angestammten Platz zurückkehren, die Rüstkammer wird folgen. Ebenfalls 2004 wurde im ersten Obergeschoss des Westflügels das Neue Grüne Gewölbe wiedereröffnet, das Schätze wie die Elfenbeinfregatte und die Hutagraffe mit dem Grünen Diamanten präsentiert. Noch prunkvoller erstrahlt seit 2006 das Historische Grüne Gewölbe von 1723 im Erdgeschoss: ein barockes Gesamtkunstwerk. Wer das Glück hat, eine der streng limitierten Eintrittskarten zu ergattern, betritt eine der kostbarsten Schatzkammern Europas. Juwelenzimmer, Bernsteinkabinett, Elfenbeinzimmer, Weißsilbervergoldetes Zimmer ... Schon die Namen sind reinste Schwelgerei. In all dem unerhörten Spiegelglanz gehen die hier präsentierten Meisterwerke der Juwelier- und Goldschmiedekunst fast ein wenig unter, aber zum Glück nur fast.

Canalettos Stadtsilhouette beherrscht die katholische Hofkirche (Kathedrale), die den streng protestantischen Dresdnern lange ein Dorn im Auge war. Aber der sächsische Kurfürst wollte nun einmal gern König sein, und die Polen duldeten nur einen Katholiken auf ihrem Thron. August der Starke war für die Krone zwar konvertiert, hatte sich aber noch nicht an den Bau eines Gotteshauses getraut. Erst sein Sohn August III. beauftragte 1738 den römischen Architekten Gaetano Chiaveri mit dem Neubau der Kirche, die an prominenter Stelle mit ihrer versetzten Längsachse zum Denkmal der Gegenreformation wurde. 1755 wurde sie vollendet. Canaletto zeigt sie

◆ **Anfahrt:** Autobahn- und Zugverbindung u. a. mit Berlin, Leipzig und Nürnberg.
◆ **Unterkunft:** Nobel schläft man wieder errichteten Barockpalast des **Kempinski Hotel Taschenbergpalais,** Am Taschenberg, Tel. 03 51/ 4 91 20, Fax 4 91 28 12, www.kempinski-dresden.de. In einem der schönsten erhaltenen barocken Herrenhäuser in Sachsen untergebracht ist die **Bülow Residenz** in der Neustadt, die durch ihre stilvolle, intime Atmosphäre, Zimmer mit elegantem Kirschbaummobiliar und ein Gourmetrestaurant besticht. Rähnitzgasse 19, Tel. 03 51/ 8 00 30, Fax 8 00 31 00, www.buelow-residenz.de. Ein sanierter Gründerzeitbau ist das **Hotel Artushof,** in dessen Zimmern elegante Kachelöfen aus Meißen stehen. Fetscherstr. 30, Tel. 03 51/ 44 59 10, Fax 44 59 11 29, www.artushof.de.
◆ **Restaurants:** Wo Bellotto die Altstadt malte, da serviert heute im empfehlenswerten Hotel Westin Bellevue das **Restaurant Canaletto** vorzügliche neue deutsche Küche. Große Meißner Str. 15,

Glockenspielpavillon: Das Glockenspiel der Uhr wurde aus Meißener Porzellan gefertigt

noch mit eingerüstetem Turm, der übrigens die Bombennacht von 1945 heil überstand. Erst 1807 durften ihre Glocken zum ersten Mal läuten.

In der Gruft der Kathedrale sind 47 Angehörige des sächsischen Fürstengeschlechts aus der albertinischen Linie der Wettiner bestattet, darunter auch Sachsens letzter König Friedrich August III., der 1918 mit den unvergesslichen Worten »Dann machd eiern Dregg alleene!« abgedankt haben soll. August der Starke ist allerdings im Krakauer Dom beigesetzt, lediglich sein Herz ruht hier in einer Bleikapsel. Der Legende nach beginnt das Herz des kurfürstlichen Weiberhelden kurz zu schla-

Tel. 03 51/8 05 15 58, www.starwoodhotels.com. Auf Meißener Porzellan bietet das Restaurant des Romantikhotels **Pattis** »Sächsisch-Höfisches Essvergnügen«: Es werden Rezepte vom sächsischen Königshof zur Zeit Augusts des Starken nachgekocht. Merbitzer Str. 53, Tel. 03 51/4 25 50, www.pattis.de. Rustikal wird im Gewölberestaurant **Pulverturm** getafelt, z. B. Dresdner Sauerbraten oder Würzfleisch vom Schwein. An der Frauenkirche 12, Tel. 03 51/26 26 00, www.pulverturm-dresden.de. **Pfunds Molkerei,** den »schönsten Milchladen der Welt«, muss man wegen seines wunderbaren historischen Fliesendekors ohnehin besuchen. Das angeschlossene Restaurant im ersten Stock serviert köstliche Käse- und Quarkspezialitäten, darunter Pfunds Käsesuppe oder Quarkkeulchen mit Apfelmus und Zimt. Bautzner Straße 79, Tel. 03 51/80 80 80, www.pfunds.de.

◆ **Info: Tourist-Information Dresden,** Prager Str. 2a, Tel. 03 51/49 19 20, www.dresden.de.

Prachtvolle Ergänzung der Dresdener Stadtsilhouette: die wiederaufgebaute Frauenkirche

gen, wenn eine hübsche Dame vorbeigeht. Wenn August den Starken die Liebesglut packte, verlor er bekanntlich jedes Maß. So ließ er für seine Mätresse Anna Constantia von Cosel ein prächtiges Barockpalais erbauen; heute ist in dem aus Ruinen wieder aufgebauten Taschenbergpalais das Kempinski Hotel untergebracht.

Seit 2005 ist Canalettos Stadtsilhouette endlich wieder komplett. Sechzig Jahre hat es gedauert, bis die vielgeliebte Frauenkirche wiedererstand, das »Dräsdner Schmäckerschen«. Der Wiederaufbau kostete 180 Millionen Euro, rund zwei Drittel wurden durch Spenden finanziert. Der 95 m hohe turmartige Zentralbau George Bährs war eine der großartigsten Kirchenschöpfungen des Protestantismus, in der später Barock und früher Klassizismus verschmelzen. Canaletto bildete die Kirche mehrfach im Detail ab, u. a. in den Veduten »Neuer Markt in Dresden von der Moritzstraße« und »Der Neumarkt vom Jüdenhofe«. Die grandiose Kuppel widerstand dem dreitägigen Beschuss durch die Kanonen Friedrichs des Großen und zunächst sogar den Bomben des Zweiten Weltkriegs, doch am 15. Februar 1945, einen Tag nach der verheerenden Dresdner Bombennacht, stürzte sie ausgeglüht in sich zusammen. 3634 alte Sandsteinquader wurden geborgen und in den Neubau eingefügt: Man erkennt sie an der dunklen Färbung. Das neue vergoldete Kuppelkreuz schmiedete der Sohn eines britischen Bomberpiloten. Während die Ruine zu DDR-Zeiten als Mahnmal gegen den Krieg diente, ist die wiederauferstandene Frauenkirche nunmehr ein Symbol der Versöhnung. Und wenn der berühmte Dresdner Kreuzchor nun auch hier, ebenso wie in der ebenfalls wiedererbauten Kreuzkirche, das »Dresdner Requiem« des ehemaligen Kreuzkantors Rudolf Mauersberger singt, dann ist das nicht nur höchster Musikgenuss, sondern auch eine eindringliche, ergreifende Mahnung zum Frieden.

Sandsteinnadeln und Felsriffe: Auf der Bastei in der Sächsischen Schweiz

»Ich blickte von dem hohen Ufer herab über das herrliche Elbtal, es lag da wie ein Gemälde von Claude Lorrain unter meinen Füßen – es schien mir wie eine Landschaft auf einem Teppich gestickt, grüne Fluren, Dörfer, ein breiter Strom, der sich schnell wendet, Dresden zu küssen, und hat er geküsst, schnell wieder flieht – und der prächtige Kranz von Bergen, der den Teppich wie eine Arabeskenborde umschließt – und der reine blaue italische Himmel, der über die ganze Gegend schwebte …«

Wie in südlichen Gefilden muss sich Heinrich von Kleist gefühlt haben, als er seiner Schwester in einem Brief das Panorama des sächsischen Elbtals rund um Dresden schilderte. Schon August der Starke hatte in der ersten Hälfte des 18. Jhs. die Landschaft um Dresden mit Schlössern, Villen, Parks und Weinbergen zu einem sächsischen Italien umgestaltet. Heute zählt das Elbtal zwischen Schloss Übigau im Westen der Stadt und dem östlich gelegenen Schloss Pillnitz zum Welterbe. Zu Augusts Zeiten fuhr man mit Gondeln nach Pillnitz und nach Pirna, das Canaletto in mehreren Veduten verewigte. Das nur 35 km von Dresden entfernte Elbsandsteingebirge aber diente lediglich als Zuflucht in unsicheren Zeiten.

Heute tuckert man mit historischen Schaufelraddampfern durch das Elbtal stromaufwärts bis nach Rathen, dem Tor zur Sächsischen Schweiz. Hier beginnt eine in Millionen von Jahren geformte Landschaft mit Tafelbergen, bizarren Felstürmen, Felsnadeln, Schluchten und Wäldern, in deren »Kellerklima« seltene Eiszeitblumen wie Gelbes Veilchen oder Sumpfporst gedeihen. Ab hier heißt es wandern, denn schon Ferdinand Thal riet 1846 von der Kutsche ab: »Wer zu Wagen reist und denselben nicht verlassen will, für den bleibt vieles ungesehen.«

Seit 2006 ist der historische Malerweg ausgewiesen, der über Lohmen durch den Uttewalder Grund zur Bastei, zum Hockstein, zur mittelalterlichen Burg Hohnstein, ins malerische Bad Schandau, durch das idyllische Kirnitzschtal, über den Kuhstall und über den Großen Winterberg zum eindrucksvollen Felsgebilde des Prebischtors führt. Mit Eröffnung der Eisenbahnlinie

Dresden–Tetschen-Bodenbach 1851 geriet der Weg lange in Vergessenheit. Vor 250 Jahren hatten die Schweizer Maler und Kupferstecher Anton Graff und Adrian Zingg als Erste immer wieder die Landschaft im Elbsandsteingebirge gezeichnet und oft »Grüße aus der Sächsischen Schweiz« nach Hause geschickt. Die romantische Begeisterung für diese »ideale Landschaft« lösten aber erst die Bilder von Caspar David Friedrich (»Wanderer über dem Nebelmeer«, »Felsenschlucht«) und Ludwig Richters Radierungen (»Überfahrt am Schreckenstein«) aus. Carl Maria von Weber fand hier die Wolfsschlucht und damit vielleicht die Szenerie für seinen »Freischütz«, und den dänischen Märchendichter Hans Christian Andersen überwältigte das Panorama von der Bastei 1831 vollends: »Hier ist es hoch, sehr hoch! Du musst ein paar Kirchtürme aufeinander setzen und dann nicht schwindlig dabei werden, wenn du auf der obersten Spitze stehst. Ein Gitter ist angebracht, damit du nicht fällst!«

Den ersten Wanderführer hatte bereits 1801 der Lohmener Stadtpfarrer Heinrich Nicolai veröffentlicht: Sein »Wegweiser durch die Sächsische Schweiz« hat nichts von seinem Nutzen verloren. Aber schon 1848 beschwerte sich Karl Baedeker in seinem »Handbuch für Reisende in Deutschland und dem österreichischen Kaiserstaate« über den Andrang bei den Aus-

◆ **Anfahrt:** Von Dresden nach Rathen und Bad Schandau die Elbe entlang mit Auto, S-Bahn oder Elbdampfer. Für Sportliche empfiehlt sich der Elberadweg.

◆ **Unterkunft:** Das Wellnesshotel **Amselgrundschlösschen** lockt müde Wanderer mit Sauna, Aroma- und Heilbädern, Massagen und feiner regionaler Küche. Mühlenweg 1, Rathen, Tel. 03 50 24/7 43 33, Fax 7 44 44, www.amselgrund.de.

Mit dem herrlichen Ausblick vom 343 m hohen Wolfsberg wirbt seit 1890 das inzwischen modernisierte Fachwerkhaus **Panoramahotel Wolfsberg** am Waldrand in unberührter Natur. Es bietet komfortable Zimmer und sächsische und böhmische Küche. Reinhardtsdorf Nr. 102, Reinhardtsdorf, Tel. 03 50 28/85 99 00, Fax 85 99 13, www.panoramahotel-wolfsberg.de.

◆ **Restaurants:** Authentisch-sächsische »Tafeleyen« wie zu Zeiten der Wettinerfürsten serviert das Restaurant **In den Kasematten** auf der Festung Königstein, Tel. 0 35 02/6 44 44, www.kasematten.de.

Schon Hans Christian Andersen gefiel das Wirtshaus auf der Bastei über alle Maßen: Heute ist das **Berghotel Bastei** eine luxuriöse Wellnessoase mit noblen Zimmern und zweistöckigem Panoramarestaurant, in dem man feine internationale Küche genießt. Lohmen/Bastei, Tel. 03 50 24/77 90, Fax 77 94 81, www.bastei-berghotel.de.

Das **Landgasthaus zum Schwarzbachtal** bietet nicht nur gemütliche Zimmer, sondern auch eine sehr empfehlenswerte regionale Küche mit frischesten Zutaten. Niederdorfstr. 3, Hohnstein, Ortsteil Lohsdorf, Tel. 03 59 75/8 03 45, Fax 8 44 92, www.schwarzbachtal.de.

◆ **Info: Tourismusverband Sächsische Schweiz e.V.,** Bahnhofstr. 21, Pirna, Tel. 0 35 01/47 01 47, www.saechsische-schweiz.de.

Staatsbetrieb Sachsenforst – Nationalparkamt Sächsische Schweiz, An der Elbe 4, Bad Schandau, Tel. 03 50 22/90 06 00, www.nationalpark-saechsische-schweiz.de.

Einst Zufluchtsort, heute Traumlandschaft für Wanderer und Kletterer

flugszielen und Gaststätten des »wildromantischen Gebirgslands« in der Pfingstwoche. Im Oktober 1853 schoss der Lichtbildner Hermann Krone auf der Bastei die ersten deutschen Landschaftsfotos.

Geklettert wurde hier schon in der Mitte des 19. Jhs., nur nannte man das noch nicht »Freeclimbing«. Auch das »Boofen«, das Übernachten in freier Natur unter Felsvorsprüngen oder in einer der zahlreichen Höhlen, hat eine lange Tradition, der die Nationalparkverwaltung jetzt, ebenso wie dem Klettern, Regeln auferlegt. Nur ausgewiesene freistehende Felstürme dürfen erobert werden. Die besten »Boofplätze« werden per Mundpropaganda weitergegeben, inzwischen sogar mit GPS-Koordinaten: Teufelsturm, Bussardboofe, Rauschengrund, Falknertürme, Sachsenhöhle im Dom … Die Profis wissen Bescheid.

Trotz 2,5 Millionen Besuchern pro Jahr – schließlich braucht die S-Bahn von Dresden nach Rathen gerade mal 20 Minuten – findet man in der Sächsischen Schweiz nach wie vor einsame Wanderwege, besonders im Ostteil des 1990 eingerichteten Nationalparks mit dem Kletterparadies der Schrammsteine, dem Felsentor namens Kuhstall und dem Großen Winterberg, über dessen Südseite die Grenze zu Tschechien verläuft. 1200 Kilometer sind markiert. Uhus, Wanderfalken, Schwarzstörche und Kolkraben nisten hier, und von Böhmen wandern sogar immer wieder Luchse ein.

Die kurze Wanderung von Rathen hinauf zur 200 Meter über der Elbe aufragenden Bastei ist dagegen alles andere als einsam. Man unternimmt sie man am besten am frühen Morgen, da teilt man sich den Ausblick nur mit Hunderten statt Tausen-

Tiefblick hinunter zur Elbe (oben) und die schönste Aussicht auf die Bastei (rechts)

den Besuchern. Links am Horizont die böhmischen Berge, rechts das Erzgebirge, vorne der Königstein mit der Festung und der Lilienstein. Drunten mäandert die Elbe durch das Tal. Im Wehlgrund zwischen Bastei und Gansfelsen suchten 1938 Winnetou und Old Shatterhand während der ersten Karl May-Festspiele der Welt auf der Felsenbühne Rathen nach dem Schatz im Silbersee. Und dann hinüber zum Lilienstein, der den großartigsten Blick auf die Bastei bietet. Im Herbst, wenn über der Elbe noch Nebelschwaden hängen und die Sonne die Felsen erleuchtet, ist das fast nicht auszuhalten vor Schönheit. »Glotz nicht so romantisch«, würde Brecht dazu sagen.

Es gab ja durchaus Menschen, die der Idylle herzlich wenig abgewinnen konnten. Auf der über dem Elbtal thronenden Festung Königstein wurden zwischen 1591 und 1922 mehr als 1000 Häftlinge festgehalten, darunter Johann Friedrich Böttger, Begründer der Porzellanmanufaktur (1706/1707), der Anarchist Michail Alexandrowitsch Bakunin (1849/1850), August Bebel (1874) und Frank Wedekind (1899).

Im 18. Jahrhundert ging es aber auch fidel zu: Der trinkfeste August der Starke feierte hier rauschende Feste und ließ seinen Hofarchitekten Matthäus Daniel Pöppelmann ein riesiges Weinfass konstruieren, das eine viertel Million Liter Wein fasste. Und als Friedrich der Große im Siebenjährigen Krieg in Sachsen einfiel, konnte ihm der sächsische Hof von der uneinnehmbaren Festung aus eine lange Nase drehen – und mit einem Gläschen Wein auf die exponierte Lage anstoßen.

Bad Muskau: Fürst Pücklers ruinöser Traum von gestalteter Natur

»Wer mich ganz kennen lernen will, muss meinen Garten kennen, denn mein Garten ist mein Herz.« So lautete das Credo von Hermann Fürst Pückler-Muskau (1785–1871), Mitglied des preußischen Hochadels, Frauenheld, Verfasser von Reisejournalen, liberaler Weltenbummler und Visionär – aber vermutlich nicht Erfinder der nach ihm benannten Eiskreation.

Vielleicht war ja Goethe an allem schuld. Auf dessen Anregung hin studierte der exzentrische Pückler um 1812/13 die Parks von Weimar und Dessau-Wörlitz, die ihm viel besser gefielen als die strenge Gartenarchitektur der Lennéschen Parkanlagen von Potsdam. Danach streifte Pückler durch Gärten in England und Frankreich und fasste einen kühnen Plan: Auch er wollte mit den Mitteln der »Naturmalerei« ein solches Kunstwerk schaffen, und zwar in den idyllischen Oberlausitzer Neiße-Auen nördlich von Görlitz, wo er 1811 die Standesherrschaft geerbt hatte. Bald darauf begann er mit der Umgestaltung des Neißetals und der angrenzenden Höhen zu idealisierten Landschaftsbildern. Dabei schwebte ihm, wie er in seinem berühmten, 1834 erschienenen Werk »Andeutungen über Landschaftgärtnerey« darlegte, eine Parkschöpfung vor, »die nur den Charakter der freien Natur und der Landschaft haben [soll], die Hand des Menschen also wenig darin sichtbar seyn und sich nur durch wohlunterhaltene Wege und zweckmäßig vertheilte Gebäude bemerklich machen«.

Pückler ließ sich von den theoretischen Abhandlungen des englischen Gartengestalters Humphry Repton (1752–1818) inspirieren, der sich mit seiner Arbeit in bedeutenden englischen Gärten und Parks einen internationalen Ruf erworben hatte. Kern der Muskauer Anlage ist der Schlosspark. Neu angelegte Seen, einbezogene Wasserläufe, kulissenartige Baumgruppen, mit eisernen Ziergittern eingefasste Blumengärten: Zusammen mit einer Burgruine jenseits der Neiße, der Stadt Muskau, einem Weinberg, einem Bergwerk mit Wohnkolonie, dem Muskauer Moorbad und zwei Dörfern fügt sich all das zu einem harmonischen Mosaik. Der Schriftsteller Friedrich Förster meinte 1832 auf Spaziergängen durch den Park, »durch eine Bildergalerie der schönsten Claude Lorrains, Poussins und Ruisdaels« zu gehen. Der Blumengarten beim Schloss als »ausgedehnte Wohnung« war durch den Pleasureground mit dem Park verbunden. Den Park verwandelte Pückler in eine idealisierende Industrielandschaft, die durch strahlenförmig vom Parkzentrum ausgehende Fahrwege er-

In Bad Muskau realisierte Fürst Pückler seinen Lebenstraum und ruinierte sich mit seiner Vision

schlossen wurde. Die hier wohnenden Menschen durften als romantische Staffage bleiben, sogar unentgeltlich, und wurden, so lange es ging, von Pückler mit Arbeit versorgt.

Um seine hochfliegenden Pläne zu verwirklichen, musste Pückler viel Land zukaufen, was ihn schließlich ruinierte. Schon 1826 hatte er sowohl sein Erbe als auch das Vermögen seiner verständnisvollen Frau Lucie durchgebracht. Daraufhin reichte Lucie pro forma die Scheidung ein, damit Pückler sich in England eine neue reiche Braut suchen konnte, was allerdings nicht von Erfolg gekrönt war. Lucie schaffte es jedoch, mit der Veröffentlichung von Pücklers Briefen an sie erneut etwas Geld in die Gartenkasse zu spülen.

1845 hatte Pückler einen Schuldenberg von 1,7 Millionen Talern aufgehäuft und musste verkaufen. Glücklicherweise vollendeten und pflegten die nachfolgenden Besitzer Muskaus das Werk des Fürsten. Wie sehr sein Gartenreich die Landschafts-

◆ **Anfahrt:** Von Berlin, Görlitz, Bautzen oder Cottbus nach Bad Muskau. Zugverbindung zwischen Görlitz bzw. Cottbus und Weißwasser, ab dort Bus oder an Wochenenden (nur Mitte April–Sept.) mit der Waldeisenbahn (Dampf- oder Dieselloks) nach Bad Muskau (www.waldeisenbahn.de).

◆ **Unterkunft:** Mit viel Idealismus wird das **Parkstadthotel** betrieben, das idyllisch in unberührter Wald- und Teichlandschaft unweit der Neiße und den Ausläufern des polnischen Parkteils liegt. Man kann hier Fahrräder mieten. Schulstraße 45, Tel. 03 57 71/ 68 60, Fax 6 86 99, www.parkstadthotel.de. Direkt am Parkrand findet man im **Hotel & Gasthof Am Schlossbrunnen** komfortable Zimmer und Lausitzer Küche. In der hauseigenen Glasschlei-

Nach der Pleite in Bad Muskau schuf Fürst Pückler einen neuen Park in Branitz

architektur in Europa und Amerika beeinflussen sollte, erlebte der Fürst nicht mehr. Entmutigen ließ er sich allerdings nicht: Bereits 60-jährig, legte er auf völlig ebener sandiger Kiefernheide in seinem Erbbesitz Branitz bei Cottbus einen weiteren Landschaftspark nach englischem Vorbild mit zwei Pyramiden an. Heute zählt der Branitzer Park zu den schönsten Naturschöpfungen in der Lausitz.

Das Muskauer Gartenkunstwerk erklärte die UNESCO 2004 zum Weltkulturerbe. Das Alte Schloss im Stil der Renaissance und das Neue Schloss, in dem Pückler zur Welt kam, wurden 1945 zerstört, sind aber wieder aufgebaut. Auch das barocke, 1772 errichtete Kavaliershaus ist in alter Schönheit wiedererstanden und dient nun als Kurhaus. Seit 2003 kann man über die wiederaufgebaute Gitterbrücke in den polnischen Teil des Pücklerparks (Park Mużakowski) hinüberwandern, der bis 2010 ebenfalls wieder in alter Pracht erstrahlen und in das Welterbe aufgenommen werden soll. Auf dass er wenigstens der heutigen Gemeinde etwas Geld in die Kassen spült.

ferei wird die manuelle Herstellung von Bleikristall gezeigt. Köbelner Straße 68, Tel. 03 57 71/52 30, Fax 5 23 50, www.schlossbrunnen.de.

◆ **Restaurants:** Lausitzer Küche kommt in der Gaststätte **Zum Bockkeller** auf den Tisch. Hier kann man auch übernachten. Bockkellergasse 2, Tel. 03 57 71/6 95 09. Bodenständig ist die Küche auch in der **Gaststätte Am Wasserturm,** Schützenstraße 1, Tel. 03 57 71/6 89 40, Fax 6 89 41, ebenfalls mit Gästezimmern.

◆ **Info: Stiftung Fürst-Pückler-Park Bad Muskau,** Orangerie, Tel. 03 57 71/5 20 10, Fax 5 20 14, www.muskauer-park.de, Mai–Okt. tgl. 10–18 Uhr, sonst tgl. 10–17 Uhr.

Was von Schlesien blieb: Die Europastadt Görlitz

Wo liegt das Zentrum Mitteleuropas? In Görlitz, der östlichsten Stadt der Bundesrepublik im Dreiländereck von Deutschland, Polen und Tschechien. Durch den Stadtpark verläuft der 15. Längengrad, hier herrscht exakt Mitteleuropäische Zeit. Die seit 1945 getrennten Ortsteile der niederschlesischen Stadt, das deutsche Görlitz und das polnische Zgorzelec, sind seit 2004 durch eine Fußgängerbrücke über die Neiße miteinander verbunden.

Allmählich spricht sich herum, dass Görlitz, 1945 kampflos durch die Rote Armee eingenommen und daher fast unzerstört geblieben, eine der schönsten Städte Deutschlands ist. Kaum irgendwo sonst findet man ein so geschlossenes Bauensemble aus allen Stilepochen: Gotik, Renaissance, Barock, Gründerzeit und Jugendstil. Von Braunkohlestaub zerfressene Fassaden gibt es kaum noch, heute erstrahlen die historischen Gebäude in gelb und rosa.

Der um 1220 entstandene Untermarkt kündet noch heute vom Reichtum der alten Stadt, der dem Stapelrecht für Färberwaid

Oberlausitzische Bibliothek der Wissenschaften in der Neißestraße

Rathaus und Verkündkanzel am Untermarkt

zu verdanken war. Ein Juwel der Görlitzer Renaissancearchitektur ist das Rathaus, das mit einer elegant geschwungenen Freitreppe und einem prachtvollen Portal die gesamte Westfront des Platzes beherrscht. Die gotischen Kaufherrnhäuser der Tuchhändler brannten zwar 1525 ab, doch blieben die für Görlitz typischen Laubengänge erhalten, die vortrefflich mit den Renaissance- und Barockfassaden harmonieren. Auch die Grundstruktur der schmalen, aber tiefen spätmittelalterlichen Hallenhäuser mit ihren großzügigen Eingangsbereichen existiert noch in einigen Fällen.

Schöne Gebäude sind auf der Ostseite des Markts der ehemalige Gasthof Brauner Hirsch und auf der Nordseite die Ratsapotheke von 1550 mit doppelter Sonnenuhr sowie das Haus Nr. 22, dessen spätgotisches Portal seiner Akustik wegen Flüsterbogen

◆ **Anfahrt:** Autobahn von Berlin über Dresden (Flughafen), Zugverbindung über Dresden und Cottbus.

◆ **Unterkunft:** Barockes Ambiente prägt das 1706 errichtete **Hotel Börse,** dessen Zimmer mit Kronleuchtern und Himmelbetten ausgestattet sind. Untermarkt 16, Tel. 0 35 81/7 64 20, Fax 76 42 79, www.boerse-goerlitz.de.
In einem der ältesten Hallenhäuser bietet das **Hotel Frenzelhof** stilvolle Zimmer. Untermarkt 5, Tel. 0 35 81/ 42 08 72, Fax 42 08 74, www.frenzelhof.de.

◆ **Restaurants:** In den Goerlitzer Höfen am restaurierten Untermarkt liegt das **Restaurant Lucie Schulte.** Hier kommt leichte, mediterran inspirierte Küche mit frischen regionalen Zutaten auf den Tisch. Rosenstraße 8, Tel. 0 35 81/41 02 60, www.hoefe.com.

genannt wird. Vom Untermarkt erreicht man durch die von Renaissancehäusern gesäumte Peterstraße die oberhalb der Neiße thronende spätgotische Pfarrkirche St. Peter und Paul. Sie ist eine der größten Hallenkirchen Sachsens und besitzt ein großartiges Rippengewölbe sowie eine ausgemalte Krypta.

Renaissance- und Barockhäuser stehen auch in der Brüderstraße, die vom Untermarkt zum barock geprägten Obermarkt führt. Wendel Roßkopf d. Ä. errichtete 1526 den Schönhof, Deutschlands ältestes datiertes bürgerliches Renaissancehaus. Über der Erdgeschosslaube entfaltet sich eine Fassade mit Pilastergliederung, ionische Säulen stützen den Renaissancesaal. Zu den prächtigsten Bürgerresidenzen zählt das Barockhaus in der östlich vom Untermarkt abzweigenden Neißestraße (Nr. 30). Hier ist die prunkvolle Oberlausitzische Bibliothek untergebracht. Gleich nebenan lässt sich an der Fassade eines 1570 errichteten Renaissancebaus aus der Bibel lesen: Die figurenreichen Reliefs in den Brüstungsfeldern schildern das Leben Jesu, den Sündenfall, Abrahams Opfer und Moses beim Empfang der Gebote.

Aber Görlitz ist auch eine Perle des Jugendstils. Am Demianiplatz, gleich gegenüber der filigranen spätgotischen Frauenkirche, findet man Deutschlands einziges großes Warenhaus aus der Zeit vor dem Ersten Weltkrieg, das mit Arkadengang und Glaskuppel noch im Originalzustand erhalten ist. Bis heute gibt es im Kaufhaus »Zum Strauß« (heute Karstadt-Filiale) keine Rolltreppen, dafür aber schönsten Jugendstil mit doppelläufigen Treppenaufgängen. Großstadtflair verbreitet auch die Straßburg-Passage von 1908 zwischen Berliner Straße und Jakobsstraße.

Schon auf der ältesten Görlitzer Stadtansicht von 1565 beherrschen Türme das Stadtbild. Eine barocke Haube krönt den Reichenbacher Turm am Obermarkt, von dem sich ein großartiger Blick auf die Altstadt bietet. Mächtig geben sich der Rundbau des Kaisertrutz sowie der Dicke Turm des ehemaligen Frauentors.

In der Nikolaivorstadt ist das einzigartige Heilige Grab zu bewundern, ein zwischen 1480 und 1504 entstandenes spätmittelalterliches Landschafts- und Architekturensemble. Eingebettet in die gestaltete Szenerie des Ölberggartens findet man die Doppelkapelle zum Heiligen Kreuz, die originalgetreue Nachbildung des maurisch-romanischen Heiligen Grabes und die Salbungskapelle mit der Skulptur »Die Beweinung Jesu« von Hans Olmützer. Wer wissen möchte, wie sich die heiligen Stätten Jerusalems um 1460 darboten, der muss nach Görlitz pilgern.

Sorbische Gerichte nach beinahe vergessenen Rezepten erweckt der **Gasthof Dreibeiniger Hund** in seinen Gasträumen, die Renaissancegewölbe, barocke Holzbalkendecken und Wandmalereien des 19. Jhs. zeigen, zu neuem Leben. Schon einmal Biberbraten probiert? Büttnerstr. 13, Tel. 0 35 81/42 39 80, www.dreibeinigerhund.de.

Info: Görlitzinformation, Brüderstraße 1, Tel. 0 35 81/ 4 75 70, Fax 47 57 27, www.g-tm.de oder www.goerlitz.de.

Im Mai feiert man das **Muschelminnafest,** im Juni das **Schlesische Musikfest,** und im Juli findet der **Schlesische Tippelmarkt** statt.

Süddeutschland

Bei Föhn scheinen die Berge zum Greifen nah und ein weißblauer Himmel rückt die Zwiebeltürme der Barockkirchen in heiteres Licht. In der Donau spiegeln sich die gotischen Münster von Ulm und Regensburg, im Bodensee und im Schwarzwald liegt die Wiege der mitteleuropäischen Klosterkultur. Besonders malerische Stadterlebnisse bieten Bamberg, Rothenburg und Heidelberg, weitere Glanzpunkte sind das mittelalterliche Nürnberg, die Renaissancemetropole Augsburg und die Barockstädte Würzburg und Passau. München schließlich bietet Kunstgenuss pur, und dazu bayerische Lebenslust in schattigen Biergärten.

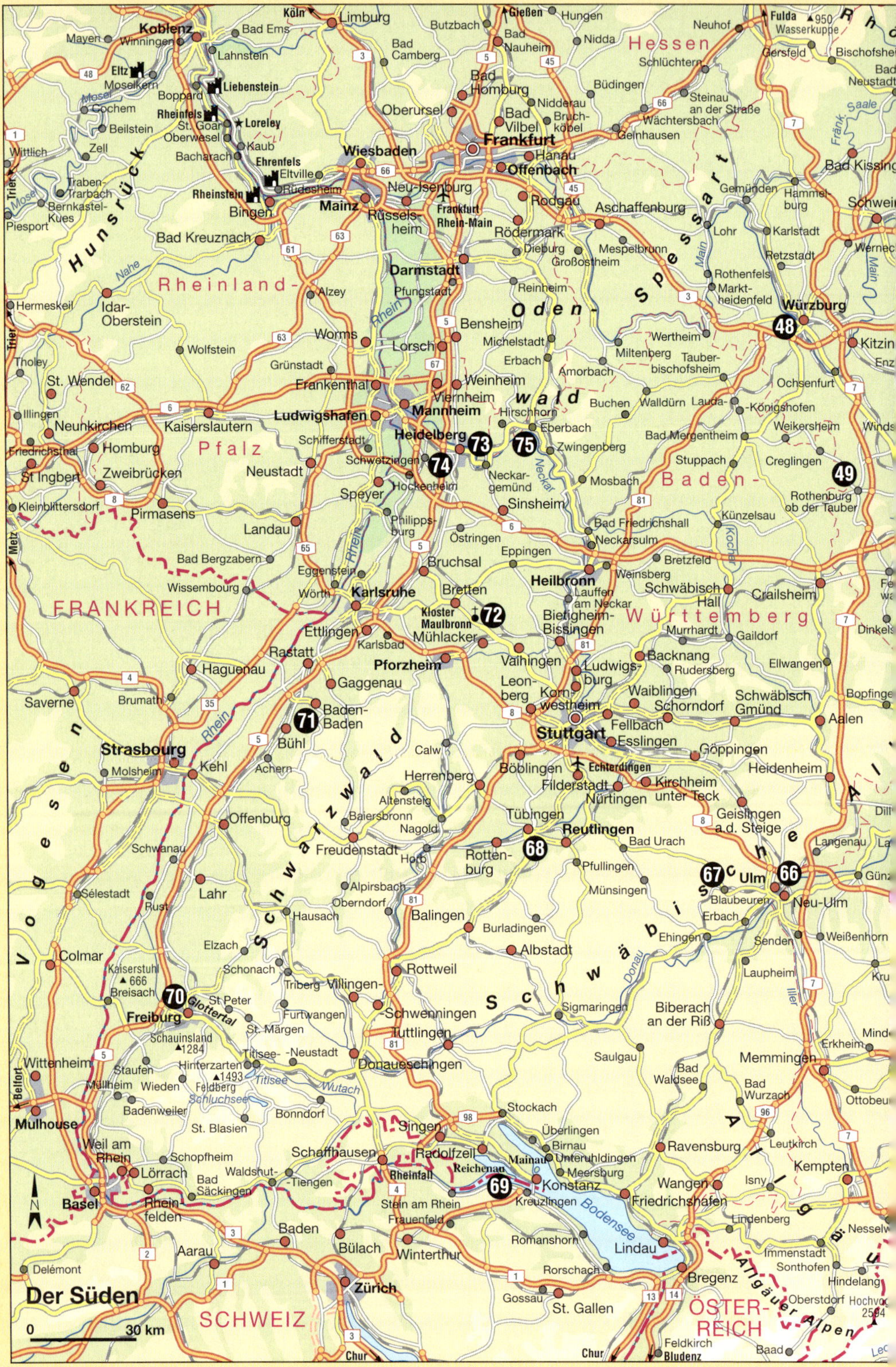
Der Süden
0
30 km
Koblenz
Limburg
Gießen
Hungen
Fulda
Wasserkuppe
Bad Ems
Lahnstein
Butzbach
Bad Nauheim
Nidda
Hessen
Schlüchtern
Gersfeld
Bischofsheim
Bad Neustadt
Mayen
Winningen
Eltz
Moselkern
Liebenstein
Bad Camberg
Bad Homburg
Büdingen
Steinau an der Straße
Wächtersbach
Boppard
Cochem
Beilstein
Rheinfels
Loreley
St. Goar
Oberwesel
Kaub
Oberursel
Nidderau
Bruchköbel
Bad Vilbel
Frankfurt
Gelnhausen
Wittlich
Zell
Bacharach
Ehrenfels
Eltville
Wiesbaden
Hanau
Offenbach
Bad Kissingen
Traben-Trarbach
Bernkastel-Kues
Piesport
Rheinstein
Rüdesheim
Bingen
Mainz
Rüsselsheim
Neu-Isenburg
Frankfurt Rhein-Main
Rodgau
Rödermark
Aschaffenburg
Gemünden
Hammelburg
Schweinfurt
Hunsrück
Bad Kreuznach
Dieburg
Großostheim
Mespelbrunn
Lohr
Karlstadt
Retzstadt
Darmstadt
Pfungstadt
Reinheim
Spessart
Rothenfels
Marktheidenfeld
Würzburg
Rheinland-
Alzey
Hermeskeil
Idar-Oberstein
Nahe
Rhein
Bensheim
Odenwald
Wertheim
Kitzingen
Worms
Lorsch
Michelstadt
Erbach
Miltenberg
Tauberbischofsheim
Wolfstein
Tholey
Grünstadt
Amorbach
Ochsenfurt
St. Wendel
Frankenthal
Weinheim
Viernheim
Buchen
Walldürn
Lauda-Königshofen
Illingen
Neunkirchen
Kaiserslautern
Ludwigshafen
Mannheim
Hirschhorn
Eberbach
Weikersheim
Friedrichsthal
Homburg
Pfalz
Schifferstadt
Heidelberg
Zwingenberg
Bad Mergentheim
Creglingen
St. Ingbert
Zweibrücken
Neustadt
Schwetzingen
Neckargemünd
Stuppach
Mosbach
Baden-
Rothenburg ob der Tauber
Speyer
Hockenheim
Sinsheim
Kleinblittersdorf
Pirmasens
Landau
Philippsburg
Östringen
Bad Friedrichshall
Künzelsau
Neckarsulm
Metz
Bad Bergzabern
Bruchsal
Eppingen
Bretzfeld
Eggenstein
Heilbronn
Weinsberg
Wissembourg
Wörth
Karlsruhe
Bretten
Lauffen am Neckar
Schwäbisch Hall
Crailsheim
FRANKREICH
Kloster Maulbronn
Bietigheim-Bissingen
Württemberg
Ettlingen
Mühlacker
Murrhardt
Gaildorf
Dinkelsbühl
Karlsbad
Rastatt
Vaihingen
Ludwigsburg
Backnang
Rudersberg
Ellwangen
Haguenau
Pforzheim
Gaggenau
Leonberg
Kornwestheim
Waiblingen
Schorndorf
Schwäbisch Gmünd
Bopfingen
Saverne
Brumath
Baden-Baden
Stuttgart
Fellbach
Esslingen
Aalen
Strasbourg
Bühl
Calw
Göppingen
Heidenheim
Molsheim
Kehl
Achern
Herrenberg
Böblingen
Echterdingen
Filderstadt
Nürtingen
Kirchheim unter Teck
Schwarzwald
Altensteig
Baiersbronn
Offenburg
Nagold
Geislingen a.d. Steige
Tübingen
Reutlingen
Bad Urach
Langenau
Vogesen
Schwanau
Freudenstadt
Horb
Rottenburg
Pfullingen
Ulm
Sélestadt
Lahr
Alpirsbach
Münsingen
Blaubeuren
Neu-Ulm
Rust
Hausach
Oberndorf
Balingen
Erbach
Burladingen
Ehingen
Senden
Weißenhorn
Colmar
Elzach
Albstadt
Schwäbische Alb
Kaiserstuhl
666
Schonach
Rottweil
Donau
Laupheim
Breisach
Triberg
Villingen-
Schwenningen
Sigmaringen
Biberach an der Riß
Glottertal
St. Peter
St. Märgen
Freiburg
Furtwangen
Tuttlingen
Schauinsland
1284
Titisee-Neustadt
Saulgau
Memmingen
Erkheim
Wittenheim
Hinterzarten
1493
Staufen
Müllheim
Wieden
Feldberg
Schluchsee
Titisee
Wutach
Donaueschingen
Bad Waldsee
Bad Wurzach
Ottobeuren
Badenweiler
Bonndorf
Stockach
Belfort
Mulhouse
St. Blasien
Singen
Überlingen
Birnau
Unteruhldingen
Ravensburg
Leutkirch
Weil am Rhein
Schopfheim
Schaffhausen
Radolfzell
Mainau
Meersburg
Kempten
Lörrach
Bad Säckingen
Waldshut-Tiengen
Rheinfall
Reichenau
Konstanz
Wangen
Isny
Basel
Rheinfelden
Stein am Rhein
Frauenfeld
Kreuzlingen
Bodensee
Friedrichshafen
Lindenberg
Nesselwang
Aarau
Baden
Bülach
Romanshorn
Lindau
Immenstadt
Sonthofen
Delémont
Winterthur
Rorschach
Bregenz
Hindelang
Allgäuer Alpen
Zürich
Gossau
St. Gallen
Oberstdorf
SCHWEIZ
ÖSTERREICH
Chur
Feldkirch
Bludenz
Baad
Allgäu

- 48 Würzburg
- 49 Rothenburg
- 50 Bamberg
- 51 Nürnberg
- 52 Regensburg
- 53 Bayerischer Wald
- 54 Passau
- 55 Baumeninsel im Chiemsee
- 56 Königssee
- 57 Museen in München
- 58 Biergärten in München
- 59 Augsburg
- 60 Ammersee
- 61 Bernried
- 62 Murnau
- 63 Wieskirche
- 64 Neuschwanstein
- 65 Zugspitze
- 66 Ulm
- 67 Blaubeuren
- 68 Tübingen
- 69 Reichenau
- 70 Freiburg
- 71 Baden-Baden
- 72 Kloster Maulbronn
- 73 Heidelberg
- 74 Schwetzingen
- 75 Neckartal

Würzburg:
Ein Fürstbischof hält Hof

»Die Landschaft war nicht zerstört. Über dem ganzen Tal schien ein Seidenteppich zu liegen – grün in grün geknüpfte Rebhügel, Wald und Obstbaumfelder und das bogenreiche blaue Band, an dessen Ufer Würzburg gewesen war, ein Denkmal der Naziherrschaft.« So beklagte der Würzburger Schriftsteller Leonhard Frank in seinem Roman »Die Jünger Jesu« von 1947 den Untergang seiner Heimatstadt in dem nur 17 Minuten währenden britischen Bombenhagel des 16. März 1945. 90 Prozent der von der Festung Marienberg überragten Innenstadt sanken in Schutt und Asche.

Das ist die traurigste Geschichte, die der Nachtwachter zu erzählen hat, der in historischer Uniform mit Laterne und Hellebarde durch die erleuchteten Würzburger Gassen zieht. Man kann ihn begleiten und dabei erfahren, wo der Bildhauer Tilman Riemenschneider wohnte, und wo Stadtbaumeister Balthasar Neumann auf seinem Balkon den Ausblick auf Würzburg genoss. Der Nachtwächter wird von der Alten Mainbrücke mit ihren zwölf Heiligen berichten und über das Alte Mainviertel mit der romanischen Basilika St. Burkard und dem gotischen Gotteshaus des Deutschherrenordens plaudern. All das, auch den romanischen Dom St. Kilian, gab es 1945 nicht mehr.
Doch der Nachwächter hat auch eine tröstliche Anekdote auf Lager: die des Johann Lucas von Hildebrandt, des Architekten, der maßgeblich an den Entwürfen für die Würzburger Residenz beteiligt war. Er hatte geschworen, sich »auf eigene Kosten« in der Mitte der Treppenhausdecke der Residenz aufhängen zu lassen, falls die gewagte Gewölbekonstruktion seines Konkurrenten Balthasar Neumann Bestand haben sollte. Hildebrandt hielt nicht Wort – was aber hielt, war die Decke: Das freitragende Muldengewölbe Neumanns überstand sogar die Brandbomben des Zweiten Weltkriegs. Während die spätbarocke Hofkirche wieder aufgebaut und das prunkvolle Spiegelkabinett nach seiner völligen Zerstörung anhand von Farbfotos rekonstruiert werden musste, blieb die Welt heil.
Die Welt? Ja, die ganze Welt huldigt dem Würzburger Fürstbischof Carl Philipp von Greiffenclau (1690–1754), jedenfalls auf dem gewaltigen, 1753 vollendeten Fresko Tiepolos, das mit 677 Quadratmetern Fläche als größte allegorische Darstellung von Himmel und Erde gilt und das standhafte Gewölbe Neumanns schmückt. Seit 2006 erstrahlt es frisch renoviert und gibt dem

Durch die Straßen des wiederaufgebauten Würzburg auf Nachtwächtertour

fünfschiffigen Treppenhaus mit gedoppeltem Treppenumlauf und Balustradenumgang seine alte Pracht zurück.
Was der Venezianer Giovanni Batista Tiepolo (1696–1770) mit allerhand Humor und unter genialer Ausnutzung der schwierigen Lichtverhältnisse schuf, ist in der Tat einzigartig. Architektur, Stuckdekor und Malerei scheinen förmlich zu verschmelzen. Die vier damals bekannten Erdteile rahmen den Götterhimmel mit Apollo im Strahlenkranz ein. Asia, auf einem Elefanten reitend, lässt die Weisen aus dem Morgenland – die Mathematik, die Alchemie, die Astronomie und die Medizin – Schrift und Feuer bringen. America erscheint als wilde barbusige Indianerin auf einem furchterregenden Alligator, während sich ein Europäer vor grillenden Kannibalen versteckt. Africa reitet auf einem Dromedar zum Markt, und

Anfahrt: Autobahn- und ICE-Verbindung u. a. mit München, Frankfurt/Main, Hamburg und Berlin.
Unterkunft: Ein historisches Haus in Bahnhofnähe mit romantisch eingerichteten Zimmern ist der **Würzburger Hof,** Barbarossaplatz 2, Tel. 09 31/5 38 14, Fax 5 83 24, www.hotel-wuerzburgerhof.de.
Schon seit 1430 gibt es den **Hotelgasthof Zur Stadt Mainz** mit anständigen Zimmern und bodenständiger Küche, Semmelstr. 39, Tel. 09 31/5 31 55, www.hotel-stadtmainz.de.

Restaurants: Feine regionale Küche, zum Beispiel Tafelspitz oder fangfrischen Fisch aus dem Lohrertal, dazu eine große Auswahl guter Frankenweine, gibt es im 600 Jahre alten **Wein- und Speisehaus Zum Stachel,** Gressengasse 1, Tel. 09 31/5 27 70, www.weinhaus-stachel.de.

Die ganze Welt gebannt in das riesige Deckenfresko Tiepolos

Europa sonnt sich im Glanz seiner Kunst und Architektur, residiert als Königin mit Zepter und Weltkugel, während Fama ihren Ruhm in die ganze Welt hinausposaunt. Und daneben, in einem Medaillon, der stolze Fürstbischof – der übrigens gerade mal einen Teil Mainfrankens regierte. Doch mit seiner von Baltasar Neumann errichteten Barockresidenz, die heute Weltkulturerbe ist, machte er sich unsterblich.

Für das fürstliche Honorar von 22 000 Gulden malte Tiepolo auch noch den prunkvollen Kaisersaal aus. Würzburger Motive aus der staufischen Reichsgeschichte – Kaiser Friedrich Barbarossas Hochzeit mit Beatrix von Burgund 1156 in Würzburg – verschmelzen mit antiker Mythologie, und natürlich dürfen Bacchus als Schirmherr Weinfrankens und der Flussgott Moenus nicht fehlen.

Eine Weinprobe im kerzenerhellten Hofkeller ist ein besonderes Erlebnis, auch wenn man von der Trockenbeerenauslese Jahrgang 1540, die das letzte Mal 1961 verkostet wurde, nichts eingeschenkt bekommt. Aber die süffigen Schoppen im Weinhaus Stachel schmecken vermutlich ohnehin besser.

Im **Bürgerspital** schmecken Würzburger Bratwürste, Schweinszüngerl und ein vorzüglicher Steinwein aus dem Weingut der alten Stiftung, Theaterstr. 19, Tel. 09 31/35 28 80, www.buergerspital.de.

◆ **Info: Congress-Tourismus-Wirtschaft,** Am Congress Centrum, Tel. 09 31/37 23 35, www.wuerzburg.de.

Die **Residenz** ist tgl. April–Okt. 9–18, Nov.–März 10–16 Uhr geöffnet, www.schloesser.bayern.de, die **Vinothek** des Hofkellers Mo–Fr 9–18, Sa 9 bis 14 Uhr, www.hofkeller.de.

Treffpunkt für die **Nachtwächterführung** ist der Vierröhrenbrunnen vor dem Rathaus in der Domstraße. Tel. 09 31/40 93 56, www.wuerzburger-nachtwaechter.de.

Ein schöner Ausflug ist eine Schifffahrt auf dem Main nach **Veitshöchheim,** dessen Schloss den besterhaltenen Rokokogarten Deutschlands besitzt.

Rothenburg ob der Tauber:
Mittelalterromantik im Postkartenformat

»Die Häuser mit den hohen, spitzen Giebeln, die Stockwerke immer das darunter liegende überragend, altertümliche Schilder und Innungszeichen, gotische Kapellen und Kirchen, aber selten ein paar Menschen in den Gassen, alles so still in dieser Dämmerstunde«, schwärmte der Maler Ludwig Richter, als er 1826 in das Tauberstädtchen südlich von Würzburg kam. Zu dieser Zeit strömten aber auch noch nicht zweieinhalb Millionen Besucher im Jahr durch die mittelalterlichen Pflastergassen Rothenburgs.

Denn das mit der Romantik hat sich rumgesprochen seit der Zeit, da Richter hier nostalgische Ansichten malte und Carl Spitzweg mit kleinstädtischen Interieurbildern Rothenburg 1858 zur kleinbürgerlichen Biedermeieridylle verklärte. Heute ist Rothenburg ein Höhepunkt auf der 1950 ausgerufenen Romantischen Straße. Dinkelsbühl und Nördlingen sind zwar nicht minder schön, doch dafür haben die Busse des »See Europe in 14 days«-Tourismus keine Zeit mehr.

Warum gotische Kirchen, turmbewehrte Mauern, krumme Gassen und Fachwerkhäuser mit Butzenscheiben eine so heftige Sehnsucht nach der guten alten Zeit auslö-

Das mit der Romantik hat sich unter 2,5 Mio. Besuchern im Jahr herumgesprochen

sen, sollen Psychologen klären. Zur Ehrenrettung Rothenburgs sei gesagt, dass die Stadt diesem Nostalgie-Überschwang durchaus entgegensteuert. Hinter der um 1400 errichteten St. Johannis-Kirche führt das mittelalterliche Kriminalmuseum, Deutschlands bedeutendstes Rechtskundemuseum, mit spektakulären Folterwerkzeugen, Halsgeigen und Schandmasken einen Aspekt des Mittelalters vor, den Tieck, Novalis, Eichendorff und Brentano lieber aussparten. Aber letztlich bleibt es beim kurzen Schauer, der Besuchern beim Anblick dieser Ausgeburten menschlicher Perversion über den Rücken läuft. Spätestens dann, wenn die Busse fort sind und die Abendsonne die Stadtsilhouette Rothenburgs in magisches Licht taucht, sind Spanischer Stiefel, Eiserne Jungfrau und Judaswiege vergessen.

Was macht es da schon, dass die florierende Andenkenindustrie inzwischen oft in Fernost fertigen lässt und der chinesische Tourist Rothenburger Kitsch mit nach Hause nimmt, der in seinem Heimatland für einen kargen Lohn hergestellt wurde? Man erzählt den Touristen so manches nicht – oft nicht einmal, dass ein Drittel Rothenburgs, das Viertel zwischen dem Weißen Turm und dem so oft fotografierten Rödertor mit seinem schief aufgesetzten Dachreiter, originalgetreu wieder aufgebaut wurde, nachdem es 1945 einem amerikanischen Bombenangriff zum Opfer gefallen war.

Da ist die Legende vom Altbürgermeister Nusch viel attraktiver: Nach der Eroberung Rothenburgs im Dreißigjährigen Krieg 1631 leerte er vor dem grimmigen Feldherrn Tilly in einem Zug einen über drei Liter Frankenwein fassenden Pokal und erreichte mit dieser Heldentat die Schonung seiner Stadt. Seit über hundert Jahren wiederholt die Kunstuhr im Giebel der Ratstrinkstube mehrmals täglich das selbst von Rilke bedichtete Spektakel.

Aber man sollte nicht zu zynisch sein. Das Rathaus mit Gebäudeteilen der Gotik und der Renaissance, mit Eckerker, Treppenturm und barockem Arkadenvorbau, ist tatsächlich eines der schönsten Süddeutschlands, und der Blick von seinem 60 Meter hohen Turm auf das Dächermeer der stets giebelseitig zur Straße stehenden Bürgerhäuser lässt wirklich nur ganz Abgebrühte kalt. Auch der 1466 entstandene monumentale Zwölfbotenaltar im Ostchor der Kirche St. Jakob aus der Ulmer Werkstatt und der Heiligblutaltar Tilman Riemenschneiders im Westchor (um 1500) sind unbedingt sehenswert. Ebenso lohnt sich der Abstecher ins Reichsstadtmuseum, in dem u. a. der wertvolle Bilderzyklus der Rothenburger Passion ausgestellt ist.

◆ **Anfahrt:** Rothenburg liegt an der Romantischen Straße südlich von Würzburg. Regionalzüge der Bahnlinie Würzburg – Augsburg halten in Steinach, ab dort Busverkehr.

◆ **Unterkunft:** Eine der besten historischen Unterkünfte mit regionaler Küche ist das **Hotel Restaurant Eisenhut,** Herrngasse 3–5/7, Tel. 0 98 61/70 50, Fax 7 05 45, www.eisenhut.com. Beim **Romantik-Hotel Markusturm,** einem 1264 erbauten Zollhaus mit stilecht eingerichteten Biedermeierzimmern, ist der Name Programm, Rödergasse 1, Tel. 0 98 61/9 42 80, www.markusturm.de.

◆ **Restaurants:** Verlässliche Gourmetküche mit regionalen Zutaten und französischem Einschlag, zum Beispiel Geschmorte Entenkeule mit Rotkohl, Mohn-Schupfnudeln und Sanddornsauce, serviert

Rothenburg beschwört unwillkürlich die Sehnsucht nach der guten alten Zeit

Am häufigsten wird die malerische Straßengabelung am Plönlein fotografiert, am Ende der Unteren Schmiedgasse vor dem Siebersturm. Weitere schöne Ausblicke bieten sich vom Burggarten auf das Spitalviertel sowie vom Wehrgang der Stadtmauer.
Im Sommer und in der Adventszeit herrscht in Rothenburg oft ein heilloses Gedränge. Zumindest die Weihnachtsromantik kann man aber inzwischen zu allen Jahreszeiten erleben. Der riesige Nussknacker im Haus in der Herrengasse 1 weist den Weg in Käthe Wohlfahrts »Weihnachtsdorf«, das besonders Touristen aus Asien und Amerika begeistert, auch wenn draußen 30 Grad Hitze herrschen. Bevor man nun zu lästern beginnt: Hier ist das Kunsthandwerk wirklich von hoher Qualität, und die Holzfiguren, Glaskugeln und Rauschgoldengel stammen aus heimischen Ateliers.

das Restaurant und Hotel **Mittermeier,** Vorm Würzburger Tor 9, Tel. 0 98 61/9 45 40, www.mittermeier.rothenburg.de.
Eine besonders reich verzierte Fassade besitzt das 1596 im Renaissancestil errichtete **Baumeisterhaus,** dessen Restaurant gute bayrische und fränkische Küche serviert. Obere Schmiedegasse 3, Tel. 0 98 61/9 47 00.
◆ **Info: Tourismus-Service,** Marktplatz, Tel. 0 98 61/48 00, www.rothenburg.de.
Im September veranstaltet Rothenburg die **Reichsstadt-Festtage** mit Aufführungen zur Stadtgeschichte, die »Meistertrunk« und »Schäfertanz« zeigen.

Bamberg, das fränkische Rom: Der Bamberger Reiter als Ideal der Staufer

»Du fremdester brichst doch als echter spross
Zur guten kehr aus deines volkes flanke.
Zeigt dieser dom dich nicht: herab vom ross
Streitbar und stolz als königlicher franke!
Dann bist du leibhaft in der kemenat
Gemeisselt – nicht mehr Waibling oder Welfe –
Nur stiller künstler der sein bestes tat.
Versonnen wartend bis der himmel helfe«

So dichtete Stefan George über den Bamberger Reiter. Warum fasziniert gerade er uns so in diesem auf sieben Hügeln errichteten »fränkischen Rom«, das reich mit mittelalterlichen Kunstschätzen gesegnet ist? So viel wurde über die Erscheinung des Bamberger Reiters geschrieben, dass darüber der mächtige romanische Dom fast in den Hintergrund rückt. Zeigt der Reiter nun Kaiser Heinrich II., Kaiser Konstantin den Großen im Augenblick seiner Kreuzesvision, Philipp von Schwaben oder Kaiser Friedrich II. von Hohenstaufen? Die Nationalsozialisten wollten ihn neben Uta von Naumburg stellen, als Inbegriff des deutschen Herrenmenschen. Aber inzwischen hat sich die Forschung darauf verständigt, dass es sich bei der steinernen Skulptur um den ungarischen König Stephan handelt, der 995 die Schwester Heinrichs II. ehelichte und zum Christentum übertrat.

Die manipulativen Fotos aus der Zeit des Dritten Reichs vor Augen, die ausgerechnet einen Ungarn übermächtig erscheinen lassen, muss man fast ein wenig suchen, bis man die 2,33 m hohe Skulptur oben auf einem Seitenpfeiler entdeckt, längst nicht so groß wie erwartet und im Dämmerlicht des Doms nicht auffällig in Szene gesetzt. Doch egal, was man schon über ihn gehört, gelesen und gesehen hat – er zieht den Betrachter sofort in seinen Bann.

Unerhört naturalistisch ist er gestaltet, selbst sein Pferd, mit dem er fast zu einer hoheitsvollen Einheit verschmilzt. Zwischen 1225 und 1257 wurde die Skulptur aus heimischem grau-grünlichem Schilfsandstein gemeißelt und war ursprünglich vollständig farbig bemalt: der Sockel grün, das Pferd ein rötlicher Fuchs (also kein kaiserlicher Schimmel), Sattel, Zaumzeug und Hufeisen golden, das Gewand rot, der Mantel nachtblau, die Krone golden und mit bunten Edelsteinen besetzt.

In bunter Bemalung müsste man sich den gesamten romanischen Dom vorstellen, das

Das NS-Sinnbild eines Herrenmenschen hat sich als ungarischer König entpuppt

fein skulptierte Fürstenportal und natürlich auch die beiden gotischen Statuen Ecclesia (lateinisch: Kirche) und Synagoge im südlichen Seitenschiff. Sie symbolisieren den einstigen Hochmut der Kirche: Die Synagoge wird mit verbundenen Augen, entgleitenden Gesetzestafeln und gebrochenem Stab dargestellt, die Ecclesia hingegen erhaben und anmutig.

Ein harmonisches Ensemble mit dem Dom bildet die Renaissancefassade der Alten Hofhaltung, in der das Historische Museum der Stadt Bamberg untergebracht ist. Der wunderschöne, von Fachwerkbauten gesäumte Innenhof bildet einen festlichen Rahmen für die Calderón-Festspiele des eta-hoffmann-theaters. 1806 hatte Hoffmann eine Anstellung als Musikdirektor an der Königlich Privilegierten Schaubühne bekommen und wohnte in einem schmalen Spitzgiebelhaus am Schillerplatz 26 (heute Museum). Vor dem Theater hat man Hoffmann, der seine Bamberger Zeit später als »Lehr- und Marterjahre« begriff, ein Denkmal gesetzt. Auf seiner Schulter hockt der Kater Murr aus den Fantasiestücken des Autors, die man viel besser versteht, wenn man durch die verwinkelten Gassen der Altstadt wandert, am reich mit Fresken bemalten barocken Rathaus vorbei. Die

◆ **Anfahrt:** Autobahn- und Zugverbindung mit Nürnberg und Würzburg.

◆ **Unterkunft:** : In einem 1520 erbauten und um 1740 barock umgestalteten Haus ist das **Barockhotel** am Dom mit komfortablen Zimmern untergebracht, Vorderer Bach 4, Tel. 09 51/5 40 31, Fax 5 40 21, www.barockhotel.de.
Am Ufer der Regnitz hat man zwei Villen im toskanischen Stil zu einem mediterran-modernen Hotel zusammengefasst: **Villa Geyerswörth,** Geyerswörthstr. 15–21a, Tel. 09 51/9 17 40, www.villageyersworth.de.

◆ **Restaurants:** Im Geburtshaus des Flugzeugkonstrukteurs Willy Messerschmitt bietet heute das Romantik-Hotel **Weinhaus**

Das alte Rathaus thront über der Regnitz

gesamte Bamberger Altstadt wurde 1993 zum Weltkulturerbe erklärt. Vom Turm des Renaissanceschlosses Geyerswörth bietet sich das schönste Panorama. Zahllose Studenten bringen die Fachwerkidylle abends beim Bamberger Rauchbier richtig in Schwung.

Wer durch den Stadtpark Hain mit seinen uralten Eichen und Tempelchen wandelt, könnte fast Hoffmanns sprechendem Hund Berganza begegnen, und im Gassengewirr des Bamberger Klein-Venedig mit seinen putzigen Fachwerkhäuschen direkt an der Regnitz verirrt sich der Spaziergänger beinahe ebenso schnell wie in der Lagunenstadt. Am Ende lässt man sich, nachdem man die Gemäldegalerie altdeutscher Meister in der prunkvollen Neuen Residenz bewundert hat, im herrlichen Rosengarten nieder und genießt die traumhafte Aussicht auf die Altstadt und das Kloster Michelberg.

Messerschmitt neben gutbürgerlichen Zimmern auch erstklassige fränkische Küche mit besonders leckeren Flussfischen und köstlicher ausgelöster Ente. Lange Str. 41, Tel. 09 51/29 78 00, www.hotel-messerschmitt.de. Im gemütlichen Brauereigasthof **Greifenklau** mit sehr schönem Biergarten schmecken Knöchla (Haxe) und Blaue Zipfel (leckere Bratwürste, die sich im Essigsud blau färben). Laurenziplatz 20, Tel. 09 51/ 5 32 19, www.greifenklau.de.

◆ **Info: Tourismus & Kongress Service,** Geyerswörthstr. 3, Tel. 09 51/2 97 62 00, www.bamberg.info.

Um das 4. Augustwochenende findet im Altstadtbereich fünf Tage lang die **Sandkerwa** statt, eines der größten Straßenfeste in Franken.

Auf dem Nürnberger Christkindlesmarkt

Rauschgoldengel, Christbaumschmuck, Nussknacker, Zwetschgenmännle und Krippenfiguren, zur Stärkung Nürnberger Elisenlebkuchen, »Brodwörschdla« und Glühwein – und das alles vor der romantischen Kulisse des Nürnberger Hauptmarkts mit der Frauenkirche und dem filigranen Schönen Brunnen. Mehr als zwei Millionen Menschen besuchen jährlich Deutschlands größten Christkindlesmarkt. Ein sehr blondes Christkind, stets eine Nürnbergerin zwischen 16 und 19 Jahren, eröffnet den Markt am Freitag vor dem ersten Advent von der Empore der Frauenkirche.

»Städtlein aus Holz und Tuch« nennt man die 180 mit rot-weißem Stoff dekorierten Buden, und die allerschönsten bekommen einen Preis verliehen: den »Zwetschgermoh« in Gold, Silber und Bronze.

Schon seit 1628 ist der »Kindles-Marck« schriftlich belegt, aber vermutlich ist er noch um einiges älter. »Nürnberger Tand geht durch alle Land«, lautet ein altes Sprichwort, und wie gut sich Spielwaren und Weihnachten vertragen, ist ja kein Geheimnis.

Man spricht nicht so gern darüber, dass ausgerechnet die Nationalsozialisten 1933 den Brauch des Christkindlesmarkts wiederbelebten, doch haben die braunen Herren in

Nürnberger Rostbratwürste für Besucher aus der ganzen Welt

Nürnberg, »des Deutschen Reiches Schatzkästlein«, weiß Gott Schlimmeres verbrochen. Die mächtige Reichsstadt des 15. und 16. Jahrhunderts, in der Albrecht Dürer, der Erzgießer Peter Vischer und die Bildhauer Veit Stoß und Adam Kraft wirkten, in der Meistersänger Hans Sachs das »bittersüße eheliche Leben« bejammerte, Martin Behaim seinen berühmten Globus schuf und Peter Henlein an seiner Taschenuhr, dem Nürnberger Ei, tüftelte, erlebte unter den Nazis ihre finsterste Epoche. Sie wurde während der Reichsparteitage das »Aufmarschgelände der Dummheit und Gewalt« (Lion Feuchtwanger), war Erscheinungsort von Julius Streichers Hetzblatt »Der Stürmer« und Namengeber der infamen Nürnberger Gesetze.

Das romantische Nürnberg mit seinen gotischen Kirchen und runden Wachtürmen, seinen engen Gassen und Fachwerkhäusern, ist im Bombenhagel des Zweiten Weltkriegs weitgehend untergegangen. Nur auf den Lebkuchen- und Christstollen-Dosen lebt es unverdrossen weiter. Eigentlich haben lediglich die Kaiserburg und die Stadtmauer den Krieg einigermaßen heil überstanden. Der wunderbare gotische Chor der Sebalduskirche, das mittelalterliche Heiliggeistspital, alles wurde mühsam rekonstruiert, und bei aller guten Absicht sieht man das dem oft zu neu wirkenden rötlichen Sandstein auch an. Der Blick über die einheitlichen roten Dächer der Altstadt hinüber zur Burg täuscht: Nur wenige der alten Fachwerkhäuser sind noch Originale, auch der Schöne Brunnen von 1385 ist eine Kopie, die allerdings schon 1912 entstand. Trotzdem soll es immer noch Glück bringen, im Gitterwerk am Rätsel des kunstvoll eingefügten nahtlosen Rings zu drehen.

Wie wenig idyllisch das Mittelalter tatsächlich war, zeigen die Lochgefängnisse in den Kellergewölben des Rathauses, wenige Schritte vom Hauptmarkt entfernt. Sie haben den Krieg überlebt; der prunkvolle Rathaussaal im Stil der Renaissance wurde dagegen wieder aufgebaut, ebenso wie das Albrecht-Dürer-Haus am Tiergärtner Tor unterhalb der Burg. Hier wirkt Nürnberg noch sehr mittelalterlich, und dementsprechend oft wird der Platz fotografiert. Mindestens ebenso häufig klicken die Kameras um 12 Uhr mittags, wenn sich am Giebel der wieder aufgebauten Frauenkirche die Figuren der Kunstuhr aus den Jahren 1506 bis 1509 in Bewegung setzen. Bei diesem Männleinlaufen umschreiten sieben rot gekleidete Kurfürsten Kaiser Karl IV. und erinnern damit an den Erlass der Goldenen Bulle.

Wer originale Kunstschätze sehen will, muss in die Kirchen und Museen hineingehen. Im Ostchor von St. Sebaldus fesseln

◆ **Anfahrt:** Autobahn- und ICE-Verbindungen u. a. mit München, Frankfurt/Main, Hamburg und Berlin.

◆ **Unterkunft:** Ein schön restauriertes Stadthaus von 1675 mit eleganten, individuell eingerichteten Zimmern ist das **Romantikhotel Am Josefsplatz,** Josefsplatz 30–32, Tel. 09 11/21 44 70, www.romantikhotels.com. Viel Flair verströmt das eigenwillige **Hotel Drei Raben,** dessen Themenzimmer alte Nürnberger Legenden erzählen. Die Junior Suite mit freistehender Badewanne widmet sich dem Mythos des 1. FC Nürnberg, Königstr. 63, Tel. 09 11/27 43 80, www.hotel-drei-raben.de.

◆ **Restaurants:** Das **Essigbrätlein,** Nürnbergs ältestes Gasthaus aus dem Jahre 1550, bietet Gourmetküche, allerdings auf engstem Raum,

Der Nürnberger Christkindlesmarkt auf dem Hauptmarkt vor der Frauenkirche

das Schreyer-Landauersche Grabmal von 1492, ein Hauptwerk von Adam Krafft, die »Madonna im Strahlenkranz« (1420–1425) an einem Pfeiler im nördlichen Seitenschiff und das berühmte, 1508–1519 von Peter Vischer gegossene Sebaldusgrab.

All die Meisterwerke der Nürnberger Kunst kann man im Germanischen Nationalmuseum bewundern, dem größten kunst- und kulturgeschichtlichen Museum im deutschsprachigen Raum. Die einzigartige Sammlung historischer Puppenhäuser bringt Mädchenaugen zum Glänzen, und spätestens im Nürnberger Spielzeugmuseum werden sich Dramen mit dem Nachwuchs abspielen, und das nicht nur zur Weihnachtszeit. Denn es gibt natürlich einen Museumsshop …

Weinmarkt 3, Tel. 09 11/22 51 31. Die berühmten kleinen Nürnberger Rostbratwürste kann man im preiswerten **Bratwursthäusla** probieren, in dem es auch andere fränkische Gerichte wie feines Knöchla (Eisbein) gibt.

Rathausplatz 1, Tel. 09 11/22 76 95.

◆ **Info: Congress- und Tourismuszentrale,** Frauentorgraben 3, Tel. 09 11/2 33 60, www.tourismus.nuernberg.de. **Germanisches Nationalmuseum,** Kartäusergasse 1, Tel. 09 11/1 33 10, Fax 1 33 12 00, www.gnm.de, Di, Do–So 10–18, Mi bis 21 Uhr. **Spielzeugmuseum** (Museum Lydia Bayer), Karlstr. 13–15, Tel. 09 11/2 31 31 64, www.spielzeugmuseum-nuernberg.de, Di–Fr 10–17, Sa/So 10–18 Uhr.

Regensburg: Mittelalterliches Gesamtkunstwerk an der Donau

Schon Goethe blickte begeistert vom nördlichen Donauufer auf eine mittelalterliche Stadtsilhouette, die in Deutschland ihresgleichen sucht. Auf 16 mächtigen Pfeilern schwingt sich die zwischen 1135 und 1146 entstandene Steinerne Brücke über die Donau. Das stadtseitige Brückentor samt Salzstadel bildet ein harmonisches Ensemble mit dem hoch aufragenden gotischen Dom. Hier beginnt die Entdeckungsreise durch 2000 Jahre Geschichte, vom keltischen Radasbona bis zur quirligen oberpfälzischen Universitätsstadt von heute.

In Regensburg steht »Kirche gegen Kirche, Stift gegen Stift«, notierte Goethe 1786 in sein Tagebuch. Im September 2006 kehrte ein bayrischer Papst an seine langjährige Wirkungsstätte zurück, von der einst die Missionierung Bayerns ausgegangen war und wo im 13. Jahrhundert der Regensburger Gelehrte Albertus Magnus als »Doctor universalis« die Geistesgeschichte des Mittelalters maßgeblich mitbestimmte. Ebenfalls 2006 erklärte die UNESCO die Altstadt von Regensburg zum Weltkulturerbe. Wer einmal die engen Gassen, die schiefen Mauern, die schmalen Durchgänge, die weiten Plätze und schattigen Innenhöfe bewundert hat, der fragt sich, warum das eigentlich so lange dauern musste.

Am schönsten ist Regensburg am Alten Kornmarkt. Hier blickt man über den Herzogshof und den Römerturm auf den Dom. Das romanische Figurenprogramm am Schottenportal der Schottenkirche birgt noch immer Geheimnisse. Frühgotisch mit barocken Ochsenaugenfenstern zeigt sich die Ulrichskirche, als Juwel des Rokoko die Alte Kapelle: Baustilkunde auf engstem Raum.

»Weit ausgedehnt, mit Mauern bewehrt, uneinnehmbar aus Quadern erbaut, mit hochragenden Türmen und vielen Brunnen«, so beschrieb schon 765 ein Bischof die alte Castra Regina, die sich bis zum 12. Jahrhundert zur bedeutendsten Metropole des süddeutschen Raums aufschwangen. Im 13. Jahrhundert gewährte Kaiser Friedrich II. Regensburg den Status einer freien Reichsstadt. Stolz bauten sich die Patrizier ihr San Gimignano an der Donau: Bald ragten über 60 schlanke, wehrhafte Geschlechtertürme bis zu 12 Stockwerke hoch in den Himmel. Einige stehen noch heute, darunter der schöne Baumburger Turm am Watmarkt und der markante, neun Stockwerke hohe Goldene Turm in der Wahlenstraße. Ein viel fotografierter frühgotischer Kaufmannspalast ist das Goliathhaus, dessen

Malerische Lage an Donau, Regen und Naab: Regensburg

Straßenseite ein Monumentalfresko von 1570 ziert. Mit der Kaufmannsherrlichkeit ging es in Regensburg aber bald bergab. Zu erdrückend wurde die Konkurrenz der freien Reichsstädte Nürnberg, Augsburg und Ulm. Türme baute dann lange keiner mehr.

Zwei mächtige Türme sollten aber doch noch kommen, allerdings erst um 1860, als man dem nach französischem Vorbild ab 1233 errichteten Dom endlich die beiden Turmspitzen aufsetzte. Besonders an heißen Sommertagen wirkt die Kühle des Doms ungemein anziehend. Durch das spätgotische Hauptportal mit reichem Figurenschmuck betritt man einen harmonisch gegliederten Innenraum, dessen meisterhafte Glasgemälde aus dem 14. und 15. Jahrhundert die gotischen Baldachinaltäre in mystisches Licht tauchen. Am Ende spa-

◆ **Anfahrt:** Autobahn- und Zugverbindung mit München, Nürnberg, Passau und Berlin.
◆ **Unterkunft:** Ein 2005 saniertes weitläufiges Barockhaus beherbergt das **Hotel Orphée** – Großes Haus. Die großzügigen, wunderschön eingerichteten Zimmer besitzen antike Dielenböden und barocke Türstöcke und bieten herrliche Ausblicke über die Dächer von Regensburg. Das Restaurant serviert französische Küche, Untere Bachgasse 8, Tel. 09 41/59 60 20, www.hotel-orphee.de. Nicht weniger charmant sind die Zimmer in den beiden »Filialen« **Kleines Haus** (Wahlenstr. 1) und **Künstlerhaus Andreasstadl** (Andreasstr. 26). Im schmalsten Haus der Altstadt bietet das **Künstlerhaus** eklektisch eingerichtete Zimmer für Individualisten, Alter Kornmarkt 3, Tel. 09 41/5 71 34, www.kuenstlerhaus-regensburg.de.

Auf der Steinernen Brücke über die Donau hinein in die lebendige Altstadt

ziert man durch den Domgarten, um den filigranen, majestätischen Chor mit reich geschmückten Maßwerkfenstern von außen zu bewundern.

Gotisch sind noch der Turm und der Erker des Alten Rathauses. In seinem prächtigen Reichssaal fanden zwischen 1663 und 1806 die »Immerwährenden Reichstage« statt. Da traf das Fürstenkollegium Entscheidungen an einem mit grünem Tuch bedeckten Tisch, aber oft wurde sich die auf langen Bänken sitzende Versammlung nicht einig: Die Redewendungen, die hier ihren Ursprung fanden, sind leicht zu erraten.

Die Reichstage begründeten den Aufstieg des fürstlichen Hauses Thurn und Taxis. 1812 baute die Familie das ihr überlassene säkularisierte Benediktinerkloster St. Emmeram, das schon zu diesem Zeitpunkt fast alle Stilperioden vereinte, im Sinne des Historismus zur Residenz um. Die fürstliche Hofbibliothek im Westflügel ist ein prachtvolles Werk des Rokoko, das Cosmas Damian Asam 1767 schuf. Auch die Gemälde und Stuckaturen der Klosterkirche sind größtenteils ein Werk der Asambrüder. Regensburger Glanz und Gloria eben …

◆ **Restaurants:** Oberpfälzer Spezialitäten wie Regensburger Bauerngröst'l oder Regensburger Schmankerl (Bratwürstl, Knacker, Kesselfleisch, Sauerkraut und Reiberdatschi) serviert die **Gaststätte Alte Münz,** Fischmarkt 7, Tel. 09 41/5 48 86, www.alte-muenz.de. Beliebt ist der altbayrische Biergarten der **Brauerei Kneitinger**, in dem es zünftige Oberpfälzer Küche gibt, Kreuzgasse 7, Tel. 09 41/ 59 30 20, www.kneitinger.de.

◆ **Info: Tourist-Information,** Altes Rathaus, Rathausplatz 4, Tel. 09 41/50 74 41, www.regensburg.de. Die berühmten **Regensburger Domspatzen** singen sonntags um 10 Uhr im Dom.

Luchse, Bären und Wölfe: Im Nationalpark Bayerischer Wald

»Waldwoge steht hinter Waldwoge, bis eine die letzte ist, die den Himmel schneidet«, beschrieb Adalbert Stifter seinen geliebten Hochwald in Niederbayern an der Grenze zur Tschechischen Republik: die Heimat der Glasbläser und Schnapsbrenner. Im 1970 gegründeten Nationalpark Bayerischer Wald zwischen Rachel, Lusen und Falkenstein darf die Natur noch tun und lassen, was sie will. Nirgendwo sonst in Deutschland kann man besser beobachten, wie auch aus tot geglaubtem »altem Wald« wildes neues Leben wächst.

Moose und Farne überwuchern die Wurzelteller umgestürzter Baumriesen, kein Jäger oder Förster greift regulierend ein. Selbst der gefürchtete Borkenkäfer wird nicht bekämpft – das muss der Urwald schon aushalten. Spaziergänger dürfen in dem inzwischen auf 24 250 Hektar erweiterten Schutzgebiet die markierten 300 km Wanderwege nicht verlassen. Aber das ist auch nicht nötig, um grüne Berggipfel, reißende Bäche und auf über 1100 m Höhe Sattelhochmoore wie den Latschenfilz zu entdecken. Außerdem erschließen über 200 km Radwege den Nationalpark, und über die drei Grenzübergänge bei Ferdinandsthal, Gsenget und Buchwald kann man in den tschechischen Nationalpark Šumava (Böhmerwald) überwechseln.

Erste Anlaufstelle ist das Informationszentrum im Neuschönauer Hans-Eisenmann-Haus, das in wirklich vorbildlicher Weise Einsichten in den Lebensraum Wald vermittelt. Besonders spannend ist natürlich der 7 km lange Rundweg durch das 200 Hektar große Tierfreigelände. In seinen großzügigen Gehegen sind Luchse, Wölfe,

◆ **Anfahrt:** Straßen- und Bahnverbindung von München und Regensburg mit Zwiesel und Spiegelau. Vom 15.5. bis 3.11. erschließen die »Igelbusse« das Rachel-Lusen-Gebiet, die »Falkensteinbusse« das Falkenstein-Rachel-Gebiet.

◆ **Unterkunft:** Außen alpin, innen modern und stilvoll eingerichtet präsentiert sich das Ferienhotel **Hubertus.** Ein gutes Restaurant, eine Biergartenterrasse und ein umfangreiches Wellnessprogramm gehören zum Angebot, Grüb 20, Grafenau, Tel. 0 85 52/9 64 90, www.hubertus-grafenau.de. Gepflegt schläft es sich auch im familiengeführten **Hotel St. Florian,** dessen Restaurant gute Regionalküche serviert, Althüttenstraße 22, Frauenau,

Freiwillig in den Nationalpark Bayerischer Wald zurückgekehrt: der Luchs

Braunbären, Wisente und Steinkäuze zu beobachten – sie alle waren früher im Bayerischen Wald und im angrenzenden Böhmerwald heimisch. Luchs, Wanderfalke und Schwarzstorch sind mittlerweile von allein in den Nationalpark zurückgekehrt. Über 50 Waldvogelarten leben im Freigelände, darunter sehr seltene wie Auerhuhn, Schwarzspecht, Dreizehenspecht, Rauhfußkauz, Sperlingskauz und Hohltaube. Allerdings kommt man besser am frühen Morgen oder bei Sonnenuntergang, wenn keine lärmenden Gruppen die scheuen Tiere vergrämen.

Besonders malerisch sind die Steige des Felswandergebiets rund um die Kleine Kanzel (1010 m), dessen Bergmischwälder (Fichte, Tanne, Buche, Bergahorn) schon lange vor Gründung des Nationalparks nicht mehr angerührt wurden. Hier klopft ein seltener Weißrückenspecht, da flattert vor den Augen des Wanderers ein Haselhuhn senkrecht in die Höhe. Von einem Aussichtsfelsen kann man manchmal sogar die Alpenkette sehen.

Sehr zu empfehlen ist auch der 1,3 km lange hölzerne Erlebniswanderweg Seelensteig, der an der Straße von Spiegelau zum Gfällparkplatz beginnt. Holztafeln mit Literaturzitaten demonstrieren hier in eindringlicher Weise die Selbstheilungskräfte der Natur in einem schwer zugänglichen Bergmischwald. Die schönsten Worte dazu stammen vielleicht von Erich Kästner: »Die Seele wird vom Pflastertreten krumm. Mit Bäumen kann man wie mit Brüdern reden, und tauscht bei ihnen seine Seele um. Die Wälder schweigen, doch sie sind nicht stumm. Und wer auch kommen mag, sie trösten jeden.«

Tel. 0 99 26/95 20, Fax 82 66, www.st-florian.de.

◆ **Restaurants:** Besonders gut schmeckt die leichte Regionalküche im **Säumerhof.** Hier kommt alles frisch vom Bauern, aus dem Wald oder Fluss. Komfortable Gästezimmer, Steinberg 32, Grafenau, Tel. 0 85 52/40 89 90, www.saeumerhof.de.

◆ **Info: Nationalparkverwaltung,** Hans-Eisenmann-Haus, Böhmstr. 35, Neuschönau, Tel. 0 85 58/9 61 50, www.nationalpark-bayerischer-wald.de, tgl. 9–17, im Winter bis 16 Uhr.

Italienische Ansichten: Die Dreiflüssestadt Passau

An sonnigen Tagen wähnt man sich am Gardasee oder an der ligurischen Küste: Nicht umsonst heißt die Innpromenade mit ihrer schönen Kastanienallee Passauer Riviera. Auf der Flussterrasse treffen sich die Studenten der erst 1978 gegründeten Universität Passau zum Sonnen und Flirten. Vom gegenüberliegenden Innufer wirkt die niederbayrische Bischofsstadt mit ihren in heiteren Pastellfarben leuchtenden barocken Bauten und ihrer Kirchturmsilhouette besonders italienisch.

500 Jahre lang prägten römische Kaufleute, Handwerker, Legionäre und Winzer das Geschick der Grenzfestung Castra Batava, bis sie im Jahr 476 die Region verließen. Sie führten auch das Christentum ein. Schon 453 gründete der heilige Severin hier ein kleines Kloster, und ab 739 bestimmten die Fürstbischöfe von Passau über tausend Jahre lang das Leben in der Dreiflüssestadt. Reich wurde Passau durch sein Stapelrecht am Handelsweg des Goldenen Steigs: ein Vorkaufsrecht für alle Waren, die auf den Flüssen transportiert wurden, besonders Salz, Öl, Gewürze und Südfrüchte.

Nach den großen Stadtbränden von 1662 und 1680 engagierten die Fürstbischöfe italienische Baumeister. Napoleon erklärte Passau zur schönsten Stadt Deutschlands. Heutige Besucher spazieren entzückt durch die wunderbar geschlossene Altstadt, deren enge Gassen oft Schwibbögen zur Abstützung der Häuser überspannen. Besonders schön ist der Christophorusbogen in der

Längst nicht mehr erzkonservative Pfaffenstadt

Pfaffengasse. Verspielte Erker und Türmchen, eiserne Fensterläden, stuckverzierte Fassaden, geschnitzte Haustore und Fresken: An jeder Ecke entdeckt man reizvolle Motive.

Die erste Aussicht über alle drei Flüsse bietet sich bei der Wallfahrtskirche Mariahilf auf dem Kapuzinerberg. Danach geht es durch den schattigen Eschen- und Buchenwald des Ludwigssteigs hinauf zur Batterie Linde. Von dieser Bastion der Veste Oberhaus eröffnet sich ein Panorama bis zu den Alpen. Das schwärzliche Wasser der kleinen moorigen Ilz löst sich schnell in der graugrünen Donau auf. Dagegen drückt der milchiggrüne Inn die Donau fast an die Kaimauer, denn er ist breiter, druckvoller und führt mehr Wasser.

Aber es gibt eine noch spektakulärere Aussicht. Dafür muss man das Donau-Südufer entlang nach Österreich fahren. Blickt man dann vom Café-Restaurant Blaas auf der Hinding-Anhöhe hinab, fährt Passau wie ein vieltürmiges steinernes Schiff auf Österreich zu. In der Abenddämmerung, wenn die Lichter der Stadt zu funkeln beginnen, ist das Panorama geradezu magisch.

Ein Wahrzeichen Passaus sind die beiden 68 m hohen Kuppeltürme des Doms St. Stephan (der dritte, besonders elegante Turm gehört zur barockisierten Kirche St. Paul), den der Italiener Carlo Lurago zwischen 1668 und 1678 zur größten Barockkirche Deutschlands umgestaltete, wobei er den reich verzierten Ostchor des gotischen Domes harmonisch in das barocke Ensemble einfügte. Im Inneren bewundert man Stuckarbeiten von Giovanni Battista Carlone, Gewölbefresken von Carpoforo Tencalla, eine vergoldete Kanzel und die größte Kirchenorgel der Welt. Sie besitzt

◆ **Anfahrt:** Autobahn- und Zugverbindungen mit München, Landshut und Regensburg.

◆ **Unterkunft:** Ein Traditionshaus, das sogar Übernachtungen im originalen Hochzeitsbett des Bayernkönigs Ludwig II. oder im Schlafzimmer der Kaiserin Elisabeth II. anbietet, ist das Hotel **Wilder Mann,** Am Rathausplatz, Tel. 08 51/3 50 71, www.wildermann.com.
Am Dreiflüsseeck liegt das gepflegte **Altstadt-Hotel,** Bräugasse 23–29, Tel. 08 51/33 70, www.altstadt-hotel.de.
Die großartigste Aussicht auf Passau bietet die bereits in Österreich liegende **Pension Blaas,** Hinding 38, Freinberg, Österreich, Tel. 0 77 13/81 07, www.freinberg.at.

◆ **Restaurants:** Besonders gut schmecken Waller, Zander und Hechte, fangfrisch und mit feinsten Zutaten bereitet, im neu eröffneten Restaurant **Zur blauen Donau** von Richard Kerscher. Auch die Weine sind exzellent, Höllgasse 14, Tel. 08 51/4 90 86 60.
Regionale Küche, z. B. knusprige Ente, kommt in der **Heilig-Geist-Stift-Schenke** auf den Tisch, einer historischen Weinstube, Heiliggeistgasse 4, Tel. 08 51/26 07, www.stiftskeller-passau.de.

◆ **Info: Passau Tourismus,** Rathausplatz 3 und Bahnhofstr. 36, Tel. 08 51/95 59 80, www.passau.de.
Die **Maidult** ist Niederbayerns größtes Frühlingsfest.
Die **Europäischen Wochen** mit Tanz, Konzerten, Theater und Lesungen finden Mitte Juni bis Ende Juli statt, www.ew-passau.de.
Die **Ausflugsschiffe** der Reederei Wurm + Köck legen halbstündlich am Donaukai ab, Tel. 08 51/92 92 92, www.donauschiffahrt.de.

Sonnige Riviera am Inn, ganz in italienischen Pastellfarben

fünf Manuale, 233 klingende Register und 17 974 Orgelpfeifen. Ein Orgelkonzert im Dom ist stets ein Genuss, und die Orgelnacht anlässlich der Europäischen Wochen bleibt unvergesslich.

Im Mittelalter verschanzten sich die bei den freiheitsliebenden Bürgern verhassten Bischöfe auf der Veste Oberhaus und feuerten Steinkugeln auf das teilweise noch aus gotischer Zeit stammende Alte Rathaus. Später repräsentierten sie lieber unten in der Altstadt. Besonders prunkvoll ist das Rokoko-Treppenhaus in der 1730 vollendeten Neuen Residenz des Fürstbischofs Leopold von Firmian, in der heute das Domschatzmuseum mit über 200 romanischen bis barocken Kunstwerken und einer verschwenderischen Bibliothek von Reichtum und Macht der Passauer Kirche erzählt.

Aber eine stockkonservative Pfaffenstadt ist Passau nicht mehr. In den 1980er Jahren holte das »schreckliche Mädchen« Anna Rosmus die dunklen Seiten der Passauer Geschichte während des Dritten Reichs ans Tageslicht. Und wenn sich heute die Großkopferten zuviel herausnehmen, müssen sie den Spott im Scharfrichterhaus in der Milchgasse fürchten. Sein bekanntester Kabarettist Bruno Jonas entschuldigte sich für die ausgegossenen Kübel des Hohns mit der Drohung: »Ich verspreche, das kommt wieder vor.«

Im Zaubergarten der Nonnen: Auf der Fraueninsel im Chiemsee

Als am Pfingstmontag 1845 das erste Dampfschiff zur Fraueninsel hinüberfuhr, sollen sich die Nonnen der Abtei Frauenwörth vor Schreck bekreuzigt haben. Noch heute durchpflügt der 1926 erbaute und vor einigen Jahren schön renovierte Schaufelraddampfer »Ludwig Fessler« in den Sommermonaten die Wogen des Chiemsees: Nostalgie pur.

Wenn man unter einem strahlend weißblauen Maihimmel übersetzt zu Bayerns ältestem fast durchgehend bewohnten Kloster, dann versteht man, warum die Fraueninsel im 19. Jahrhundert Maler wie Max Haushofer begeisterte, der gleich die Tochter des Lindenwirts ehelichte. Auch Schriftsteller wie Ludwig Thoma und Ludwig Ganghofer waren verzückt.

Von weitem sieht man nur die Zwiebelhaube des freistehenden achteckigen Kirchturms, dessen untere Partien wohl noch aus dem 10. Jahrhundert stammen. Am Dampfersteg begrüßen üppige Gärten den Besucher der autofreien Insel, und wenn man Glück hat, führt Schwester Katharina persönlich durch ihren Zaubergarten. Im April blühen die Apfel-, Birnen- und Pflaumenbäume des Obstangers, im Sommer leuchten die Rosenbüsche in vielen Farben. »Sorge für diesen Weinstock und für den Garten, den deine Rechte gepflanzt hat«, lautet Katharinas Wahlspruch aus dem achtzigsten Psalm. Wenn sie Zeit hat, öffnet sie auch ihren Kräutergarten, den sie nach den Erkenntnissen der berühmten Äbtissin Hildegard von Bingen angelegt hat.

In nur 20 Minuten könnte man um die kleine Fraueninsel laufen, doch allein ihre tausendjährigen Linden fesseln den Spaziergänger länger. Um tief in die klösterliche Wunderwelt einzutauchen, braucht es Zeit.

Schon der Agilolfinger Herzog Tassilo soll hier 782 ein Kloster gegründet haben. Belegt ist die Existenz der Benediktinerinnenabtei seit dem 9. Jh., als hier die um 833 geborene Irmengard, eine Urenkelin Karls des Großen und selig gesprochene Schutzpatronin des Chiemgaus, als Äbtissin wirkte. Aus dieser Zeit stammt die karolingische Torhalle des Klosters, der älteste vollständig erhaltene Hochbau Süddeutschlands. In der Michaelskapelle im Obergeschoss hat man vor wenigen Jahrzehnten zarte Engelsfresken aus der Zeit um 860 entdeckt: Leider sind sie neugierigen Blicken entzogen.

Fraueninsel: malerische Lage mitten im Chiemsee vor der Kulisse von Hochgern und Hochfelln

Familien von der Insel, Künstler und namenlose Ertrunkene sind auf dem anrührenden Friedhof begraben. Von hier betritt man durch das noch romanische nördliche Rundbogenportal die spätgotisch geprägte Münsterkirche Mariä Opferung. Im 17. Jahrhundert erhielt sie ihre barocke Ausstattung, auch den mächtigen Hochaltar

Bis zu 5000 Tagesgäste zählt die kleine Insel an schönen Hochsommertagen. Dann blüht das Geschäft im Klosterladen, der Likör, Magenbitter und Marzipan der Benediktinerinnen verkauft. Auch in der Inseltöpferei der Familie Klampfleuthner lässt sich manch schönes handgefertigtes Souvenir erstehen.

Und im Winter? Da liegt Reif auf Schwester Katharinas Rosenstöcken, doch wer zwischen Weihnachten und dem 6. Januar auf die dann oft in geheimnisvollen Nebel gehüllte Insel kommt, lernt die zweite große Passion der Ordensschwester kennen: die

◆ **Anfahrt:** Über Autobahn München–Salzburg bis Abfahrt Bernau, dann weiter zu den Schiffsanlegern in Prien oder Gstadt am Chiemsee. Zugverbindung zwischen München und Prien.

◆ **Unterkunft:** Der schon 1396 erwähnte **Hotel-Gasthof Zur Linde** ist wegen seiner gemütlichen Zimmer mit herrlicher Aussicht und seiner leckeren Fischgerichte beliebt, Fraueninsel, Tel. 0 80 54/ 9 03 66, Fax 72 99, www.inselhotel-zurlinde.de. Aristokratisches Ambiente bietet das **Schlosshotel Herrenchiemsee** mit Restaurant und schattigem Biergarten, Herrenchiemsee, Tel. 0 80 51/ 6 90 30, Fax 6 21 01, www.schlosshotel-herrenchiemsee.com.

◆ **Restaurants:** Renken, Brachsen und Zander aus dem Chiemsee munden beim **Insel-**

Üppige Blumenpracht im Klostergarten auf der Fraueninsel

liebevoll betreute kostbare barocke Weihnachtskrippe mit der Anbetung der Hirten und der Heiligen Drei Könige. Gar nur alle drei Jahre stellen die Nonnen in der Irmengardkapelle ihre größte Kostbarkeit aus: eine Krippe, deren prunkvoll gewandete Figuren die Hochzeit von Kana nachstellen. In der Fastenzeit 2007 war es wieder soweit.

Und dann sitzt man beim Inselwirt, lässt sich ein butterweiches Chiemseezanderfilet schmecken und verpasst doch glatt das letzte Linienschiff zum Festland. Welch ein Glücksfall! Das Inselhotel Zur Linde hat bestimmt noch ein Zimmerchen frei. Sanft gluckst der See, silbern schimmern die Chiemgauer und Salzburger Berge im Mondlicht. Dort drüben liegt die Herreninsel, auf der König Ludwig II. sein ganz privates Versailles errichten ließ. Doch durch die goldstrotzende, 98 m lange Spiegelgalerie ist der König nur wenige Male gewandelt, das versenkbare Tischleindeckdich im Speisezimmer blieb unbenutzt, und im über ale Maßen prunkvollen Parade-Schlafzimmer hat der König keine einzige Nacht verbracht. »Ein ewig Rätsel will ich bleiben«: Wenigstens dieser Wunsch des »Kini« hat sich erfüllt.

wirt vorzüglich, und der Sonnenuntergang auf der Terrasse wird nicht extra berechnet. Schattiger Biergarten, Gästezimmer: Haus 43, Fraueninsel, Tel. 0 80 54/6 30, www.inselwirt.de.
Beim **Klosterwirt** schmeckt's auch: Haus 50, Fraueninsel, Tel. 0 80 54/77 65, www.klosterwirt-chiemsee.de.

◆ **Info: Abtei Frauenwörth, Frauenchiemsee,** Tel. 0 80 54/ 90 70, www.frauenwoerth.de.
Schloss Herrenchiemsee, Herrenchiemsee, Tel. 0 80 51/ 6 88 70, Fax 68 87 99, www.herrenchiemsee.de, tgl. April–Mitte Okt. 9–18 Uhr, letzte Führung ca. 17 Uhr, sonst 9.40–16.15 Uhr, letzte Führung ca. 15.40 Uhr.
Chiemsee-Schifffahrt Ludwig Fessler, Seestraße 108, Prien am Chiemsee, Tel. 0 80 51/ 60 90, Fax 6 29 43, www.chiemsee-schifffahrt.de. Unbedingt sehenswert ist der romanisch-gotische Freskenzyklus in der Kirche **St. Jakob** von Urschalling, 3 km südl. von Prien.

Ramsau und Königssee: Kalendermotive aus dem Berchtesgadener Land

»Wen Gott liebt … den lässt fallen er in dies Land«, rühmte Heimatdichter Ludwig Ganghofer das Berchtesgadener Land. Die Chance, dass man auch in diesem Jahr wieder eine Weihnachtskarte bekommt, die den Blick auf die Ramsauer Pfarrkirche mit der Reiteralpe im Hintergrund zeigt, ist groß. Schließlich verbrachte der Salzburger Joseph Mohr Weihnachten 1815 in Ramsau und verfasste kurz darauf den Text zu »Stille Nacht«. Ob tief verschneit oder als farbenfrohe Herbstansicht: Der hinter der Kirche aufragende Guglhupf, das Wagendrischlhorn (2251 m), ist meist im Bild, die parkenden Reisebusse dagegen nie.

Weniger fotografiert, obwohl kunsthistorisch viel bedeutender ist die in einsamer Höhe über einem bewaldeten Tal und vor eindrucksvoller Gebirgskulisse gelegene Wallfahrtskirche der Sennerinnen, St. Mariä Himmelfahrt am Kunterweg bei Ramsau. Man erreicht sie auf einem von Kreuzwegstationen gesäumten Fußweg. Die 1731 bis 1733 errichtete Kirche gilt als eine der originellsten Schöpfungen des bayerischen Rokoko. Leider ist sie oft geschlossen. Ob man protestantischen Gelegenheitsbesu-

Schon tausendmal gesehen: Blick auf die Ramsauer Pfarrkirche, im Hintergrund die Reiteralpe

chern das prachtvolle Deckenfresko vorenthalten will? Es zeigt eine triumphierende Gottesmutter, die Blitze auf die 1733 aus dem Berchtesgadener Stiftsgebiet vertriebenen Lutheraner schleudert. Dabei waren die Anhänger des »verderbenden Irrglaubens« begnadete Holzschnitzer, die in Nürnberg maßgeblich zum Aufschwung der Spielzeugmanufakturen beitrugen.

Zu Erntedank steht die Kirche garantiert offen und wird prachtvoll mit Wald- und Feldfrüchten geschmückt. Auch die kunstvollen Fuikln, der Kopfschmuck des Viehs beim Almabtrieb, zieren dann das Gotteshaus. Die Votivbilder der Kirche erzählen vom manchem »daschossenen« Wilderer, und es ist sicher kein Zufall, dass in dem mit Bergsturztrümmern übersäten »Zauberwald« von Ramsau schon 1929 die Geschichte vom »Wildschütz Jennerwein« verfilmt wurde. Zwei Jahrzehnte später durfte der schlitzohrige Brandner Kaspar vor der malerischen Kulisse des Ramsauer Hintersees im Film mit dem »Boandlkramer« (dem bayrischen Tod, gespielt von Paul Hörbiger) um das ewig Leben karteln.

Nicht minder malerisch ist die Ansicht der Wallfahrtskirche Maria Gern, ein Juwel des alpenländischen Bauernbarock im Gerner Hochtal, das 45 Gehminuten nördlich von Berchtesgaden liegt. Ihre Bergkulisse löste bei Ludwig Ganghofer heftigste Heimatgefühle aus: »Der beschneite Untersberg stieg wie ein silberweißes Märchenbild in die Lüfte, schön und keusch, gewaltig und dennoch zart, umgaukelt von allem Erdenreiz und umflüstert von den Sagen vergangener Zeiten.« In 90 Minuten steigt man von Maria Gern zum Gipfel der Kneifelspitze (1189 m) auf und genießt den fabelhaften Blick auf die Silhouette der Berchtesgadener Kirchtürme hinüber zum mächtigen Watzmann (2713 m).

Auf dem Weg zur »heiligleuchtenden Schönheit« (Ganghofer) des Königssees fährt man durch Berchtesgaden. Viele Häu-

◆ **Anfahrt:** Autobahn München – Salzburg bis Bad Reichenhall, ab dort Bundesstraße. Bahnverbindung von München nach Berchtesgaden, ab dort Bus nach Ramsau bzw. Parkplatz Königssee.

◆ **Unterkunft:** In der Nähe der berühmten Pfarrkirche bietet der um 1500 erbaute **Gasthof Oberwirt** komfortable Unterkunft, dazu zünftige bayrische Küche mit eigener Metzgerei und schattigem Biergarten, Im Tal 86–94, Ramsau, Tel. 0 86 57/2 25, Fax 13 81, www.oberwirt-ramsau.de.

Im traditionsreichen **Hotel Schiffmeister** an der Schiffsanlegestelle im Ortsteil Königssee hat Ludwig Ganghofer länger gewohnt. Viele Zimmer mit Seeblick, Seestr. 34, Schönau, Tel. 0 86 52/9 63 50, www.hotel-schiffmeister.de.

◆ **Restaurants:** Eine besonders schöne Einkehr ist das **Gasthaus Zur Kugelmühle** am Eingang der Almbachklamm in Marktschellenberg bei Berchtesgaden. Spezialität sind köstliche frische Forellen, Tel. 0 86 50/4 61, www.gasthaus-kugelmuehle.de.

◆ **Info: Tourist-Information Ramsau,** Im Tal 2, Ramsau, Tel. 0 86 57/98 89 20, Fax 7 72, www.ramsau.de.

Tourist-Information Berchtesgaden, Maximilianstraße 9, Berchtesgaden, Tel. 0 86 52/ 9 44 53 00, Fax 96 73 81, www.berchtesgaden.de.

Verkehrsamt Schönau am Königssee, Rathausplatz 1, Schönau am Königssee, Tel. 0 86 52/17 60, Fax 40 50, www.koenigssee.com.

Bayerische Seenschifffahrt, Seestraße 55, Schönau am Königssee, Tel. 0 86 52/9 63 60, www.seenschifffahrt.de.

Bergsteiger ruft die Watzmann-Ostwand, Tagesausflügler schaffen es meist nur bis St. Bartholomä

ser zeigen hier noch die alpenländische Lüftlmalerei. Ein besonders originelles Beispiel sieht man am Hirschenhaus am Marktplatz, dessen 1610 entstandene Fresken Affen zeigen, die menschliche Laster parodieren.

Heute halten manche den Trubel in Schönau-Königssee für einen Affenzirkus. Eine Million Besucher pro Jahr zwängen sich durch die Ladenzeile zwischen Großparkplätzen und Anlegestelle, wo unglaublichster Souvenirkitsch feilgeboten wird. Aber nur 15 Gehminuten entfernt liegt der Malerwinkel mit wunderbarer Aussicht über den tiefgrünen, glasklaren Königssee, der sich wie ein Fjord zwischen die steilen Felswände von Watzmann, Steinernem Meer und Hagengebirge zwängt. Dem Zauber einer Fahrt mit einem geräuschlosen Elektroboot hinüber zur kleeblattförmigen Wallfahrtskirche St. Bartholomä (um 1700), inklusive routiniert inszeniertem siebenfachem Trompetenecho, können sich auch Zyniker nicht entziehen. Und man kann ja weiterfahren bis zur Endhaltestelle Salet und von dort zum stillen Obersee hinüberwandern. Abseits des Massentourismus entdeckt man im Nationalpark Wilde Alpenveilchen und Schneerosen, vielleicht lugt ein Murmeltier hinter einem Fels hervor, und in den Lüften kreisen Steinadler und Greife. Nur dem Ruf des Watzmanns sollten ungeübte Bergsteiger lieber widerstehen, denn »der Berg, der kennt kei Einsehn net« …

München leuchtet: Zwischen Pinakotheken und Deutschem Museum

Kann man über Kunst in München schreiben, ohne Thomas Mann zu erwähnen? Kunstgläubig, heiter gesinnt und schönheitstrunken, so beschrieb Mann die Münchner Bevölkerung in der Novelle »Gladius Dei« von 1902, und da waren die beiden jüngeren Pinakotheken noch nicht einmal gebaut, im toskanisch anmutenden Lenbachhaus hingen noch nicht die berühmten Bilder des »Blauen Reiters«, und es gab auch noch nicht das Deutsche Museum, in dem historische und moderne Technik gelegentlich geradezu künstlerisch inszeniert wird.

Kaum zu glauben, dass sich Goethe für die Kunstschätze Münchens nur einen Tag Zeit ließ. Man muss ihm jedoch zugute halten, dass die Gemäldesammlungen der Wittelsbacher erst ab 1836 der Öffentlichkeit in den Pinakotheken zugänglich gemacht wurden. Die erste im Bunde war die Alte Pinakothek, 1826–1836 nach Plänen Leo von Klenzes in Stilformen venezianischer Renaissancepaläste errichtet.

800 Meisterwerke, in Jahrhunderten von den Wittelsbacher Herzögen und Kurfürsten zusammengetragen, hängen in der Alten Pinakothek. Schon am Morgen bilden sich Touristenschlangen vor dem Eingang – alle wollen sie sehen, die Bilder altdeutscher Meister wie Dürer, Stefan Lochner und Hans Baldung Grien, italienischer Maler wie Giotto, Raffael, da Vinci, Tiepolo und Tizian, spanischer Genies wie El Greco und Velázquez, niederländischer Künstler wie Hals, van Dyck und Brueghel. Man bewundert die schwellenden weiblichen Formen der Rubens-Damen, um am Ende fast erleichtert beim süßesten Hintern Münchens zu verweilen, den François Bouchers »Ruhendes Mädchen« in naiver Unschuld präsentiert.

Gleich gegenüber wird in der 1853 eröffneten, zwischen 1975 und 1981 komplett neu erbauten Neuen Pinakothek die europäische Kunst vom Klassizismus bis zum Jugendstil präsentiert: englische Porträt- und Landschaftsmalerei von Thomas Gainsborough, Caspar David Friedrichs frühromantische »Riesengebirgslandschaft«, die griechische Landschaftsmalerei Carl Rottmanns (um 1840), Meisterwerke des

Zweifelsohne aussagestark: zeitgenössische Kunst in der Pinakothek der Moderne

Symbolismus wie Arnold Böcklins »Pan im Schilf«, Schöpfungen des Biedermeier von Moritz von Schwind und Spitzweg, Spätromantik von Adolf von Menzel, gründerzeitlicher Historismus von Karl Theodor von Piloty, Wilhelm von Kaulbach und Anselm Feuerbach, sozialer Realismus von Max Liebermann, Jugendstil von Gustav Klimt und viele Meisterwerke der Impressionisten wie Manet, Monet, Degas, Cezanne, van Gogh und Gauguin.

Seit 2002 führt die Münchner Kunstreise von den antiken Skulpturen in der Glyptothek am Königsplatz bis in die unmittelbare Gegenwart: Mit der Pinakothek der Moderne ist Deutschlands größtes und sicher auch schönstes Museum für moderne Kunst entstanden. Eine »Kathedrale des Lichts« nannte der Architekt Stephan von Braunfels seinen kühlen, puristischen Bau, dem hohe schlanke Säulen und eine Rotunde mit Lichtkuppel fast schwerelosen Charakter verleihen. Er vereint unter einem Dach vier bedeutende Museen. Sie präsentieren die bildende und angewandte Kunst des 20. und 21. Jahrhunderts: Malerei, Skulpturen, Grafik, Design, Architektur und hochmoderne Installationen.

Die hohe Kunst hängt im Obergeschoss. Freitreppen führen hinauf zu den Bayerischen Staatsgemäldesammlungen, die in Wechselausstellungen immer etwa 350 von 3000 Objekten zur Kunst des 20. und 21. Jahrhunderts präsentieren. Darunter sind Klassiker des Expressionismus wie Max Beckmann und Ernst Ludwig Kirchner. Kubismus, Futurismus und Konstruktivismus sind mit Arbeiten von Boccioni, Braque, Chagall, Delaunay, Gris und Léger illustriert. Als Beispiele für den Surrealismus können Bilder von De Chirico, Ernst, Dalí, Magritte, Picasso und Miró gelten. Aber auch Werke der italienischen Moderne, der amerikanischen Minimal Art sowie von Warhol, Baselitz, Bacon und Beuys sind repräsentativ vertreten.

Im Erdgeschoss veranstaltet die Staatliche Grafische Sammlung wechselnde Ausstellungen von Stichen, Fotografien, Zeichnungen und moderner Druckgrafik. Das

Architekturmuseum der Technischen Universität München präsentiert u. a. Bauzeichnungen aus vielen Jahrhunderten. Im Untergeschoss sind die formschönen Industrieprodukte des Staatlichen Museums für angewandte Kunst und Design zu sehen.

Dabei hätte man den Riesensaal des Car-Designs, in dem man wegweisende Automobile wie den DS 19 von Citroën und den Tatra aus dem Jahr 1937 bewundert, auch im Deutschen Museum einrichten können, das schon Henry Ford begeisterte. Europas größtes technisch-naturwissenschaftliches Museum wartet mit einer überwältigenden Fülle an Exponaten auf. Am besten wählt man vorher aus, was man sehen will, sonst drehen sich am Ende nicht mehr die Räder durch, sondern die Köpfe!

Ein »Museum zum Anfassen« wollte der Physiker Oskar von Miller auf der Isarinsel schaffen, und 1,5 Millionen Besucher im Jahr danken es ihm. Hier drückt man selbst die Knöpfe, legt Hebel um, steht auf der Brücke eines Hochseedampfers oder lässt sich im Faradayschen Käfig 200 000 Volt verpassen. Das Foucaultsche Pendel beweist, dass sich auch Bayern mit der Erde dreht. Dann hinaus aufs weite Meer mit einem Seenotkreuzer und einem riesigen Lastensegler, oder ab in die Lüfte, pardon in die Halle für Luft- und Raumfahrt mit ihren Doppeldeckern, Messerschmitts, Hansa-Jets, dem Prototyp der Raumsonde Helios (1974) und einem Funktionsmodell der Weltraumstation Spacelab. Noch mehr zum Thema Luftfahrt bietet die Flugwerft Oberschleißheim im Norden der Stadt als Außenstelle des Museums. Oder doch lieber unter die Erde? Im Untergeschoss wartet ein komplett nachgebautes Kohlebergwerk. Dann ist es Zeit für einen Blick in die Sterne: Das Deutsche Museum besitzt das weltweit modernste Planetarium.

Umgezogen ist das Verkehrszentrum des Deutschen Museums. Im Stammgebäude brauchte man Platz für das »Zentrum Neue Technologien«, das über Klimaforschung, Nanotechnik, Gentechnik, Medizintechnik und Software-Entwicklung informiert. Kutschen, Eisenbahnen, Automobile, Motorräder und Objekte zur Verkehrstechnik sind jetzt in den historischen Messehallen auf der Theresienhöhe zu sehen. Und wenn man sich die frühen Rennwagen und modernen Boliden so anschaut: Eigentlich würden die sich als Leihgaben in der Pinakothek der Moderne auch nicht schlecht machen.

◆ **Anfahrt:** Pinakotheken: U2 Theresienstraße oder Tram 27 Pinakotheken; Deutsches Museum: S-Bahn Isartor, U1/U2 Fraunhoferstraße oder Tram 18 Deutsches Museum; Flugwerft Oberschleißheim: S1 Oberschleißheim; Deutsches Museum Verkehrszentrum: U4/U5 und Bus 134 Schwanthalerhöhe.

◆ **Unterkunft:** s. S. 195

◆ **Restaurants:** Gemütlicher als das puristische **Café 48/8** in der Pinakothek der Moderne ist das **Café Schneller** an der Universität, auf dessen Kuchen Münchner Studenten seit Generationen schwören, Amalienstr. 59, Tel. 0 89/28 11 24. Ein Geheimtipp in der Nähe der Pinakotheken ist die kleine **Al Torchio Trattoria Vinoteca,** die feinste italienische Spezialitäten zu erstaunlich günstigen Preisen serviert, Amalienstraße 42, Tel. 0 89/28 50 49. Eine Terrasse mit Isarblick bietet das **Café Bernstein** im Deutschen Museum, Museumsinsel 1, Tel. 21 12 54 52. Lümmelsofas, aufregende Farben und sinnliche Küche machen das **Nektar** in Haidhausen zu einer fast einzigar-

Lässt vieler Besucher Herzen höher schlagen: Alfa Romeo im Verkehrszentrum

tigen Münchner Erfahrung. Es ist nur einen Spaziergang vom Deutschen Museum entfernt, Stubenvollstr. 1, Tel. 0 89/ 45 91 31 11, www.nektar.de (ab 19 Uhr geöffnet).

◆ **Info: Alte Pinakothek,** Barer Str. 27 (Eingang: Theresienstraße), Tel. 0 89/23 80 52 16, www.alte-pinakothek.de, Di–So 10–17, Do bis 20 Uhr; Führungen Di 18.30, Fr 15 Uhr.

Neue Pinakothek, Barer Str. 29, Tel. 0 89/23 80 51 95, www.neue-pinakothek.de, Do–Mo 10–17, Mi bis 20 Uhr; Führungen Mo 15, Mi 18.30 Uhr.

Pinakothek der Moderne, Barer Str. 40, Tel. 0 89/ 23 80 53 60, www.pinakothek-der-moderne.de, Di–So 10–17, Do/Fr bis 20 Uhr; Führungen Di 12, Mi 15 und Do 18.30 Uhr.

Deutsches Museum, Museumsinsel 1, Tel. 0 89/2 17 91, Fax 2 17 93 24, www.deutsches-museum.de, tgl. 9–17 Uhr.

Flugwerft Oberschleißheim, Effnerstr. 18, Oberschleißheim, tgl. 9–17 Uhr.

Deutsches Museum Verkehrszentrum, Theresienhöhe 14a, Tel. 0 89/500 80 61 40, tgl. 9 bis 17 Uhr, Do bis 20 Uhr.

München:
Dem bayerischen Biergarten-Lebensgefühl auf der Spur

Bier gilt in Bayern als Grundnahrungsmittel: Mit dem Gerstensaft versüßten sich bereits ab 1040 die Benediktinermönche von Weihenstephan das karge Leben, und in der Fastenzeit braute man das »flüssige Brot« gern etwas kräftiger. Starkbierzeit, Biergartensaison und Oktoberfest sind die wahren Münchner Jahreszeiten, wobei die Biergartensaison gern schon an lauen Februartagen beginnt und bis in föhnige Spätnovembertage hinein verlängert wird.

Eigentlich heißen die Biergärten erst seit etwa fünfzig Jahren so. Früher ging der Münchner »auf den Bierkeller«, und das trifft es genau. Die Biergärten gehen nämlich auf die bayerische Brauordnung von 1539 zurück, die festlegte, dass nur zwischen dem hl. Michael (29. September) und dem hl. Georg (23. April) Bier gebraut werden durfte: Im Sommer herrschte Brauverbot wegen erhöhter Brandgefahr beim Biersieden. So erfand man das länger haltbare Märzenbier. Um es im Sommer schön kühl zu halten, streuten die Brauereien Kies über ihre Keller und pflanzten schattige Rosskastanien an.

König Ludwig I. erlaubte den Brauern, den Gerstensaft an Ort und Stelle auszuschenken. Zum Schutz der Gastwirte durften jedoch keine Speisen verkauft werden. So brachten die Münchner ihre Brotzeit selber mit, im karierten »Pschorrtücherl«. Das königliche Verbot gibt es längst nicht mehr, die Selbstverpflegung aber schon: Ein Biergarten, der den Verzehr von mitgebrachten Speisen prinzipiell untersagt, ist eigentlich ein Wirtsgarten.

Streng genommen ist der Biergarten am Viktualienmarkt ein »Reingschmeckter«, denn ein Bierkeller existierte hier nie, und die Kastanien pflanzte man erst in den 1980er Jahren an. Aber es gibt keinen besseren Ort, um mit der Entdeckung Münchens zu beginnen. Auswärtige und Einheimische, »Preißn« und Menschen sitzen friedlich vereint bei einer Maß oder mehreren, und die Brotzeit holt man sich gleich nebenan bei den vielen Standln und Metzgerläden. Das kann ein eingesalzener Radi (Rettich) sein, eine knusprige Brezn mit frischem Obatzt'n (Käsecreme aus Camembert, Butter, Zwiebeln und Paprikagewürz) oder eine Leberkässemmel.

Die Brotzeit für den Biergarten am Viktualienmarkt gibt es erntefrisch gleich nebenan

So gestärkt, kann man aufbrechen, um die südliche Altstadt Münchens zu erkunden. Vielleicht steigt man – möglichst noch vor der ersten Maß – sogar die 305 Stufen des Alten Peter hinauf: Einen besseren Rundblick über München als vom ältesten Kirchturm der Stadt gibt es nicht.

Vom Viktualienmarkt ist es nur ein Katzensprung hinüber zum St. Jakobs-Platz. Im gotischen Zeughaus präsentiert das Münchner Stadtmuseum die Geschichte der bayerischen Hauptstadt. Auch die berühmten spätgotischen Moriskentänzer von Erasmus Grasser und das alte Wappen mit dem Münchner Kindl sind hier zu sehen. Gleich gegenüber wurde am 9. November 2006 die neue Münchner Hauptsynagoge eröffnet: ein Kubus, dessen Sockel an den ersten Tempel Jerusalems erinnern soll, und darüber ein filigraner gläserner Aufbau, durch den abends das Licht hinausstrahlt. Wieder einmal leuchtet München.

Von hier gelangt man im Handumdrehen in die Sendlinger Straße, in der Münchens schönstes Juwel des Rokoko zu sehen ist: die Asamkirche, deren prunkvolle Fassade sich in die Häuserfront einfügt. Drinnen empfängt mystisches Dämmerlicht den Besucher, das alle Blicke auf den überschwänglich-barocken Hochaltar mit vier gewundenen Säulen und Asamfresken lenkt.

Über die Sendlinger Straße erreicht man in wenigen Minuten den Marienplatz, vielleicht gerade rechtzeitig, um festzustellen, dass das Glockenspiel am monumentalen Neuen Rathaus aus dem 19. Jahrhundert noch verstimmter klingt als beim letzten Mal.

Zwischen Marienplatz und Hofbräuhaus trifft der Einheimische häufig hilflose Touristen, auf deren Stadtplan der direkte Weg vom Tal durch die Böhmler-Passage zum weltberühmten Hofbräuhaus von 1589 nicht eingezeichnet ist. In dessen »Schwemme« vergaß einst Ludwig Thomas »Münchner im Himmel«, der bayerischen Staatsregierung die göttlichen Ratschläge zu übermitteln, und ein grapschender Lenin fing sich 1901 eine Watsch'n von einer reschen Bedienung ein. Zuflucht vor dem »Oans, zwoa, gsuffa« aus japanischen Kehlen bietet der Biergarten des Hofbräuhauses, der erstaunlich ruhig, fast schon idyllisch ist.

Vom Platzl spaziert man in zwei Minuten zur Nobelmeile Maximilianstraße und dann hinüber zum Nationaltheater und zur Residenz, der »Herzkammer Bayerns«. Zwar wurde das Ensemble aus Renaissance, Barock, Rokoko und Klassizismus im Krieg schwer zerstört, doch die wichtigsten Kunstschätze waren glücklicherweise ausgelagert. Auch wer wenig Zeit hat, sollte doch wenigstens die Schatzkammer mit ihren einzigartigen Kleinodien der Goldschmiedekunst und das prunkvolle Antiquarium mit seinen großartigen Wandmalereien besichtigen – es ist der größte profane Renaissanceraum nördlich der Alpen. Aber auch Spiegelkabinett, Silberkammern und Steinzimmer sind auf das Kostbarste ausgestattet. Der schönste der fünf Höfe der Residenz ist der Brunnenhof.

Eine willkommene Verschnaufspause bietet gleich nebenan der 1613–1615 im geometrischen italienischen Renaissancestil angelegte Hofgarten mit Dianatempel. Gegenüber erhebt sich die strahlend gelbe barocke Theatinerkirche, im Süden schließt die Feldherrenhalle die Ludwigstraße ab.

Über die Theatinerstraße mit den noblen Einkaufspassagen der Fünf Höfe erreicht man Münchens Wahrzeichen, die 1494 geweihte Frauenkirche: ein gotischer Backsteinbau, dessen 99 m hohe Türme die charakteristischen welschen Hauben tragen. Gegenüber serviert der Andechser am Dom das berühmte Klosterbier. So gestärkt ist man fit für einen Bummel durch die Fußgängerzone zum Stachus, vorbei an der Michaelskirche, die zwischen 1579 und 1597 als größtes Gotteshaus der Renaissancezeit nördlich der Alpen errichtet wurde. In ihrer Fürstengruft ruht der »Kini« Ludwig II. in einem Zinksarg.

Schon lockt der Augustinerkeller in der Arnulfstraße beim Hauptbahnhof, der geradezu als Inbegriff des Münchner Biergartens angesehen wird. Schattige Kastanien, Holzfassausschank, Steckerlfisch, Hendlbraterei und resolute Bedienungen: Hier ist alles so, wie es sein muss. Profis holen die nächste Maß immer dann, wenn eine Glocke den Fasswechsel ankündigt. Der Biergarten ist idealer Ausgangspunkt für Streifzüge durch die Maxvorstadt mit den Museen am Königsplatz, dem Lenbachhaus und den Pinakotheken.

Durch die Arnulfstraße fährt die Tram zum Hirschgarten: Münchens größter und auch einer der beliebtesten Biergärten. 7000 Durstige finden hier Platz, aus den Fässern fließt Augustiner Helles, das Kenner dem sonst oft ausgeschenktem Augustiner Edelstoff vorziehen. Über die Hirschgartenallee spaziert man in den Schlosspark Nymphenburg mit der barocken Sommerresidenz der bayerischen Kurfürsten und dem zauberhaften Rokokoschlösschen Amalienburg.

Wem der Hirschgarten zu groß ist, der lässt sich im intimeren Taxisgarten in Neuhausen nieder, einer der schönsten Kastanienanlagen Münchens. Mit der U-Bahn ist man schnell da, es gibt eine hauseigene Metzgerei und ofenfrische Brezn, und die noble Auffahrtsallee nebenan führt am Schlosskanal entlang auf Schloss Nymphenburg zu.

Es versteht sich von selbst, dass es im Englischen Garten, Deutschlands größtem Stadtpark, gleich mehrere Biergärten gibt: natürlich den am hölzernen Chinesischen Turm, wo meist eine Blaskapelle aufspielt, das ziemlich schicke Seehaus am Kleinhesseloher See, wo man der angesoffenen

Traditionsreicher Biergarten im Hirschgarten

Wamp'n gleich bei einer Tretbootfahrt wieder zu Leibe rücken kann, die ruhigere Hirschau unmittelbar nördlich des Mittleren Rings und noch weiter nördlich der Aumeister, Tummelplatz der Unterföhringer Medienwelt.

Wer immer an der Isar entlang nach Süden radelt, könnte unterwegs im schattigen Biergarten des Hofbräukellers in Haidhausen einkehren oder etwas weiter südlich im Paulanerkeller, besser bekannt als Nockherberg, wo sich im März die politische

◆ **Anfahrt:** Viktualienmarkt, Hofbräuhaus und Andechser am Dom: S/U Marienplatz; Augustinerkeller: S/U Hauptbahnhof; Hirschgarten: S1–6/S8 Laim oder Tram 16/17 Steubenplatz; Taxisgarten: U1 Gern. Chinesischer Turm: U3/U6 Giselastraße oder Tram 17 Tivolistraße; Hirschau: U6 Dietlindenstraße; Aumeister: U6 Freimann; Hofbräukeller: U4/U5 Max-Weber-Platz; Paulanerkeller: U1/U2 Kolumbusplatz; Menterschwaige: Tram 15/25 Menterschwaige; Waldwirtschaft: S7 Großhesselohe.

◆ **Unterkunft:** Die luxuriöseste Unterkunft in München ist wohl das **Mandarin Oriental** (früher Hotel Rafael) in unmittelbarer Nähe des Hofbräuhauses, Neuturmstr. 1, Tel. 0 89/29 09 80, www.mandarinoriental.com. Ein kleines, charmantes Stadthotel, einen Katzensprung von der Asamkirche entfernt, ist **Das Asam,** Josephspitalstr. 3, Tel. 0 89/2 30 97 00, Fax 23 09 70 97, www.hotel-asam.de. Im Stadtteil Lehel, wenige Schritte von der Maximilianstraße entfernt, findet man die elegante Innenstadtoase **Hotel Opéra,** St. Anna-Str. 10, Tel. 0 89/2 10 49 40, www.hotel-opera.de. Geradezu idyllisch im Grünen liegt das relativ preiswerte **Gästehaus Englischer Garten,** Liebergesellstr. 8, Tel. 0 89/3 83 94 10, www.hotelenglischergarten.de.

Und der Klassiker unter den Biergärten: am Chinesischen Turm im Englischen Garten

Prominenz einfindet, um sich beim Starkbieranstich »derbleckn« (verspotten) zu lassen. Wer dabei unerwähnt bleibt, zählt nichts mehr. Technikfans aufgepasst: Das Deutsche Museum (s. S. 190) ist nicht weit.

Weiter südlich, in Thalkirchen, sonnt man sich tagsüber nackert auf dem Isarkies oder badet im Fluss, anschließend setzt man sich – bitte bekleidet – zu einer Maß Löwenbräu in den Biergarten des Flaucher. Der Tierpark Hellabrunn liegt fast um die Ecke.

Wer am anderen, schöneren Isarufer die Hochleite entlanggeradelt ist, kehrt in der Harlachinger Menterschwaige ein, wo schon König Ludwig I. seine Maß trank und sein Gschpusi Lola Montez einquartierte. Noch weiter südlich liegt die schöne Waldwirtschaft Großhesselohe, von wo aus die Münchner »Biergartenrevolution« ihren Ausgang nahm. Hier trinkt man seine Maß fast in der Nachbarschaft des »bayerischen Hollywood«, der Bavaria Filmstadt. Prost Herr Nachbar!

◆ **Restaurants:** Neben dem Hofbräuhaus kocht einer der bekanntesten deutschen Küchenchefs: **Schuhbecks in den Südtiroler Stuben,** Platzl 6–8, Tel. 0 89/2 16 69 00, www.schuhbeck.de. Beim **Sedlmayr** am Viktualienmarkt schmecken urbayerische Gerichte wie Spanferkel mit Kartoffelknödeln oder frische Weißwürste, Westenriederstr. 14, Tel. 0 89/22 62 19. Einen wunderbaren Krustenbraten, einen gschmackigen Schweinsbraten und die besten Schnitzel Münchens gibt's beim »Haferlgucker« Putzi Holenia. **Paulaner im Tal,** Tal 12, Tel. 0 89/2 19 94 00, www.paulaner-im-tal.de. Weitere Restaurants s. S. 190.
Info: Tourismusamt München, Sendlinger Str. 1, Tel. 0 89/ 23 39 65 00, Fax 23 33 02 33, www.muenchen.de (Infobüros am Hauptbahnhof und im Rathaus).

Die Fuggerei in Augsburg: Das soziale Gewissen der Krämer

Mietangebot: 60 Quadratmeter große Dreizimmerwohnung mit Bad oder Dusche, Miete ein Rheinischer Gulden (88 Cent) im Monat auf unbefristete Zeit, plus täglich dreimal für den Vermieter beten. Nun gut, man müsste auch noch Augsburger sein, bedürftig und mit einwandfreiem Leumund, um in den Genuss einer »Gnadenwohnung« in der Fuggerei zu kommen. Die Nachteile: Nebenkosten gehen natürlich extra, und wer nach Mitternacht nach Hause kommt, schuldet dem Nachtwächter am Ochsentor einen Euro. Außerdem glotzen einem ständig Touristen ins Fenster.

Gestiftet haben die älteste Sozialsiedlung der Welt Jakob Fugger der Reiche (1459 bis 1525) und seine beiden Brüder Ulrich und Georg. Ob die Fugger ein wenig das schlechte Gewissen plagte, weil sie nicht nur mit Tuchen und Gewürzen, Silber und Kupfer handelten, sondern auch mit Sklaven? Im 16. Jh. finanzierten die Augsburger Kaufleute die Schweizer Garde im Vatikan, die Feldzüge der Kaiser, die Medici in Florenz. Es war jedenfalls genug Geld da, als Baumeister Thomas Krebs 1516 seine Arbeit aufnahm. 1523 gab es bereits 52 Häuser. Nach dem Zweiten Weltkrieg

- **Anfahrt:** Autobahn- und ICE-Verbindung u. a. mit München, Nürnberg, Würzburg und Stuttgart.
- **Unterkunft:** Ein Patrizierpalais aus dem 16. Jh. mit modernen Zimmern ist das **Altstadthotel Ulrich,** Kapuzinergasse 6, Tel. 08 21/3 46 10, www.hotel-ulrich.de. Sympathische, preiswerte Unterkunft in der Altstadt bietet das **Hotel Fischertor,** Pfärrle 16/18, Tel. 08 21/ 34 58 30, Fax 3 45 83 95, www.hotel-fischertor.de.
- **Restaurants:** In den Kreuzgewölben des Prinz-Karl-Palais serviert das **Restaurant Haupt** mediterran inspirierte Küche mit regionalen Zutaten. Schönes Gartenrestaurant in den Parkanlagen. Schertlinstr. 23, Tel. 08 21/5 89 84 75, www.restaurant-haupt.de. Vorzüglich schmeckt die schwäbisch-bayerische Küche mit mediterranen Einflüssen auch im **Restaurant Die Ecke,** Elias Holl-Platz 2 (direkt am

Beste Wohnlage im Zentrum von Augsburg zu Spottpreisen: Fuggerei

wurde die weitgehend zerstörte Fuggerei wieder aufgebaut und um ein Drittel vergrößert. Ihre 200 Bewohner leben heute deutlich komfortabler als zu den Zeiten, von denen das Fuggereimuseum in der Mittleren Gasse 13 erzählt.

Die Kaufherren selbst residierten natürlich standesgemäß. 88 Meter lang ist die Fassade der 1512–1515 errichteten Fuggerhäuser an der Maximilianstraße – und das, obwohl in Augsburg die Steuer nach der Länge der Hausfront berechnet wurde! Besonders schön zeigt sich der Damenhof im Stil der italienischen Renaissance. In dieser fürstlichen Kaufmannsresidenz waren Kaiser Karl V. und der Maler Tizian zu Gast, Kardinal Cajetan unterzog hier 1518 Martin Luther einer »Befragung«. Zur gleichen Zeit malte Albrecht Dürer ein Porträt Jakob Fuggers, das in der Staatsgalerie Altdeutscher Meister nebenan hängt. Zusammen mit der Deutschen Barockgalerie ist sie im 1765–1770 erbauten Schaezler-Palais untergebracht, einem Rokokobau mit großem Festsaal.

Die Maximilianstraße war das erste Stück der römischen Kaiserstraße, die von »Augusta Vindelicum«, 15 v. Chr. als römi-

Rathaus), Tel. 08 21/51 06 00, www.restaurantdieecke.de. Sehr beliebt ist der Biergarten und die schwäbische Küche des **Bräustüberl 3 Königinnen** in der Nähe der Fuggerei.

Meister-Veits-Gässchen 32, Tel. 08 21/15 84 05.

◆ **Info: Regio Augsburg Tourismus,** Schießgrabenstr. 14, Tel. 08 21/50 20 70, www.regio-augsburg.de.

Die **Fuggerei** und ihr Museum sind tgl. April–Okt. 8–20, Nov. bis März 9–18 Uhr geöffnet, www.fugger.de.

sches Militärlager gegründet, nach Italien führte. Heute ist sie mit ihren Prachtbauten und drei Renaissancebrunnen das Aushängeschild Augsburgs. Im Süden schließt sie der Ulrichsplatz ab. Hier bilden die Zwiebeltürme der weißen spätgotischen Hallenkirche St. Ulrich und Afra und der kleinen gelben evangelischen Ulrichskirche ein harmonisches Ensemble.

Maßgeblich geprägt hat das Stadtbild der geniale Baumeister Elias Holl (1573–1646). Sein Rathaus (1615–1620) mit dem glanzvollen, bis 1990 rekonstruierten Goldenen Saal gilt als bedeutendster profaner Renaissancebau nördlich der Alpen. Vom benachbarten Perlachturm, ebenfalls ein Werk Holls, schweift der Blick bei Föhn bis zu den Alpen. Auch das Zeughaus mit manieristischer Fassade und das Reichsstädtische Kaufhaus hat Holl gebaut. Im Heilig-Geist-Spital, einem Spätwerk Holls, spielt die Augsburger Puppenkiste die beliebten Geschichten von Jim Knopf und Urmel aus dem Eis nach: Dafür ist man nie zu alt!

Es gibt noch so viel mehr zu sehen in Augsburg. Man kann zum Beispiel auf den Spuren von Bert Brecht, der in der Gasse Auf dem Rain 7 geboren wurde, durch das von Lechkanälen durchzogene Handwerkerviertel mit seinen schmalen Häusern und romantischen Stegen bummeln: Augsburgs Klein-Venedig. Keineswegs auslassen darf man auch das Domviertel. In der Frauentorstraße 30 wurde Leopold Mozart geboren. Der Dom – seine ältesten Bauteile stammen aus dem 10. Jahrhundert – besitzt ein prächtiges Südportal mit einer um 1056 entstandenen Bronzetür, deren Original im benachbarten Diözesanmuseum zu besichtigen ist. Im Innern bewundert man Fresken aus romanischer und gotischer Zeit, die Altargemälde von Hans Holbein d. Ä. und die fünf Fenster an der Südseite mit Prophetendarstellungen aus der Mitte des 12. Jahrhunderts: Deutschlands älteste figürliche Glasmalereien.

Kurioserweise befindet sich die Grabkapelle der katholischen Fugger ausgerechnet in der evangelischen Annakirche. Immerhin wurde in Augsburg 1555 der berühmte Religionsfrieden geschlossen, den die Stadt bis heute jedes Jahr am 8. August mit einem offiziellen Feiertag, dem Friedensfest, würdigt. Aber in der Fuggerei durften stets nur Katholiken wohnen, nach dem Motto: Cuius regio, eius religio …

Sommerliche Leichtigkeit in der Fußgängerzone der Altstadt

Antipoden am Ammersee: Andechs und Dießen

»Genuss für Leib und Seele«, verheißt das moderne Andechser Logo. »Heilig Perg Andex in Oberbair«, verkündet ein Pilgerzeichen aus dem 15. Jahrhundert, und jeder kann diesen 180 m hohen Moränenhügel ohne Mühe besteigen. Immer wieder rückt im oberbayerischen Fünfseenland die Andechser Klostersilhouette oberhalb des Ammersees ins Bild und lockt zur Wallfahrt und zum guten Klosterbier.

Beim gehaltvollen Doppelbock Dunkel oder Bergbock Hell stellt sich das berühmte »Andechser Gefühl« schnell ein, und dabei muss es gar nicht so bierdimpflig zugehen wie im bitterbösen filmischen Moritatenstück von Herbert Achternbusch. Den Kirchturm des Klosters besucht man aber besser vor der Einkehr: Ein herrliches Ammersee- und Alpenpanorama entschädigt für die Anstrengung des Aufstiegs.

Bezeugt ist die Pilgerfahrt nach Andechs zu den Reliquien, deren früheste Exemplare Graf Rasso im 10. Jahrhundert von einer Pilgerfahrt ins Heilige Land mitgebracht haben soll, schon seit 1128. Nachdem, wie die Legende behauptet, 1388 eine kleine Maus den verloren gegangenen Heiltumsschatz mit den drei Hostien wiedergefunden hatte, lebte die Andechser Wallfahrt neu auf. 1455 stiftete der bayerische Herzog Albrecht III. ein Benediktinerkloster, in das sechs Mönche des altbayerischen Klosters Tegernsee einzogen. Heute kommen jedes Jahr an die 250 000 Wallfahrer, und noch deutlich mehr Gäste lassen sich gleich im Bräustüberl, im Biergarten oder im feinen Klostergasthof zu einer kühlen Maß nieder. An sonnigen Wochenenden geht es im

◆ **Anfahrt:** Von München mit der S 5 nach Herrsching, von dort durch das Kiental zu Fuß in etwa einer Stunde zum Kloster. Rückfahrmöglichkeit nach Herrsching mit öffentlichem Busverkehr.

◆ **Unterkunft:** Im Gästetrakt des **Klosters** stehen 15 schlichte Zimmer zur Verfügung. Komfortabler schläft man im alten Landgasthof **Der Obere Wirt zum Queri,** der auch vorzügliche bayerische Küche bietet, Georg-Queri-Ring 9, Andechs-Frieding, Tel. 0 81 52/ 9 18 30, www.obere-wirt-zum-queri.de.

Der **Maurerhansl,** Dießens ältester Gasthof (1721), überrascht mit avantgardistisch umgestalteten Zimmern und guter Küche, Johannistr. 7, Dießen, Tel. 0 88 07/9 22 90, www.maurerhansl.de.

◆ **Restaurants:** Im **Andechser Klostergasthof** gibt es recht

Bayerisches Bilderbuchidyll über dem Ammersee: Kloster Andechs

schattig-grünen Kiental, durch das man von Herrsching am Ammersee in einer knappen Stunde zum Kloster hinaufspaziert, fast so geschäftig zu wie in der Münchner Fußgängerzone.

Die echten Wallfahrer kommen besonders im Mai, zwischen Aussaat und Heuernte, an Christi Himmelfahrt und zum Dreihostienfest am vierten Sonntag nach Pfingsten. Prozessionskreuze im Umgang und unzählige Votivkerzen sind sichtbare Beweise der altbayerischen Volksfrömmigkeit, der die zeitweise durchgesetzte Säkularisierung von 1803 nichts anhaben konnte.

Die Benediktinerpatres wussten das Erlebnis wohl zu inszenieren. Durch einen recht niedrigen, mit Blumen bemalten Vorraum, das »Paradies«, tritt man ein in den weiten »Andechser Himmel«. Im Kern ist die ab 1712 barockisierte Hallenkirche noch spätgotisch, was aber bei all der um 1755 entstandenen Rokokopracht nur noch Eingeweihten auffällt. Seit der 2005 abgeschlossenen Renovierung erstrahlen die zart flammenden Stukkaturen und die frühlingsheiteren Fresken von Johann Baptist Zimmermann aus Wessobrunn sowie die Altäre des Münchner Hofbildhauers Johann Baptist Straub in neuem Glanz. Die Staffelung der Seitenaltäre als Kulisse fokussiert den Blick des Betrachters auf den Gnadenaltar und orchestriert hier den Lobpreis Mariens.

feine Küche, aber auch einen reschen Krustenbraten mit Andechser Bockbiersoße, Kartoffelknödeln und Krautsalat, Bergstraße 9, Andechs, Tel. 0 81 52/9 30 90, www.klostergasthof.de. Einen butterweichen saftigen Schweinsbraten serviert auch der **Landgasthof Mühlfeldbräu,** Mühlfelder Str. 13, Herrsching, Tel. 0 81 52/55 78.

◆ **Info:** Kloster Andechs, Bergstraße 2, Andechs, Tel. 0 81 52/37 60, Fax 37 61 43, www.andechs.de.
Tourist-Info-Dießen, Schützenstraße 9, Dießen, Tel. 0 88 07/10 48 oder 92 84 58, Fax 44 59, www.tourist-info-diessen.de.
Orff in Andechs, Organisationsbüro Andrea Kelle, Tel. 0 81 52/37 63 06, Fax 37 62 39, Kartenvorverkauf unter Tel. 37 64 00, www.orff-in-andechs.de.

Elegant beschwingtes Rokoko im Marienmünster in Dießen

Für noch mehr Rokokoseligkeit fährt man von Herrsching mit dem Schaufelraddampfer in wenigen Minuten hinüber zum idyllischen Handwerksort Dießen. Sein Töpfermarkt, der rund um Christi Himmelfahrt in den Seeanlagen abgehalten wird, ist weithin berühmt. Weiß-golden erstrahlt der lichte Innenraum des schlanken Marienmünsters, und über dem majestätischen Hochaltar von Cuvilliés mit dem Altargemälde der Himmelfahrt Mariens wölbt sich der berühmte »Dießener Himmel«, ein 1736 entstandenes Fresko von Johann Georg Bergmüller mit 28 Heiligen und Seligen aus dem Dießen-Andechser Grafengeschlecht.

Aber auch der große bayerische Komponist und Musikpädagoge Carl Orff (1895 bis 1982), dessen Musikdramen aus mittelalterlichen Mysterienspielen und den Volksstoffen seiner Fünfseenheimat schöpfen, verbindet Dießen und Andechs. In Dießen, wo er lange lebte, erinnert das Carl Orff-Museum an den Schöpfer des musikpädagogischen Schulwerks; in der Schmerzhaften Kapelle im Andechser Kloster ist er begraben. Im Rahmen der alljährlich stattfindenden Carl Orff-Festspiele bringt das Andechser Florianstadl Werke aus dem Zyklus des Orffschen »Bairischen Welttheaters« auf die Bühne, und natürlich wird auch 2007 wieder das rauschhafte »O fortuna, velut luna« aus den 1937 uraufgeführten Carmina Burana erschallen. Mittelalterliche Trinklieder in einem bayerischen Kloster: Vielleicht ist diese liberale Einstellung dafür verantwortlich, dass die launische Glücksgöttin Andechs bis heute hold geblieben ist.

Exquisite Kunst am Starnberger See: Das Buchheim-Museum

Ein wenig die Fantasie beflügelt hat er schon immer, der Starnberger See, auch als er noch Würmsee hieß und noch nicht die »Badewanne« Münchens war. Vor 300 Jahren inszenierte die barocke Flotte der bayerischen Kurfürsten im Gefolge der Prunkgaleere Bucentaur spektakulär beleuchtete Wasserspiele. Ab 1850 schufen sich die bayerischen Könige auf der kleinen Roseninsel vor Feldafing ein mediterranes Refugium mit verschwenderischem Rosarium.

Auf Schloss Possenhofen verbrachte Elisabeth, die spätere Kaiserin von Österreich, ihre Jugend, später kam »Sisi« mitsamt ihrem Hofstaat zur Sommerfrische nach Feldafing. Drüben, am anderen Ufer, fand König Ludwig II. am 13. Juni 1886 bei Schloss Berg einen noch immer geheimnisumwitterten Tod im See, und im »Wagnerhaus« von Kempfenhausen turtelte Richard Wagner mit der verheirateten Cosima von Bülow.

In jüngerer Zeit nahm in der Evangelischen Akademie Tutzing die Ostpolitik Willi Brandts Gestalt an. Ein paar Kilometer südlich, in Bernried mit seiner romantischen Klosteranlage, erfüllte sich 2001 der Maler, Fotograf und Autor Lothar-Günther Buchheim (1918-2007) seinen Traum von einem Museum der Phantasie. Heute erscheint es als Glücksfall, dass Buchheims Heimatgemeinde Feldafing »ihr Ruah« haben wollte und das Projekt ablehnte. So konnte Günther Behnisch, der Architekt des Münchner Olympiastadions, in Bernried an einer der schönsten Stellen am Starnberger See ein lang gestrecktes avantgardistisches Museum zaubern, das teilweise in den Hang hineingebaut ist und in einem

◆ **Anfahrt:** Von Mai bis Okt. mit dem Museumsschiff »Phantasie« (Di–So 3-mal tgl.) von Starnberg nach Bernried oder mit der Bayerischen Seenschifffahrt (Kombiticket erhältlich). Von München fährt die S6 nach Tutzing, dann weiter mit RVO-Bus 9614 (Richtung Penzberg, nur Mo bis Fr) bis Haltestelle LVA Höhenried. Die Regionalbahn München–Kochel hält am Bahnhof Bernried, von dort 20 Minuten zu Fuß durch den hübschen Ortskern.

◆ **Unterkunft:** Seit 1891 gibt es den schönen Gasthof Altwirt, heute **Hotel Seeblick,** mit geschmackvoll eingerichteten Zimmern, Wellnessangebot und vorzüglichen bayerischen Speisen, Tutzinger Str. 9, Bernried, Tel. 0 81 58/25 40,

Trophäen der Sammelwut Lothar-Günther Buchheims

zwölf Meter über dem See schwebenden Steg endet.

Die weitläufigen Hallen dieses Museumsschiffs, das hier am Ufer vertäut zu liegen scheint, präsentieren eine der bedeutendsten Sammlungen des deutschen Expressionismus: Aquarelle, Zeichnungen, Skizzen und besonders Druckgrafiken. Dabei spannt sich der Bogen von Lovis Corinth über die Mitglieder der Künstlergruppe »Die Brücke« (1905–1913) mit Werken von Erich Heckel, Ernst Ludwig Kirchner, Otto Mueller, Emil Nolde, Max Pechstein und Karl Schmidt-Rottluff bis hin zu den Expressionisten der zweiten Generation, darunter Otto Dix. Dazu kommt ein in seinem Facettenreichtum faszinierendes Kaleidoskop der Buchheimschen Sammelwut, von indonesischen Schattenspielfiguren über bayerische Volkskunst bis hin zu 3000 gläsernen Briefbeschwerern. Natürlich sind auch farbenfrohe Aquarelle des exzentrischen Künstlers selbst zu sehen.

Schon beim wunderbaren Spaziergang durch den südlichen Teil des Höhenrieder Parks mit seinen Baumgruppen, Teichen, Pagoden und Skulpturen verschmelzen Natur- und Kunstgenuss. Am Ende schaut man auf ein vom Föhn freigewehtes Alpenpanorama und mag sich keinen schöneren Ort auf der Welt vorstellen.

Fax 0 81 58/30 56, www.seeblick-bernried.de.
◆ **Restaurants:** Feine Speisen in einmaliger Seelage serviert das **Museumscafé Phoenix,** Tel. 0 81 58/25 93 93.
Ein gutes und preiswertes altes Lokal im Dorfzentrum mit schattigem Biergarten ist der **Gasthof Drei Rosen,** Dorfstr. 11, Bernried, Tel. 0 81 58/63 50.
◆ **Info: Buchheim Museum,** Am Hirschgarten 1, Bernried, Tel. 0 81 58/9 97 00, Fax 99 70 61, www.buchheimmuseum.de, April–Okt. Di–So 10–18 Uhr, Nov.–März bis 17 Uhr. Ausstellungen finden auch in der Dependance des Museums, in der **Villa Maffei,** statt: Seestraße 4 (beim Rathaus), Feldafing.
Fremdenverkehrsbüro Bernried, Dorfstr. 3, Bernried, Tel. 0 81 51/99 39 00, Fax 99 39 01, www.bernried.de.

Im Land des Blauen Reiters: Das Murnauer Moos

Blaugrau schimmern die nahen Berge des Werdenfelser Lands, grünblau leuchten Staffelsee und Riegsee, weißblau wölbt sich darüber der föhnige Himmel: Im Murnauer Moos, dem »Blauen Land«, herrscht eine ganz eigene Farb- und Lichtstimmung.

Im Jahre 1908 lernten Gabriele Münter (1877–1962) und Wassily Kandinsky (1866 bis 1944) das Murnauer Moos kennen und lieben. Ohne Trauschein bewohnte das Künstlerpaar in den Sommermonaten eine kleine Villa, die wegen Kandinskys Herkunft das Russenhaus genannt wurde. In den Murnauer Wirtshäusern zerriss man sich die Mäuler über das »gschlamperte Verhältnis«. Dabei entwickelte sich in dieser heiter-melancholischen Moorlandschaft Bedeutendes: die expressive Malerei der Künstlergruppe »Blauer Reiter«. Kandinsky war zusammen mit Franz Marc und August Macke Gründer und Theoretiker der Vereinigung, deren 1912 erschienener Almanach in Murnau Gestalt annahm. Er verfolgte hier seinen konsequenten Weg zur gegenstandsfreien Kunst. Für Münter bedeutete Murnau einen Sprung »vom Naturabmalen zum Fühlen eines Inhalts«. Leuchtende, unvermischt nebeneinander gesetzte Farben und Formen, von dunklen Umrisslinien begrenzt, inspiriert von der örtlichen flächigen Hinterglasmalerei, prägten jetzt ihre Bilder. »Besonders bei Föhn standen die Berge als kräftiger Abschluss im Bilde, schwarzblau. Dies war die Farbe, die ich am meisten liebte.«

Stolz präsentiert das Schlossmuseum neben Hinterglasmalerei auch manche Werke des Blauen Reiters: viele Münter-Bilder, aber auch einiges von Kandinsky, Marianne von Werefkin, Alexej von Jawlensky, Hein-

◆ **Anfahrt:** Autobahn- und Zugverbindung von München und Garmisch-Partenkirchen.
◆ **Unterkunft:** Einen herrlichen Blick übers Moos auf die Berge bietet der luxuriöse **Alpenhof Murnau** mit charmanten Zimmern im alpenländischen Stil und Wellnessbereich. Auf einer Panoramaterrasse genießt man die Gourmetküche, Ramsachstraße 8, Tel. 0 88 41/49 10, Fax 49 11 00, www.alpenhof-murnau.com. Preiswerter nächtigt man im **Hotel Post,** der historischen Posthalterei, in der schon König Ludwig II. Station machte. Sehenswert ist die große Sammlung an Hinterglasbildern. Obermarkt 1, Tel. 0 88 41/48 78 00, Fax 48 78 01, www.hotel-post-murnau.de.
◆ **Restaurants:** Im **Gasthof Griesbräu** mit bodenständiger

Herbstlicher Traum in Blau am Staffelsee

rich Campendonk und Franz Marc, dem im nahen Kochel ein eigenes Museum gewidmet ist. Eine andere Abteilung erzählt von dem österreichisch-ungarischen Schriftsteller und Dramatiker Ödön von Horváth (1901–1938), der 1924 nach Murnau zog. Sein Volksstück »Italienische Nacht« (1930) ist vom Murnauer Kleinbürgertum inspiriert.

Vom Museum ist es nur ein Spaziergang zum Russenhaus am Ortsrand. Alles sieht noch so aus, als käme Gabriele Münter gleich von ihrem Spaziergang durchs Moos zurück. Tische und Schränke verzierte Kandinsky mit Pferden und Ornamenten, sogar eine Staffelei mit eingetrockneten Farben ist noch da. Von der Gartenbank genießt man die Maleraussicht auf Murnau.

Im Ort werden Radtouren und Wanderungen auf den Spuren des Blauen Reiters organisiert. Da führt der Weg natürlich auch ins nahe Hochmoor, das im Frühsommer eine herrliche Farbsymphonie aus Sibirischen Schwertlilien, Knabenkräutern, Trollblumen und Wollgras aufführt, mit den Gipfeln des Wettersteinmassivs als majestätischem Hintergrund. Ein Bad im sommerlich warmen Staffelsee ist stets ein Hochgenuss und die Seehausener Bootsprozession zu Fronleichnam unbedingt sehenswert. Und Murnau selbst, mit seinen pastellfarbenen Giebelhäusern am Ober- und Untermarkt, lohnt ohnehin das ganze Jahr einen Besuch – auch im Winter, wenn der romantische Christkindlmarkt die Weihnachtszeit einläutet.

Küche und Biergarten haben schon Münter und Kandinsky übernachtet, Obermarkt 37, Tel. 0 88 41/14 22, www.griesbraeu.de.
Riesige preiswerte Haxn sind die Spezialität von **Kargs Bräustüberl,** in dem es gleich vier Sorten Weißbier gibt, Untermarkt 27, Tel. 0 88 41/82 72.

◆ **Info: Tourist Information Murnau**, Kohlgruber Str. 1, Tel. 0 88 41/6 14 10, Fax 61 41 21, www.murnau.de.
Schlossmuseum Murnau, Schlosshof 4–5, Tel. 0 88 41/47 62 01, www.schlossmuseum-murnau.de, Di–So 10–17 Uhr, Juli–Sep. Sa/So bis 18 Uhr.
Münter-Haus, Kottmüllerallee 6, Tel. 0 88 41/62 88 80, Di–So 14–17 Uhr.
Das **Franz-Marc-Museum** in Kochel wird erst 2008 wieder eröffnet.

Wieskirche: Fröhliches Rokoko im Pfaffenwinkel

Von außen eine sanftmütige, etwas zu groß geratene Landkirche auf blühender Wiese vor der ruhigen Silhouette des Trauchbergs, von innen ein rauschhafter Rokokotraum: Das ist Bayerns Wallfahrtskirche zum Gegeißelten Heiland im Pfaffenwinkel südwestlich von Schongau bei Steingaden. Sie ist keineswegs das einzige bedeutende Gotteshaus der mit Klöstern reich gesegneten Region, aber schon wegen ihrer abgeschiedenen schönen Lage am Fuß der ersten Vorberge zwischen Lech und Ammer einzigartig. Von Einsamkeit kann jedoch bei über einer Million Besuchern pro Jahr heute keine Rede mehr sein.

Begonnen hat die Wallfahrt mit der Wiesbäurin Maria Lori. Sie erzählte 1738 nicht nur ihrem Beichtvater, dass sie in ihrer Schlafkammer beim Beten vor dem »Gegeißelten Heiland« – eine ausrangierte geschnitzte Prozessionsfigur eines Christus an der Geißelsäule – bemerkt habe, wie dieser Tränen vergoss. Bald war die Wallfahrt zum »Wiesherrle« nicht mehr aufzuhalten, und am Ende beschloss man im Welfenmünster Steingaden, das eigentlich gerade mit der eigenen Renovierung beschäftigt war, den göttlichen Gnadenerweis anzuerkennen, nicht zuletzt deshalb, weil man selber kein Wallfahrtsort war.

Zwar wurde die Erscheinung kirchenrechtlich nie als »miraculum« akzeptiert, doch als die Wieskirche 1759 fertig war, hatte einer auf jeden Fall für ein Wunder gesorgt: der Wessobrunner Architekt Do-

◆ **Anfahrt:** Zugverbindung von München nach Weilheim, ab dort Bus über Rottenbuch, außerdem Busverbindung zwischen Füssen und Wieskirche.
◆ **Unterkunft:** In Steingaden kann man in den liebevoll eingerichteten Zimmern des **Gasthof Graf** übernachten, und auch gut essen. Sehr schöner Biergarten, Schongauer Str. 15, Steingaden, Tel. 0 88 62/2 46, www.gasthof-graf.de.
◆ **Restaurants:** Einen herrlichen Ausblick und gute Küche mit Kalbfleisch aus eigener Aufzucht genießt man im **Gasthof Moser,** Wies 1, Steingaden, Tel. 0 88 62/5 03, www.gasthof-moser.de.
◆ **Info:** Die Wieskirche ist tgl. 8–19, im Winter bis 17 Uhr geöffnet, während der Gottesdienste keine Besichtigung, Tel. 0 88 62/93 29 30; Führun-

Rokoko-Weltkulturerbe im Alpenvorland

minikus Zimmermann, der in Süddeutschland schon manches Kloster gebaut oder verschönert hatte. Die Dekorateure aus dem Wessobrunner Gebiet waren zu dieser Zeit in ganz Europa heiß begehrt und arbeiteten in Versailles, Potsdam und St. Petersburg – aber natürlich besonders in Süddeutschland und stets in eingespielten Teams.

Das Weltkulturerbe Wies ist eine Hallenkirche, bei der ein ovaler Rundbau und ein Querrechteckraum verschmelzen. Genial gelöst sind die fast immateriell im Licht stehenden Zwillingspfeiler, die niemals ein gemauertes Gewölbe hätten tragen können, die geschwungenen Balustraden, flirrender vergoldeter Stuck, neckische Putti und die hölzerne Spiegeldecke, deren Eindruck einer Wölbung fast allein den luftigen Fresken zu verdanken ist. Alles soll den Blick gen Himmel ziehen, zum Fresko im Hauptraum von Johann Baptist Zimmermann, das den auferstandenen, auf einem Regenbogen thronenden Heiland zeigt.

Auf dem verschlossenen Tor zur Ewigkeit an der Decke über dem Eingang steht zu lesen: Tempus non erit amplius, es wird keine Zeit mehr sein. Alles ist in der Schwebe, in Erwartung. Alle Flüchtigkeit des Seins drückt sich aus in dieser theatralischen, provisorisch wirkenden Architektur, die Übergang vom Irdischen ins Himmlische sein will. Die Welt ist eine Bühne, selbst der Kirchenraum ist vergänglich. Nur die Botschaft des Erlösers ist ewig.

gen: Pfarramt, Tel. 0 88 62/5 01, www.wieskirche.de. **Verkehrsamt Steingaden,** Krankenhausstr. 1, Steingaden, Tel. 0 88 62/2 00, www.steingaden.de.

Sehr beliebt sind Konzerte im Welfenmünster von Steingaden und in der Wieskirche: **Musik im Pfaffenwinkel,** Weinstr. 20, Schongau, Tel. 0 88 61/9 35 80, www.musik-im-pfaffenwinkel.de.

In der Umgebung von Schongau außerdem sehenswert sind die romanische Kirche **St. Michael** in **Altenstadt** mit romanischem Kruzifix und die prunkvolle **Rokoko-Kirche Mariä Geburt** in **Rottenbuch.**

Neuschwanstein:
Königliche Gralsträume

Wenn man einmal in der glücklichen Lage war, jeden Morgen vom Schlafzimmerfenster aus zusehen zu dürfen, wie die morgendlichen Nebelschleier langsam Schloss Neuschwanstein freigaben, wenn man als Student amerikanische Reisegruppen in einer halben Stunde treppauf, treppab durch das Schloss gehetzt hat, um ihnen dann nur wenige Minuten im Thron- und Sängersaal zu vergönnen – dann möchte man den oft stundenlang im Schlosshof wartenden endlosen Besucherschlangen am liebsten zurufen: »Geht nicht hinein! Von außen ist das Schloss viel schöner!«

Da die Busgesellschaft aber abends schon im Münchner Hofbräuhaus oder in Salzburg erwartet wird, bleibt nur wenig Zeit, die wahre Faszination von Schloss Neuschwanstein zu erleben, es aus ungewöhnlichen Perspektiven zu betrachten – nicht nur von der Marienbrücke über die Pöllatschlucht, für die vermutlich bald Eintritt kassiert wird. König Ludwig soll hier nächtens gestanden haben, um sein von Fackeln und Kerzen hell erleuchtetes Schloss zu bewundern. Auch auf dem per Seilbahn

Thronsaal im Stil eines byzantinischen Kirchenraums: Traum aus Gold, Porphyr und Lapislazuli

erreichenbaren Tegelberg (1707 m), einem beliebten Startplatz für Gleitschirm- und Drachenflieger, herrscht noch Trubel, aber beim Abstieg über den Westgrat teilt man den Schlossblick nur mit wenigen eingeweihten Wanderern.

»Im echten Styl der alten deutschen Ritterburgen, auf steiler Höh', umweht von Himmelsluft«, so stellte sich Ludwig II. sein Neuschwanstein vor, wo sich Gralsritter, Tannhäuser und Lohengrin versammeln, Richard Wagners Bühnenfestspiele stattfinden sollten. Ja, das Schloss sollte »heilig und unnahbar, ein würdiger Tempel für den göttlichen Freund« werden. Ironie des Schicksals: Richard Wagner hat Neuschwanstein, für das Ludwig die recht ansehnlichen mittelalterlichen Ruinen von Schloss Schwangau abtrug, nie besucht. Ludwigs fantastische Burg ist Bühnenbildern aus Wagner-Opern nachempfunden, und mit ihren romanischen Rundbogenfenstern, gotischen Spitztürmen und byzantinischer Marmor- und Goldausstattung evoziert sie ein surreales Mittelalter, das es so nie gegeben hat – schon gar nicht mit elektrischen Klingeln, Zentralheizung und Spülklosetts. Wie im Ammergauer Schloss Linderhof hielt Ludwig hier stille Zwiesprache mit imaginären Gestalten der Geschichte, während die Handwerker peinlich darauf achteten, dem menschenscheuen König nicht über den Weg zu laufen.

Fertig ist das Schloss nicht mehr geworden, was den Touristen viel Lauferei erspart. So führt man die Besucher hauptsächlich durch sechs königliche Gemächer und zwei Prunksäle. Der Thronsaal ist wie eine spätrömische Basilika gestaltet, mit vergoldeten Mosaiken und Säulen aus Porphyr und Lapislazuli. Im Sängersaal erzählen Motive aus dem »Parzival« von Ludwigs Sehnsüchten und Erlösungsträumen, die er hier einsam auslebte, bis ihm am 11. Juni 1886 eine Delegation der bayerischen Regierung die Entmündigung überbrachte. Zwei Tage später vollendete sich Ludwigs Schicksal bei Schloss Berg im Starnberger See, und schon sieben Wochen danach entweihte die Regierung das Schloss, indem sie es gegen Entgelt zur Besichtigung freigab.

Hätte man den 41-jährigen Monarchen weiter gewähren lassen, dann könnte sich die bayerische Schlösserverwaltung heute über noch üppigere Einnahmen freuen. Denn 1883 hatte der »Kini« beschlossen, nur 15 km von Neuschwanstein entfernt die wahre Gralsburg auf dem Falkenstein ober-

◆ **Anfahrt:** Von München und Augsburg mit Auto oder Zug nach Füssen, ab dort auch Busverbindung nach Hohenschwangau. Wer den recht steilen Fußweg (30 Min.) zum Schloss scheut, kann mit einer Pferdekutsche hinauffahren.

◆ **Unterkunft und Restaurants:** Besonders schöne Aussichten und gemütliche Zimmer zu erschwinglichen Preisen bietet das **Schlosshotel Lisl** mit **Villa Jägerhaus,** das genau zwischen den beiden Königsschlössern liegt. Gute bayerische und internationale Küche, Neuschwansteinstr. 1–3, Hohenschwangau, Tel. 0 83 62/88 70, Fax 8 11 07, www.www.lisl.de.
Nicht minder schön ist der Schlossblick vom **Hotel Rübezahl** mit komfortablen Zimmern, Gourmetküche und Wellness-Therme Romana, Am Ehberg 31, Schwangau, Tel. 0 83 62/88 88, Fax 8 17 01, www.hotel-ruebezahl.com.
Vergleichsweise preiswert schläft man im **Hotel Schlossblick,** Schwangauer Str. 7, Hohenschwangau, Tel. 0 83 62/8 16 49, Fax 8 12 59, www.schlossblick-neuschwanstein.de.

Für die einen ist es märchenhafter Zauber – für andere hingegen purer Kitsch

halb von Pfronten zu bauen. Auf 1268 m Höhe stehen hier die Ruinen von Deutschlands höchstgelegener Burg. Der Theatermaler Christian Jank hatte eine vieltürmige gotische Illusion der Burg Falkenstein geliefert, der Grund war bereits gekauft, und 1885 waren schon die ersten Bautrupps angerückt. Heute lohnt es sich, zu der Burgruine hinaufzusteigen. Im Norden liegt Schwaben, im Süden Tirol. Und im Osten schimmert weiß, wie eine wundersam kitschige Vision, Schloss Neuschwanstein.

◆ **Info: Schlossverwaltung Neuschwanstein,** Neuschwansteinstr. 20, Schwangau, Tel. 0 83 62/93 98 80, www.neuschwanstein.de, tgl. April–Sep. 9–18 Uhr, Kassenöffnung 8–17 Uhr, Okt.–März 10–16 Uhr, Kassenöffnung 9–15 Uhr, geschlossen an Neujahr, Faschingsdienstag, Weihnachten und Silvester. Eintrittskarten verkauft nur das Ticketcenter im Ort Hohenschwangau, Alpseestr. 12, Tel. 0 83 62/93 08 30, www.ticket-center-hohenschwangau. Eine Online-Reservierung ist bis 16 Uhr des Vortages des gewünschten Besuchstags gegen eine Reservierungsgebühr möglich. Die gebuchte Besuchszeit ist strikt einzuhalten, sogar ausländische Reisegruppen, die zu spät kommen, werden abgewiesen. Sehenswert sind die **Fronleichnamsprozession St. Coloman** im Juni und das **Colomansfest** mit Colomansritt Mitte bis Ende September in Schwangau. Die prächtigen Pferde, die schöne Kirche und Neuschwanstein im Hintergrund sind wunderbare Fotomotive.

Zugspitze: Annäherungen an Deutschlands höchsten Berg

»… wenn es regnet, ist meistens während der Fahrt die Aussicht auf das bayerische Gebirge wegen schlechter Aussicht nicht zu sehen«, notierte Karl Valentin sinnig. Dafür ist die Alpenkette bei Föhn umso schöner, ob man nun vom Augsburger Perlachturm übers Lechfeld oder vom Dachauer Schloss über die Münchner Schotterebene »ins Land einischaut«, oder ob man vom Hochhaus der Studentenstadt in München-Freimann die Zugspitze mit dem Teleobjektiv an die Frauenkirche rückt oder oder oder … Ja es gibt viele Aussichtspunkte, und jeder Bewohner des Voralpenlandes hat seinen Lieblingsort, von dem er das markante, im Westen steil abfallende Profil der Zugspitze bewundert.

Da gibt es Geheimtipps wie den Spazierweg zwischen Grafrath und Türkenfeld im Münchner Westen, wo man übers Ampermoos ins weite Voralpenland hineinschaut, oder so bekannte Aussichtsplätze wie die Ilkahöhe bei Tutzing, wo sich das Alpenpanorama hinter dem Starnberger See auftürmt. Den besten Blick auf die Alpenkette zwischen Karwendel und Allgäuer Berge bietet mit 988 m der Hohe Peißenberg im Pfaffenwinkel zwischen Weilheim und Schongau.

Deutschlands höchstem Berg sollte man sich ganz langsam nähern. Bei Murnau zeichnet sich das Wettersteinmassiv mit Zugspitze, Dreitorspitze, Alpspitze und den zwei Waxensteinen schon deutlich ab. Auf der Weiterfahrt verdecken erst mal Vorberge die Aussicht. In Oberau ist die steinerne Phalanx wieder da, und wer von hier

◆ **Anfahrt:** Ilka-Höhe: Von München S6 bis Tutzing, ab dort Fußweg. Hoher Peißenberg: Zug von München/Augsburg plus Fußweg. Bahnverbindung von München nach Oberau (Aufstieg zum Hohen Fricken etwa 4 Std.) und Garmisch-Partenkirchen. Die Wank- und Kreuzeckbahn sind zu Fuß zu erreichen.

◆ **Übernachtung:** Ein exklusives Hotel im Landhausstil mit Wellnessbereich und Vital-Küche ist der **Staudacher Hof,** Höllentalstr. 48, Garmisch-Partenkirchen, Tel. 0 88 21/92 90, www.staudacherhof.de. Besonders schön ist die Aussicht im Zugspitzflügel des Wellnesshotels **Alpenhof Grainau,** Alpspitzstr. 34, Grainau, Tel. 0 88 21/98 70, Fax 9 87 77, www.alpenhof-grainau.de.

◆ **Restaurants:** Gehobene Hausmannskost bietet das Restaurant im Hotel **Reindl's**

Zwischen Zugspitze (rechts) und Alpspitze (links) liegt der ausgesetzte Jubiläumsgrat

aus die schon recht anspruchsvolle Wanderung hinauf zum Hohen Fricken (1940 m) bewätigt, wird mit einem wahren Traumblick auf die Zugspitze belohnt. Noch besser: Man nimmt sich zwei Tage Zeit und übernachtet in der Weilheimer Hütte auf dem benachbarten Krottenkopf (2086 m), um zu erleben, wie das erste Sonnenlicht Wetterstein- und Karwendelmassiv zartrosa färbt. Wohl jeder Münchner hat seinen Lieblings-Hausberg, den er immer wieder erklimmt, um im Sommer den Touristen, im Herbst dem Nebel und im Winter dem Matsch zu entfliehen. Ob Ettaler Mandl, Pürschling oder Heimgarten: Hauptsache, man kann an einem Tag hinauf und hinunter und schlechtes Wetter notfalls in einer Hütte mit Jagertee aussitzen.

»Wann I mit meiner Wamp'n kannt, gangad I auf d'Kampenwand«, heißt ein beliebter oberbayerischer Schüttelreim für Wanderfaule. Aber den schönen Garmischer Kramerplateauweg mit noch schönerer Aussicht schafft jeder Knödelfriedhof, und wer gar nicht laufen mag, fährt mit Gondel- und Seilbahnen auf die Garmischer Aussichtsberge. Sehr beliebt ist der Rundblick vom Wank (1780 m), besonders bei herbst-

Partenkirchener Hof, Bahnhofstr. 15, Garmisch-Partenkirchen, Tel. 0 88 21/94 38 70, www.reindls.de.
Hervorragende bayerische Gerichte serviert der **Gasthof zum Rassen,** ein schönes altes Haus mit Lüftlmalerei, preiswerten Gästezimmern und dem ältesten bayerischen Bauerntheater, Ludwigstr. 45, Garmisch-Partenkirchen, Tel. 0 88 21/20 89, Fax 7 11 43, www.gasthof-rassen.de.
◆ **Info: Garmisch-Partenkirchen-Tourismus,** Richard-Strauss-Platz 1a, Garmisch-Partenkirchen, Tel. 0 88 21/18 07 00, Fax 18 07 55, www.garmisch.de.
Bayerische Zugspitzbahn, Olympiastr. 27, Garmisch-Partenkirchen, Tel. 0 88 21/79 70, Fax 79 79 00, www.zugspitze.de.

Fantastischer Panoramablick auf die Gipfel vierer Länder

lichen Inversionswetterlagen, wenn das im klaren Sonnenlicht erstrahlende Zugspitzmassiv über dem nebligen Tal zu schweben scheint. Noch näher heran? In nur sieben Minuten schwebt man mit der neuen Kreuzeckbahn auf 1650 m Höhe: Zum Greifen nah ist die Alpspitze (2626 m), und durchs Höllental schaut man hinüber zur Zugspitze.

Aber wie kommt man nun auf Deutschlands höchsten Berg? Auch weniger Geübte schaffen den Aufstieg durch Partnachklamm, Reintal (Übernachtung in der Reintalangerhütte) übers karge Zugspitzplatt und den Schneeferner-Gletscher auf den Gipfel. Anspruchsvoller und schneller ist der abwechslungsreiche, aber fast hochalpine Höllental-Anstieg.

Die meisten Gipfelstürmer entscheiden sich für die Rundreise mit Zahnradbahn und Seilbahnen. Erst geht es gemütlich vom Garmischer Bahnhof mit der Zugspitzbahn nach Grainau und zum Eibsee. Dann klettert die Zahnradbahn hinauf zum Rifflriss, und bevor sie dort im Bergtunnel verschwindet, bieten sich wunderbare Aussichten hinunter ins Tal. Auf dem Schneeferner-Gletscher angekommen, steigt man um in die Gipfelbahn.

Und wie ist das nun da oben, auf 2962 m Höhe? Der zugebaute Westgipfel ist heute eine breite Terrasse. Bei klarem Wetter reicht der Blick im Westen bis zum Schweizer Piz Bernina, im Osten bis zum österreichischen Großglockner. Echte Bergsteigergefühle vermittelt der Ostgipfel mit seinem vier Meter hohen goldenen Kreuz: eine gar nicht so leichte kurze Kletterpartie, und das oft mit Anstehen. Danach schwebt man mit der Seilbahn in wenigen Minuten hinunter zum Eibsee. Die Ohren knacken, aber unten umfängt wohlige Wärme den Ausflügler. Denn kalt war's schon, da oben auf der zugigen Spitze …

Ulm: Donauschwäbische Höhenflüge

»Wohlauf, lasst uns eine Stadt und Turm bauen, des Spitze bis an den Himmel reiche, dass wir uns einen Namen machen ...« So steht es in der Bibel, die Rede ist natürlich vom Turmbau in Babel. Doch der höchste Kirchturm der Welt ist der 161,60 m hohe »Finger Gottes« in Ulm, und wer die 768 Stufen zur Aussichtsplattform auf 143 m Höhe erklommen hat, wird bei klarem Wetter mit einem Panorama »in Ulm, um Ulm und um Ulm herum« belohnt, das im Süden bis zum Schweizer Säntis und zur Zugspitze reicht.

1377 hatten die stolzen Ulmer Bürger, durch den Handel mit Barchent- und Leintuch zu Geld gekommen, mit dem Bau begonnen. 1533, nach Annahme der Reformation in der Stadt, wurden die Arbeiten eingestellt. Erst zwischen 1885 und 1890 setzte man dem Turmstumpf die Spitze auf.

Doch die Ulmer hatten stets noch andere Pläne, den Himmel zu erobern. Als Albrecht Ludwig Berblinger, der unglückliche Schneider von Ulm, 1811 jedoch mit einem selbst gebastelten Hängegleiter vor den Augen hoher Gäste von der Adlerbastei kläglich ins kalte Donauwasser platschte, regnete es nur Spott. Dabei hatte sich der Tüftler nur eine wegen mangelnder Aufwinde ungeeignete Stelle ausgesucht. Selbst modernste Gleitschirmflieger schaffen es hier nur mit Müh und Not über den Fluss. Im Treppenhaus des aufwändig restaurierten gotischen Rathauses hat man eine Rekonstruktion des alten Flugapparates aufgestellt, die beweist: Das Ding war tatsächlich flugtauglich.

Anfahrt: Autobahn- und Zugverbindung mit Stuttgart und München.

Unterkunft: Ein viel fotografiertes Fachwerkhaus aus dem 13./15. Jh. im romantischen Fischer- und Gerberviertel ist das komfortable **Hotel Schiefes Haus,** Schwörhausgasse 6, Tel. 07 31/96 79 30, Fax 9 67 93 33, www.hotelschiefeshausulm.de. Direkt am Münster liegt das **Hotel Ulmer Spatz,** ein gepflegter Familienbetrieb, Münsterplatz 27, Tel. 07 31/6 80 81 82, Fax 6 02 19 25, www.hotel-ulmerspatz.de.

Restaurants: Im **Zunfthaus der Schiffleute,** einem originellen Fachwerklokal in der Altstadt, gibt es leichte saisonale Küche und schwäbische Spezialitäten, Fischergasse 31, Tel. 07 31/6 44 11, www.zunfthaus-ulm.de.

Streben in den Himmel: Ulmer Münster

Nicht nur vom Fliegen, auch vom Schwimmen verstanden die Ulmer eine Menge. Am Südgiebel ist das Fresko der »Ulmer Schachtel« zu sehen, ein ausschließlich in Ulm gezimmertes Flussschiff, auf dem donauschwäbische Händler im Mittelalter bis hinunter zum Schwarzen Meer fuhren. Weniger ernst zu nehmen sind die abenteuerlichen schwimmenden Untersätze, mit denen die Ulmer Ende Juli am »Schwörmontag« den fröhlichen Wasserfestzug »Nabada« begehen: Überdimensionale Pappmachéfiguren ziehen die Ulmer Lokalpolitik heftigst durch den Kakao. Der Volksbelustigung voraus geht jedoch eine höchst ernste Angelegenheit. 1345 hatten die Stände und Zünfte mit dem »Großen Schwörbrief« dem regierenden Patrizier eine Stadtverfassung abgetrotzt. Noch heute erneuert der Oberbürgermeister jedes Jahr am vorletzten Julimontag den Eid, »den Reichen und den Armen ein gemeiner Mann zu sein, in allen gleichen, gemeinnützigen und redlichen Dingen«. Und dann geht alles den Bach, pardon, die Donau hinunter, aber nur für einen Tag.

Ein traditionsreiches Dorfrestaurant mit deftiger schwäbischer Küche ist der **Gasthof Zum Hirsch,** Schultheißenstr. 9, Ulm-Grimmelfingen, Tel. 07 31/93 79 30, www.hirsch-ulm.de.

◆ **Info: Tourist-Information, Stadthaus**, Münsterplatz 50, Tel. 07 31/1 61 28 30, Fax 1 61 16 41, www.tourismus.ulm.de. Der **Schwörmontag** mit »Nabada«-Volksfest (ab 16 Uhr) findet am vorletzten Julimontag statt, www.schwoermontag.de. Nächstes traditionelles **Fischerstechen** im Juli 2009.

Im Reich von Mörikes Wasserfrau: Blaubeuren und der Blautopf

»Im Schwabenlande, auf der Alb, bei dem Städtlein Blaubeuren, dicht hinter dem alten Mönchskloster, sieht man nächst einer jähen Felsenwand den großen runden Kessel einer wundersamen Quelle, der Blautopf genannt. Gen Morgen sendet er ein Flüsschen aus, die Blau, welche der Donau zufällt. Dieser Teich ist einwärts wie ein tiefer Trichter, sein Wasser von Farbe ganz blau, sehr herrlich, mit Worten nicht wohl zu beschreiben; wenn man es aber schöpft, sieht es ganz hell in dem Gefäß.«

So beginnt Eduard Mörikes »Historie von der Schönen Lau«, eine Binnenerzählung seines »Stuttgarter Hutzelmännlein«. Die Tochter einer Menschenfrau und eines Wassernix aus dem Schwarzen Meer war von ihrem Gemahl, dem Donaunix, in den Blautopf verbannt worden, weil sie nicht lachen konnte und nur tote Kinder gebar. Unter der fidelen Bevölkerung von Blaubeuren gewann die Nixe ihr Lachen zurück.

Schon früh hat die Lage des geheimnisvoll leuchtenden Blautopfes in dem engen Talwinkel die Fantasie der Maler und Dichter angeregt. In neuerer Zeit inspirierte die mythische Quelle sogar einen Tatortkrimi: »Bienzle und die schöne Lau« (1998). Die Handlung dreht sich um das nicht ungefährliche Höhlentauchen unter dem Blautopf. Jochen Hasenmayer hat 1985 weite Strecken dieser Unterwasser-Wunderwelt erforscht und in dem weit verzweigten Karsthöhlensystem einen riesigen, teilweise mit Wasser gefüllten Hohlraum entdeckt, den er Mörikedom nannte. In den letzten Jahren wurden der riesige Äonendom und eine faszinierende Tropfsteinhalle mit dem Namen Apokalypse erforscht.

Die Erklärung für das tiefe Blau der Quelle ist allerdings recht prosaisch. Wenn Sonnenlicht sehr tief in glasklares Wasser

◆ **Anfahrt:** Straßen- und Zugverbindung mit Ulm (17 km westlich).

◆ **Unterkunft:** Ein historisches Fachwerkhaus mit gemütlichen Zimmern ist das **Hotel Restaurant Ochsen.** In seiner behagliche Gaststube werden hausgemachte Maultaschen, Sauerbraten vom Älbler Rind und Ochsenschwanzragout mit Spätzle vom Brett aufgetischt, Marktstr. 4, Tel. 0 73 44/ 62 65 oder 66 65, Fax 84 30, www.ochsen-blaubeuren.de. Ebenfalls komfortable Zimmer bietet das **Hotel-Restaurant Adler.** Die Küche lockt mit regionalen Gerichten wie Flädlessuppe und Steaks vom Älbler Lamm, Karlstr. 8,

Schimmerndes Blau an der Oberfläche, geheimnisvolle Wunderwelt unter dem Wasserspiegel

eindringen kann, dominiert die Farbe Blau bei der Lichtbrechung. Der Trichter des Blautopfs ist immerhin rund 21 m tief.

Im Wasser der Quelle spiegelt sich nicht nur die alte Hammerschmiede von 1804, wo man einen Film über die Tauchfahrt in das Reich der schönen Lau zeigt, sondern auch der 67 m hohe Turm und die Seitenfront der Klosterkirche Blaubeuren. Kunstvoll geschnitzt ist das spätgotische Chorgestühl von 1493. Größter Schatz ist jedoch der 1493/94 entstandene Hochaltar, ein Wandelaltar, der fast bis zum gotischen Sternengewölbe hinaufreicht. In der Advents- und Passionszeit ist er geschlossen und zeigt dann in vier Bildern die Passion Christi. Bei geöffneten Flügeln sieht man 16 Szenen aus dem Leben Johannes des Täufers. Nur an hohen Festtagen zeigt sich der Altar in seiner vollen Pracht: Maria mit Jesuskind, ihr zur Seite Johannes der Evangelist und Johannes der Täufer, der heilige Benedikt und dessen Schwester, die heilige Scholastika.

In der Sage von der schönen Lau kommt nicht nur das Kloster an der Schwäbischen Barockstraße vor, sondern auch das bei Kletterern beliebte mächtigste Felsgebilde der Stadt, das »Klötzle Blei«, das zu einem schwäbischen Zungenbrecher inspirierte: »'s leit a Klötzle Blei glei bei Blaubeura, glei bei Blaubeura leit a Klötzle Blei ...« Da musste sogar die schöne Lau lachen.

Tel. 0 73 44/9 17 70, www.adler-blaubeuren.com.

◆ **Restaurants:** Das gemütliche **Restaurant Forellenfischer** serviert natürlich frische Forellen in vielen Zubereitungsvarianten aus dem Quellwasser der Aach vor dem Haus, aber auch einen leckeren schwäbischen Zwiebelrostbraten mit handgeschabten Spätzle. Nette Gästezimmer mit schönem Blick vom Balkon gibt es auch, Aachtalstr. 7, Tel. 0 73 44/65 45, www.forellenfischer.de.

◆ **Info: Tourismuszentrale Blaubeuren,** Aachgasse 7, Tel. 0 73 44/92 10 25, www.blaubeuren.de. Die **Hammerschmiede** ist April–Okt. 9–18 Uhr geöffnet.

Genie und Wahnsinn in Tübingen: Im Hölderlinturm am Neckar

»Weh mir, wo nehm ich, wenn / Es Winter ist, die Blumen, und wo / Den Sonnenschein, / Und Schatten der Erde? / Die Mauern stehn / Sprachlos und kalt, im Winde / Klirren die Fahnen.« Wie eine dunkle Vorahnung klingt Friedrich Hölderlins berühmtes Gedicht »Hälfte des Lebens«.

Nachdem er 1807 aus einem 231-tägigen Zwangsaufenthalt in der Tübinger Psychiatrie als nicht therapierbar entlassen worden war, lebte er anschließend 36 Jahre lang im »Hölderlinturm« am Neckar. Selbst vor berühmten Besuchern wie Justinus Kerner, Ludwig Uhland, Eduard Mörike und Christoph Theodor Schwab, der eine erste Ausgabe »Sämmtlicher Werke« Hölderlins versuchte, bestritt er seinen bürgerlichen Namen und stellte sich statt dessen als »Killalusimeno«, »Buonarotti« oder »Scardanelli« vor.

Leider mussten die oberen Stockwerke mit Hölderlins »Rundel« nach einem Brand 1875 komplett neu aufgebaut werden. Heute erinnert im Turm eine Ausstellung der Hölderlin-Gesellschaft an die Studienjahre des Dichters im Tübinger Stift, an seine Freundschaft mit Schelling und Hegel sowie an die Zeit der Schizophrenie von 1807 bis zu seinem Tod im Jahre 1843.

Schon zu Hölderlins Zeiten wurden weitere Wohnungen im Turm an Studenten vermietet. Denn Tübingen hat eine lange Tradition als renommierte Universitätsstadt. In der 1477 gegründeten Universität und ab 1535 auch im berühmten Evangelischen Stift wurde europäische Geistesgeschichte geschrieben. Hier studierten der Astronom Kepler, die Philosophen Hegel und Schelling sowie die Dichter Mörike, Hauff und

◆ **Anfahrt:** Autobahn- und Zugverbindung mit Stuttgart.
◆ **Unterkunft:** Klassisch-elegante Zimmer und gute regionale Küche in einem 1721 erbauten Haus bietet das **Hotel Krone,** Uhlandstr. 1, Tel. 0 70 71/1 33 10, www.krone-tuebingen.de. Ein romantisches Altstadthotel mit Gartenterrasse in einer der ältesten Gassen Tübingens ist das **Hotel am Schloss,** dessen Restaurant Mauganeschtle schwäbisch-alemannische Spezialitäten wie Rehmaultaschen und Apfelküchle serviert, Burgsteige 18, Tel. 0 70 71/9 29 40, Fax 92 94 10, www.hotelamschloss.de.
◆ **Restaurants:** Schon Goethe becherte in den holzgetäfelten Räumen der **Weinstube Forelle,** die mit vorzüglicher regionaler Küche glänzt. Der Speisesaal im 1. Stock beher-

Im gelben Hölderlinturm (links) lebte der Dichter 36 Jahre lang am Neckarufer

eben Hölderlin selbst. In Tübingen wirkte der Humanist Melanchthon, hier erfand Wilhelm Schickard 1623 die erste Rechenmaschine, und 1869 entdeckte der erst 25 Jahre junge Friedrich Miescher die menschliche DNS.

Der schon ab 1515 benutzte Alte Karzer in der Münzgasse 20 erinnert daran, dass sich die Tübinger Studiosi nicht immer tadellos betrugen. Hier büßten sie »schwere Schlag-, Rauf- und Ehrhändel nach reichlichem Weingenuss« ab. 1736 malte man das

bergte im 18. Jh. eine Druckerei, in der die Erstausgabe von Schillers »Wallenstein« entstand, Kronenstr. 8, Tel. 0 70 71/2 40 94, www.weinstube-forelle.de. Bei manchem Viertele Trollinger wird im **Restaurant Collegium** gegessen und diskutiert, Lange Gasse 8, Tel. 0 70 71/ 25 22 23, www.restaurant-collegium.de.

◆ **Info: Bürger- und Verkehrsverein, Tourist- & Ticket-Center**, An der Neckarbrücke 1, Tel. 0 70 71/9 13 60, www.tuebingen-info.de. Hölderlinturm, Bursagasse 6, Tel. 0 70 71/2 20 40, www.hoelderlin-gesellschaft.info, Di–Fr 10–12, 15–17, Sa, So 14–17 Uhr. Sehr besuchenswert sind u. a. die **Tübinger Kunsthalle** mit Ausstellungen großer Maler (www.kunsthalle-tuebingen.de) und das **Auto- und Spielzeugmuseum Boxenstop** (www.boxenstop-tuebingen.de).

Verlies mit biblischen Sprüchen und Figuren aus, da die studentischen Wandkrakeleien alles andere als jugendfrei waren.

Heute sorgen 22 000 Studenten für ein blühendes kulturelles Leben und eine nicht minder florierende Kneipenszene, wobei sich Avantgarde recht gut mit malerischen Treppengassen verträgt. Auf einem Spaziergang über die Platanenallee zwischen dem Fluss und einem seiner Seitenarme bis zur Eberhardsbrücke genießt man die altdeutsche Idylle der Neckarfront mit spitzgiebeligen Häusern und dem Renaissanceschloss Hochtübingen darüber. Vor dem dicken gelben Hölderlinturm liegen meist vertäute Stocherkähne, die man im Sommer für Ausflüge mieten kann. Mit der Behäbigkeit ist es vorbei, wenn sich jeweils am zweiten oder dritten Donnerstag im Juni an die 40 Kähne ein wildes Rennen liefern.

Von den Bomben des Zweiten Weltkriegs blieb Tübingen weitgehend verschont. So kann man auch heute noch das prächtige bemalte Renaissancerathaus mit rundem Erker und reich verziertem Giebelaufbau bewundern. Eine kunstvolle astronomische Uhr von 1511 mit Glockenspiel illustriert den Lauf der Gestirne, und im Vordergrund plätschert der Neptunbrunnen. Solche Idyllen finden sich an vielen Ecken der Altstadt, in der »Gogei« mit dem besonders schönen herzoglichen Fruchtkasten aus dem 15. Jh., rund um das Nonnenhaus aus dem 14. Jh., und am Holzmarkt mit der spätgotischen Stiftskirche St. Georg, von deren Turm sich ein wirklich berauschender Blick auf Tübingen bietet.

Noch mehr Romantik gefällig? Im stillen Tal des Goldenbachs liegt das um 1184 gegründete Zisterzienserkloster Bebenhausen, ein Juwel der Hochgotik. Wahre Träumer pilgern bei Sonnenuntergang in Richtung Herrenberg zur Wurmlinger Kapelle. Sie liegt auf einem Hügel mit wunderbarem Ausblick und inspirierte schon den jungen Ludwig Uhland: »Droben stehet die Kapelle, schauet still ins Tal hinab …« Und wenn hinter der Kapelle ein Gewitter aufzieht, klingen die berühmtesten Hölderlin-Verse im Ohr: »Nah ist / Und schwer zu fassen der Gott. / Wo aber Gefahr ist, wächst / Das Rettende auch.«

Kloster Bebenhausen am Südhang des Brombergs und am Waldrand des Schönbuchs

Reichenau, die heilige Insel im Bodensee

»Der Rheinstrom, von den östlichen Alpen in großem Bogen westwärts flutend, umspült diese Stätte mit dem Wellenschlag des Meeres. Er trägt in der Mitte eine Insel, die im Schmuck ihrer neuen Bauten prangt«, schrieb Abt Walahfrid Strabo (842–849) in einem Brief an Papst Gregor. Schon 724 nach Christus soll der Wandermönch Pirmin in der »Reichen Au« mit 40 Mitbrüdern auf der damals noch unwirtlichen Insel im Untersee ein Benediktinerkloster gegründet haben.

Während die heute bekanntere Insel Mainau mit ihren subtropischen Garten- und Parkanlagen Blumenfreunde aus ganz Deutschland anzieht, gedeihen im milden Bodenseeklima auf dem fruchtbaren Inselboden der Reichenau vor allem Obst und Gemüse vortrefflich. Das war schon zu Zeiten Strabos so, der im Gedichtzyklus »De cultura hortorum« die Heilwirkung einzelner Kräuter erläuterte und damit auf der Reichenau die erste europäische Abhandlung über den Gartenbau verfasste. Strabos »Visio Wettini«, die in lateinischen Hexametern die Visionen des Mönches Wetti im Angesicht des Todes schildert, gilt als Vorläufer von Dantes »Göttlicher Komödie«.

Auch die Reichenauer Buchmalkunst des 10. und 11. Jahrhunderts zählt zu den Sternstunden des frühen Mittelalters. Besonders kostbar ist das um 998 entstandene Evangeliar Ottos III. Ihre meisterliche Beherrschung der Buchillumination übertrugen die Reichenauer Mönche auf die Wandgemälde der Inselkirchen. So präsentiert die um 799 geweihte Kirche St. Peter und Paul in Niederzell in der noch karolingischen Ostapsis eine Darstellung des in der Mandorla thronenden Christus als Pantokrator (Allherrscher), die als eine der frühesten nördlich der Alpen gilt.

Nicht minder faszinierend ist die großflächige ottonische Ausmalung des Langhauses der um 890 geweihten Kirche St. Georg in Oberzell, die sorgsam restauriert wurde. Das Gotteshaus sollte die Kopfreliquie des heiligen Georg bewahren, die Abt Hatto III. von Papst Formosus 896 bei der Krönung Arnulfs zum Kaiser in Rom erhalten hatte. Auf der Nord- und Südwand erscheinen je vier Evangelienszenen aus dem 10. Jahrhundert mit den Wundertaten Christi, darunter die Heilung des Besessenen von Gerasa, die Auferweckung des Lazarus und die Heilung eines Wassersüchtigen. Auffällig ist, dass der Messias dabei stets von links in das Bild tritt. Vertikale

Üppig gedeihen Obst und Gemüse vor der Kirche St. Peter und Paul

Ornamentleisten rahmen die rechteckigen Bilder, die unten perspektivisch wirkende durchgehende Mäanderfriese abschließen. In den Bogenzwickeln über den Säulen erscheinen Äbte mit Büchern in ihren Händen. Aus späterer Zeit stammen die Apostelbilder zwischen den Kirchenfenstern. Das Weltgericht in der Westapsis fügte der Konstanzer Maler Mohr 1708 hinzu.

Die 816 geweihte Mittelzeller Abteikirche St. Maria und Markus kann zwar nicht mit romanischen Fresken, dafür aber mit einem spätgotischen Hochaltar und mit schönen, um 1558 entstandenen Wandgemälden im Renaissancestil aufwarten. Außerdem besitzt sie einen offenen »normannischen Dachstuhl« aus Eichenholz, der 1237 wie ein umgestülptes Boot gezimmert wurde und fast vollständig erhalten ist. Vierung und Querhaus im Osten stammen noch von der karolingischen Kreuzbasilika Abt Heitos I., der als Berater Karls des Großen kurz zuvor von einer diplomatischen Reise aus Konstantinopel zurückgekehrt

◆ **Anfahrt:** Bodensee-Schifffahrt (www.bodenseeschifffahrt.de) sowie vom Hauptbahnhof Konstanz mit den Bussen 2, 6, 13 (Wollmatingen), dort weiter mit Bus 7372.
◆ **Unterkunft:** Eine ruhige Traditionsunterkunft am See ist das **Strandhotel Löchnerhaus.** Das Restaurant glänzt mit frischen Bodenseefisch in allen Variationen, An der Schiffslände 12, Mittelzell, Tel. 0 75 34/80 30, www.loechnerhaus.de (Nov.–Feb. geschl.). Das **Ganter Hotel & Restaurant Mohren** bietet moderne Zimmer in zentraler Lage und ein Restaurant mit regionalen Fisch- und Fleischspezialitäten, Pirminstr. 141, Mittelzell, Tel. 0 75 34/9 94 40, www.mohren-bodensee.de.
◆ **Restaurants:** Mit Blick auf die nahe Insel Reichenau serviert das **See-Restaurant Café Leissner** in Allensbach köstli-

Milde Sommerabende auf der Insel mitten im Bodensee

war und byzantinische Bauweisen auf der Reichenau einführte. Auf einem barocken Gemälde im nördlichen Seitenschiff kann man noch sehen, wie die Abtei vor dem Abriss der Klosterbauten aussah.

Dreimal im Jahr lebt die große religiöse Tradition der Reichenau wieder auf. Beim Markusfest (25. April) trägt die Bürgerwehr Gebeine des Evangelisten Markus in einem Schrein über die Insel, an Mariä Himmelfahrt (15. August) feiert man das Patrozinium des Münsters, und das Heilig-Blut-Fest (Woche nach Pfingstmontag) geht auf das Jahr 925 zurück, als ein byzantinisches Abtskreuz in den Besitz der Abtei kam, das nach der Überlieferung Blut Christi enthalten soll. An diesem Tag legen die Reichenauer Frauen die alten Trachten mit ihren schwarzen Radhauben an. Was Frauen betrifft, hatten die Mönche ja durchaus Humor. In einer 1308 entstandenen Darstellung auf der linken Wand vor dem Chor von St. Georg ziehen Teufel eine Kuhhaut auseinander, und ein gotisches Spruchband lästert über die Schwatzhaftigkeit der Frauen, die bekanntlich auf keine Kuhhaut geht.

che frische Bodensee-Felchen in einem ehemaligen Bauernhaus am Yachthafen, dazu gute lokale Weine, Hinnengasse 2, Tel. 0 75 33/36 98. Vor den Toren von Konstanz isst man im **Restaurant Kreuz** im Landhotel Traube besonders gut, z. B. Seehasensalat und Kretzerfilet. Auch empfehlenswerte Zimmer, Kapitän-Romer-Str. 1, Konstanz-Dettingen, Tel. 0 75 33/51 82, www.landhoteltraube.de.

◆ **Info: Tourist-Information Reichenau,** Pirminstraße 145, Insel Reichenau, Tel. 0 75 34/9 20 70, Fax 92 07 77, www.reichenau.de.

Wein- und Fischerfest am ersten Wochenende im August.

Ein Stück sonniges Europa: Multikulturelles Freiburg

Was gibt es Schöneres, als in einem Freiburger Straßencafé zu sitzen und sich von einer netten Studentin erklären zu lassen, was Rütscherle und Sonnenwirbele bedeutet? Das Gespräch über kulinarische Spezialitäten könnte man dann im Kastanienbiergarten der Hausbrauerei Feierling in der Gerberau vertiefen. Auf dem malerischen Augustinerplatz nebenan unterhalten Straßenkünstler ein buntes Publikum. Zu Hochform läuft die Freiburger Multikultiszene auf, wenn über 150 000 Menschen zum sommerlichen Zeltfestival strömen: ein Spektakel mit hochkarätigen Musikstars, heimischen Künstlern, Gauklern und Clowns.

Immer weniger Abgase stören in der Radfahrerstadt mit ihrem vorbildlichen Nahverkehrskonzept die Idylle. Die Altstadt ist sogar ganz autofrei. Die Stöckelschuhe lässt man wegen des Kopfsteinpflasters aber besser zu Haus. Dafür kann man an schwülen Sommertagen die Füße in einem »Bächle« kühlen. So heißen die schmalen Kanälchen, die noch heute an den Straßenrändern entlang die Innenstadt durchziehen.

Mit 1800 Sonnenstunden im Jahr ist es im südwestlichen Zipfel Deutschlands fast immer etwas wärmer als anderswo. Kein Wunder, dass Freiburg schon 1986 den Ausstieg aus der Atomenergie beschloss und zum Zentrum der deutschen Solarenergieforschung aufstieg. Innovation hat hier Geschichte: Bereits im 14. Jh. erfand der Franziskanermönch Berthold Schwarz in Freiburg ein sehr explosives Pulver. Heute

◆ **Anfahrt:** Autobahn- und ICE-Verbindung mit vielen deutschen Großstädten.
◆ **Unterkunft:** Das besonders luxuriöse **Colombi** bietet mit Stilmöbeln eingerichtete Zimmer, badisch-französische Gourmetküche in der Zirbelstube und ein Hallenbad mit Wellnessprogramm, Rotteckring 16 (am Colombipark), Tel. 07 61/2 10 60, Fax 3 14 10, www.colombi.de.
Der in der ehemaligen Münze untergebrachte **Schwarzwälder Hof** empfiehlt sich mit gemütlichen Zimmern und stimmungsvollem badischem Restaurant, Herrenstr. 43, Tel. 07 61/3 80 30, Fax 3 80 31 35, www.shof.de.
◆ **Restaurants:** Am Schwabentor serviert Deutschlands angeblich ältester Gasthof **Zum Roten Bären** in seiner alemannischen Stube regionale Spezialitäten und Weine.

Fast immer etwas wärmer als anderswo: Aussichtsterrasse über dem Freiburger Münster

warnen die ersten Schwarzseher schon vor einer Verspiegelung der Landschaft und würden die glitzernden Solarkollektoren aus den Urlaubsgebieten im Schwarzwald am liebsten verbannen.

Keine Solarzellen, sondern mittelalterliche Buntglasfenster erleuchten das Innere des Freiburger Münsters, eine beschwingte Stilreise von der Spätromanik über die Hochgotik zur Frührenaissance. Besonders schön ist der zwischen 1512 und 1516 von Hans Baldung Grien geschaffene Hochaltar, der die Marienkrönung in leuchtenden Farben zeigt. Weitere Meisterwerke Griens sind im Augustinermuseum zu sehen.

Am reich skulptierten Hauptportal des Münsters lernt sogar der Teufel das Beten. Nach der Besichtigung steigt man auf den »schönsten Turm der Christenheit«, wie der Kunsthistoriker Jacob Burckhardt begeistert schrieb. Während man den gotischen Kathedralen in Köln und Ulm erst im 19. Jahrhundert die Turmspitzen aufsetzte, wurde der Freiburger Turm schon 1340

Behagliche Zimmer, Oberlinden 12, Tel. 07 61/38 78 70, www.roter-baeren.de. Regionale Leckereien wie Schwarzwälder Schäufele und vorzügliche badische Weine genießt man im **Hotel Weinstube Oberkirch,** auch eine traditionsreiche Unterkunft, Münsterplatz 22, Tel. 07 61/2 02 68 68, www.hotel-oberkirch.de.

◆ **Info: Tourist-Information,** Rotteckring 14, Tel. 07 61/ 3 88 18 80, Fax 3 70 03, www.freiburg.de.

Alle **städtischen Museen** sind Di–So 10–17 Uhr geöffnet, www.museen.freiburg.de. Großer **Narrenumzug** am Fastnachtsdienstag. **Weinfest** am ersten Juni-Wochenende. **Zelt-Musik-Festival:** Info unter www.zmf.de.

vollendet. Das Münster selbst, dessen Grundstein um 1200 die Baumeister der Zähringer Herzöge legten, wurde allerdings erst 1513 fertig – gerade noch rechtzeitig. Kurz darauf überschwemmte billiges Edelmetall aus der Neuen Welt Europa, und die Silbervorkommen im nahen Waldgebirge, mit denen sich Freiburg im 14. Jahrhundert sogar die Reichsfreiheit unter dem Habsburger Doppeladler erkauft hatte, verloren bedeutend an Wert.

Wer die 333 Stufen erklimmt, kann eine Verschnaufpause in der Turmwächterstube und bei der Angelusglocke »Hosanna« einlegen, die 1258 gegossen wurde. Die »Knöpfleglocke« schlägt pünktlich um 11 Uhr: Sie soll die Hausfrauen daran erinnern, dass der Knöpfleteig fürs Mittagessen gerührt werden muss. Immer wieder bleibt man stehen, um das filigrane rötliche Maßwerk des Turms zu bewundern. Der Ausblick von der Plattform auf die nach dem Krieg größtenteils wieder aufgebaute Altstadt ist sagenhaft. Eng schmiegen sich die Häuser in den Gassen aneinander, bunt leuchten die Stände des Bauernmarkts auf dem Münsterplatz, rostrot erstrahlt das spätgotische Kaufhaus mit Arkadengang und wappengeschmückten Erkern. Leider werden die obersten 43 Turmmeter des Münsters wohl bis 2010 eingerüstet bleiben.

Wenn im Spätherbst und Winter zäher Nebel über der Rheinebene hängt, muss man nicht auf Sonne und Aussicht verzichten. »Schweben und Erleben« verspricht die Schauinslandbahn, deren Gondeln in 15 Minuten auf Freiburgs beliebten Aussichtsberg (1285 m) führen, den man auch über eine kurvenreiche Straße erreicht. Der Blick schweift zum Feldberg, der höchsten Erhebung des Schwarzwalds, und hinüber zu den elsässischen Vogesen. Im Süden entfaltet sich das schneeblitzende Schweizer Alpenpanorama. Und der als Einkehr beliebte Rappenecker Hof aus dem 17. Jahrhundert hat seit 1987 eine Solaranlage.

Fantasievoll bunte Fassaden: das Haus zum Walfisch aus dem 16. Jahrhundert

Baden-Baden: Geschichten aus dem schönsten Kasino der Welt

»Roulette bis sechs Uhr abends. Alles verloren.« So lapidar liest sich der Eintrag in Leo Tolstois Tagebuch vom 14. Juli 1885. Die Spielbank von Baden-Baden an den Hängen des nördlichen Schwarzwalds inspirierte auch andere russische Dichter, darunter Iwan Turgenjew, der sieben Jahre in der Kurstadt lebte: Er schrieb hier den Roman »Rauch«. Fjodor M. Dostojewskij verspielte in Baden-Baden sogar die Eheringe und setzte seinen Erfahrungen am Roulettetisch im Roman »Der Spieler« ein literarisches Denkmal.

In den sprudelnden Kochsalzthermen von Baden-Baden kurte schon der römische Kaiser Caracalla im Jahr 213 n. Chr. 1863 trafen sich im Hotel d'Angleterre gleich drei Kaiser: Franz-Joseph von Österreich, Zar Alexander von Russland und Napoleon III. Europas Elite, aber auch ihre teuersten Kurtisanen stiegen in den besten Herbergen der Stadt ab. Marie Duplessis, die »Kameliendame« von Alexandre Dumas und Verdis Vorbild für »La Traviata«, weilte 1842 in der Kurstadt. Eine andere glanzvolle Erscheinung der »Demi Monde«, Cora Pearl, reiste 1864 wie eine mondäne Fürstin an.

Von außen macht das Kasino im rechten Kurhausflügel gar nicht so viel her, doch drinnen schufen die französischen Pächter vier Säle im schönsten Stil der Belle Epoque. Die Wände des 1855 eröffneten Roten Saals sind mit rotem Seidendamast bespannt, der mit klassizistischen Frauenplastiken und Wandspiegeln besonders prachtvoll ausgestattete Florentiner Saal ist mit Fantasielandschaften ausgemalt.

Ihren ersten Höhenflug verdankt die Spielbank dem Franzosen Antoine Chabert. Es heißt, der Pächter habe 1827 das Piano aus dem Conversationssaal schaffen lassen,

- **Anfahrt:** Autobahn- und Zugverbindung u. a. mit Freiburg und Karlsruhe.
- **Unterkunft:** Luxus pur und ein erstklassiges Restaurant bietet das weltberühmte **Grandhotel Brenner's Park Hotel & Spa,** Schillerstr. 4–6, Tel. 0 72 21/90 00, Fax 3 87 72, www.brenners.com.
Intimer ist die Atmosphäre im kleinen **Hotel Belle Epoque,** einer Neo-Renaissance-Villa von 1870, deren Zimmer mit Antiquitäten eingerichtet sind, Maria-Viktoria-Str. 2, Tel. 0 72 21/30 06 60, www.hotel-belle-epoque.de.
- **Restaurants:** Ein renommiertes Landhaus-Gourmetrestaurant im Ortsteil Neuweier ist **Zum Alde Gott,** Weinstr. 10, Tel. 0 72 23/55 13, www.zum-alde-gott.de.

Das Casino Baden-Baden verfügt über eine lange und illustre Tradition

weil Felix Mendelssohn-Bartholdy mit einem improvisierten Klavierspiel die Gäste vom Geldverlieren abhielt. Auch Niccolò Paganini, Johannes Brahms, Clara Schumann und Franz Liszt fesselten die illustren Besucher Baden-Badens.

Nachdem 1838 die französischen Spielsäle geschlossen worden waren, übernahm der Pariser Spielbankpächter Oscar Jacques Bénazet das Casino Baden-Baden. Der »Roi de Bade« und später sein Sohn Edouard machten die kleine Kurstadt endgültig zur Sommerhauptstadt Europas und finanzierten mit Spielbankeinnahmen u. a. die von exotischen Bäumen gesäumte Lichtentaler Allee, den ersten Bahnhof Baden-Badens und das Theater im neobarocken Stil der Pariser Oper, für dessen Eröffnung Hector Berlioz eigens die Oper »Béatrice et Bénédict« komponierte.

1872 verfügte die Reichsregierung in Berlin die Schließung aller deutschen Spielbanken, und Baden-Baden kümmerte sich wieder um seine Thermen. Schon 1823 war das klassizistische Kurhaus errichtet worden, 1839–1842 kam der Wandelgang der Trinkhalle hinzu. Ab 1877 war das Friedrichsbad einer der prächtigsten Badetempel Europas. Mit seiner feierlichen Wiedereröffnung im Jahre 1950 reisten auch wieder illustre Gäste an die Oos. »Die schönste Spielbank der Welt«, soll Marlene Dietrich begeistert ausgerufen haben, als sie in Baden-Baden zu Besuch war. Faites vos jeux!

Badische Küche mit mediterranem Einschlag serviert Armin Röttele im **Schloss Neuweier,** Mauerbergstr. 21, Tel. 0 72 23/9 57 05 55, www.armin-roettele.de.

◆ **Info: Baden-Baden Tourist-Information,** Schloss Solms, Solmsstr. 1, Tel. 0 72 21/ 27 52 66, Fax 27 52 61, www.baden-baden.de.

Spielbank Baden-Baden, Werderstr. 4, Villa Schott, Tel. 0 72 21/3 02 40, www.casino-baden-baden.de.

Sehr sehenswert ist das **Museum Frieder Burda**. Es zeigt Werke namhafter Künstler der klassischen Moderne. Lichtentaler Allee 8 b, Tel. 0 72 21/39 89 80, www.museum-frieder-burda.de, Di–So 11–18 Uhr.

Wo Hölderlin und Hesse studierten: Das Zisterzienserkloster Maulbronn

»Das Gewölbe spielte in ewig holdem Spiel mit den lebendigen Tönen, heut wie gestern, heut wie damals, und stand herrlich in sich begnügt und vollkommen als ein Bild von der Zeitlosigkeit des Schönen.« So idyllisch wie das hier beschriebene Brunnenhaus hat Hermann Hesse das Kloster Maulbronn, in dem schon der Astronom Johannes Kepler (1571–1630) und später der Lyriker Friedrich Hölderlin Griechisch und Mathematik büffelten, nicht immer gesehen. In seiner Erzählung »Unterm Rad« (1906) zerbricht ein Schüler an ehrgeizigen Erwartungen. Wie der spätere Literaturnobelpreisträger selbst bekannte, steckte darin »ein Stück wirklich erlebten und erlittenen Lebens« aus der Zeit, in der die strenge, 1557 gegründete evangelische Lehranstalt Maulbronn für den Seminaristen Hesse die Hölle war, mit einem »Paradies« mittendrin.

Paradies, das ist die spätromanische, schon frühgotische Elemente aufweisende Vorhalle der Klosteranlage, die seit 1993 zum Weltkulturerbe zählt, weil sie das in Europa fast einmalige Bild eines mittelalterlichen Klosters bietet, obwohl es seit der Reformation hier keine Mönche mehr gibt. Fast unverändert blieb der mit staufischer Wehrmauer und Befestigungstürmen eingefasste romanische bis spätgotische Klosterbezirk mit Jagdschloss, Mühle, Speisemeisterei, Fruchtkasten, Marstall, Vogtei, Herrenhaus, Küferei, Klosterspital, Schmiede, Gesindehaus, Scheune und weiteren Nebengebäuden. Aber auch die mit Seen, Kanälen, Gräben, Weinbergen, Wiesen, Feldern, Wäldern und landwirtschaftlichen Gütern, den »Gragnien«, vom Zisterzienserorden geprägte Kulturlandschaft ist erhalten. »Unsere Weinfässer sind größer als die Wohnungen der ägyptischen Mönche, und unsere Fruchtspeicher geräumiger als ihre Klöster«, rühmte ein Abt schon im 12. Jahrhundert das Kloster. Die zwölf Zisterziensermönche aus dem elsässischen Neuenburg, die 1147 Maulbronn gründeten, suchten in diesem wald- und wasserreichen Salzachtal am äußersten Rand des Schwarzwalds 20 km nordöstlich von Pforzheim Abgeschiedenheit und Verinnerlichung.

Die besterhaltene mittelalterliche Klosteranlage nördlich der Alpen: Maulbronn

Mittelpunkt und architektonisches Juwel der Anlage ist der Kreuzgang mit seinen hochgotischen, ursprünglichen verglasten Maßwerkfenstern, dem sechsteiligen Rippengewölbe und kunstvoll gearbeiteten Blattwerk-Kapitellen. An der Nordseite steht das von Hesse gerühmte hochgotische Brunnenhaus mit dem typischen zisterziensischen Drei-Schalen-Brunnen. Dahinter liegen der Schlafsaal, der Kapitelsaal und die hohe Refektoriumshalle der Chorherrenmönche, in deren Übergangsarchitektur die schwere romanische Tonne durch die rhythmisch gegliederten Kreuzrippen der burgundischen Frühgotik abgelöst wird. Der Kapitelsaal am Ostflügel zeigt ein Sterngewölbe, das auf schlichten Mittelpfeilern ruht.

Noch ganz dem Stil einer romanischen Pfeilerbasilika verhaftet ist dagegen die 1178 geweihte Klosterkirche im Süden des Kreuzgangs. Ihre Askese im Sinne der For-

Anfahrt: Über Stuttgart, Karlsruhe oder Pforzheim, auch Bahnverbindung nach Mühlacker, ab dort Bus nach Maulbronn.

Unterkunft: Ein traditionsreiches Haus mit modernen Zimmern in der Nähe des Klosters ist das **Hotel Klosterpost.** Die Gaststuben servieren regionale Spezialitäten, und im historischen Gewölbekeller wird des öfteren Wein verkostet, Frankfurter Str. 2, Tel. 0 70 43/10 80, Fax 10 82 99, www.hotel-klosterpost.de.

Restaurants: Im **Hotel-Restaurant Klosterschmiede** kommen u. a. eine Reihe schmackhafter Maultaschen-

derung des Bernhard von Clairvaux (1090 bis 1153) war ein bewusster Gegenentwurf zur spätromanischen Prachtentfaltung in der französischen Abteikirche Cluny III. Die Schönheit der zisterziensischen Architektur sollte allein in der Ausgewogenheit der Maße und der Klarheit der Linien wirken. Die ursprüngliche flache Balkendecke des Langhauses wurde um 1424 durch ein gotisches Netzgewölbe ersetzt. Im Chor und im Bereich der Langhausarkaden sind zarte geometrische und pflanzlich-ornamentale Ausmalungen erhalten. Noch aus der ersten Bauzeit stammt die steinerne, oben mit einem Schachbrettfries abschließende Chorschranke, die den Mönchschor vom Bereich der im Wirtschaftshof tätigen, nur mit niederen Weihen ausgestatteten Laienbrüder trennte.

Vor der Schranke (ursprünglich auf ihr) steht das 1473 gefertigte mächtige Maulbronner Steinkruzifix neben dem Altar. Kunstvoll geschnitzt ist die von einem Hochaltar erhaltene kleine Madonnenstatue von 1394 in einer Nische des Langhauses, aber auch die »Maulbronner Madonna«, die um 1300 geschaffen wurde, der spätgotische Abtsstuhl sowie das um 1450 entstandene 92-sitzige Gestühl aus der Ulmer Schule im Mönchschor.

Hochgotisches Brunnenhaus

Am Ende zieht es den Besucher genau wie Hesse noch einmal in das Brunnenhaus: »Verzaubert in der Jugend grünem Tale, Steh ich am moosigen Säulenschaft gelehnt, Und horche, wie in seiner grünen Schale, Der Brunnen klingend die Gewölbe dehnt.«

gerichte auf den Tisch, die der Schwabe liebevoll »Herrgottsbscheißerle« nennt, weil ausgerechnet die strengen Maulbronner Zisterziensermönche während der Fastenzeit das eigentlich verbotene Hackfleisch in Teigtaschen versteckten. Hier serviert man sie als Einlage in einer Brühe, abgeschmälzt oder in Streifen geschnitten und herausgebraten, Klosterhof, Tel. 0 70 43/4 00 00, Fax 4 00 20, www.klosterschmiede.de.

◆ **Info:** Stadtverwaltung Maulbronn, Klosterhof 31, Tel. 0 70 42/10 30, Fax 1 03 45, www.maulbronn.de.

Kloster Maulbronn, Klosterhof 5, Tel. 0 70 43/92 66 10, Fax 92 66 11, März–Okt. tgl. 9–17.30, Nov.–Feb. Di–So 9.30–17 Uhr; Führungen tgl. 11.15 und 15 Uhr.

Im Rahmen der **Klosterkonzerte Maulbronn** finden von Mai bis Oktober Auftritte namhafter Künstler bzw. Ensembles statt. Info unter Tel. 0 70 43/1 03 45, www.klosterkonzerte.de.

Malerisches Heidelberg: Auf dem Philosophenweg

»Um gut zu wirken, muss eine Ruine den richtigen Standort haben. Diese hier hätte nicht günstiger gelegen sein können«, befand Mark Twain in seinem satirischen Reisebuch »Bummel durch Europa« (1880) über das Heidelberger Renaissanceschloss, das der englische Maler William Turner in geradezu psychedelisch wirkenden Sonnenuntergangsansichten verklärte. Wie schon Lessing, Goethe und Eichendorff, Sir Walter Scott und Victor Hugo vor ihm bewunderte Mark Twain gleich einen ganzen Sommer lang die wunderbare Aussicht vom Naturbalkon des Philosophenwegs auf die imposante Ruine der Schlossanlage, den Neckarfluss mit der Alten Brücke und das barocke Häusergewirr der Altstadt, aus dem der schlanke Turm der Heiliggeistkirche aufragt.

Unzählige Gelehrte und Studenten sind während ihres Studiums der »Sieben Freien Künste« den Philosophenweg entlanggewandelt und haben vielleicht dabei Latein- und Griechischvokabeln memoriert, wie 1509 der erst zwölfjährige Melanchthon. Auf dem berühmten Weg herrscht ein geradezu toskanisches Klima: Am Sonnenhang des Heiligenberges gedeihen exotische Pflanzen wie Japanische Wollmispel und Amerikanische Zypresse, Spanischer Ginster und Portugiesische Kirsche, Zitronen-

◆ **Anfahrt:** Autobahn- und Zugverbindung u. a. mit Stuttgart, Mannheim, Karlsruhe und Frankfurt/Main.

◆ **Unterkunft:** Im schönsten erhaltenen Renaissancehaus der Stadt (1592) bietet das **Hotel Zum Ritter St. Georg** romantisch-großzügige Unterkunft und neben internationaler Küche auch regionale Gerichte, je nach Saison Schwetzinger Spargel, Wildgerichte oder Gansessen, Hauptstr. 178, Tel. 0 62 21/ 13 50, Fax 13 52 30, www.ritter-heidelberg.de. Ein seit 1703 existierendes Gasthaus und traditioneller Studententreff ist das **Schnookeloch** in der Altstadt mit komfortablen Zimmern und badischer Küche, Haspelgasse 8, Tel. 0 62 21/13 80 80, Fax 1 38 08 13, www.schnookeloch.de.

◆ **Restaurants:** Kulinarische Hochgenüsse bietet **Schwarz Das Restaurant** hoch über den Dächern der Stadt, Kurfürsten-Anlage 60, Tel. 0 62 21/ 75 70 30, www.schwarzdasrestaurant.com.

Malerisches Ensemble: Das Heidelberger Renaissanceschloss oberhalb der Altstadt

und Granatapfelbaum, Bambus, Palme und Pinie. Trotz der fantastischen Aussicht finden bei weiten nicht alle Touristen hierher, weil keine bequeme Bergbahn hinauffährt, wie zum Heidelberger Schloss auf der Jettenbühl-Terrasse des Königstuhls.

Wer vom Merianblick auf den östlichen Teil der Altstadt schaut und dieses Panorama mit einer Stadtansicht Matthäus Merians von 1620 vergleicht, stellt verblüfft fest, wie wenig sich dieses »Haidelberga« in 400 Jahren verändert hat, vom Schloss einmal abgesehen, das während des Pfälzer Erbfolgekrieges 1689 und 1693 von französischen Truppen zerstört wurde. Dass Hölderlins »Ländlichschönste« im Zweiten Weltkrieg verschont blieb, ist möglicherweise dem in den 1920er Jahren in den USA überaus erfolgreichen Musical »The Student Prince« zu verdanken, in dem ein Prinz sein Herz in Heidelberg verliert. Statt diesen Inbegriff der deutschen Romantik zu bombardieren, richteten die Amerikaner hier lieber nach 1945 ihr europäisches Hauptquartier ein. Über mangelndes Publikum können sich die Sommeraufführungen des Musicals im Schlosshof jedenfalls bis heute nicht beklagen.

Eines der ältesten und traditionsreichsten Studentenlokale ist das 1703 erbaute Haus **Zum Roten Ochsen,** Hauptstraße 217, Tel. 0 62 21/2 09 77, www.roterochsen.de.

◆ **Info: Tourist Information am Hauptbahnhof,** Willy-Brandt-Platz 1, Tel. 0 62 21/ 1 94 33, Fax 13 88 11, www.cvb-heidelberg.de. Die **Schlossfestspiele** mit Theater und Konzerten finden im August statt (www.schlossfestspiele-heidelberg.de), das große **Altstadtfest Heidelberger Herbst** am letzten Septemberwochenende. Der **Philosophenweg** ist im April und Mai am schönsten.

Zum Hort deutscher Studentenseligkeit wandelte sich Heidelberg nach der Wiedereröffnung der Universität durch Kurfürst Karl von Baden im Jahre 1803. Es begann mit Clemens von Brentano, der zusammen mit Achim von Arnim 1805–1808 »Des Knaben Wunderhorn« veröffentlichte, eine Sammlung von Volksliedtexten vom Mittelalter bis ins 18. Jh. 1817 zog der Dichter Jean Paul geradezu triumphal in Heidelberg ein. Victor von Scheffel setzte mit seinen berühmten Liedern wie »Alt Heidelberg, Du feine« und »Gaudeamus igitur« der studentischen Trinkfestigkeit von Heidelberg ein unsterbliches Denkmal. Die seltsamen Trink- und Fechtrituale der Burschenschaften, über die Mark Twain höchst amüsant zu erzählen weiß, sind manchen deutschen Besuchern heute ein wenig suspekt. Amerikanische und asiatische Touristen sind da toleranter. Im Keller des Schlosses neben dem Friedrichsbau knipsen sie begeistert das berühmte und viel besungene Heidelberger Fass aus dem 18. Jh., das 221 726 Liter fasst, und schmunzeln über den trinkfreudigen Zwerg Perkeo, den Hofnarren und Hüter des Großen Fasses.

Auch im Studentenkarzer an der Rückseite der Alten Universität fotografieren die Besucher äußerst gern. Von 1778 bis 1914 saßen Studenten hier bei Verstößen gegen die öffentliche Ordnung bis zu vier Wochen lang ein. Lediglich die Lehrveranstaltungen durften sie besuchen. Wie sie sich die Mußestunden vertrieben, ist noch heute an den Wänden des Karzers abzulesen. Künstlerisch wertvoller ist aber sicherlich der berühmte Zwölfbotenaltar von Tilmann Riemenschneider im Kurpfälzischen Museum. Und im wunderbar ruhigen Garten des Museums trifft man, anders als im zugegeben auch zauberhaften barocken Schlossgarten, zur Abwechslung mal keine Touristenmassen, sondern echte Heidelberger. Und die sind mit Sicherheit zivilisierter als der 1907 entdeckte »Homo Heidelbergensis«, der schon vor 600 000 Jahren durch das Neckartal streifte.

Frühsommer in Zentrum von Heidelberg

Freimaurerische Allegorien: Im Schlossgarten von Schwetzingen

»Man glaubt durch Zauberei in eine Insel versetzt zu sein, wo alles Ton ist, wo Nixen, Sylphen, Gnomen und Salamander, Wasser-, Luft-, Erd- und Feuermelodien durcheinanderjagen und dadurch die wundervollste Symphonie bilden«, so schwärmte der aufklärerische Dichter C. F. D. Schubart vom Schlossgarten der kurpfälzischen Sommerresidenz und Spargelstadt Schwetzingen südlich von Mannheim.

Im Schlossgarten ist auch heute noch die freimaurerische Erwartung einer Wiederkehr des »Goldenen Zeitalters« erkennbar, in dem Toleranz, Vernunft und Weisheit regieren. Da führt eine chinesische Brücke über einen Teich, in dessen Wasser sich eine Moschee spiegelt, Symbol für die orientalische Weisheit. Ihr gegenüber erhebt sich ein Merkurtempel. Dieses als Ruine erbaute römisches Kuppelgrab wird als Symbol der Vergänglichkeit und als zerstörter Tempel Salomos gedeutet.

»Ich will, bevor ich sterbe, noch einer Pflicht genügen und einen Trost genießen: Ich will Schwetzingen wiedersehen. Dieser Gedanke beherrscht meine ganze Seele.« Das schrieb 1768 der berühmte französische Philosoph Voltaire, dessen Tragödie »Olimpie« 1762 im wunderbar erhaltenen Schwetzinger Rokoko-Schlosstheater uraufgeführt worden war. Ein Jahr später gab hier Wolfgang Amadeus Mozart als Siebenjähriger ein Konzert, und 1767 schaute Casanova vorbei. Auch Hölderlin und Eichendorff erinnerten sich beglückt an ihre Aufenthalte in Schwetzingen, das sich 2006 um die Aufnahme in die Welterbeliste beworben hat.

»Il faut cultiver son jardin«, so endet Voltaires berühmter Kurzroman »Candide«, den er 1758 zu großen Teilen in Schwetzingen schrieb. Genau das wollte der kunstfreudige und sinnenfrohe Kurfürst Carl

◆ **Anfahrt:** Straßen- und Bahnverbindung mit den nur etwa 10 km entfernten Städten Mannheim und Heidelberg.

◆ **Unterkunft:** Direkt an der Südseite des Schlossparks bietet die gepflegte kleine **Villa Benz** behagliche Zimmer, Zähringer Straße 51, Schwetzingen, Tel. 0 62 02/93 60 90, www.villa-benz.de.

◆ **Restaurants:** Gutbürgerliche Küche, im Frühjahr natürlich jede Menge Spargelgerichte und dazu drei Sorten selbst gebrautes Bier bietet das **Schwetzinger Brauhaus zum Ritter** in seinen gemütlichen Gaststuben. Schlossplatz 1, Schwetzingen,

Die Anfang des 18. Jahrhunderts erbaute Orangerie im Schwetzinger Schlossgarten

Theodor (1724–1799). Seine neuesten Ideen von einem allegorischen Gartenprogramm übermittelte er seinen Baumeistern und Gartenarchitekten Nicolas de Pigage und Friedrich Ludwig Sckell stets mit einem leutseligen »Will er mir das machen?« Entstanden ist ein einzigartiges Ensemble aus Gartenkunst, Architektur, Skulptur und Kunsthandwerk, das Geistesgeschichte und Moden von Barock und Rokoko über die Aufklärung bis hin zur Romantik zeigt.

Ein englischer Landschaftsgarten mit modellierten Flächen, stillen Wassern und verschlungenen Wegen schmiegt sich an den symmetrischen französischen Barockgarten, der auf die Mittelachse des Schlosses bezogen ist. Zirkelbauten und filigrane Laubengänge bilden das kreisförmige Parterre des Gartens, das in seiner Geometrie die vernunftgemäße, rationalistische Auffassung der Aufklärung demonstriert. Im Zentrum steht der kreisrunde Arionbrunnen mit dem gleichnamigen Sänger in der Mitte, den nach der griechischen Mythologie Delphine vor dem Ertrinken retteten: eine Allegorie auf die Förderung der Musen durch den Kurfürsten. »Man sollte nicht meinen, dass in einem so kleinen Kopf so was großes stecke.« Was Carl Theodor über den jungen Mozart dachte, der Schwetzingen 1777 und 1790 erneut beglückte, gilt sicher auch für ihn selbst: Nachdem er 1777 Kurfürst von Bayern geworden war, schenkte er München den Englischen Garten.

Tel. 0 62 02/92 49 50, www.brauhaus-zum-ritter.de.
◆ **Info: Stadtinformation Schwetzingen,** Dreikönigstr. 3, Schwetzingen, Tel. 0 62 02/ 94 58 75, Fax 94 58 77, www.schwetzingen.de. **Schloss:** April–Okt. Di 11–16, Sa, So 11–17 Uhr, Nov.–März nur Führungen Fr 14 Uhr, Sa, So 11, 14 und 15 Uhr. **Schlossgarten:** April bis 3. Okt. tgl. 8–20 Uhr, sonst 9 Uhr bis Sonnenuntergang. Die renommierten **Schwetzinger Festspiele** (Programm und Kartenvorverkauf unter www.swr.de/ swr2/schwetzinger-festspiele) finden von Ende April bis Mitte Juni statt – die schönste Jahreszeit für einen Besuch.

Bei Götz von Berlichingen: Burgenromantik im Neckartal

Es gab ihn wirklich, den Haudegen Götz von Berlichingen (1480–1562). Allerdings starb der echte fränkische Reichsritter nicht als junger Mann im Gefängnisgärtchen zu Heilbronn, wie es Goethe in seinem berühmten Drama von 1773 behauptet. Heute pilgern Touristen vom Ort Neckarzimmern durch die Weinberge hinauf zur Ruine der Burg Hornberg, auf der Götz lebte, gelegentlich in Hausarrest und Reichsacht. Wie das Burgmuseum illustriert, kämpfte der »Ritter mit der eisernen Hand« als Landsknecht für Kaiser, Markgrafen, Herzöge und Bischöfe, aber auch für aufständische Bauern und auf eigene Rechnung.

An der Burgenstraße zwischen Heidelberg und Heilbronn liegt manch malerisches Fachwerkstädtchen, darunter das besonders reizvolle Mosbach, und oft thront darüber eine Burg oder Ruine. Viel gerühmt wird der Blick von der Terrasse der Burganlage Hirschhorn mit monumentalem Renaissanceschloss (heute Hotel) über das trutzige Städtchen Hirschhorn und die Neckarschleife. Nostalgisch wirkt auch die weithin sichtbare Zwingenburg, deren wildromantische Wolfsschlucht natürlich mit Carl Maria von Weber in Verbindung gebracht wird: Genau hier soll er sich Inspiration für seine Oper »Der Freischütz« geholt haben, die alljährlich bei den Festspielen auf der Zwingenburg aufgeführt wird.

Wieder ein herrliches Panorama, diesmal gegenüber von Neckargerach, genießt man von der in Ruinen liegenden Minneburg,

Anfahrt: Am Neckar zwischen Heilbronn, Bad Wimpfen und Heidelberg führen eine Bundesstraße und eine Bahnlinie entlang, außerdem Schiffsverkehr.

Unterkunft: Mit seiner großartigen Lage und stilvollen Zimmern in der historischen Burganlage glänzt das **Schlosshotel,** Auf der Burg, Hirschhorn, Tel. 0 62 72/ 9 20 90, www.castle-hotel.de. Das **Gästehaus Sonne** ist ein Fachwerkbau aus dem 16 Jh. mit Weinstube und eigener Konditorei, Langgasse 3, Bad Wimpfen, Tel. 0 70 63/2 45, Fax 65 91, www.sonne-wimpfen.de.

Restaurants: Frische schwäbische Spezialitäten mit hausgemachten Bandnudeln und Maultaschen serviert die **Gaststätte Rosenwirt,** Hauptstr. 81, Bad Wimpfen, Tel 0 70 63/ 95 11 04, www.rosenwirt.de.

Zwingenburg über der wildromantischen Wolfsschlucht

der Sage nach Schauplatz von der unglücklichen Liebe des Burgfräuleins Minna von Horneck, die in eine Höhle flüchtete, um viele Jahre auf ihren ins Heilige Land gezogenen Liebhaber zu warten.

Besonders imposant ist die vieltürmige Stadtsilhouette von Bad Wimpfen hoch über dem Neckartal nördlich von Heilbronn. Sie wird bestimmt von vielen Bürgerhäusern mit alemannisch-fränkischem Fachwerk und der hervorragend erhaltenen, von Friedrich Barbarossa 1182 gegründeten Kaiserpfalz. Vom staufischen Palas ist die Nordwand erhalten, deren Arkaden mit ihren unterschiedlich geformten Säulen und Kapitellen zu den schönsten Beispielen romanischer Baukunst zählen. Geradeaus weiter gelangt man zum Steinhaus: Deutschlands größter romanischer Wohnbau war vermutlich die Kemenate der staufischen Pfalz. Höchstes Gebäude und Wahrzeichen der Stadt ist der um 1200 entstandene Blaue Turm, der ehemalige westliche Bergfried. Seit 650 Jahren residiert hier ununterbrochen ein Türmer, und von April bis September findet jeden Sonntag um 12 Uhr das Turmblasen statt.

Noch älter als die Pfalz ist das vermutlich im 7. Jahrhundert gegründete Benediktinerkloster Wimpfen im Tal, eine frühgotische Gewölbebasilika mit frühromanischem Westwerk und einem wunderbaren Kreuzgang. Von hier unten ist der Blick auf Bad Wimpfen besonders schön.

Am Steinbrünnle gibt es »saure Nierle«, Kässpätzle und Zwiebelrostbraten, Fleckensteinstr. 12, Bad Wimpfen, Tel. 0 70 63/9 33 79 79, www.steinbruennle.de.

◆ **Info: Burgenstraße e. V.,** Allee 28, Heilbronn, Tel. 0 71 31/ 56 40 28, www.burgenstrasse.de. **Tourist-Information,** Carl-Ulrich-Straße 1, Bad Wimpfen, Tel. 0 70 63/9 72 00, Fax 97 20 20, www.badwimpfen.de.

Das mittelalterliche Erbe pflegen in Bad Wimpfen der **Zunftmarkt** mit Handwerk und Musik (letztes Augustwochenende) und der **Talmarkt** (Ende Juni/Anfang Juli). Sehr schön ist auch der altdeutsche **Weihnachtsmarkt** vor historischer Kulisse.

Westdeutschland

Von den unergründlichen Vulkanseen der Eifel und stillen Wasserschlössern des Münsterlands bis hin zu den Fachwerkstädtchen des Odenwalds lockt links und rechts des Rheins eine der schönsten Kulturlandschaften Europas, mit romanischen Kaiserdomen und mittelalterlichen Burgruinen, aber auch mit Denkmälern des Industriezeitalters, die zum Weltkulturerbe wurden. Das heitere Moseltal wussten schon die Römer zu schätzen, und die Fahrt durch das dramatische Mittelrheintal gilt als Inbegriff weinseliger Landschaftsromantik. Der Hohe Dom zu Köln schließlich ist das beliebteste Reiseziel der Deutschen überhaupt.

utschland

Westdeutschland

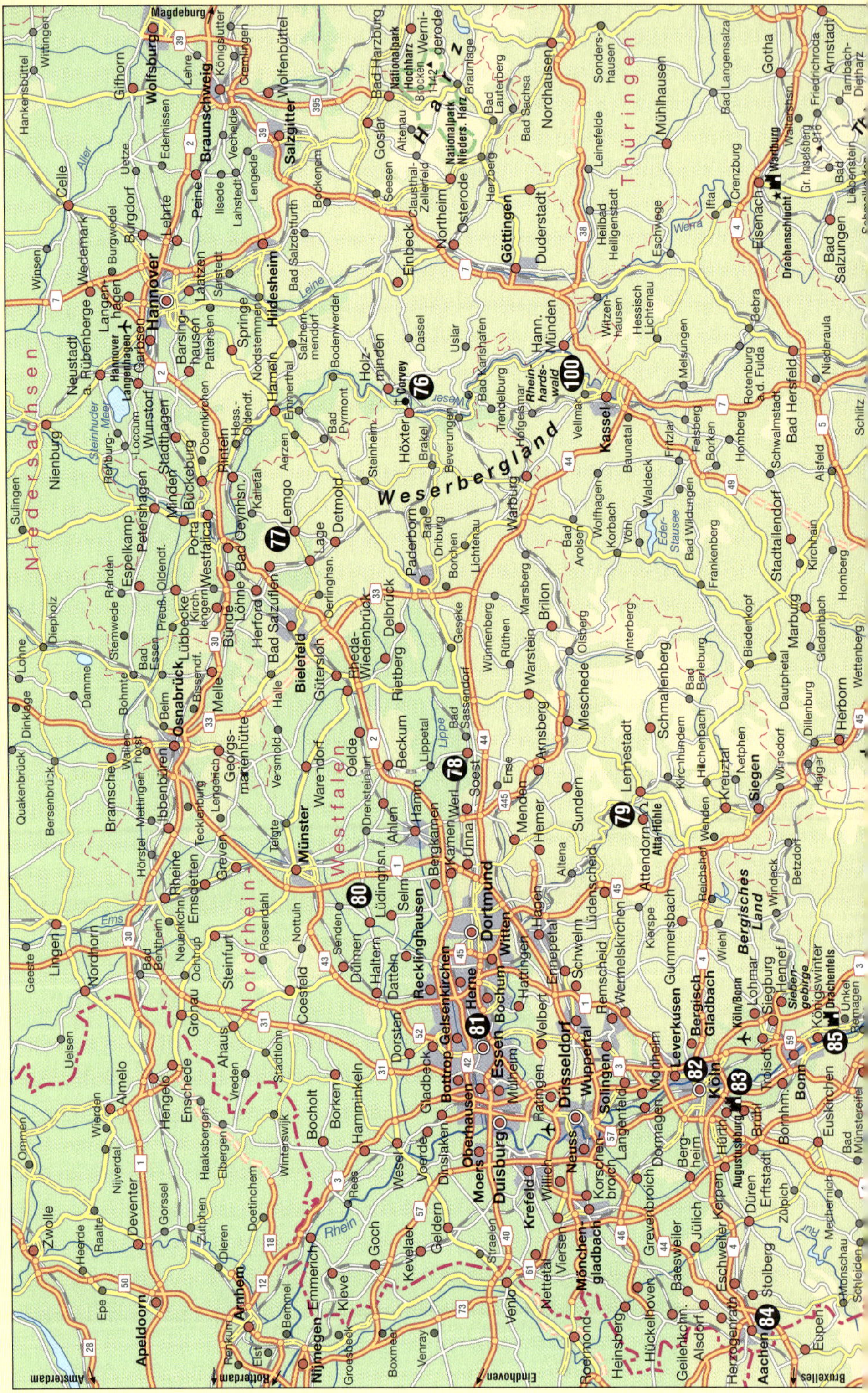

Magdeburg
Amsterdam
Rotterdam
Eindhoven
Bruxelles
Niedersachsen
Nordrhein-Westfalen
Thüringen
Weserbergland
Harz
Nationalpark Hochharz
Nationalpark Niedersächs. Harz
Brocken 1142
Bergisches Land
Siebengebirge
Drachenfels
Drachenschlucht
Wartburg
Gr. Inselsberg 916
Steinhuder Meer
Edersee
Aller
Ems
Rhein
Weser
Leine
Lippe
Werra
Fulda
Hankensbüttel
Wittingen
Gifhorn
Wolfsburg
Braunschweig
Königslutter
Cremlingen
Wolfenbüttel
Salzgitter
Bad Harzburg
Goslar
Wernigerode
Braunlage
Celle
Wedemark
Burgdorf
Peine
Lehrte
Hannover
Langenhagen
Hildesheim
Einbeck
Northeim
Osterode
Göttingen
Duderstadt
Nordhausen
Sondershausen
Mühlhausen
Bad Langensalza
Gotha
Eisenach
Arnstadt
Friedrichroda
Bad Salzungen
Nienburg
Neustadt a. Rübenberge
Wunstorf
Stadthagen
Minden
Bückeburg
Rinteln
Hameln
Bad Pyrmont
Holzminden
Höxter
Corvey
Hann. Münden
Kassel
Baunatal
Fritzlar
Bad Hersfeld
Bebra
Rotenburg a.d. Fulda
Homberg
Schwalmstadt
Alsfeld
Sulingen
Diepholz
Espelkamp
Lübbecke
Herford
Bad Oeynhausen
Bad Salzuflen
Lemgo
Detmold
Paderborn
Warburg
Bad Arolsen
Korbach
Frankenberg
Stadtallendorf
Marburg
Biedenkopf
Osnabrück
Melle
Bünde
Löhne
Bielefeld
Gütersloh
Rheda-Wiedenbrück
Delbrück
Lippstadt
Brilon
Winterberg
Schmallenberg
Bad Berleburg
Ibbenbüren
Rheine
Lingen
Nordhorn
Münster
Warendorf
Beckum
Hamm
Soest
Arnsberg
Meschede
Sundern
Lennestadt
Siegen
Kreuztal
Dillenburg
Herborn
Emsdetten
Greven
Steinfurt
Ahaus
Gronau
Coesfeld
Dülmen
Lüdinghausen
Selm
Werl
Unna
Kamen
Bergkamen
Iserlohn
Hemer
Menden
Lüdenscheid
Attendorn
Olpe
Gummersbach
Dortmund
Hagen
Witten
Bochum
Herne
Recklinghausen
Gelsenkirchen
Bottrop
Essen
Oberhausen
Mülheim
Duisburg
Moers
Krefeld
Düsseldorf
Wuppertal
Solingen
Remscheid
Leverkusen
Bergisch Gladbach
Köln
Bonn
Siegburg
Königswinter
Neuss
Mönchengladbach
Viersen
Dormagen
Grevenbroich
Bergheim
Hürth
Brühl
Euskirchen
Düren
Jülich
Aachen
Stolberg
Eschweiler
Heinsberg
Erkelenz
Venlo
Roermond
Kleve
Emmerich
Wesel
Bocholt
Borken
Goch
Geldern
Kevelaer
Nijmegen
Arnhem
Apeldoorn
Deventer
Zwolle
Almelo
Hengelo
Enschede

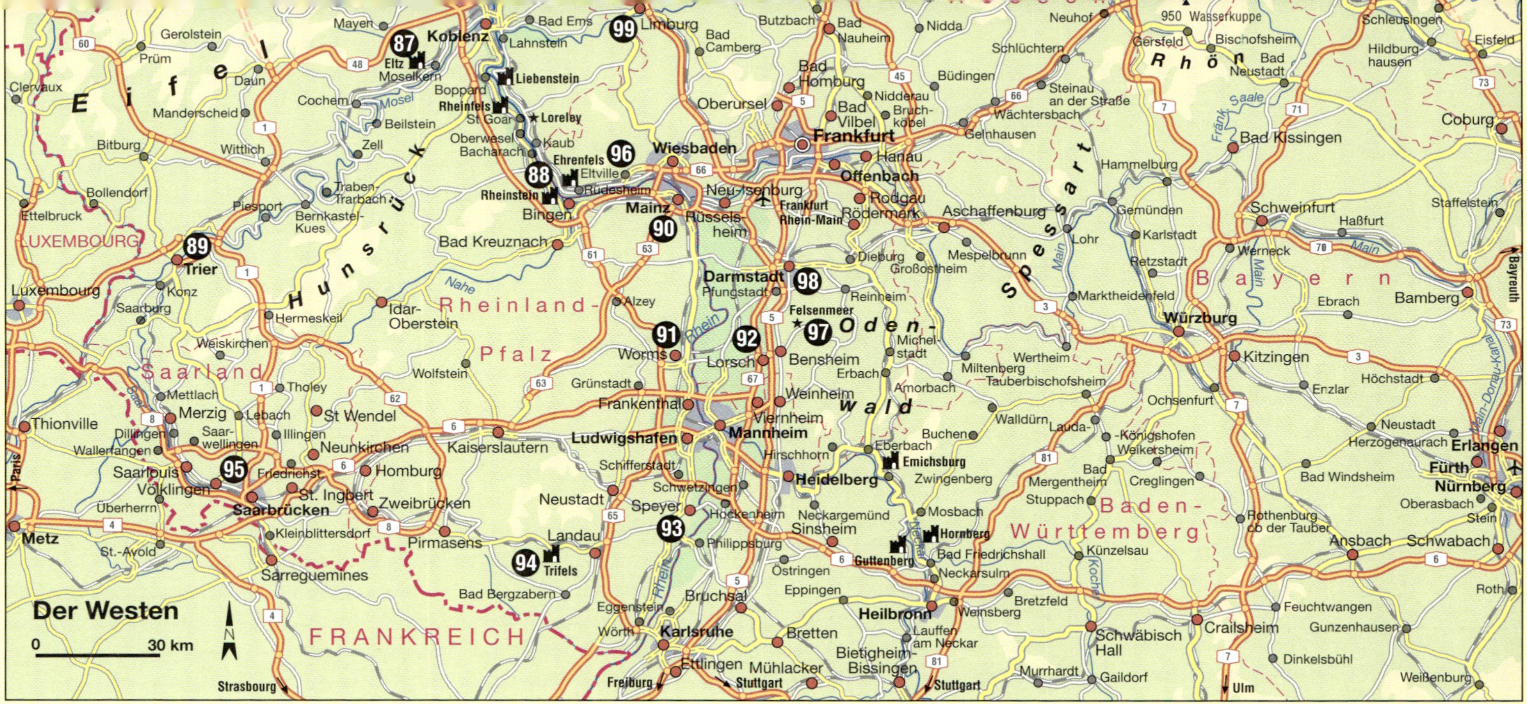
Der Westen
0
30 km
N
Eifel
Hunsrück
Rheinland-Pfalz
Saarland
LUXEMBOURG
FRANKREICH
Odenwald
Spessart
Rhön
Bayern
Baden-Württemberg
Koblenz
Limburg
Wiesbaden
Mainz
Frankfurt
Offenbach
Darmstadt
Worms
Lorsch
Mannheim
Ludwigshafen
Heidelberg
Speyer
Karlsruhe
Heilbronn
Kaiserslautern
Saarbrücken
Trier
Luxembourg
Metz
Würzburg
Bamberg
Nürnberg
Erlangen
Fürth
Schweinfurt
Aschaffenburg
Bad Kissingen
Coburg
Felsenmeer
Trifels
Guttenberg
Hornberg
Emichsburg
Liebenstein
Rheinfels
Ehrenfels
Rheinstein
Loreley
Eltz
Strasbourg
Paris
Freiburg
Stuttgart
Ulm
Bayreuth

Bollwerk der karolingischen Renaissance: Die Basilika von Corvey

»Umgib, Du Herr, diese Stadt, und Deine Engel mögen ihre Mauern beschützen.« So bittet eine 1200 Jahre alte Sandsteintafel in lateinischen Lettern. Sie ist am mächtigen, weltweit einmaligen Westwerk der Reichsabtei von Corvey angebracht. Der untere Teil dieses turmartigen Vorbaus wurde bereits 873–875 der Abteikirche angegliedert. Er ist damit neben dem Aachener Dom und der Torhalle von Lorsch einer von nur drei verbliebenen Großbauten aus karolingischer Zeit in Deutschland.

822 wurde die einstige Benediktinerabtei im erst wenige Jahrzehnte zuvor eroberten Sachsenland gegründet, in unmittelbarer Nachbarschaft der heutigen Stadt Höxter am Weserbogen. Ludwig der Fromme, Sohn und Nachfolger von Karl des Großen, holte dazu Mönche aus dem westfränkischen Kloster Corbie im Somme-Tal. Aber ohne Reliquien keine Pilger: Ludwig stiftete die Reliquien des Erzmärtyrers St. Stephanus aus seiner Privatkapelle in Paris. Ebenfalls mit kaiserlicher Hilfe überführten die Mönche von Corvey 836 die Gebeine des heiligen Vitus aus St-Denis. Sein Kult verbreitete sich von Corvey aus bis nach Prag, wo sein Haupt 500 Jahre später im Veitsdom ausgestellt wurde.

Die äußere romanische Strenge des Westwerks täuscht: Die Arkaden des Johanneschors zieren farbenreiche Odysseefresken aus dem 9. Jahrhundert. Sie sind ein Symbol der karolingischen Erneuerung: Die heidnisch-antike Literatur wird christlich uminterpretiert, und die Irrfahrten des Odysseus stehen nunmehr für die christliche Gottessuche. Außerdem hat man 1992 Wandvorzeichnungen für sechs lebensgroße, in Form von Stuckreliefs über den Chorpfeilern angebrachte Figuren entdeckt. Vom herausgehobenen Kaisersitz des Obergeschosses mit blauem Sternenhimmel und Blick hinüber zum Hochaltar der heute barocken Kirche hielten zwanzig Herrscher des Reichs Hof und Gericht. Jetzt geht man in Corvey aufs Ganze und bewirbt sich um die Aufnahme ins Weltkulturerbe.

Tatsächlich war Corvey eine einzigartige Stätte mittelalterlichen Geisteslebens. »Das Wunder Sachsens« nannten es zeitgenössische Chronisten. Hier studierte der adlige Nachwuchs antike Autoren, hier wurde die einzige noch erhaltene Handschrift der Annalen des Tacitus aufgefunden. Bald sandte Corvey Missionare nach Ost- und Nordeuropa. Der heilige Ansgar, Apostel des Nordens und Erzbischof von Bremen-

Architektonisches Juwel aus karolingischer Zeit: Basilika von Corvey

Hamburg, gelangte als Corveyer Mönch bis nach Skandinavien. Im 9. Jahrhundert wirkte Hrabanus Maurus, »Erster Lehrer Germaniens«, in Corvey, als Sammler und Vermittler des gesamten Wissens seiner Zeit. Ein Jahrhundert später schrieb Widukind von Corvey hier die berühmte Sachsengeschichte bis in die Epoche Kaiser Ottos des Großen. Kaiser und Könige hielten ihre Hoftage in Corvey ab. Unter Abt Wibald von Stablo (1146–1160), der ein Ratgeber König Konrads III. war und das Westwerk zur Doppelturmanlage umbaute, erlebte Corvey seine letzte Blüte.

Im Dreißigjährigen Krieg wurden die Abteigebäude zerstört, doch bis 1699 prunkvoll im Barockstil mit Kreuzgang nach mittelalterlichem Grundriss wieder aufgebaut. Leider riss man die dem hl. Stephanus geweihte Klosterkirche von 848 mit ab. An ihre Stelle setzte der Fürstbischof von Münster und Fürstabt von Corvey, Christoph Bernhard von Galen, eine barocke Saalkirche mit Kreuzrippengewölben. Auch die Schätze der Klosterbibliothek gingen wiederholt in Bränden und während der Säkularisierung 1803 verloren. Heute ist in Corvey die fürstliche Bibliothek aus Hessen-Rotenburg mit rund 70 000 Bänden beheimatet. Ihr berühmtester Hüter und Mehrer war von 1860 bis zu seinem Tod 1874 Heinrich Hoffmann von Fallersleben, der Verfasser des Deutschlandliedes. Er ruht auf dem Klosterfriedhof.

1716 wurde der Neue Weg angelegt, eine Allee, die den 113 Meter langen Klosterkomplex mit Höxter verbindet. Schon von weitem sieht man die Doppeltürme der mittelalterlichen Kilianikirche, deren Kanzel von 1597 äußerst kunstvoll geschnitzt ist.

Zahlreiche Gebäude Höxters sind mit Palmetten und Schnitzereien im Stil der Weserrenaissance verziert. Besonders schön sind die zweigiebelige Dechanei und das Adam- und Eva-Haus, an dessen Fassade der Sündenfall sowie die Jungfrau Maria und der Erzengel Gabriel dargestellt sind. Und der hat ja immerhin das Westwerk von Corvey beschützt.

◆ **Anfahrt:** Über Kassel bzw. Hannover und Hameln. Zugverbindung mit Paderborn und Göttingen (über Ottbergen).

◆ **Unterkunft:** Ein komfortables Wellnesshotel mit Zimmern im Landhausstil und altdeutschem Restaurant ist das **Ringhotel Niedersachsen,** Grubestr. 3–7, Höxter, Tel. 0 52 71/68 80, Fax 68 84 44, www.hotelniedersachsen.de.

Direkt neben dem Tilly-Haus offeriert das Hotel **Corveyer Hof,** ein 400 Jahre altes Gebäude, komfortable Zimmer und eine altdeutsche Bierstube. Westerbachstr. 29, Höxter, Tel. 0 52 71/9 77 10, Fax 97 71 13, www.hotelcorveyerhof.de.

Unterkunft und ein Restaurant »im Märchenstil« mit regionaler Küche bietet das **Flair Hotel Stadt Höxter,** Uferstr. 4, Höxter, Tel. 0 52 71/6 97 90, Fax 69 79 79, www.hotel-stadt-hoexter.de.

◆ **Restaurants:** Das Restaurant im **Schloss Corvey** serviert westfälisch-klösterliche Traditionsgerichte, Tel. 0 52 71/69 44 01, www.menne-gastlichkeit.de. Zum gleichen Betrieb gehört auch das urige **Wirtshaus Strullenkrug,** ein Fachwerkhaus in Höxter, Hennekenstr. 10, Tel. 0 52 71/77 75.

◆ **Info: Schloss Corvey,** Tel. 0 52 71/68 10, Fax 6 81 40, www.corvey.de (Museum mit anspruchsvollen Wechselausstellungen, April–Okt. tgl. 9–18 Uhr).

Die **Corveyer Musikwochen** finden im barocken Kaisersaal und in der Kirche statt (Mai/Juni, Kartenvorverkauf Tel. 0 52 71/1 94 33).

Tourist- und Kulturinformation Höxter, Am Rathaus 7, Höxter, Tel. 0 52 71/1 94 33, Fax 96 34 35, www.hoexter.de.

Hexenromantik in Lemgo

Hexenbürgermeisterhaus? Das klingt nach Knusperknäuschenidylle aus dem Märchen der Brüder Grimm. Ein wenig wirkt es ja sogar wie ein Lebkuchenhaus, mit seinem manieristischen Steingiebel, seinen Schnörkeln, seinen Skulpturen von Adam und Eva über dem Portal. Doch dieses Meisterwerk bürgerlicher Renaissancearchitektur aus dem späten 16. Jahrhundert birgt ein düsteres Geheimnis. Hier wohnte keine Hexe – hier residierte einer der erbittertsten Hexenverfolger seiner Zeit.

War Lemgo, die alte Stadt der Grafen von Lippe, wirklich so ein Hexennest? Im Teutoburger Wald weiter südlich ragen die Externsteine in den Himmel, eine markante Sandsteinformation. Im Volksmund wurde sie Elsternfelsen genannt: ein mythischer Ort, der im 16. Jahrhundert als heidnisches germanisches Heiligtum galt, um das die Raben flogen. Vielleicht malte sich der Bürgermeister von Lemgo aus, dass hier die Hexen über Borstgras und Besenheide tanzten. Heute feiern an dieser Stelle moderne Esoteriker die Walpurgisnacht.

Hermann Cothmann wütete jedenfalls als »Directore des Peinlichen Processes contra die Unholden und Hexen« und ab 1667 als Bürgermeister so sehr, dass um 1682 sogar das Reichskammergericht vom »blutdürstigen Gemüth des unbarmhertzigen Richters und Bürgermeisters Kothmann« sprach. An die hundert Hinrichtungen hat er befohlen und auch männliche Kritiker nicht verschont. Maria Rampendahl (1645 bis 1705) gilt heute als Heldin von Lemgo. Sie beugte sich der Folter im Hexenprozess nicht und verklagte sogar den Rat der Stadt, wenngleich ohne Erfolg. Mit ihrer Verbannung aus der Stadt endeten die Prozesse. An ihren mutigen Widerstand erinnert die Stadt heute mit dem »Stein des Anstoßes« und einer Sonderausstellung im Hexenbürgermeisterhaus, das jetzt das Stadtmuseum ist. Bein- und Daumenschrauben, hölzerne Knebel, Streckleiter und Folterstuhl: Die in Lemgo bis in die 1980er Jahre gepflegte Folklorisierung der Hexen ist passé.

Die Hexenprozesse fanden im mittleren Laubengang des außergewöhnlich schönen, aus acht Gebäudeteilen bestehenden Rathauses statt. Am Apothekenerker der reich gegliederten Renaissancefassade sind seit 1612 berühmte Ärzte von Aristoteles bis Paracelsus abgebildet, auch Rhazes und Geber Arabs, der »Vater der Chemie«. Ob die seinerzeit dem Verfolgungswahn des Bürgermeisters entgangen wären?

Auch andere Häuser sind reich verziert: Das Planetenhaus in der Mittelstraße 36 stellt im Giebel die sieben damals bekannten Planeten (inklusive Sonne) als römische

Romantische Fassade, düstere Vergangenheit: einstiger Schauplatz brutaler Hexenverfolgung

Gottheiten dar, allerdings noch mit der Erde als Zentrum. Kopernikus war noch nicht bis Lemgo gekommen. Konservativ zeigte sich auch Kaufmann Karsten Wippermann, der sich 1576 – fünf Jahre nach dem Hexenbürgermeisterhaus – ein stattliche Steingiebelhaus bauen ließ, mit rein spätgotischer Maßwerk- und Filialenverzierung.

Spätgotisch geprägt ist die Marienkirche, die mit ihrer wie ein Schwalbennest geformten Renaissanceorgel (1595–1612) eine der ältesten Orgeln Deutschlands besitzt. »Wie Engel Gottes«, berichtet die Chronik, habe die Stadt vor 700 Jahren die ersten Dominikanerinnen des Marienstifts aufgenommen. Na, wenigstens die.

◆**Anfahrt:** Über Paderborn (Flughafen), Bielefeld, Minden oder Hameln. Zugverbindung über Herford bzw. Bielefeld.

◆**Unterkunft:** In einem alten, auf die Hansezeit zurückgehenden Fachwerkbau ist das **Schlosshotel Stadtpalais** untergebracht, das komfortable Zimmer und gutbürgerliche bis gehobene Küche bietet. Papenstr. 24, Tel. 0 52 61/25 89 00, Fax 25 89 21, www.schlosshotel-stadtpalais.de.
Idyllisch im grünen Ortsteil Matorf gelegen ist das modern eingerichtete **Hotel an der Ilse,** Vlothoer Str. 77, Tel. 0 52 66/80 90, Fax 80 99, www.hotel-an-der-ilse.de.

◆**Restaurants:** Ein schönes Fachwerkhaus von 1591, früher als »Domschenke« bekannt, ist das Restaurant **Altes Backhaus,** Echternstr. 92, Tel. 0 52 61/1 43 00, www.altesbackhaus-lemgo.de.
Gutbürgerlich isst man im **Gasthof Hartmann,** Vlothoer Str. 77, Tel. 0 52 66/9 90 85, www.gasthof-hartmann-lemgo.de.
Eine Lippische Schlachteplatte serviert der rustikale **Liemer Krug,** der auch modern ausgestattete Gästezimmer anbietet. Bielefelder Str. 185, Tel. 0 52 61/96 62, Fax 96 62 49.

◆**Info: Lemgo-Information,** Kramerstr. 1, Tel. 0 52 61/9 88 70, Fax 98 87 28, www.lemgo-marketing.de.
Städtisches Museum Hexenbürgermeisterhaus, Breite Str. 19, Tel. 0 52 61/21 32 76 (Di–So 10–17 Uhr).
Eine Besichtung lohnt das **Weserrenaissance-Museum** im Schloss Brake, Schlossstr. 18, Tel. 0 52 61/9 45 00, www.wrm.lemgo.de (Di–So 10–18 Uhr).

Kirmes und Kirchen: Die westfälische Hansestadt Soest

Eine dringende Empfehlung vorweg: Niemals den Namen der westfälischen Hansestadt wie »Söst« aussprechen, sonst landet man möglicherweise im Großen Teich! Im Mittelalter setzte man in Soest Spitzbuben kahlgeschoren auf die so genannte Wippe und beförderte sie ins kalte Wasser des nicht gerade sauberen Ententeichs. Heute macht man das nur noch einmal im Jahr aus Traditionsgründen mit ausgewählten Honoratioren der Stadt, die man bei einer harmlosen Lumperei erwischt hat. Aber sicherer ist es doch, sich die korrekte Aussprache einzuprägen, zumal der Teich auch im Winter nicht zufriert: »Soost« heißt es und nicht anders!

Die Soester amüsieren sich gern: Ihre fünf Tage lange, 1417 erstmals erwähnte Allerheiligenkirmes ist die größte Innenstadtkirmes Europas. Modernste Fahrgeschäfte und Riesenräder stehen dann mitten auf dem von alten Fachwerkhäusern gesäumten Marktplatz, eine Million Besucher kommen jedes Jahr. Als Repräsentant der Kirmes wird das Jägerken von Soest gewählt, der Schelm aus Grimmelshausens »Simplicius Simplicissimus«, der im Dreißigjährigen Krieg an der Belagerung und Unterwerfung Soests teilnahm und schließlich die übelriechende Tochter des Wirtes aus dem heute noch bestehenden Soester Wirtshaus Pesel heiraten musste.

Im Mai, wenn Soests viele Gärten blühen, feiert man den Bördetag und wählt eine Bördekönigin, die dann mit dem Jägerken Spässeken treibt. Die Börde, das ist die fruchtbare Soester Landschaft, deren Quellwasser so salzhaltig ist, dass man im Mittelalter mit Salzhandel das große Geschäft machte und Hansestadt wurde. Denn nur mit Salz konnten die Fischköppe an der Küste ihren Hering konservieren.

»Das geht auf keine Kuhhaut«, sagt ein altes Sprichwort, doch das alte Soester Stadtrecht ging noch drauf. Es gilt als das erste in Deutschland und wurde 1120 tatsächlich auf eine Kuhhaut geschrieben, später allerdings so erweitert, dass es dann eben nicht mehr auf eine Kuhhaut passte. Ein Jahrhundert später kupferte Lübeck das Soester Recht ab, das mit einigen Änderungen als lübisches Recht im gesamten Ostseeraum Anwendung fand.

Der Handel mit Tuch, Wein, Korn und vor allem Salz machte Soest reich und zur damals bedeutendsten Stadt Westfalens. Das

Gleich zwölf Kirchen aus grünem Sandstein bereichern das Stadtbild

Geld wurde nicht nur in prächtige Bürgerhäuser investiert, sondern in gleich zwölf Kirchen aus Grünsandstein. Besonders beeindruckt die stämmige romanische Propsteikirche St. Patrokli mit ihrem schönen Turm. Aus der Zeit um 1150 stammen die Petrikirche, auf deren Turm am Heiligen Abend ein Turmsingen stattfindet, sowie die Nikolaikapelle mit einem Altarbild des Renaissancemalers Konrad von Soest und mittelalterlichen Fresken. Die Hohnekirche bezaubert mit ihren Wand- und Deckenmalereien und dem gotländisch anmutenden Scheibenkreuz (um 1230). Eine Kuriosität ist in der 1376 geweihten gotischen Hallenkirche Maria zur Wiese zu sehen. Da zeigt ein kleines, um 1500 entstandenes Fenster über einem Seitenausgang das »Westfälische Abendmahl«: Jesus mit seinen Jüngern bei Schweinskopf, Schwarzbrot, Bier und Schnaps! Na, wenn das kein Grund war, Soest die Erfindung des Pumpernickels zuzuschreiben!

◆ **Anfahrt:** Autobahn- und Zugverbindung mit Dortmund und Paderborn.

◆ **Unterkunft:** Etwas außerhalb liegt das komfortable, familiengeführte **Hanse Hotel** mit kleinem Restaurant. Siegmund-Schultze-Weg 100, Tel. 0 29 21/7 09 00, Fax 70 90 75, www.hansehotelsoest.de.

Ein über 400 Jahre altes Fachwerkhaus am historischen Marktplatz ist das Hotel-Restaurant **Im wilden Mann,** das gemütliche Zimmer und internationale, aber auch urtypische westfälische Küche in rustikalen Räumlichkeiten bietet. Am Markt 11, Tel. 0 29 21/1 50 71, Fax 1 72 80, www.im-wilden-mann.de.

◆ **Restaurants:** Der älteste Gasthof Westfalens ist das seit 1304 existierende **Pilgrimhaus,** das dem durch Grimmelshausens »Simplicius Simplicissimus« weltberühmten Kloster Paradies vor den Toren Soests unterstellt war. Spezialitäten sind Lamm und Ente aus der Börde. Übernachten kann man hier auch, in komfortablen renovierten Zimmern. Jakobistr. 75, Tel. 0 29 21/18 28, Fax 1 21 31, www.pilgrimhaus.de.

Ein elegantes Restaurant mit regionalen Spezialitäten und internationaler Küche ist **Am Kattenturm,** Dasselwall 1, Tel. 0 29 21/1 39 62, www.restaurant-am-kattenturm.de.

◆ **Info: Tourist-Information Soest,** Teichsmühlengasse 3, Tel. 0 29 21/66 35 00 50, Fax 66 35 00 99, www.soest.de. **Allerheiligenkirmes:** Mittwoch bis Sonntag nach Allerheiligen, www.soester-allerheiligenkirmes.org. **Bördefest:** Zweites Wochenende im Mai.

Deutschlands Unterwelt: Die Atta-Höhle im Sauerland

Wie unterscheidet man Stalaktiten von Stalagmiten? Da hilft eine Eselsbrücke: Man stelle sich das »t« in StalakTiten als Großbuchstaben vor, und schon weiß man, dass diese Tropfsteine von der Decke herabhängen, während die StalagMiten vom Boden in die Höhe ragen. Jedes Jahr wachsen die wundersamen Formationen um etwa einen Millimeter.

Das alles und noch viel mehr erzählt der Führer, der seine andächtig lauschenden Gäste durch die unterirdische Wunderwelt der sauerländischen Atta-Höhle unweit der alten Hansestadt Attendorn geleitet. Er bittet auch darum, die Tropfsteine keinesfalls zu berühren: Das Fett der Haut verhindert die Ablagerung von Kalk und somit das Wachstum.

Bald redet keiner mehr, nur noch die Schritte hallen, und stetig gluckst und tropft das Wasser, seit etwa 400 Millionen Jahren schon, als sich Kalkgebirge in den Korallenriffzonen des devonischen Meeres bildeten. Jahraus, jahrein ist es hier 9 Grad kühl, und die Luft ist sauberer als im Hochgebirge oder an der See, völlig staub-, keim-, allergen- und ozonfrei, mit einer Feuchtigkeit von 95 Prozent. Also hat man in der Atta-Höhle eine »Gesundheitsgrotte« eingerichtet: Speläotherapie, eine Sonderform der Klimatherapie, ist bei Asthmatikern und Allergikern im Kommen, aber auch bei stressgeplagten Managern.

Es waren Steinbrucharbeiter der Biggetaler Kalkwerke, die 1907 durch eine Sprengung die wunderschöne Tropfsteinhöhle freilegten. Jährlich bestaunen an die 350 000 Besucher das ausgedehnteste zusammenhängende Höhlensystem Deutschlands, dessen größter, erst 1986 entdeckter Teil noch kaum erforscht ist. Über 5000 Meter soll er lang sein.

Was man auf dem 1800 Meter langen Führungsweg hinein in das Höhlenlabyrinth entdeckt, ist atemberaubend genug: bis zu vier Meter lange, kunstvoll gewachsene Stalagmiten und Stalaktiten, steinerne Faltenwürfe, die Sinterfahnen genannt werden, milchweiß wie Alabaster leuchtendes Gestein, das Farbenspiel der Minerale und dazwischen kleine Seen mit glasklarem Wasser. Die bizarren Felsformationen beflügeln die Fantasie: Die Alhambra-Halle erinnert tatsächlich an die Maurenburg in Andalusien, und die Tropfsteine in der Orgelgrotte sehen aus wie Pfeifen.

Doch auch oberirdisch hat die Region einiges zu bieten. Die Höhle liegt mitten im Freizeit- und Erholungsgebiet Südsauerland. Wenige Kilometer südlich von Attendorn tummeln sich Wassersportler auf der

In Jahrmillionen gewachsen und in ihren Tiefen noch kaum erforscht: die Atta-Höhle

Biggetalsperre, dem größten Stausee Nordrhein-Westfalens. In Attendorn selbst sind der »Sauerländer Dom« St. Johannes Baptist mit Barockausstattung, das gotische Alte Rathaus und die hoch über der Stadt thronende Burg Schnellenberg sehenswert. Sie wurde im 13. Jahrhundert errichtet und im 16. Jahrhundert im Renaissancestil ausgebaut, heute ist sie ein Hotel. Von hier schweift der Blick über die sattgrüne Hügellandschaft mit der tiefblauen Biggetalsperre. Kaum vorstellbar, dass hier vor Millionen von Jahren ein tropisch-warmes Meer die Zauberwelt der Atta-Höhle schuf.

◆ **Anfahrt:** Von Köln, Dortmund oder Frankfurt/Main über Olpe nach Attendorn, ab dort ist die Atta-Höhle sehr gut ausgeschildert. Von Siegen und Gießen fahren Züge nach Attendorn.

◆ **Unterkunft:** In der schönsten Burganlage des Sauerlands, 2 km östlich von Attendorn, ist heute das **Burghotel Schnellenberg** untergebracht, das seine Gäste mit stilvoll eingerichteten Zimmern, Wellness und kulinarischen Delikatessen wie fangfrischer Sauerländer Bachforelle verwöhnt. Schnellenberg 1, Schnellenberg, Tel. 0 27 22/69 40, www.burg-schnellenberg.de.
Das älteste Gasthaus in Attendorn, das **Hotel Rauch,** residiert in einem 1644 erbauten Haus im historischen Stadtkern und bietet individuelle komfortable Zimmer. Wasserstr. 6, Attendorn, Tel. 0 27 22/ 9 24 20, www.hotel-rauch.de.

◆ **Restaurants:** Direkt am Eingang der Atta-Höhle liegt das 1990 neu erbaute **Höhlenrestaurant Café Himmelreich,** dessen Gewölbedecken etwas Höhlenflair vermitteln, Tel. 0 27 22/9 37 50.
Eine Institution in Attendorn ist das **Café Harnischmacher,** dessen Spezialität die süßen Attendorner Iserköppe (Pralinen) sind. Niederste Straße 5, Attendorn, Tel. 0 27 22/23 70, www.harnischmacher.com.

◆ **Info: Attendorner Tropfsteinhöhle,** Finnentroper Straße, Attendorn, Tel. 0 27 22/ 9 37 50, Fax 93 75 25, www.atta-hoehle.de.
Mai bis Sept. tgl. 9–16.30 Uhr, März, April, Okt. tgl. 10 bis 16 Uhr, Nov.–Feb. tgl. außer Mo 10.30–15.30 Uhr.
Attendorner Hanse – Gesellschaft für Stadtmarketing und Tourismus, Rathauspassage, Attendorn, Tel. 0 27 22/48 97, Fax 47 75, www.attendorn.de.

Die Wasserschlösser des Münsterlands

**»Seltsames schlummerndes Land!
so sachte Elemente! so leise seufzender Strichwind,
so träumende Gewässer, so kleine friedliche
Donnerwetterchen ohne Widerhall!«**

So zärtlich beschrieb Annette von Droste-Hülshoff (1797–1848), zu ihrer Zeit unverstanden und ungelesen, heute als eine der größten deutschen Dichterinnen verehrt, ihr Münsterland. Zwei Herrensitze haben das Leben der oft kranken Einzelgängerin bestimmt. Geboren wurde sie auf der immer wieder umgebauten Wasserburg Hülshoff bei Münster-Roxel, die seit dem 15. Jahrhundert in Familienbesitz war. Hier verbrachte sie ihre Jugend, schrieb ihre ersten Gedichte. Ab ihrem 29. Lebensjahr wohnte sie dann im geliebten Rüschhaus acht Kilometer nordwestlich von Münster,

Schönste Burg im Münsterland: Burg Vischering

das Johann Conrad Schlaun, Westfalens großer Barockarchitekt, 1745–1749 als Sommersitz für die Familie errichtet hatte. Von vorne wirkt es wie ein Bauernhaus, doch die rückwärtige Partie ist ein französischer Herrensitz mit Barockgarten. Auch Droste-Hülshoffs Wohn- und Arbeitszimmer, von ihr »Schneckenhäuschen« genannt, ist erhalten. Rundwege verbinden die beiden wenige Kilometer voneinander entfernten Anwesen, in denen zu Ehren der Dichterin Museen eingerichtet wurden.

Über 150 oft versteckte Adelssitze sind im Münsterland noch zu finden. Es ist noch gar nicht so lange her, dass diese elegische grüne Landschaft aus ihrem Dornröschenschlaf erwacht ist. Erst in den 1980er Jahren wies man ein 1400 km langes Radwegenetz aus, das mehr als 100 Wasserschlösser, Herrensitze, Burgen und Gräftenhöfe verbindet. Gemütlich radelt man auf Nebenstraßen und »Pättkes«, wie die querfeldein führenden schmalen Rad und Wanderwege hier heißen. In humanen Abständen gibt es kleine Hotels, Pensionen und Bauerncafés, und in manchen Schlössern wird sogar noble Cuisine aufgetragen. Aber noch immer sind die meisten Herrensitze in – zunehmend auch bürgerlichem – Privatbesitz und nur aus der Ferne zu bewundern; manchmal darf man wenigstens einen Blick in den Park werfen. Einige der schönsten stehen jedoch zur Besichtigung offen. Kein Anwesen gleicht dem anderen, doch allesamt sind sie aus Tieflandsburgen entstanden, die meist auf einem künstlichen Hügel errichtet wurden und von einem Wassergraben geschützt waren. Später baute man sie in ländliche Schlösser oder Amtshäuser um.

Schönste Burg des Münsterlandes ist die Burg Vischering in Lüdinghausen. 1271 als Bollwerk des Bischofs von Münster errichtet, ist sie zwar nicht einmal die älteste der Region, aber mit Vorburg, Ringmantelburg, Zugbrücke, Graben und festen Mauern geradezu das Ideal einer mittelalterlichen Wehranlage. Hier ist das Münsterlandmuseum untergebracht, und die Burg lockt mit einem opulenten »Ritteressen«. Man kann es aber auch bei einer Stippvisite mit Kaffee und Kuchen belassen. Das Erstaunlichste an dieser hinter Erlen- und Eichenwäldchen versteckten Burg ist, dass man sie erst sieht, wenn man schon fast vor ihr steht.

Nicht minder sehenswert ist Schloss Nordkirchen, das der Fürstbischof Friedrich Christian von Plettenberg 1703 in Auftrag gab und das Johann Conrad Schlaun

◆ **Anfahrt:** Autobahn- und Zugverbindungen u. a. von Essen, Dortmund und Osnabrück nach Münster, ab hier Landstraßen und Radwege.

◆ **Unterkunft:** Luxuriös nächtigt man im **Parkhotel Wasserburg Anholt,** das auch Nicht-Übernachtungsgästen zur Besichtigung des Schlossmuseums und der Bibliothek offen steht. Restaurant mit verfeinerter internationaler Küche. Klever Str., Isselburg-Anholt, Tel. 0 28 74/45 90, Fax 40 35, www.burg-hotel-anholt.de.

Das **Schlosshotel Lembeck** bietet individuelle, mit altem Schlossmobiliar eingerichtete Zimmer. In der Schlosskapelle kann man heiraten und im Schlaun'schen Festsaal tafeln. Dorsten-Lembeck, Tel. 0 23 69/72 13 oder 72 83, Fax 7 73 70, www.schlosslembeck.de.

◆ **Restaurants:** Das **Café-Restaurant Burg Vischering** hat einen Biergarten im historischen Innenhof und veranstaltet im Kellergewölbe nach Voranmeldung Ritteressen. Berenbrock 1, Lüdinghausen, Tel. 0 25 91/7 82 78, www.burg-vischering.de.

Eine der vielen Wasserburgen im Münsterland: Burg Anholt in Isselburg-Anholt

1734 in wunderbar proportioniertem, barock-klassizistischem Baustil aus hellem Sandstein und dunklen Ziegeln mit Gartenanlage, Orangerie und Skulpturen vollendete. Die UNESCO stufte das Ensemble als »Gesamtkunstwerk von internationalem Rang« ein. »Westfälisches Versailles« mag angesichts von Schlauns angenehm zurückhaltender Eleganz dann aber doch etwas übertrieben sein. Heute nutzt eine Fachhochschule das größte Schloss Westfalens. Fleißig gelernt wird auch im Haus Buldern bei Dülmen: Der spätklassizistische Bau aus dem 19. Jahrhundert ist ein exklusives Privatinternat. Besonders romantisch ist aber die barocke Anlage von Schloss Lembeck bei Dorsten aus dem 17. Jahrhundert. Im Anwesen der Grafen von Merveldt können sich Paare trauen lassen und die Hochzeitsnacht im Himmelbett verbringen.

Besonders gut isst man im **Schlossrestaurant Nordkirchen:** raffiniert international im Gourmetrestaurant, preiswerter in Bistro und in der Bierstube. Schloss 1, Nordkirchen, Tel. 0 25 96/97 24 72.

◆ **Info: Münsterland-Touristik,** An der Hohen Schule 13, Steinfurt, Tel. 0 25 51/93 92 91, www.muensterland-tourismus.de

Burg Hülshoff, Tel. 0 25 34/10 52, www.burg-huelshoff.de, tgl. 9.30–18 Uhr, Park bis 20 Uhr.

Rüschhaus, Tel. 0 25 33/13 17, www.droste-gesellschaft.de, Führungen März/April und Nov. 11, 12, 14, 15 Uhr, Mai–Okt. 10–12, 14–17 Uhr zur vollen Stunde.

Burg Vischering, Tel. 0 25 91/7 99 00, www.burgvischering.de, April–Okt. Di–So 10–12.30, 13.30–17.30, sonst bis 16.30 Uhr.

Schloss Nordkirchen, Tel. 0 25 96/91 71 37, www.nordkirchen.de, Mai–Sept. So 11–17, Okt.–April So 14–16 Uhr.

Wasserschloss Steinfurt, Tel. 0 25 51/13 83, Mo–Do 8–15, Fr 8–11 Uhr, nur Gruppen nach Anmeldung.

Wie Industrie zum Kulturerbe wird:

Zeche Zollverein in Essen

»Kunst ist schön, macht aber viel Arbeit«, kommentierte der Komiker Karl Valentin. Im Ruhrgebiet macht man mit großem Engagement aus Industriestätten Kunst – Essen schuf mit der stillgelegten Zeche Zollverein sogar ein Weltkulturerbe.

Schönste Zeche der Welt? Die größte, modernste und leistungsfähigste Steinkohleförderanlage war sie zweifellos, die 1986 geschlossene Schachtanlage XII. Ihr markantes Doppelbockfördergerüst mit der Aufschrift »Zollverein«, nachts effektvoll angestrahlt, ist ein Wahrzeichen des Ruhrgebiets. Die Kumpel, die hier einst unter Tage malochten, hatten kaum Sinn für die Ästhetik der ab 1927 entstandenen, auf Symmetrien bedachten Architektur. Sie haben die Hallen und Maschinenhäuser gar nicht betreten – und erst recht nicht den Ehrenhof vor dem Förderturm, wo man Staatsgäste und Industriebosse empfing.

Die gleichmäßig gerasterten Stahlfachwerkkonstruktionen mit nur zwölf Zentimeter dünnen Backsteinausfachungen und horizontalen Drahtglasbändern beeinflussten die Industriearchitektur bis in die 1960er Jahre hinein. Diese Bauten konnten die über Tage arbeitenden Bergleute, die aus den Waschkauen der älteren, östlich angrenzenden Zeche Zollverein 1/2/8 von hinten über eine schmale Verbindungsbrücke auf die Anlage kamen, allesamt erst nach der Zechenstilllegung betrachten. Beschäftigung in den Tempeln der einstigen Schwerstarbeit finden heute ganz andere: Designer, Künstler, Mediengestalter, Architekten, PR-Agenturen und Galerien.

Immerhin: Einige Kumpel von damals führen Besucher durch die Zeche und erzählen aus ihrem Arbeitsalltag, den man

◆ **Anfahrt**: Autobahn- und Zugverbindungen u. a. mit Köln und Dortmund.

◆ **Unterkunft:** In einer schönen Villa im Stadtteil Kettwig bietet das **Hotel Residence** elegante Zimmer und erlesene Küche mit regionalen Akzenten. Auf der Forst 1, Essen-Kettwig, Tel. 0 20 54/9 55 90, www.hotel-residence.de.

Der **Zollverein Touristik** arrangiert Unterkünfte mit Frühstück in der Nähe bei ehemaligen Bergmannsfamilien. Kokerei Zollverein, Arendahls Wiese, Tel. 0 20 54/8 60 59 40, www.zollverein-touristik.de.

◆ **Restaurants:** In der ehemaligen Kompressorenhalle der Zeche bietet das **Casino Zollverein** feine Gerichte der Neuen Deutschen Küche und als Hommage an die schwer schuftenden Bergleute Rheinischen Sauerbraten. Gelsenkirchener Str. 181,

Früher Arbeitsstätte der Kumpel – heute Industriedenkmal und Freizeitstätte

in den Hochglanzprospekten nur geschönt oder in den Installationen in der Kokerei, der längst die Hitze fehlt, künstlerisch überzeichnet wiederfindet. Lobenswert ist, dass man inzwischen auch so manches von den sowjetischen Zwangsarbeitern erfährt, die sich hier im Zweiten Weltkrieg zu Tode schufteten.

Mit Hilfe des Stararchitekten Norman Foster wurde aus dem ehemaligen Kesselhaus das Red Dot Design Museum. Es präsentiert wohlgeformte Gegenstände des täglichen Gebrauchs wie Besteck, Küchenarmaturen, Möbel und Büroeinrichtungen. Außerdem besucht man den »Kunstschacht Zollverein« auf Schacht 1/2/8, das »Phänomania/Erfahrungsfeld« auf Schacht 3/7/10 und die Dauerausstellung »Palast der Projekte« von Ilya und Emilia Kabakov in der Kokerei. Die Website der Zeche Zollverein informiert über aktuelle Wechselausstellungen, Kino- oder Konzertaufführungen.

Ja, Design ist das große Zauberwort, da sich klassische Unternehmen bisher noch nicht so recht hierhertrauen. Eine »designstadt Zollverein« soll Firmen und Existenzgründer anlocken. Die 2006 im Gebäude der ehemaligen Kohlenwäsche gezeigte Ausstellung »ENTRY2006« verstand Design als »Herzstück der Kreativwirtschaft und als Wettbewerbs- und Innovationsfaktor der Zukunft«. Immerhin: Heute arbeiten auf allen ehemaligen Schachtanlagen bereits mehr als tausend Menschen.

Tel. 02 01/83 02 40, www.casino-zollverein.de. Auf dem Gelände der Zeche gibt es auch mehrere Cafés. Eine urige Brauereiwirtschaft mit herzhafter Ruhrpottküche ist die **Dampfe,** Heinrich-Brauns-Str. 9–15, Tel. 02 01/ 63 00 70, www.dampfe.de.

◆ **Info: Besucherzentrum Stiftung Zollverein** und **Route der Industriekultur,** Halle 14, Kohlenwäsche, Zollverein, Essen, Tel. 02 01/8 30 36 36, www.zollverein.de (April–Okt. 10–19 Uhr, Nov.–März Sa–Do 10–17, Fr 10–19 Uhr).

In Essen u. a. sehenswert ist das **Münster** mit der vermutlich ältesten vollplastischen Marienfigur des Abendlandes und das **Museumszentrum** mit Museum Folkwang (bis Mai 2009 in der Villa Hügel) und dem Ruhr Museum auf Zollverein (ab September 2008).

Im Hohen Dom zu Köln

Vollbusige Funkenmariechen und Fußballspieler des FC Köln, hoch auf den Domspitzen in Stein gemeißelt? Bisse jeck? Nun ja, die Steinmetze, die nach dem Zweiten Weltkrieg eine Vielzahl von Kreuzblumen ersetzen mussten, wollten eben nicht immer das gleiche steinerne Blattwerk bearbeiten. Sogar Kennedy, Chruschtschow und de Gaulle sind dabei: 1960er Jahre eben. Von unten bräuchte man ein Fernglas, um das gesamte Panoptikum zu entschlüsseln. Den Tauben ist es ohnehin egal, worauf sie köteln und damit den Steinmetzen auf ewig Arbeit sichern. Daran können auch die Wanderfalken nicht viel ändern, die man als »biologische Taubenwaffe« im Dom angesiedelt hat. Sechs Millionen Euro kostet der Unterhalt des Kölner Doms – pro Jahr.

Der Deutschen liebstes Bauwerk ist eine unendliche Geschichte. Begonnen hat sie 1248, als Erzbischof Konrad von Hochstaden den Grundstein legte und Meister Gerhard anfing, die größte gotische Kathedrale der Welt zu bauen. »Gotisch« nannte man das damals noch nicht: Der Begriff kam als Schimpfwort in Mode, als die Renaissance ihren Siegeszug angetreten hatte und auch die Kölner die Lust am Weiterbau verloren. 1560 stellte man die Arbeiten ein: Der Baukran über dem Südturm wurde zum Wahrzeichen Kölns.

Doch selbst das unvollendete Werk beeindruckte: So besuchte ein Republikaner wie Georg Forster 1790 »diesen herrlichen Tempel, um die Schauer des Erhabenen zu fühlen«. Da hatte der Dom seine schlimmsten Tage, die Entweihung durch Napoleons Truppen, noch vor sich. Goethe fand ein »krausborstiges Ungetüm« vor, nannte aber 1821 den Dom, dessen Wiederaufbau er unterstützte, »das tüchtigste, großartigste Werk, das vielleicht je mit folgerechtem Kunstverstand auf Erden gegründet worden«. 1814 fand man die mittelalterlichen Baupläne der Westfassade wieder, und so tönte der Publizist Joseph Görres in vaterländischem Pathos: »In seiner trümmerhaften Unvollendung, in seiner Verlassenheit, ist er ein Bild gewesen von Teutschland seit der Sprach- und Gedankenverwirrung; so werde er denn auch ein Symbol des neuen Reiches, das wir bauen wollen.«

Da mochte Heine in »Deutschland. Ein Wintermärchen« noch so sehr über »die armen Schelme vom Domverein« spotten: 1842 legte Preußens König Friedrich Wilhelm IV., der »Romantiker auf dem Throne«, den Grundstein zur Domvollendung, und keinem »Franzosenfresser« der damaligen Zeit fiel auf, dass die Gotik alles andere

Als »krausborstiges Ungetüm« titulierte Goethe einst den Dom zu Köln

als altdeutscher Stil war, sondern in der französischen Île de France ihre ersten Triumphe gefeiert hatte. Gleichviel: Was der geniale Dombaumeister Ernst Friedrich Zwirner (1802–1861) schuf, ist so authentisch gotisch, wie es nur sein kann, und dass der Dom so vortrefflich mit der stählernen Hohenzollernbrücke und dem benachbarten Hauptbahnhof harmoniert, war von Anfang an als Verbindung zwischen moderner Technik und mittelalterlicher Architektur geplant. Tatsächlich fällt man vom Hauptbahnhof fast in den Dom hinein, und so können ihn auch Durchreisende zwischen zwei Zügen besichtigen (ein Portal des nördlichen Querhauses steht offen). Wenn die Zeit bis zum nächsten Anschluss sehr knapp ist, wirft man wenigstens durch die verglaste Eingangshalle des Bahnhofs einen Blick auf das Kölner Wahrzeichen.

Was vermutlich nicht möglich ist: die gesamten 7000 Quadratmeter Fläche der gewaltigen Westfassade mit ihren zwei 157 m hohen Türmen von der meist zugigen Domplatte aus auf ein Foto zu bannen. Ein Tipp: Den besten Fassadenblick bietet die große Terrasse des vornehmen Café Reichard. Aber interessante Perspektiven eröffnen sich an vielen Standorten. Seitdem die Kölner am anderen Rheinufer und eigentlich weit weg vom Dom Hochhäuser planen, droht die UNESCO gar mit der Aberkennung des Weltkulturerbes: So wichtig ist die visuelle Integrität des Doms für die Kölner Stadtsilhouette.

Den sechs Millionen Dombesuchern pro Jahr ist das Gezerre ums Weltkulturerbe wahrscheinlich egal. Denn die architektonischen und künstlerischen Schätze des Doms sprechen für sich. Alt und Neu fügen sich harmonisch ineinander. Man betritt den Dom durch das unter dem Südturm gelegene Petersportal, dessen Skulpturen zwar schon im Mittelalter vollendet waren, jedoch heute durch Abgüsse ersetzt sind, um die kostbaren Engel, Propheten und Heiligen vor saurem Regen zu schützen. Wer von hier aus die 509 Stufen, vorbei an der Glockenstube, zur 97 m hohen Aussichtsplattform hinaufsteigt, hat sich sein Mittagessen redlich verdient. Der Blick auf die Dachlandschaft des Doms und hinüber bis zum Siebengebirge ist einzigartig.

Aber nun hinein in die Hohe Domkirche St. Peter und Maria! Man besichtigt sie am besten im Uhrzeigersinn. Schon das Mittelschiff, fast 120 m lang und 43 m hoch, ist ein Erlebnis gotischer Lichtarchitektur, ein mystischer Wald aus Strebebögen mit über hundert Pfeilern und riesigen bunten Glasfenstern. Besonders wertvoll sind die fünf Renaissancefenster (1507–1509) an der nördlichen Wand des Seitenschiffs. Das Geburt-Christi-Fenster und das Anbetungsfenster mit den Heiligen Drei Königen gelten als Meisterwerke. Einige Schritte weiter zeigt der 1360 entstandene exquisite Clarenaltar Szenen aus dem Leben Jesu.

In der Vierung zwischen Lang- und Querhaus wird der Gottesdienst zelebriert. Dahinter liegt der nur auf einer Führung zugängliche Binnenchor mit dem mittelalterlichen Hochaltar von 1322, dessen Marmorplatte fast sieben Tonnen wiegt. Das 1308–1311 geschnitzte Chorgestühl ist mit seinen 104 Plätzen das größte in Deutschland. Hier nahmen Domkapitel und hohe Kirchenmänner Platz. Je ein Sitz ist für den Papst und den Kaiser reserviert. Mit einer Taschenlampe entdeckt man Bibelthemen, antike Mythologien sowie Szenen mit Tiergestalten, Fabelwesen und Dämonen. Die Chorschranken hinter dem Gestühl zeigen einen auf der Innenseite farbigen Bilderzyklus aus der Kölner Malerschule, der um 1322–1340 entstand. Noch älter sind die überlebensgroßen Chorpfeilerfiguren von Christus, Maria und den zwölf Aposteln (um 1270–1290), die durch ihren lebendigen Ausdruck faszinieren.

Oft übersehen wird das 1300 m² große Bodenmosaik (19. Jh.) des Chors, das die

◆ **Anfahrt:** Autobahn-, Zug- und Flugverbindungen mit allen deutschen Großstädten. Der Dom ist vom Hauptbahnhof in zwei Minuten zu Fuß zu erreichen.

◆ **Unterkunft:** Gleich gegenüber dem Dom bietet das noble **Excelsior Hotel Ernst** elegante Zimmer und Wellness. Trankgasse 1–5, Domplatz, Tel. 02 21/27 01, Fax 2 70 33 33, www.excelsior-hotel-ernst.de. Ein elegantes privates Designerhotel in Domnähe ist das **Eden Hotel Früh** am Dom, Sporergasse 1, Tel. 02 21/27 29 20, Fax 2 58 04 95, www.hotel-eden.de. Einen tollen Blick vom rechtsrheinischen Ufer auf die Altstadt mit Dom bietet das preiswerte **Rhein-Hotel St. Martin,** Frankenwerft 31–33,

Feierliche Zeremonie im lichtdurchfluteten Innenraum

Geschichte des Doms erzählt. Die begann ja eigentlich mit einem schnöden Raub. In Kaiser Barbarossas Auftrag überführte 1164 der Kölner Erzbischof Rainald von Dassel, gleichzeitig kaiserlicher Heerführer, die Gebeine der Heiligen Drei Könige aus dem aufständischen und infolgedessen geplünderten Mailand nach Köln. Dem Pilgerstrom war der alte, um 870 entstandene »Hildebold Dom« nicht mehr gewachsen. Die drei Heiligen ruhen im größten Schatz der Kirche: dem prunkvollen Dreikönigenschrein. Damit möglichst viele Pilger ihn sehen konnten, legte man einen Chorumgang an, dessen enorm hohe Obergadenfenster (1315) den größten original erhaltenen Glasmalereizyklus des 14. Jahrhunderts in Europa darstellen, der überdies fast vollständig geblieben ist.

Nach ein paar Metern schon findet man links vom Chorumgang die Kreuzkapelle, in der das berühmte Gerokreuz (um 976) hängt. Die früheste erhaltene Großplastik des mittelalterlichen Abendlandes war vermutlich eine Schenkung des Erzbischofs Gero. Christus ist auffallend realistisch dar-

Tel. 02 21/2 57 79 55, www.koeln-altstadt.de/rheinhotel.

◆ **Restaurants:** Im über 400 Jahre alten Traditionsrestaurant **Em Krützche** gibts deftige Kölner Küche, darunter Gänse- und Fasanenbraten oder »Himmel un Äd« (gebackene Blutwurst auf Kartoffel-Apfel-Püree). Am Frankenturm 1, Tel. 02 21/2 58 08 39, www.em-kruetzche.de. Unverfälschte Kölscher Spezialitäten, wie hausgemachten Sauerbraten in Mandel-Rosinensauce mit Kartoffelkloß und Apfelmus, servieren viele Brauhäuser der Altstadt, darunter das besonders alte **Gaffel Haus,** Alter Markt 20–22, Tel. 02 21/2 57 76 92, www.gaffel-haus.de.

Renaissance-Fenster im Seitenschiff

gestellt, im Augenblick des Todes, mit würdevollem, vom Leben gezeichnetem Antlitz. Von hier führt eine Tür zur hochgotischen Sakramentskapelle.

Genau in der Mittelachse des Doms, im Chorhaupt, wurde der mit 2,20 m Länge größte und berühmteste Reliquienschrein des Abendlandes, der Dreikönigenschrein, aufgestellt. Um 1190 bis um 1220 schufen der Goldschmied Nikolaus von Verdun und seine Schüler diese Miniaturbasilika. Auf der Vorderseite (nur sie aus purem Gold) zeigen edelsteinbesetzte Verzierungen die Heiligen Drei Könige bei der Anbetung, daneben tauft Johannes den Erlöser, darüber thront Christus als Weltenherrscher. An den Längsseiten stellen vergoldete Silbertreibarbeiten Figuren der Propheten und Apostel dar. Auf der Rückseite erscheint u. a. Erzbischof Rainald von Dassel.

Von den sieben unverändert erhaltenen Chorkapellen besonders sehenswert sind die Dreikönigenkapelle, deren Mittelfenster mit biblischen Szenen schon um 1260 eingesetzt wurde, und die Marienkapelle. Hier ist der berühmte Flügelaltar der Stadtpatrone zu sehen, ein um 1442 von Stefan Lochner geschaffenes Bildwerk, dessen Mitteltafel die Anbetung Marias und des Jesuskinds durch die Heiligen Drei Könige zeigt.

Wenn man dann auch die kostbare Domschatzkammer vor dem nördlichen Langchor besucht hat, tritt man wieder ins Freie und lässt den Blick noch einmal über die »ungeheure, mit Fialen und Türmchen beladene schwarze Masse« (Victor Hugo) schweifen. An dem Tag, an dem der Dom fertig gebaut ist, geht die Welt unter, heißt es in Köln. Das kann sich wohl noch etwas ziehen mit der Apokalypse …

◆ **Info: Kölner Dom,** Domkloster 4, Tel. 02 21/17 94 02 00, www.koelner-dom.de und www.dombau-koeln.de, tgl. 6–19.30 Uhr; Führungen Mo–Sa 11, 12.30, 14, 15.30, So 14, 15.30 Uhr, Führungen zu den Ausgrabungen: Di, Do 16.15, Sa 11 Uhr, nur mit Voranmeldung unter Tel. 02 21/92 58 47 30; Dombesteigung: Nov.–Feb. 9–16, März, April, Okt. 9–17, Mai–Sep. 9–18 Uhr.
Große **Sehenswürdigkeiten** in Köln sind zwölf romanische Kirchen, das romanische Overstolzenhaus, das Römisch-Germanische Museum, das Wallraf-Richartz-Museum mit riesiger Gemäldesammlung und das Museum Ludwig mit großer Picasso-Kollektion.
Köln Tourismus, Unter Fettenhennen 19, Tel. 02 21/22 13 04 00, www.koelntourismus.de.

Rheinische Rokokoherrlichkeit: Die Brühler Schlösser Augustusburg und Falkenlust

»In Schloss Augustusburg als der ersten herausragenden Schöpfung des Rokoko in Deutschland ist der europäische Geist noch heute lebendige Wirklichkeit«, urteilte die UNESCO 1984, als sie die Brühler Residenz zusammen mit Schloss Falkenlust und den Brühler Gärten südlich von Köln zum Weltkulturerbe erklärte.

Schuld an allem war der bayerische Kurfürst Karl Albrecht. »So altmodisch baut doch heute kein Mensch mehr«, mahnte er seinen Bruder, Clemens August (1700 bis 1761), fünfter und letzter Kurfürst und Erzbischof von Köln aus dem Hause Wittelsbach, als dieser ihm 1725 die Pläne des westfälischen Baumeisters Johann Conrad Schlaun zeigte. Albrecht schickte seinen Hofarchitekten François de Cuvilliés und den Gartenkünstler Dominique Girard, Schüler des großen Le Nôtre, aus München nach Brühl. Die besten Architekten, Maler, Bildhauer und Stuckateure aus Italien,

Sehnsucht nach Versailles am Rhein: Schloss Augustusburg

Frankreich, den Niederlanden und Süddeutschland schufen in Brühl in vierzig Jahren Bauzeit ein glanzvolles Gesamtkunstwerk des Rokoko.

Mit dem Prunktreppenhaus, heute festlicher Rahmen für die Brühler Schlosskonzerte, gelang Balthasar Neumann 1740 bis 1746 ein architektonisches Meisterwerk. Farbiger Stuckmarmor an Säulen, Gewölben und Wänden sowie das prachtvolle Deckenfresko von Carlo Carlone sorgen für eine unübertroffene Farbkomposition. Das Bildprogramm preist die ruhmreiche Gestalt von Clemens August als kurkölnischem Herrscher. Das ebenfalls von Carlone geschaffene Deckenfresko des angrenzenden Gardensaals ist eine Huldigung an den illustren Bruder Karl Albrecht, der 1742–1745 unter dem Namen Karl VII. deutscher Kaiser war. Eine Götterversammlung nimmt eine idealisierte Wittelsbacher Heldengestalt auf, umschwebt von den allegorischen Tugendfiguren, der von den vier Erdteilen gehuldigt wird. Tatsächlich war Karl Albrechts dreijährige Kaiserherrschaft aber nur eine recht unbedeutende Episode in der Geschichte.

Im folgenden Speise- oder Musiksaal huldigen, wieder auf einem Deckenfresko Carlones, Apollon und die neun Musen Clemens August, der mit dem Hochmeister-Kreuz des Deutschen Ritterordens geschmückt ist, während an den Wänden und im Deckenstuck die Personifikationen und Embleme der Tages- und Jahreszeiten, der Elemente, der Künste und der Herrschertugenden dem Deckenfresko zugeordnet sind.

Noch faszinierender ist der Audienzsaal, der die vielleicht reichste und schönste Decke des späten deutschen Rokoko besitzt. Vergoldeter Stuck mit gemalten Scheinschatten fasst die nuancenreichen Falkenjagdszenen von Joseph Billieux ein. Strukturen und Farbgebung harmonieren bis ins Detail mit den wie Stickereien wirkenden Zierbeeten und dem Grün des Rokokogartens. Durch das benachbarte Paradeschlafzimmer geht es weiter ins Kabinett, auf dessen Deckenmalereien Affen jagen gehen.

Im ersten Stock entfaltet sich im Gelben Appartement eine ungemein elegante, ganz in Gold und Weiß gehaltene Raumfolge, die François de Cuvilliés ab 1728 in den Formen der Régence und des frühen Rokoko ausstattete.

An heißen Tagen zog man sich ins Sommerappartement im Erdgeschoss zurück. Hier sorgen Marmorböden und um 1738 gefertigtes niederländisches blauweißes Fliesendekor, das Genreszenen nach nieder-

◆ **Anfahrt:** Von Köln mit der Straßenbahnlinie 18 nach Brühl-Mitte oder mit der Bahn von Köln und Bonn nach Brühl (Bahnhof direkt gegenüber dem Schloss).

◆ **Unterkunft:** Wer nicht im nahen Köln übernachtet, findet in Brühl originelle Unterkunft im **Hotel Phantasia,** das zum gleichnamigen Vergnügungspark gehört und als chinesische Pagodenstadt gestaltet ist. Berggeiststr. 31–41, Tel. 0 22 42/36 94 10, Fax 36 96 01, www.hotelphantasia.de. Preiswerter schläft man im **Hotel Am Stern,** Uhlstr. 101, Tel. 0 22 42/1 80 00, Fax 1 80 55, www.hotel-am-stern.de.

◆ **Restaurants:** In **Glaewe's Restaurant** genießt man gehobene Küche, die Bodenständiges mit kreativen Highlights versieht. Balthasar-Neumann-Platz 34, Tel. 0 22 32/1 35 91, www.glaewesrestaurant.de.

Prächtiger Stuck, farbiger Marmor und ein prunkvolles Deckenfresko im Treppenhaus

ländischen Meistern und Figuren der Commedia dell'arte zeigt, für Kühle.

Nur einen reizvollen Spaziergang von Schloss Augustusburg entfernt liegt am Rande eines Wäldchens das Jagdschloss Falkenlust, das zwischen 1729 und 1737 nach Plänen von François de Cuvilliés als »maison de plaisance« entstand. Es gilt als eine der intimsten und kostbarsten Träumereien des frühen Rokoko in Deutschland und diente dem Kurfürsten als Jagdrefugium, als Lusthaus für intime Soupers mit Mätressen und als Ort für politische Geheimverhandlungen. Das Motiv der Falkenjagd ist allgegenwärtig: auf den Fliesen, dem Stuck, den Porträts, der Rocailledekoration. Besonders exquisit gestaltet sind das Lackkabinett, ein Beispiel für inszeniertes China, und das prunkvolle Spiegelkabinett. 1763 war der junge Mozart auf Falkenlust zu Gast, und man möchte gern glauben, dass er sich an die hiesigen Falknereiszenen erinnerte, als er den lustigen Vogelfänger Papageno in der »Zauberflöte« schuf.

◆ **Info: Brühl-Info,** Uhlstr. 1, Brühl, Tel. 0 22 32/7 93 45, www.bruehl.de.
Schloss Brühl, Schlossstr. 6, Brühl, Tel. 0 22 32/4 40 00 und 9 44 31 17, Fax 9 44 31 27, www.schlossbruehl.de (Schloss Augustusburg und Jagdschloss Falkenlust: Di–Fr 9–12, 13–16 Uhr, Sa/So 10–17, Dez. und Jan. geschl.; Garten- und Parkanlage: Sommer 7–20 Uhr, sonst bis 19 bzw. 18 Uhr). Zentrales Kartenbüro der **Brühler Schlosskonzerte:** Tel. 0 22 32/ 79 26 80, Fax 79 26 90, www.schlosskonzerte.de.
In Brühl außerdem sehr sehenswert ist das **Max Ernst Museum,** Max-Ernst-Allee 1, Tel. 0 18 05/74 34 65, www.maxernstmuseum.de (Di–So 11–18 Uhr).
Kinder lieben den Vergnügungspark **Phantasialand** in Brühl, Tel. 0 22 32/ 3 62 00, Fax 3 62 36, www.fantasialand.com.

Aachen: Das Vermächtnis Karls des Großen

Als »Salomons gewaltigen Tempel« rühmte der Reichenauer Abt Walahfrid Strabo schon Anfang des 9. Jahrhunderts die Pfalzkapelle Karls des Großen in Aachen. Dabei wissen wir sehr wenig über die Entstehungsgeschichte des um 785 begonnenen und wohl um 800 fertig gestellten Bauwerks.

Zweifellos orientiert sich die Säulenstellung des hohen überkuppelten Oktogons mit zweigeschossigen, sechzehneckigen Umgängen an der byzantinischen Kirche San Vitale in Ravenna, der alten Hauptstadt Theoderichs, wobei diese Kirche wiederum die Palastkirche Kaiser Justinians I. in Konstantinopel nachahmt. Westrom und Ostrom: Unübersehbar ist die Tradition, in die sich Karl, der beim Bau der Kirche noch nicht Kaiser war, zu stellen trachtete. Schon deshalb mussten die Säulen im Umgang des Obergeschosses antiker Herkunft sein, darunter acht Exemplare aus rotem ägyptischem Porphyr, der in der Antike kaiserlichen Bauten vorbehalten war. Und doch wurde am Dreikönigstag 805 etwas Neues, Einzigartiges geweiht.

Aus karolingischer Zeit stammen noch der Bronzeguss der Portale und der filigranen Emporengitter, die anderen Schätze der Pfalzkapelle sind Zeugnisse einer tausendjährigen Verehrung, die im Mittelalter auch den kostbaren Reliquien galt, die Karl 800 hierher hatte überführen lassen. 1312 wurden das Kleid Mariens aus der Heiligen Nacht, die Windeln Jesu, das blutige Lendentuch des Herrn am Kreuz und das Enthauptungstuch Johannes des Täufers öffentlich gezeigt. Bald schwoll der Pilgerstrom nach Aachen so stark an, dass man den alten karolingischen Chor 1355–1414 durch eine gotische Chorhalle ersetzte, die nur aus Fenstern (1949–1951 erneuert) zu bestehen scheint.

Der gotische Marienschrein mit silbergetriebenen Reliefs, der die Reliquien birgt, ist heute in der Schatzkammer des Doms aufgestellt. Diese versammelt die meisten Kostbarkeiten, die im Lauf der Jahrhunderte gespendet wurden. Im prunkvollen Proserpina-Sarkophag aus dem 2. Jh. soll Karl ursprünglich bestattet gewesen sein. Des Weiteren faszinieren das karolingische Evangeliar, das elfenbeinerne Weihwassergefäß (um 1000) mit Edelsteinen, das ottonische Lotharkreuz mit einem Profilbildnis des römischen Kaisers Augustus und die Karlsbüste, eine Stiftung Kaiser Karls IV.

Dreißig deutsche Kaiser nahmen bis 1531 auf dem Marmorthron Karls Besitz vom Römischen Reich Deutscher Nation. Ausgelöst hat den Karlskult Kaiser Otto III. (994–1002), der das Karlsgrab öff-

Kaiserliches Großmachtstreben in gewaltigen Dimensionen: Aachener Dom

nete und den Domschatz bereicherte. Die wertvollsten Schätze im Aachener Dom sind Schenkungen von Kaisern, die sich in die Tradition Karls stellten. Heinrich II. stiftete im Jahr seiner Krönung 1014 den wunderbaren Ambo, ein mit goldenen Platten belegtes und mit antikem und orientalischem Dekor verziertes Lesepult, und ließ um 1020 das schon von Otto III. in Auftrag gegebene Antependium, die »Pala d'Oro«, im Dom aufstellen. Sie ist die einzige aus ottonischer Zeit erhaltene Altarbekleidung.

Der gewaltige Radleuchter, eine Schenkung von Friedrich Barbarossa, spiegelt mit seinen acht Kreissegmenten und 16 Türmen die Architektur der Kirche wider und setzt sie in Beziehung zum Abbild des Himmlischen Jerusalem, das die Pfalzkapelle sein sollte.

Unter dem Leuchter stand im Mittelalter der prunkvolle – heute im gotischen Chor aufgestellte – Karlsschrein, auf dessen vergoldeten silbergetriebenen antiklerikalen Reliefs sich die segnende Hand Gottes allein über dem Kaiser zeigt. Bereits Barbarossa hatte 1165 die Kanonisierung Karls durchgesetzt. 1215 ließ Friedrich II. von Hohenstaufen, im ewigen Clinch mit dem Papst, den Karolinger in diesen neuen Schrein umbetten und schlug persönlich die Nägel ein. Fast 600 Jahre später machte Napoleon Bonaparte im September 1804 Charlemagne seine Aufwartung, und drei Monate später krönte er sich selbst zum neuen Imperator gallicus. Vive l'Empereur!

Schlichte Eleganz: der marmorne Kaiserthron

◆ **Anfahrt:** Autobahn- und Zugverbindung mit Köln und Düsseldorf.

◆ **Unterkunft:** Ein sehr traditionsreiches Haus zwischen Casino und Kurpark ist das **Dorint Sofitel Quellenhof** mit eleganten Zimmern und großem Wellnessangebot. Monheimsallee 52, Tel. 02 41/ 9 13 20, Fax 9 13 21 00, www.sofitel.com.

Recht günstige, aber durchaus komfortable Unterkunft bietet das **Hotel Benelux,** Franzstr. 21–23, Tel. 02 41/40 00 30, Fax 40 00 35 00, www.hotel-benelux.de.

◆ **Restaurants:** Das in einem romantischen Bruchsteinhaus untergebrachte **Restaurant Charlemagne** im Ortsteil Eilendorf überzeugt mit erstklassiger, kreativer, französisch-mediterran inspirierter Küche, zubereitet ausschließlich mit Zutaten aus der Region. Ständig wechselnde Speisekarte. Von-Coels-Str. 199, Tel. 02 41/9 51 94 44, www.restaurant-charlemagne.de.

Etwa 7 km außerhalb des Stadtzentrums lohnt die Einkehr ins **Restaurant St. Benedikt,** das in einem bezaubernden Fachwerkhaus von 1755 mittags preiswerte regionale Bistroküche und abends schmackhafte Menüs mit französischem Pfiff serviert. Benediktusplatz 12, Aachen-Kornelimünster, Tel. 0 24 08/ 28 88, www.stbenedikt.de.

◆ **Info: Tourist Service,** Friedrich-Wilhelm-Platz, Tel. 02 41/1 80 29 60, www.aachen-tourist.de.

Der Dom ist tgl. 7–19, im Winter bis 18 Uhr geöffnet, die Domschatzkammer tgl. 10–18, Mo bis 13, Do bis 21 Uhr, Tel. 0241/47 70 90, www.aachendom.de.

Nibelungenblick ins Siebengebirge: Der Drachenfels

»Und zu Schiffe, wie grüßen die Burgen so schön, Und die Stadt mit dem ewigen Dom! In den Bergen, wie klimmst du zu schwindelnden Höhn, Und blickst hinab in den Strom!« Karl Simrock, der Dichter dieser Zeilen, übersetzte 1827 das Nibelungenlied und war sich ganz sicher: Dort, am Drachenfels im Siebengebirge, hat Siegfried den Lindwurm erschlagen!

Wers nicht glaubt, kann am Fuß dieses Hügels die Drachenhöhle, einen kinderfreundlichen Reptilienzoo und die Nibelungenhalle besichtigen. Dieser Jugendstilbau wurde 1913 zu Richard Wagners hundertstem Geburtstag errichtet und mit Nibelungenszenen in brennenden Farben ausgemalt. Statt »schwindelnder Höhen« wird der Besucher des Siebengebirges östlich von Bonn allerdings eher sanft bewaldete Hügelkuppen vorfinden, deren leichte Kegelform noch an die vulkanische Vergangenheit erinnert. Drunten ziehen Rheinschiffe und Lastkähne dahin, und vielleicht erspäht man im blauen Dunst sogar die Türme des Kölner Doms. An den rechtsrheinischen Hängen gedeihen Weinreben, und das schon seit mindestens tausend Jahren. Königswinter, zentraler Ausflugsort des Siebengebirges und Ausgangspunkt für den bekanntesten Gipfel, den Drachenfels, wurde bereits 1015 erstmals erwähnt. Sein Name bedeutet so viel wie »königlicher Winzerort«.

Der schönste Blick auf die Ruine der 1147 erbauten und 1634 zerstörten Burg des »Mons draconis« bietet sich vom benachbarten Petersberg. In seinem 1914 vollendeten Kurhotel residierten von 1949 bis 1952 die Hochkommissare der Westmächte. Danach baute die Bundesregierung das Hotel zur Unterkunft für Staatsgäste um, und heute darf hier jeder nächtigen, der es sich leisten kann.

Die Staatsgäste fuhren mit der Limousine den Petersberg hinauf – das geht beim 321 m hohen Drachenfels nicht. Der Pfad, den wohl schon römische Steinmetze benutzten, ist sogar recht steil. Wer nicht so gut zu Fuß ist, kann in Europas älteste Zahnradbahn einsteigen oder sich sachte von einem Muli hinauftragen lassen. Vorfahren dieser geduldigen Grautiere schleppten die schweren Quader, mit denen der neureiche Börsenmakler Baron Stefan von Sarter aus Bonn zwischen 1882 und 1884 auf halber Höhe die Drachenburg im romantisierenden Stil errichten ließ.

Die 2,5 Millionen Touristen, die den Drachenfels zu »Europas meistbestiegenem Berg« machen, schreckt der neoromantische Kitsch nicht. Es zieht sie noch weiter

Siebengebirgsblick: Aussicht vom 321 Meter hohen Drachenfels über die Drachenburg

hinauf, zur alten Burgruine. Die hat einen tollen Ausblick und natürlich eine Drachensage zu bieten. Als Heiden hier eine christliche Jungfrau dem Drachen opfern wollten, der das Drachenloch auf der Südseite des Bergs bewohnte, zeigte die dem Untier ihr kleines Kreuz, worauf sich der verschreckte Drache brüllend in den nächsten Abgrund stürzte und die dergestalt belehrten Heiden sich flugs zum neuen Glauben bekehren ließen. Gott sei Dank, dass Siegfried kein Kreuz dabei hatte – sonst hätte es vielleicht nie eine Nibelungensage gegeben.

◆ **Anfahrt:** Von Köln oder Bonn auf der Schnellstraße oder mit dem Zug nach Königswinter, ab dort zu Fuß, mit der Zahnradbahn oder per Muli auf den Drachenfels.

◆ **Unterkunft:** Das **Hotel Maritim** bietet einen großartigen Panoramablick auf den Rhein und komfortable Zimmer, dazu ein gutes Restaurant mit internationaler Küche. Rheinallee 3, Königswinter, Tel. 0 22 23/70 70, Fax 70 78 11, www.maritim.de. Hausherr im Gästehaus der Bundesregierung, in dem 2005 die Afghanistan-Konferenz stattfand, ist heute das **Steigenberger Grandhotel Petersberg.** Die Zimmer sind klassisch-elegant, aber ein wenig in die Jahre gekommen. Auf dem Petersberg, Königswinter, Tel. 0 22 23/7 40, www.grand hotel-petersberg.de .

◆ **Restaurants:** In einem 1699 erbauten Fachwerkhaus bietet das **Restaurant Sutorius** in rustikalem Ambiente schmackhafte Gerichte, wie Lammrücken, Wildragout und Fasanenbrust. Die breit gefächerte Weinkarte führt auch mittelrheinische Tropfen. Oelinghovener Straße 7, Königswinter-Stieldorf, Tel. 0 22 44/91 22 40, www.sutorius.de.

Im nahen Bad Honnef speist man bei wunderbarer Aussicht vorzügliche regionale Küche im **Restaurant Op de Hüh,** Höheweg 25, Bad Honnef-Aegidienberg, Tel. 0 22 24/ 82 08 70, www.op-de-hueh.de.

◆ **Info: Tourismus Siebengebirge,** Drachenfelsstr. 11, Königswinter, Tel. 0 22 23/ 91 77 11, Fax 91 77 20, www.koenigswinter.de und www.siebengebirge.com.

Stille Eifel: Meditationen in Maria Laach

»Gestern Abend im hellen Mondschein war ich wieder auf dem Laacher See … Die waldbewachsenen Felsen um den anderthalb Stunden langen und dreiviertel Stunden breiten Wundersee, die ganz deutlich noch die Spuren von vulkanischen Ausbrüchen zeigen, und der dichte Wald, die uralten Stämme, so dass aller Vergangenheit, die mir bekannt ward, und die ich mir denken kann, mir wie heute und gestern dagegen vorkamen ….

Dann die Abtei am Ufer mit der alten Kirche, die Menschenspur und Kunst, die uns wieder Beruhigung gibt und Staunen und Schrecken von der Seele löst. Alles das musst Du selber sehen. Ich habe den besten Willen, es Dir zu beschreiben, aber es geht nicht …« Man muss Dorothea von Schlegel so ausführlich zitieren, denn mit ihrem Brief hat sie 1808 der an einem einsamen Eifelsee gelegenen romanischen Klosterkirche ein unvergleichliches literarisches Denkmal gesetzt. Goethe fand das Kloster verödet vor, war es doch 1802 von den Franzosen im Zuge der Säkularisation aufgehoben worden. Dennoch machte der See »mit seinen gelinden Hügeln und Buchenhainen« einen tiefen Eindruck auf ihn. Heute leben in Maria Laach wieder 60 Benediktinermönche, die

Ein Ort der Besinnung inmitten alter Mauern: Innenhof im Kloster Maria Laach

sich zu Gebet und Arbeit versammeln. »Meditative Rast« nennen sie ihr Angebot für Besucher, einige Tage in stiller Einkehr im Kloster zu verbringen, um »miteinander Zuspruch zu empfangen durch euren und meinen Glauben«, wie es bei Paulus im Römerbrief heißt. Wem das zu lang oder zu still ist, der kann auch einfach einem Konzert in der Basilika lauschen.

In der Abendsonne kommen der braungelbe Tuff, die blauschwarze Basaltlava, der weiße Kalkstein und der rote Sandstein der ehrwürdigen Abtei der heiligen Maria am See besonders gut zur Geltung. Pfalzgraf Heinrich II., der dem Salierkaiser Heinrich IV. auch in schweren Zeiten die Treue hielt, wollte hoch hinaus mit seiner klösterlichen Familiengrablege, die er 1093 stiftete. Die rheinischen Kaiserdome waren seine Vorbilder. Die quadratischen Türme des Ostchors erinnern an Speyer, das Oktogon des Vierungsturms an Mainz, die runden Türme, die den mächtigen Westturm flankieren, an Worms. Das mächtige Westwerk gilt als politische Demonstration, mit der sich der Pfalzgraf im Investiturstreit auf die Seite des Kaisers schlug.

1127 begannen Mönche aus Brabant mit dem Bau der doppelchörigen Pfeilerbasilika. Da der Stifter früh verstarb, zog sich der Bau über 120 Jahre hin. Staufische Schmuckfreude nahm ihm einiges von seiner ursprünglich geplanten Strenge. Die im 13. Jahrhundert hinzugekommene Vorhalle, das »Paradies«, gehörte nicht zum Bauplan des Pfalzgrafen. Solche freistehenden Vorbauten waren im Hochmittelalter weit verbreitet, heute sind sie in Deutschland fast nirgends mehr zu sehen. Elegant geschwungene Arkadenreihen, ein reich gestaltetes Portal sowie fantasievoller, sehr fein skulptierter Kapitellschmuck mit Fabeltieren und geradezu humorvoll wirkenden Szenen begrüßen den Besucher. Auf einem Kapitell streiten sich die »Haarraufer«, auf einem anderen notiert ein Teufelchen mit Bocksfuß und Schwanz die Sünden des Volkes auf einer Pergamentrolle.

◆ **Anfahrt:** Autobahn nach Mendig/Maria Laach, Busverbindung ab Andernach.

◆ **Unterkunft:** Moderne, geschmackvoll eingerichtete Zimmer, teils mit Seeblick, bietet das ganz auf die Bedürfnisse von Tagungsgästen zugeschnittene **Seehotel Maria Laach** mit gutem Restaurant und eigener Konditorei. Tel. 0 26 52/58 40, Fax 0 26 52/58 45 22, www.maria-laach.de/seehotel. Im nahen Mendig kann man im familiär geführten **Hotel Hansa** recht preiswert nächtigen. Laacher-See-Str. 11, Tel. 0 26 52/9 70 80, Fax 97 08 13, www.mendighansahotel.de.

◆ **Restaurants:** In Andernach am Rhein bieten das **Restaurant/Bistro** und die **Ratsstube** im Hotel Fischer (auch gute Zimmer) klassisch-mediterrane Küche. Am Helmwartsturm 4–6, Tel. 0 26 32/9 63 60, Fax 96 36 40, www.hotel-fischer.net. In Mayen empfiehlt sich das Restaurant von **Wagner Creatives Catering** mit vorzüglich zubereiteter nationaler und internationaler Küche. Am Markt 10, Tel. 0 26 51/4 97 70, Fax 49 77 10, www.creatives-catering.de.

◆ **Info: Abtei Maria Laach,** Maria Laach, Tel. 0 26 52/5 90, www.maria-laach.de, tgl. 5.30–20 Uhr. Einige Kilometer südwestlich von Maria Laach ist das von vielen Türmen und Erkern bekrönte, über die Jahrhunderte hinweg intakt gebliebene **Schloss Bürresheim** zu besichtigen, das wie die Burg Eltz (S. 274) eine mittelalterliche Ganerbenburg ist, Infos unter Tel. 0 26 51/7 64 40.

Im August 2006 feierte man den 850. Weihetag der Klosterkirche Maria Laach

Der südliche Arm des Paradieses führt auf das mit Rankenwerk und Fabelwesen besonders filigran skulptierte südliche Kirchenportal zu. Besonders auffällig ist eine nackte Eva: Sie reitet auf einem Teufel, der eine Narrenkappe trägt. Nach so viel spätromanischer Verspieltheit wirkt der strenge salische Innenraum ernüchternd. Fast die gesamte Ausstattung ging 1802 verloren, das Mosaik in der Ostapsis stammt aus dem 19. Jh. Erhalten blieb jedoch das frühgotische Hochgrab des Stifters in der westlichen Apsis in originaler Farbfassung der Entstehungszeit (ca. 1280). Ebenfalls original ist das berühmte, Ende des 13. Jhs. entstandene Hochaltarziborium, ein von sechs schlanken Säulen getragener sechseckiger steinerner Baldachin, dessen stilistische Besonderheiten den Kunsthistorikern bis heute Kopfzerbrechen bereiten. Ganz anders die strenge Krypta, der älteste Bauteil der ganzen Anlage: Mit ihren glatten Säulenschäften und den massigen Würfelkapitellen erinnert sie an Speyer.

Ritterromantik pur: Burg Eltz bei Koblenz

Oberhalb der Mosel erhebt sich über dem steil abfallenden Rand des Elztals ein graues Ensemble von Türmen und Mauern aus dichten Wäldern: Eltz ist geradezu der Inbegriff deutscher Burgenromantik, kein historisierender Nachbau wie so viele Rheinburgen, sondern unverfälschtes Mittelalter. Von der Mosel her blickt man hinauf, von der Hochebene des Maifelds kommend, hinunter in das enge, tief eingeschnittene Tal: Beide Burgansichten sind höchst reizvoll. »Hoch, großartig, fremd, düster«, erschien sie Victor Hugo: »Ich habe noch nichts Ähnliches gesehen.«

Im 14. Jahrhundert überstand die Burg die Eltzer Fehde (1331–1336), die zwischen reichsfreien Rittern unter Führung von Johann von Eltz und dem Erzbischof Balduin von Trier ausgefochten wurde. Der Erzbischof ließ Eltz von einer flussaufwärts errichteten »Trutzeltz« mit Katapulten beschießen: Einige Steinkugeln liegen heute noch im Burghof. Selbst der französische Sonnenkönig Ludwig XIV., der 1689 bei seinem Rückzug fast alle Wehrbauten zwischen der französischen Grenze und der Rheinlinie schleifen ließ, verschonte Eltz, weil ein Johann-Anton von Eltz-Üttingen als Offizier im französischen Heer diente und mit engagiertem Einsatz seine Stammburg rettete. Mitte des 19. Jahrhunderts wurde die Burg Eltz sorgsam restauriert.

Eifelballaden und Eifelsagen umranken die Burg, die schon 1157 in einer Schenkungsurkunde Friedrichs Barbarossas an den Trierer Erzbischof Erwähnung findet.

◆ **Anfahrt:** Von Koblenz oder Trier mit dem Auto oder mit der Bahn durch das Moseltal nach Moselkern (auch Anlegestelle der »Köln-Düsseldorfer«-Schifffahrtsgesellschaft) und Karden an der Mosel. Von beiden Orten führen Wanderwege hinauf zur Burg. Mit dem Auto kann man auch über Münstermaifeld zum Waldparkplatz der Burg Eltz fahren (auch Busverbindung), von dort führt ein bequemer Wanderweg (ca. 800 m) zur Burg, außerdem verkehrt ein Pendelbus.

◆ **Unterkunft:** Zimmer verschiedener Kategorien von elegant bis rustikal, dazu eine kreative Küche in der Schloss-Stube und regionale Gerichte in der rustikalen Weinstube bietet das **Schloss-Hotel-Petry,** St. Castorstr. 80, Treis-Karden, Tel. 0 26 72/93 40,

Motiv auf den alten Fünfhundert-Mark-Scheinen: Bilderbuch-Burg Eltz

Dabei ist sie gar keine richtige Trutzburg mit Palas und Bergfried, sagen die Architekturhistoriker, sondern die mittelalterliche Version einer Erben- und Wohngemeinschaft, deren Mitglieder sich jeweils innerhalb des Burgrings ein eigenes Haus errichteten. Ganerbenburg nennt man solche durch Erbteilung entstandenen Domizile. Die Eltzer Burganlage teilten sich schon um 1268 drei Linien des Hauses Eltz: die vom goldenen Löwen, die vom silbernen Löwen und die von den Büffelhörnern. Tore, Brunnen und Wehranlagen wurden gemeinschaftlich verwaltet. Burgfriedensbriefe regelten das harmonische Zusammenleben, der älteste datiert von 1323.

Platznot veranlasste die Familien, nicht nur jeden Zentimeter Raum auszunutzen, sondern auch in die Höhe zu bauen: ein Staffelwerk aus sieben verschachtelten Wohntürmen, die eigene Miniburgen darstellten, aber sich stets in das Ensemble ein-

Fax 93 44 40, www.schloss-hotel-petry.de.
In Moselkern kann man in der netten Pension **Zur Burg Eltz** übernachten. Oberstr. 54, Tel. 0 26 72/27 31, Fax 83 09, www.zur-burg-eltz.de.
◆ **Restaurants:** In zwei **Selbstbedienungsgaststätten** innerhalb der Burg gibt es kleine Gerichte sowie Kaffee und Kuchen. Hier kann man auch Eltzer Wein probieren und den Ausblick ins Eltztal genießen.
In Moselkern empfiehlt sich das **Restaurant Café Ringelsteiner Mühle,** am Burg-Eltz-Parkplatz, Tel. 0 26 72/ 91 02 00, www.ringelsteiner-muehle.de.
◆ **Info: Gräflich Eltz'sche Kastellanei,** Burg Eltz, Burg-Eltz-Str. 1, Münstermaifeld, Tel. 0 26 72/95 05 00, Fax 9 50 50 50, www.burg-eltz.de (April–Okt. tgl. 9.30–17.30 Uhr, nur mit Führung).

Unverändert erhalten geblieben ist die Küche aus dem späten Mittelalter

fügen mussten. Das gilt selbst für die erst zwischen 1604 und 1661 im frühbarocken Stil errichteten Kempenicher Häuser. Individualität konnte man nur im Kleinen zeigen. Im Burghof faszinieren auf engstem Raum die architektonischen Details des 1472 vollendeten achtgeschossigen Rübenacher Hauses und des zehngeschossigen Groß-Rodendorfer Hauses: Türme, prunkvolle Portale, Fensterfronten, Fachwerkgiebel, Erker, hohe Schornsteine und schwarze Schieferdächer mit runden und eckigen Türmchen. Nur der siebengeschossige Bergfried Platt-Eltz stammt noch aus der Zeit vor der Erbteilung.

Aber auch die Innenausstattung aus vielen Jahrhunderten blieb erhalten. Bei einem Rundgang erlebt man 850 Jahre Kulturgeschichte. Berühmt ist besonders das über eine enge Wendeltreppe zu erreichbare Rübenacher Schlafgemach, das vollständig mit gotischem Blüten- und Rankenwerk ausgemalt ist. Sein Prunkstück ist ein Stufenbett mit geschnitztem Baldachin von 1520. Der angrenzende freskengeschmückte Kapellenerker besitzt kostbare Glasfenster des späten 15. Jahrhunderts. Im Waffensaal ist eine in den Türkenkriegen erbeutete Waffensammlung zu sehen. Der Rübenacher Untersaal ist noch komplett mit spätmittelalterlichen Möbeln und Tapisserien aus dem 15. und 16. Jahrhundert ausgestattet. Die Gemäldesammlung besitzt eine Weinrebenmadonna von Lucas Cranach d. Ä. In den Kellergewölben wurde 1981 eine Schatzkammer eröffnet, u. a. mit Meisterwerken der Gold- und Silberschmiedekunst aus Nürnberg und Augsburg.

In den Rodendorfer Häusern befinden sich das Kurfürstenzimmer mit französischen Gobelins, der Fahnensaal mit reichem spätgotischem Netzgewölbe und Kachelofen sowie das Comtessenzimmer, in dem das älteste Renaissancebett Deutschlands (1525) steht. Nie verändert wurde die spätmittelalterliche Küche – die Zeiten, wo hier gekocht, gebraut und gebrutzelt wurde, sind allerdings endgültig vorbei.

Ein Märchen aus uralten Zeiten: Das obere Mittelrheintal

»Eigentlich ist der Vater Rhein gar kein Vater, sondern ein Fluss«, so spottete Kurt Schwitters 1927 über die in Kitsch abgesunkene Verklärung des Rheins. Doch was hilft das, wenn selbst Heinrich Böll in seiner Nobelpreisrede betont: »Wenn dieses Land je so etwas wie ein Herz gehabt haben sollte, lags da, wo der Rhein fließt.«

Er hat ja recht. Es genügt, mit dem Zug von Mainz nach Koblenz zu fahren. Hinter Bingen mit seinem berüchtigten Mäuseturm taucht wie ein stolzes steinernes Schiff die Burg Pfalzgrafenstein aus den Fluten auf, dann rückt der Loreleyfelsen ins Blickfeld. Im Kopf macht es klick – das Programm namens »Mythos Rhein« läuft ab: Romantische Leporelloansichten, William Turners Aquarelle, Brentanos mondglänzender Fluss, der versunkene Nibelungenhort, Lord Byrons poetischer Reiseführer, Moritz Arndts patriotische Forderung »Teutschlands Strom, aber nicht Teutschlands Gränze«, Heines Weltschmerz, die donnernde Wacht am Rhein. Nichts bringt den Mythos um, nicht einmal die Giftfluten, die sich 1986 aus den Baseler Sandoz-Werken rheinabwärts wälzten. Tempi passati: Heute schwimmen wieder Lachse im Rhein.

Seit 2002 ist das obere Mittelrheintal Welterbe, der Kulturlandschaft, aber auch der seltenen Flora wegen. Durch die Rüdesheimer Drosselgasse wälzen sich Heerscharen von Besuchern, denen man überzuckerte Liebfrauenmilch als deutschen Qualitätswein andreht. Wenn das Ausflugs-

◆ **Anfahrt:** Autobahn- und Zugverbindung nach Mainz und Koblenz, ab dort Bundesstraße, Regionalbahn oder Rheinschifffahrt (Fahrplan unter www.k-d.com).

◆ **Unterkunft:** Hoch über dem Rhein liegt das **Landhaus Delle,** eine Adresse für Individualisten. Die großzügigen Zimmer sind mit Antiquitäten eingerichtet. Leichte Küche, beeindruckende Weinkarte. Nur Mai–Oktober. Gutenfelsstr. 16, Bacharach-Henschhausen, Tel. 0 67 43/17 65, Fax 10 11, www.landhaus-delle-hotel.com. Das Jugendstilhotel **Bellevue** an der Rheinpromenade bietet sehr stilvolle Zimmer, einige mit Rheinblick. Das Restaurant Chopin serviert Gourmetküche, das Le Bristol regionale Spezialitäten. Gemütlicher Weinkeller. Rheinallee 41, Boppard/Rhein, Tel. 0 67 42/10 20, Fax 10 26 02, www.bellevue-boppard.de.

schiff am Loreley-Felsen vorbeifährt, krächzt aus den Bordlautsprechern »Ich weiß nicht, was soll es bedeuten«, und die japanischen Touristen summen begeistert mit. Der neue Markt ist China, sagen die Rheintouristiker.

Aber bei allen touristischen Auswüchsen – wer kann schon Namen wie Vierseenblick, Siebenjungfrauenblick oder Loreleyblick widerstehen? Aber wo hat man denn nun die schönste Aussicht? Fast unschlagbar ist der Ausblick auf die scharfe Kurve des Rheins zwischen Kaub und Bacharach, auf Burg Gutenfels und die Zollburg Pfalzgrafenstein, mit dem Soonwald als Horizont. Ein heißer Kandidat ist auch der Blick auf die Burg Rheinfels und St. Goar. Oder doch die Aussicht bei Patersberg über Burg Katz hinweg auf die Loreley? Nur 130 m breit ist der Fluss an dieser Rheinbiegung.

Auf dem Loreley-Plateau empfängt heute ein »Besucherzentrum mit interaktiven Installationen, Exponaten zum Anfassen und Sirenengesängen im Mythenraum« den Besucher. Ach Loreley, urdeutsche Femme fatale am Rhein, männermordende, blondgelockte Sirene! Ob Brentano wohl geahnt hat, was er 1801 anrichtete mit seinem Gedicht über die »Lureley«, aus deren Liebesbanden keine Rettung mehr war? Um 1870 war die romantische Schöne zur franzosenfressenden Walküre mit leuchtendem Harnisch verkommen, und 1916 spottete Karl Valentin über die erkältete Blondine, der ihr Lied bald fad wurde.

Aber Touristiker lieben Geld bringende Mythen. Und so durfte 1983 die Künstlerin Natascha Alexandrova Prinzessin Jusopov die Landzunge mit einer monumentalen nackten Frauenstatue beglücken, die inzwischen auf Millionen von Urlaubsfotos verewigt ist, auch wenn sie eher an eine luderhafte Schwester der kleinen Meerjungfrau erinnert. Einer Überlieferung zufolge soll sich die Loreley vom Felsen gestürzt haben: Verdenken könnte man ihr das inzwischen nicht mehr.

Man traut es sich kaum zu sagen, aber eigentlich wirkt der Loreley-Felsen vom Schiff aus so aufregend nicht. Je näher man kommt, desto banaler sieht er aus, und tatsächlich ist mancher Rheintourist enttäuscht, wenn er den düsteren Klotz aus der Nähe sieht, den so viele Dichter besungen haben. Man soll Mythen eben nie zu genau inspizieren.

Der sagenhafte Felsen wurde ja schon entweiht, als man einen Eisenbahntunnel

Ritterspiele, Wellness, elegante Zimmer und gute regionale Küche bietet das in Deutschlands größter Burganlage untergebrachte **Schlosshotel Rheinfels,** Schloßberg 47, St. Goar, Tel. 0 67 41/80 20, Fax 80 28 02, www.schloss-rheinfels.de.

◆ **Restaurants:** Mit gehobener regionaler Küche und einer bestens sortierten Weinkarte lockt der Landgasthof **Zum Weißen Schwanen,** auch als Übernachtungsmöglichkeit zu empfehlen. Brunnenstr. 4, Braubach, Tel. 0 26 27/98 20, Fax 88 02, www.zum-weissen-schwanen.com.

Das Hotel-Restaurant **Zum Turm** ist für Schlemmerküche zu zivilen Preisen bekannt. Zollstr. 50, Kaub, Tel. 0 67 74/ 9 22 00, Fax 92 20 11, www.rhein-hotel-turm.com.

◆ **Info:** Umfangreiche Informationen zum Welterbe bietet die Website www.welterbe-mittelrheintal.de. Dort sind auch die Touristeninformationen der einzelnen Orte verzeichnet. **Rhein-Touristik Tal der Loreley,** Bahnhofstr. 8, St. Goarshausen, Tel. 0 67 71/ 9 10 20, Fax 9 10 19, www.tal-der-loreley.de.

Ein Fluss von Klischees: am Loreley-Felsen vorbei auf dem Rhein

durch ihn schlug und damit die »edel wichtelin« vertrieb, die in seinem hohlen Inneren das Rheingold hüteten und in Köln als Heinzelmännchen die Sagenwelt belebten. Damit verschwand auch das wunderbare Echo, von dem Ernst Moritz Arndt noch 1799 zu berichten wusste.

Aber lästern wir nicht über die Eisenbahn. Sie sorgt dafür, dass man im Rheintal aufs Auto verzichten kann. 2005 wurde mit dem Rheinsteig ein Fernwanderweg eingeweiht, der die Natur- und Kulturschönheiten des rechtsrheinischen Ufers erschließt. Die meisten Einstiegspunkte in diesen Weg sind direkt von den jeweiligen Bahnhaltepunkten aus zu erreichen, und von sechs linksrheinischen Bahnhöfen aus kann man mit einer Fähre übersetzen. Auf diese Weise entdeckt man dichte Wälder, grüne Weinberge, stille Seitentäler, weite Höhen und atemberaubende Aussichtspunkte, die mit dem Auto nicht zugänglich sind. Von einer Burg geht es zur nächsten, und überall kann man einkehren und natürlich auch Wein probieren. Man wird auf einer Wanderung aber auch feststellen, dass viele Weinberge verwildert sind. Es lohnt sich nicht mehr, auf den steilen Terrassen die Trauben per Hand zu lesen. Die Globalisierung hat auch im Rheintal zugeschlagen.

Gottlob produzieren die Winzer aus der Umgebung von Bacharach noch so manches Spitzengewächs, und Bacharach selbst, das der französische Romantiker Victor

Der Mäuseturm von Bingen: Der Sage nach verspeisten hier Mäuschen den hartherzigen Mainzer Erzbischof Hatto I. bei lebendigem Leib

Hugo als eine der »schönsten Städte der Welt« beschrieb, ist mit seinen vielen Fachwerkfassaden noch immer einen längeren Besuch wert. Auch hier thront so manche Burgruine über der Stadt. Hervorragend erhalten ist dagegen die Stadtbefestigung aus dem 14. Jahrhundert – genau wie im benachbarten Oberwesel einige Kilometer flussabwärts: Die »Stadt der Türme und des Weines« zählt zu den größten Weinanbaugemeinden des Mittelrheins.

Noch weiter flussabwärts breitet sich gegenüber der Loreley das Städtchen St. Goar aus, das eine romanische Stiftskirche aus dem 11. Jahrhundert mit den reichsten gotischen Wandmalereien des Rheinlands besitzt. Hoch über der Stadt erhebt sich mit der Ruine Rheinfels die größte Burganlage am Mittelrhein. Etwas weiter nördlich macht der Rhein eine scharfe Schleife. Hier liegt das 2000-jährige Boppard, dessen Römerkastell als besterhaltene Festungsanlage der Spätantike nördlich der Alpen gilt.

Der letzte architektonische Höhepunkt vor Koblenz ist die rechtsrheinische Wein- und Rosenstadt Braubach: wieder schönes Fachwerk, enge, verwinkelte Gassen und darüber die imposante Marksburg, die einzige unzerstörte Höhenburg am Mittelrhein – ganz anders als die erst 1845 wieder errichtete neugotische Burg Stolzenfels auf der gegenüberliegenden Rheinseite. Wahrscheinlich hätten es Byron, Shelley, Schlegel und Brentano anders gesehen, doch romantisch ist nur eine echte Burgruine, nicht eine falsche neue Burg.

Römische Impressionen: Trier und das Moseltal

»Ragende Villen hier, auf hängendem Ufer gegründet. Und grünende Hügel dem Bacchus gewidmet und der Mosel lieblich strömende Flut, die mit leisem Gemurmel einher fließt.« Über 1600 Jahre alt sind diese Zeilen: die ältesten, die eine deutsche Landschaft in Poesie fassen. Geschrieben hat sie Ausonius (310–393) aus Burdigala, dem heutigen Bordeaux, der im Jahr 368 von Bingen nach Trier reiste und seine Erlebnisse drei Jahre später in seiner Dichtung »Mosella« festhielt.

Statt römischer Villen zieren nun mittelalterliche Burgen die Hänge, aber zwischen Koblenz und Cochem, an der »Terrassenmosel«, wirkt die Landschaft beinahe mediterran, und auf dem Wärme speichernden Schiefer der Steillagen gedeiht der Riesling besonders gut. Kein Wunder, dass es den Römern hier gefiel. In Neumagen-Dhron, Deutschlands ältestem Weinort, wurden das aus vielen Lateinbüchern bekannte Neumagener Schulrelief und das weltberühmte römische Weinschiff entdeckt, das als Grabmal für einen Weinhändler diente. Im benachbarten Piesport hat man wiederum

Ursprüngliches Moseltal: Flussschleife bei Trittenheim

zwei römische Weinpressen gefunden, Anlass genug, Anfang Oktober das Römische Kelterfest zu feiern. Männer und Frauen in weißen Togen stampfen dann in einer rekonstruierten Presse die Trauben mit den Füßen, anschließend werden Moretum (Käseaufstrich) und Vinum Pigonti (Kelterwein) verkostet.

Wie eine der von Ausonius erwähnten Villen ausgesehen haben mag, kann man in Longuich nordöstlich von Trier sehen. Hier hat man eine Villa urbana, ein Stadthaus aus dem 3. Jh., rekonstruiert. Einst schmückten kostbare Mosaiken die Böden dieser Villen. In Nennig, an der luxemburgischen Grenze, ist das schönste römische Mosaik nördlich der Alpen in situ zu bewundern: Da kämpfen Gladiatoren, und ein gepeitschter Bär reißt seinen Peiniger zu Boden. Berühmt ist auch die Igeler Säule, mit 23 Metern das höchste erhaltene römische Pfeilergrabmal. Sie wurde von einer reichen Trierer Tuchhändlerfamilie errichtet und zeigt Szenen aus dem Leben der Tuchmacher und der griechisch-römischen Mythologie. Goethe faszinierte das Denkmal so sehr, dass er sich 1792 eine Miniatur anfertigen ließ. Zusammen mit den Römerbauten von Trier ist das Grabmal seit 1986 Weltkulturerbe.

In Trier, das Kaiser Augustus 15 v. Chr. als Augusta Treverorum gründete und das im 4. Jh. zeitweilig Kaiserresidenz war, steht das Wahrzeichen des römischen Deutschland: die fast 2000 Jahre alte Porta Nigra (»Schwarzes Tor«). Der Name leitet sich nicht von der Farbe der nachgedunkelten hellgrauen Sandsteinquadern ab, sondern steht symbolisch für die Niederlage: Nach dem Verlust einer Schlacht zogen die geschlagenen Soldaten durch das Nordtor in die Stadt. Dreißig Meter ist es hoch und ohne Mörtel errichtet. Nirgendwo in der römischen Welt findet man noch ein so gut erhaltenes Stadttor. Da der heiliggesprochene Einsiedler Simeon aus Syrakus sich hier 1028 für sieben Jahre im Ostturm einmauern ließ, wandelte Erzbischof Poppo die Porta Nigra in eine Doppelkirche um, deren Auflösung erst Napoleon veranlasste.

Der zweite große Römerbau in Trier ist die Palastaula, die Kaiser Konstantin Anfang des 4. Jhs. errichten ließ: ein 67 m langer und 30 m hoher Repräsentationsbau mit Flachdecke, seit 1856 evangelische Kirche. Auch von Kaiserthermen und Amphitheater blieben Ruinen erhalten.

Die großartigsten Römerfunde aus dem Moselraum und der Eifel versammelt das Rheinische Landesmuseum in Trier, das im Juni 2007 mit der großen Landesausstellung »Konstantin der Große« wiedereröffnet wird. Der Überlieferung nach soll Kaiser Konstantin auf einer Anhöhe bei Neumagen (der Ort ist allerdings umstritten) im

◆ **Anfahrt:** An der Mosel entlang von Koblenz nach Trier (auch Zugverbindung). Moselrundfahrten: Personenschifffahrt Gebr. Kolb, Tel. 06 51/2 66 66, Fax 2 63 37, www.kolb-mosel.de.
◆ **Unterkunft:** Eine schön restaurierte Jugendstilvilla mit stilvoll-individuell eingerichteten Zimmern ist das **Hotel Villa Hügel.** Bernhardstr. 14, Trier, Tel. 06 51/33 00 66, www.hotel-villa-huegel.de. Geschmackvolle Zimmer und einen schönen Wintergarten bietet das in stilvoll-modernem Design gehaltene **Hotel Casa Chiara** in der Nähe der Porta Nigra. Engelstr. 8, Trier, Tel. 06 51/27 07 30, Fax 2 78 81, www.casa-chiara.de.
◆ **Restaurants:** Das Restaurant **Zum Domstein** kocht römische Rezepte von Marcus Gavius Apicius (ca. 30 n. Chr.) nach und bewirtet zwischen

Wahrzeichen Triers: die Porta Nigra, das »Schwarze Tor«

Jahre 312 ein flammendes Kreuz mit der Inschrift »In hoc signo vinces« (In diesem Zeichen wirst du siegen) erschienen sein.

Der romanische Trierer Dom St. Peter bewahrt als wichtigste Reliquie den Heiligen Rock, das legendäre Leibgewand Christi, das Konstantins später heiliggesprochene Mutter Helena auf einer Pilgerfahrt ins Heilige Land gefunden und Trier geschenkt haben soll. Unter dem heutigen Kirchenboden wurde 1946 eine bemalte Prunkdecke aus konstantinischer Zeit entdeckt, deren tanzende Eroten von einer genussreichen Zeit künden, die an der Mosel bis heute lebendig ist. Wie schon Ausonius rühmte: »Aber das Beste wohl ist, dass Natur den Söhnen der Mosel huldvoll Tugend verlieh und dazu fröhlichen Geist gab!«

Ausgrabungsfunden aus der Zeit Kaiser Konstantins. Hauptmarkt 5, Trier, Tel. 06 51/7 44 90, www.domstein.de.
Auch im rustikalen Restaurant **Wein im Turm** wird getafelt wie vor 2000 Jahren: mit römischem Wildspanferkel und Wildpasteten. Auch Unterkunftsmöglichkeit. Weinstr. 23, Longuich/Mosel, Tel. 0 65 02/55 95, Fax 55 72, www.weingut-js.de.

◆ **Info: Tourist-Information,** An der Porta Nigra, Trier, Tel. 06 51/97 80 80, www.tit.de.
Die Ausstellung **Konstantin der Große** findet vom 2. Juni bis 4. November 2007 im Rheinischen Landesmuseum Trier statt, Tel. 06 51/2 01 70 70, www.konstantin-ausstellung.de.
Über die **Straße der Römer** informiert die Website www.strasse-der-roemer.de.

Im Reich der Buchstaben: Das Mainzer Gutenberg-Museum

»In principio erat verbum«, im Anfang war das Wort: So steht es am Beginn des Johannesevangeliums, fein säuberlich in gut lesbarer Frakturschrift, in der 42-zeiligen Gutenberg-Bibel, einem zweibändigen Werk mit insgesamt 1282 Seiten, für das Gutenberg 290 verschiedene bewegliche Lettern goss. Zwischen 1452 und 1455 wurde diese Bibel in einer Auflage von 180 Stück in Mainz gedruckt. Heute sind im 1900 gegründeten Mainzer Gutenberg-Museum zwei von 49 erhaltenen Exemplaren zu bewundern.

Wohl keiner hat mehr für die Verbreitung des Wortes getan als der in Mainz geborene Johannes Gutenberg (1400–1468). Vor seiner Zeit war das Wort, besonders das biblische, exklusives Herrschaftswissen. Gleich gegenüber, im mächtigen romanischen Dom von Mainz, wurde das Wort verkündet, wie es der Kirche gefiel, als bildliche Darstellung in sorgfältiger Auswahl in Stein gemeißelt, in Holz geschnitzt oder auf Leinwand und Mauern gemalt. Aber den für jedermann unbeschränkten Zugang zur Botschaft Christi, und natürlich nicht nur dazu, ermöglichte erst der Buchdruck Gutenbergs.

Dabei hat Gutenberg den Buchdruck nicht »erfunden«. Das Mainzer Museum dokumentiert in vorbildlicher Weise, dass man in China schon seit dem 7. Jahrhundert Holzdruckstöcke hergestellt hatte und bereits um 1040 bewegliche Druckstempel aus Keramik kannte. In Korea war das Drucken mit beweglichen Metalllettern lange vor Gutenberg verbreitet.

◆ **Anreise:** Autobahn- und Zugverbindung u. a. mit Frankfurt/Main, Köln und Stuttgart.

◆ **Unterkunft:** Eine gelungene Synthese aus einem historischen Fort des 19. Jhs. und gläserner Moderne bildet das **Hyatt Regency,** dessen Restaurant Bellpepper kreative internationale Küche serviert, natürlich mit exzellenter Weinkarte. Malakoff-Terrasse 1, Tel. 0 61 31/73 12 34, Fax 73 12 35, www.mainz.regency.hyatt.com.
Ein modernes architektonisches Schmuckstück ist das kleine Hotel **Quartier 65** mit nur sechs Zimmern in puristischem, elegantem Design. Wormser Str. 65, Mainz-Weisenau, Tel. 0 61 31/27 76 00, Fax 2 77 60 20, www.quartier65.de.

◆ **Restaurants:** Einen großartigen Blick auf Dom und

Gutenberg war emsiger Bibeldrucker, wenngleich nicht Erfinder des Buchdrucks

Dennoch ist Gutenbergs Leistung für das Abendland kaum zu überschätzen. Mit seiner Bibel, die noch heute zu den schönsten gedruckten Büchern der Welt gehört, bewies er, dass die »nova forma scribendi« es in ästhetischer Hinsicht mit jeder gotischen Handschrift aufnehmen konnte – aber eben viel preiswerter, schneller und in Massenanfertigung. Gutenbergs Errungenschaft bestand darin, dass er das Verfahren des Buchdrucks technisch möglich und rentabel machte. Sein Werk sind die Signatur am Kegel der Type, das Formenwechseln beim Gießen der Typen, der Aufbau der Druckerpresse, die austauschbaren Metalllettern und der Setzkasten. Im Untergeschoss des Museums kann man in einer rekonstruierten »Gutenberg-Werkstatt« das Schriftgießen, Setzen und Drucken mit beweglichen bleiernen Lettern wie zu Gutenbergs Zeiten erleben.

Ein Besuch des Museums ist eine Reise durch über 500 Jahre Geschichte der »Schwarzen Kunst«. Von den humanistischen Büchern des Erasmus von Rotterdam und der »Utopia« (1518) des Thomas Morus führt der Weg zu den Reformationsschriften Martin Luthers, den astronomi-

Altstadt, begleitet von frischer Gourmetküche mit guter Weinauswahl, bietet das Restaurant **Maus im Mollers** im Staatstheater Mainz. Gutenbergplatz 7, Tel. 0 61 31/ 6 27 92 11, www.mollers.de. Mit guter regionaler Küche und einer umfangreichen Weinkarte empfehlen sich **Gebert's Weinstuben.** Frauenlobstr. 94, Tel. 0 61 31/61 16 19, www.geberts-weinstuben.de.

◆ **Info: Touristik Centrale,** Brückenturm am Rathaus, Tel. 0 61 31/28 62 10, Fax 2 86 21 55, www.info-mainz.de.

Gutenberg-Museum: Buch-, Druck- und Schriftgeschichte, Liebfrauenplatz 5, Tel. 0 61 31/ 12 26 40, Fax 12 34 88, www.gutenberg-museum.de, Di–Sa 9–17, So 11–15 Uhr. **Römisch-Germanisches Zentralmuseum,** Ernst-Ludwig-Platz 2, Di–So 10–18 Uhr.

Markttreiben vor dem Gutenbergmuseum auf dem Liebfrauenplatz in Mainz

schen Werken des 16. Jahrhunderts, den Darstellungen der menschlichen Anatomie von Andreas Vesalius (1555), barocken geografischen Abhandlungen und den Schriften der Aufklärung bis zur bürgerlich-schöngeistigen Literatur Lessings, Schillers und Goethes, die gerne in kleinformatigen »Taschenbuchausgaben« gedruckt wurde. Auch die fortschreitende Industrialisierung und Mechanisierung des Buch- und Druckgewerbes im 19. Jahrhundert zeichnet das Museum mit Gieß- und Setzmaschinen nach. Vom Offsetdruck, der um 1904 ausgereift war, geht die Reise weiter bis zum modernen Digitaldruck.

Noch viel älter als Gutenbergs Buchdruck ist die Stadt Mainz, wenngleich die Bomben des Zweiten Weltkrieg viel von der historischen Altstadt zerstört haben. Die antike Zeit von Maguntium dokumentiert das Römisch-Germanische Zentralmuseum mit prunkvollen Sarkophagen und Mosaiken. Machtvollstes Symbol des mittelalterlichen »Goldenen Mainz« ist natürlich der sechstürmige Dom St. Martin und St. Stephan, der zusammen mit dem Dom zu Speyer als frühester monumentaler Gewölbebau in Deutschland gilt: 975 begonnen und 1239 vollendet, mit Grabdenkmälern aus dem 13. bis 18. Jahrhundert.

Auf dem Marktplatz von Mainz steht der Marktbrunnen von 1526, einer der frühesten und schönsten Renaissancebrunnen Deutschlands. Den Krieg unbeschadet überstanden hat auch die Augustinerkirche (1768–1776), die eine prachtvolle Barockfassade zeigt. Schwere Verwüstungen erlitt dagegen die um 1340 fertig gestellte Pfarrkirche St. Stephan, und doch ist ihr Besuch ein unvergessliches Erlebnis: In magischen Blautönen leuchten die biblischen Figuren auf den Glasfenstern, die Marc Chagall zwischen 1978 und 1985 schuf – ein Beitrag zur jüdisch-deutschen Aussöhnung, der hoffentlich niemals gewaltsam zerstört werden wird.

Der Traum von Toleranz: Auf dem Jüdischen Friedhof von Worms

»Ich habe da gestanden und habe alles selber erfahren, mir ist all der Tod widerfahren: all die Asche, all die Zerspelltheit, all der lautlose Jammer ist mein; aber der Bund ist mir nicht aufgekündigt worden. Ich liege am Boden, hingestürzt wie diese Steine. Aber gekündigt ist mir nicht. Der Dom ist, wie er ist. Der Friedhof ist, wie er ist. Aber gekündigt ist uns nicht worden.«

Der Ort, von dem der jüdische Religionsphilosoph Martin Buber 1933 sprach, ist der älteste jüdische Friedhof nördlich der Alpen in Worms am Rhein. »Heiliger Sand« wird er genannt, weil der Überlieferung zufolge hier Sand aus Palästina ausgestreut wurde, damit die Juden in »heimatlicher Erde« ruhen konnten. Jüdische Friedhöfe werden für die Ewigkeit angelegt: Dieser hier hat fast tausend Jahre überdauert, vom Kreuzfahrerheer, das 1096 in Worms Jagd auf Juden machte, bis zur Gewaltherrschaft der Nationalsozialisten, unter denen die jüdische Gemeinde von Worms ausgelöscht wurde.

Der älteste erhaltene Grabstein ist der von Jakob ha-bachur; er stammt aus dem Jahr 1076. Über 2000 Steine mit hebräischen Inschriften, überwiegend aus dem 11. bis 17. Jh., alle nach Süden ausgerichtet, erinnern an eine bewegte Geschichte. Hier ruhen namhafte jüdische Gelehrte: der Märtyrer Rabbi Meir von Rothenburg (Maharam), Elia Loanz (der Baal-Schem von Worms) oder der Rabbi Jakob Mölln aus Mainz (Maharil).

Bereits um 990 hatten sich die ersten Juden in Worms angesiedelt. Um 1060 studierte Rabbi Salomo ben Issak aus Troyes, genannt Raschi, im damals in ganz Europa

◆ **Anfahrt:** Autobahn- und Zugverbindung von Ludwigshafen, Mannheim und Mainz.
◆ **Unterkunft:** In zwei historischen Gebäuden aus der Gründerzeit bietet das **Parkhotel Prinz Carl** großzügige und komfortabel eingerichtete Zimmer. Prinz-Carl-Anlage 10–14, Tel. 0 62 41/30 80, Fax 30 83 09, www.parkhotel-prinzcarl.de. Eine preiswerte, zentral gelegene Unterkunft am schönen Heylschen Schlossgarten ist das **Hotel Kriemhilde,** dessen Restaurant gute regionale Küche und vorzügliche Rheinweine serviert. Hofgasse 2, Tel. 0 62 41/9 11 50, Fax 9 11 53 10, www.hotel-kriemhilde.de.
◆ **Restaurants:** Die bekannte **Rôtisserie Dubs** in Rheindürkheim (8 km nördlich von Worms) bietet erstklassige, französisch inspirierte Küche.

Auf Sand aus Palästina gebaut: der Jüdische Friedhof in Worms

berühmten Wormser Lehrhaus. Aufgrund seiner Talmud-Kommentare zählt er zu den bedeutendsten Gelehrten der jüdischen Welt und wurde 2005 in Worms und Troyes mit einem Raschi-Jahr gefeiert.

In einer Urkunde aus dem Jahre 1090 sicherte Kaiser Heinrich IV. den Wormser Juden Schutz von Leben und Eigentum, Freiheit der wirtschaftlichen Betätigung und Religionsausübung sowie Autonomie in innerjüdischen Rechtssachen zu. Friedrich II. weitete das »Wormser Privileg« 1236 auf alle Juden im Heiligen Römischen Reich aus, was Vertreibungen im Spätmittelalter aber oft nicht verhindern konnte. Zeugen der langen Geschichte und Kultur der Wormser Juden sind die 1961 wiederhergestellte Synagoge mit dem um 1185/86

Kirchstr. 6, Tel. 0 62 42/20 23, www.dubs.de.
Das **Café Schmerker** ist für seine Spezialität »Wormser Nibelungenschatz« bekannt, ein köstliches Mandelgebäck. Wilhelm-Leuschner-Str. 9, Tel. 0 62 41/2 38 14, www.cafe-schmerker.de.

◆ **Info: Tourist-Information,** Neumarkt 14, Tel. 0 62 41/ 2 50 45, Fax 2 63 28, www.worms.de.
Jüdisches Museum im Raschi-Haus, Hintere Judengasse 6, Tel. 0 62 41/8 53 47 01 (April–Okt. Di–So 10–12.30, 13.30–17, sonst bis 16.30 Uhr).

Nibelungen-Festspiele, Tel. 0 62 41/97 04 55, Fax 97 04 49, www.nibelungenfestspiele.de.
Das **Wormser Backfischfest** (Ende Aug.) ist das größte Wein- und Volksfest am Rhein, www.backfischfest.de.

angelegten und unzerstört erhalten gebliebenen Frauenbad (Mikwe) im vormaligen Judenviertel sowie das Jüdische Museum im Raschi-Haus, das ehemalige Tanz- und Hochzeitshaus der Gemeinde.

Der »Martin-Buber-Blick« schweift über die Grabsteine und die alte Stadtmauer hinüber zum nahen romanischen Kaiserdom St. Peter, »sichtbar gewordene Harmonie der Glieder, eine Ganzheit, in der kein Teil aus der Vollkommenheit wankt«, wie Buber anmerkte. Die frühesten erhaltenen Bauteile wurden unter Bischof Burchard (1000 bis 1025), dem bedeutendsten aller Wormser Bischöfe, errichtet. Bis Ende des 12. Jhs. verliehen die Stauferkaiser der dreischiffigen Pfeilerbasilika mit vier Türmen und zwei Kuppeln ihre heutigen hoch- und spätromanischen Formen. Besonders bemerkenswert ist das Südportal mit seinem romanischen Tympanon und der plastischen gotischen Bilderbibel. Am Nordportal, dem Bischofs- und Kaiserportal, soll dem um 1200 niedergeschriebenen Nibelungenlied zufolge der berühmte Streit zwischen Kriemhild und Brunhild um den höheren Rang stattgefunden haben, der zum Untergang des Burgunderreich führte – es müsste natürlich das Portal eines Vorgängerbaus gewesen sein. Tatsächlich stand hier bereits in frühchristlicher und später in merowingischer Zeit eine Kirche. In der Nähe von Worms soll Hagen den Nibelungenschatz im Rhein versenkt haben. Mit Nibelungenmuseum und Nibelungenfestspielen halten die Wormser die Sage in Ehren.

Der Dom ist Grablege für die Vorfahren und Angehörigen des salischen Königshauses. Hier beendete 1122 das Wormser Konkordat den Investiturstreit, und im April 1521 stand Luther während des Reichstags im 1689 zerstörten Bischofshof (im heutigen Heylshofpark) vor Kaiser Karl V. und konnte nicht anders: Die Folge war der Bruch in der abendländischen Kirche.

Der Dom St. Peter thront über der Wormser Innenstadt

Kleinod aus karolingischer Zeit: Die Königshalle von Lorsch

»Es ist, als habe sich mitten in einer urdeutschen Landschaft der Märchenvogel eines fremden, eines versunkenen Landes niedergelassen«, so erschien die berühmte karolingische Torhalle im hessischen Lorsch bei Worms dem Dichter Werner Bergengruen. Geheimnisvoll und mystisch wirkt sie, genauso wie die althochdeutschen Zaubersprüche des Bienensegens aus dem Lorscher Kloster, mit denen man vor 1000 Jahren entflogene Bienen zu bannen suchte: »Noh du mir nindrinnes, noh du mir nintuuinnest« (Du sollst mir weder entrinnen noch sollst du mir entwischen).

Fast wäre auch das letzte Denkmal der einst so mächtigen, 1621 in den Wirren des Dreißigjährigen Krieges durch spanische Truppen weitgehend zerstörten Karolinger Reichsabtei abgebrochen worden. Gerettet hat es 1803 Landgraf Ludewig durch persönliches Eingreifen. Heute ist die Torhalle Weltkulturerbe, zusammen mit dem »Altenmünster« genannten ersten Klosterareal auf der Weschnitzinsel.

Die Bedeutung des 774 im Beisein Karls des Großen geweihten Lorscher Klosters im karolingischen Ostreich kann man nicht genug preisen. Ludwig der Deutsche, ein Enkel Karls des Großen, wurde hier 876 beigesetzt, sechs Jahre später sein Sohn Ludwig der Jüngere. Der von Karl dem Großen abgesetzte Bayernherzog Tassilo soll im Kloster Lorsch sein Leben beschlossen haben. Weltberühmt ist das um 810 angefertigte Lorscher Evangeliar, das Karl der Große der Lorscher Abtei schenkte und das heute an drei verschiedenen Orten aufbewahrt wird. Mit dem um 795 geschriebe-

◆ **Anfahrt:** Über Worms, Mannheim, Ludwigshafen, Darmstadt und Heidelberg.

◆ **Unterkunft:** Komfortable Zimmer bieten das **Hotel-Restaurant Karolinger Hof,** Lindenstr. 14, Lorsch, Tel. 0 62 51/5 53 53, und das **Hotel Jäger**, Bahnhofstr. 79, Lorsch, Tel. 0 62 51/5 22 44. In der näheren Umgebung verdient das **Alleehotel Europa** eine Empfehlung. Europa-Allee 45, Bensheim, Tel. 0 62 51/10 50, www.alleehotel-europa.de.

◆ **Restaurants:** Im Restaurant **Zum Schwanen** speist man international in elegant-rustikaler Atmosphäre unter einer hinterleuchteten Tiffany-Glasdecke, im Sommer auch im schönen Hofgarten. Gute Weinkarte. Nibelungenstr. 52,

Eines der ganz wenigen Denkmäler aus der Karolinger-Zeit: Königshalle in Lorsch

nen Lorscher Arzneibuch begann die mittelalterliche Pharmazie: Medizin wurde nicht mehr als Eingreifen in den göttlichen Heilsplan, sondern als aktive christliche Nächstenliebe verstanden, wofür auch heidnische Schriften ausgewertet werden durften. Mittlerweile gibt es im Bereich des ehemaligen Klosterfriedhofes wieder einen Kräutergarten mit den im Arzneibuch beschriebenen Heilpflanzen.

Fast überschwänglich berichtet der Lorscher Codex von der kostbaren Ausstattung der Abtei. Geblieben sind davon nur die Torhalle und die Vorkirche. Wer ihren Zauber genießen möchte, beschäftigt sich lieber nicht zu intensiv mit den ausführlich dokumentierten späteren Um- und Rückbauten. Die Torhalle war wohl nicht die »Königshalle«, die für Karl den Großen nach seinem Sieg über die Langobarden 774 erbaut wurde; wahrscheinlich ist sie etwa hundert Jahre jünger. Aber der Fassadenschmuck ist noch so wie vor über elfhundert Jahren. Original erhalten sind auch der Palmettenfries, die kannelierten Pilaster und das Traufgesims. Der kleine Dachreiter mit Glöckchen wurde 1697 angefügt, als die Torhalle als »Kappellche« diente – und so nennt sie die Lorscher Bevölkerung liebevoll noch heute.

Lorsch, Tel. 0 62 51/5 22 53, www.zum-schwanen-lorsch.de. Gute Küche und nette Unterkunft bietet das **Hotel Restaurant Poststuben,** Schlossstr. 28–30, Bensheim-Auerbach, Tel. 0 62 51/7 29 87, Fax 7 47 43, www.poststuben.de.

◆ **Info:** Der Klosterpark mit Torhalle, romanischem Kirchenrest, Klostermauer, Gänsewiese, Kräutergärten, Zehntscheuer ist tgl. bis Einbruch der Dunkelheit geöffnet. **Museumszentrum Lorsch** (u. a. interessantes Tabakmuseum), Nibelungenstr. 35, Lorsch, Tel. 0 62 51/10 38 20, www.kloster-lorsch.de (Di–So 10–17 Uhr). **Touristinfo Nibelungenland,** Altes Rathaus, Marktplatz 1, Lorsch, Tel. 0 62 51/17 52 60, www.lorsch.de.

Speyer:
Imperiale Romanik

Fast tausend Jahre deutscher Geschichte spiegeln sich in der größten noch erhaltenen romanischen Kirche des 11. Jahrhunderts mit einer Länge von 133 Metern und einer Mittelschiffhöhe von 30 Metern. Konrad II., der 1027 als erster Salier den Thron bestiegen hatte und Historikern als weitblickender Kaiser des Mittelalters gilt, demonstrierte mit dem 1030 gegründeten Dom seinen Herrschaftsanspruch über Reich und Kirche.

Vom mittelalterlichen Altpörtel in der Maximiliansstraße, eines der schönsten und mit 55 Metern auch eines der höchsten Stadttore Deutschlands, bietet sich eine fotogene Durchsicht auf das mächtige Bauwerk, dessen kritisiertes Westwerk allerdings erst in neuromanischer Zeit aufgemauert wurde. Unverfälschter ist der Blick vom Domgarten auf die Chorapsis und die beiden 71 Meter hohen Osttürme.

Da französische Revolutionstruppen den Dom 1793/94 plünderten, kann man sich heute ganz auf den Raumeindruck der dreischiffigen Pfeilerbasilika konzentrieren. Die Restaurierungsarbeiten 1957–1966 nahmen die neoromanischen Erneuerungen und Ausmalungen, die 1854–1858 unter dem bayerischen König Ludwig I. den Dom verändert hatten, weitgehend zurück. Seither sieht das Langhaus wieder annähernd so aus wie in der Zeit Heinrichs IV. Der hatte den Dom nach seinem »Gang nach Canossa« als Machtdemonstration gegen den Papst umbauen lassen und die Flachdecke des Mittelschiffs durch sechs Gewölbejoche ersetzt. Der Dom wurde die Grablege des gesamten salischen Hauses, aber auch späterer Kaiser.

Erst im frühen 12. Jh. gelang es, auch die in der Fläche etwa 15 x 15 Meter messenden

◆ **Anfahrt:** Autobahn- und Zugverbindung u. a. mit Ludwigshafen, Mannheim, Karlsruhe und Heidelberg.
◆ **Unterkunft:** Im unter Denkmalschutz stehenden ehemaligen Reichskammergericht wurde das **Hotel Domhof** mit komfortablen, stilvollen Zimmern eingerichtet. Das rustikale Restaurant serviert Pfälzer Küche. Bauhof 3, Tel. 0 62 32/1 32 90, www.domhof.de.
◆ **Restaurants:** Regionale und internationale Spezialitäten, dazu vorzügliche Pfälzer Weine serviert das elegante Restaurant **Backmulde.** Karmeliterstr. 11–13, Tel. 0 62 32/ 7 15 77, www.backmulde.de.

Zeitlose Schönheit der Romanik: der Dom zu Speyer

Querarme zu überwölben. Die diagonal über diese Räume gespannten Gurtrippen gehören zu den zahlreichen Neuerungen, die vom Speyerer Dombau ausgingen. Allerdings musste das Langhaus nach Zerstörungen im Pfälzischen Erbfolgekrieg (1689) zwischen 1772 und 1775 größtenteils wiedererrichtet werden. Immerhin lassen sich die ersten beiden Bauphasen am Mauerwerk der Kirchennordseite recht einfach unterscheiden. Die Bruchsteine sind älter, die roten Sandsteinquader jünger. Ältester Teil ist die Hallenkrypta mit quadratischen Jochen, Gurtbogen, Kreuzgratgewölben und unverjüngten Säulen, die in frühromanischen Würfelkapitellen enden. Eigentlich präsentiert sich der gesamte Dom heute als zurückrestaurierter mittelalterlicher Rohbau. Wie prächtig und bunt er einst ausgestattet war, lässt sich nicht mehr erahnen. Aber gerade wegen dieser Nüchternheit wirkt er so zeitlos.

Gutbürgerliche Pfälzer Küche gibt's im gemütlichen **Ratskeller,** Maximilianstr. 12, Tel. 0 62 32/7 86 12.
◆ **Info: Tourist-Information,** Maximilianstr. 13 , Tel. 0 62 32/ 14 23 92, www.speyer.de.
Der **Dom** ist April–Okt. Mo–Fr 9–19, Sa 9–18, So 13.30–18 Uhr, Nov.–März jeweils bis 17 Uhr geöffnet, www.dom-speyer.de. Außerdem sehr sehenswert sind der **Judenhof** mit Mikwe und Teilen der Synagoge (1104) sowie das **Technik Museum** und **IMAX Dome Filmtheater,** mit einer begehbaren Boeing 747, Tel. 0 62 32/6 70 80, www.museumspeyer.de (Mo–Fr 9–18, Sa/So bis 19 Uhr).

Kaiserburg Trifels:
Wo Richard Löwenherz schmachtete

Beim Anblick der Burg Trifels, die 300 Meter oberhalb der alten Reichsstadt Annweiler auf dem Sonnenberg im Pfälzerwald thront, ging schon in früher Zeit die Fantasie mit den Sagendichtern durch. Da stört es nicht, dass der größte Teil der 1602 weitgehend abgebrannten Anlage erst ab 1938 wieder aufgebaut wurde, mit dem zu jener Zeit üblichen nationalen Brimborium. Von der Turmspitze bietet sich ein großartiger Blick auf Annweiler und die Ruinen der beiden Nachbarburgen Anebos und Scharfenberg. Der schlanke Bergfried von Scharfenberg diente einst als letzte Zufluchtsstätte: Der Rest wurde 1525 im Bauernkrieg zerstört.

Hat wirklich Richard Löwenherz auf der Burg Trifels geschmachtet, »in schnöder Fesseltracht«? Aufbrausend hatte der englische König auf den Wällen Akkons das Banner Leopolds von Österreich beleidigt. Als Richard auf der Heimkehr aus dem Heiligen Land inkognito durch Österreich reiste, ließ ihn Leopold auf der Burg Dürnstein an der Donau festsetzen, bis er ihn an Heinrich VI. ausliefern musste. Tatsächlich weilte Richard 1193/94 zehn Monate lang als Gefangener auf der Burg Trifels, aber in ein finsteres Verlies, wie es die englische Überlieferung behauptet, hat der Kaiser seine Geisel nicht gesteckt. Zeitzeugen berichten, dass der König sogar seine Wächter unter den Tisch trank. Schließlich wollte Heinrich ein exorbitantes Lösegeld, also kümmerte man sich um das Wohlbefinden des kostbaren Gefangenen genauso gut wie um die Reichsinsignien, die hier von 1125 bis 1298 verwahrt wurden.

»Wer Trifels hat, hat das Reich«, hieß es damals, denn für den Kaiser, der unstet

◆ **Anfahrt:** Von Karlsruhe und Ludwigshafen über Landau (Autobahn) nach Annweiler (auch Zugverbindung). Die Trifelsstraße endet unmittelbar unterhalb der Burganlage, von hier 20 Minuten zu Fuß. Vom Bahnhof Annweiler erreicht man die Burg in etwa einer Stunde über den ausgeschilderten Rundwanderweg.

◆ **Unterkunft:** In Annweiler kann man in der idyllisch im Grünen gelegenen **Pension Bergterrasse** nächtigen. Trifelsstr. 8, Tel. 0 63 46/72 19, www.pension-bergterrasse.de. Komfortable, moderne Zimmer und eine vorzügliche Küche mit besten Pfälzer Weinen bietet der **Landgasthof Sonnenhof,** Mühlweg 2, Siebeldingen, Tel. 0 63 45/33 11, www.soho-siebeldingen.de.

Ein guter Ort, um in Luxus zu schmachten: Burg Trifels

durch das Land zog, war es wichtig, Lanze, Krone, Reichsapfel, Reichszepter und Reichsschwert, die im Mittelalter Symbole seiner Herrschaft waren, in einer absolut loyalen Festung zu wissen. Erst die Staufer bauten den Trifels zur Reichsburg aus. Den über zwei Stockwerke reichenden Kaisersaal hat es in historischer Form jedoch nie gegeben, er entstand erst 1938. Heute dient er im Sommer als romantische Kulisse für Serenadenkonzerte. In der romanischen Burgkapelle sind die Nachbildungen der kaiserlichen Insignien zu sehen, die seit 1800 in der Schatzkammer des Kunsthistorischen Museums in Wien verwahrt werden.

Die Geschichte von Richards treuem Spielmann Blondel, der auf der Suche nach seinem gefangenen Herrn singend von Burg zu Burg zog, bis Richard mit der zweiten Strophe des Lieds antwortete, wurde schon um 1260 in einer legendenhaften Kreuzzugschronik erzählt und im 18. Jahrhundert durch die Oper »Richard Cœur-de-Lion« von André-Ernest-Modeste Grétry (1784) populär. Später griffen Sagendichter des Historismus wie Friedrich Wilhelm Hebbel die Geschichte auf und schmückten sie immer weiter aus.

Burgenromantiker kommen im Pfälzerwald wahrlich auf ihre Kosten. Südlich von Annweiler sind allein im bizarr geformten Dahner Felsenland und im benachbarten Elsass 16 Burgen und Ruinen zu entdecken, alle mit großartigen Ausblicken auf Schwarzwald und Vogesen. Und um jede rankt sich mindestens eine Sage.

◆ **Restaurants:** Im nahen Landau ist das historische Gasthaus **Fünf Bäuerlein,** das von fünf renommierten Winzern aus der Südpfalz betrieben wird, für höchst kreative Pfälzer Küche und natürlich erstklassige Tropfen bekannt. Theaterstr. 2, Landau in der Pfalz, Tel. 0 63 41/2 07 46. Verfeinerte regionale Küche serviert die sehr gemütliche **Weinstube Brand,** Weinstraße 19, Frankweiler, Tel. 0 63 45/95 94 90.

◆ **Info: Burg Trifels,** Annweiler, Tel. 0 63 46/84 70, www.burgen-rlp.de, April–Sep. 9 bis 18, sonst 9–17 Uhr, Dez. geschl. **Südliche Weinstrasse Annweiler am Trifels e.V.,** Messplatz 1, Annweiler, Tel. 0 63 46/22 00, Fax 79 17, www.trifelsland.de.

Kathedrale des Industriezeitalters: Die Völklinger Eisenhütte

Industrie als Weltkulturerbe? Die Begründung der UNESCO aus dem Jahr 1994 klingt nicht besonders spannend: »Die Völklinger Hütte ist die einzige stillgelegte Eisenhütte in ganz Europa und Nordamerika, in der die Originalausstattung noch erhalten ist.«

Aha. Aber deshalb ins Saarland fahren? Gibt's da nichts Schöneres zu entdecken, den herrlichen Ausblick auf die Saarschleife im Dreiländereck oder den barocken Schlossplatz in Saarbrücken? Wer will denn Hochöfen, Winderhitzer, Wasserhochbehälter, Gebläsemaschinen, Schwungräder und Gaskühler sehen? Über 100 000 Menschen pro Jahr wollen!

Wer einmal das Spektakel des Kunstfeuerwerkers Rainer Ellenberger erlebt hat oder Hans Peter Kuhns farbenprächtige Wiederbeleuchtung der sechs Hochöfen, der versteht, worum es hier geht. Ein banaler Arbeiterspind wird plötzlich zur faszinierenden Skulptur, das riesige Schwungrad zur ehrwürdigen Ikone, die Gasgebläsemaschinenhalle zur riesigen Kathedrale, das Labyrinth aus Rohren, Schlackenrinnen, Eisentreppen, Wartungsbrücken, Stellrädern und Windzylindern zur Kunstkulisse.

Ein Rundgang vermittelt die hochkomplizierten technischen Abläufe der Roheisenproduktion in Sinteranlage, Kokerei, Gichtbühne, Hochofenabstich und Gebläsehalle mit ihren gigantischen Schwungrädern. Was für eine Plackerei! 1965 malochten über 17 000 Männer auf der Völklinger Hütte. Jetzt wird das Tuten, Quietschen, Pochen, Dröhnen, Vibrieren, Brummen und Wummern auf »Klangspaziergängen« vermittelt. Die Hütte groovt! Doch heute muss kein schmieriger Schmutzfilm mehr weggeschrubbt werden, keine rostrote Staubwolke legt sich quälend auf die Lunge. Auch auf die mörderische Hitze wird ver-

◆ **Anfahrt:** Autobahn- und Zugverbindungen u. a. mit Frankfurt/Main, Ludwigshafen, Kaiserslautern und Trier.
◆ **Unterkunft:** Übernachten sollte man am besten im nahen Saarbrücken. Ein sehr schön renoviertes Altstadthaus von 1812 mit individuellen Themenzimmern ist das **Domicil Leidinger,** Mainzer Straße 10, Tel. 06 81/9 32 70, www.domicil-leidinger.de. Stilvolle Zimmer bietet auch **Victor's Residenz-Hotel** am Rand des Deutsch-Französischen Gartens neben der Spielbank. Deutschmühlental, Tel. 06 81/58 82 10, www.victors.de.
◆ **Restaurants:** In Saarbrücken sind französische Einflüsse in der Küche überall spürbar. Im Gourmettempel

So vergänglich wie Kunst: Industriearchitektur fällt dem Rost anheim

zichtet. Lieber besucht man das interaktive Ferrodrom, das »sinnliches Erleben des Eisens« vermitteln soll.

Ja, die Hütte ist ein Denkmal, genauso wie eine Kathedrale oder ein Schloss. Doch sie hat unsere moderne Welt vielleicht stärker verändert als der mächtige Dom oder die romantische Ritterburg. Schon die Römer betrieben im Saarland kleine Eisenschmelzen, 1593 wurden Ofenplatten in Neunkirchen bereits industriell gegossen. Die Alte Völklinger Hütte wurde erst 1873 gegründet und ist damit die jüngste Eisenhütte des Saarlandes, doch kann sie wegen ihrer Monumentalität, Komplexität und Vollständigkeit den Ablauf einer Verhüttung hervorragend vermitteln. Bis 1986 hat die Roheisenproduktion der Völklinger Hütte unverändert gearbeitet.

Losgelöst von ihrer ursprünglichen Funktion dokumentieren die rostigen Riesenmaschinen nicht nur den tief greifenden Strukturwandel und den Niedergang der Schwerindustrie. Sie entwickeln vor allem eine ästhetische Eigendynamik, die nicht nur Installationskünstler anzieht. So wird die Gasgebläsemaschinenhalle als Veranstaltungs- und Konzertort genutzt, und die ehemaligen Werkstätten der Handwerkergasse dienen als Künstlerateliers. Teile der gigantischen Anlage wird der unaufhaltsame Rost allmählich zerstören. Aber warum sollte Industrie nicht ebenso vergänglich sein wie die Kunst?

Gästehaus Klaus Erfort wird viel mit Trüffeln gearbeitet. Mainzenstr. 95, Tel. 06 81/ 9 58 26 82, www.gaestehaus-erfort.de.
Ein Jugendstil-Forsthaus mit frankophiler Küche ist das **Restaurant Quack im Haus Weismüller.** Gersweilerstr. 43a, Tel. 06 81/5 21 53, www.weismueller-restaurant-quack.de.

◆ **Info: Weltkulturerbe Völklinger Hütte,** Europäisches Zentrum für Kunst und Industriekultur, Völklingen/Saar, Tel. 0 68 98/9 10 00, Fax 9 10 01 11, www.voelklinger-huette.org.
Kongress- und Touristik Service Region Saarbrücken, Reichsstr. 1, Saarbrücken, Tel. 06 81/93 80 90, Fax 9 38 09 38, www.die-region-saarbruecken.de.

Im Namen der Rose:

Kloster Eberbach

»Porta patet, cor magis – Die Tür steht offen, mehr noch das Herz«, lautet ein Wahlspruch der Zisterziensermönche. Während der Bauernkriege um 1525 nahmen aufständische Rheingauer diese Aufforderung wörtlich und plünderten die üppigen Weinvorräte des Zisterzienserklosters Eberbach bei Eltville im hessischen Rheingau. Die unvergleichliche Atmosphäre der 1136 gegründeten Abtei faszinierte den Filmregisseur Jean-Jacques Annaud so sehr, dass er hier 1985 und 1986 die Innenaufnahmen zum Film »Der Name der Rose« mit Sean Connery drehte. Er war seinerzeit die teuerste Produktion der europäischen Filmgeschichte.

300 Klöster habe er besucht, so erzählt Annaud, aber letztlich kam nur Eberbach in Frage. Cineasten werden das lichte – im Film wesentlich düsterer wirkende – Mönchsdormitorium aus dem 13. Jh. sofort wiedererkennen, das im Film als Skriptorium diente: ein 72 Meter langer frühgotischer Saal, dessen Kreuzrippengewölbe auf niedrigen Säulen mit laubverzierten Kapitellen ruhen. Nicht minder eindrucksvoll und in vielen Szenen zu sehen ist das alte Laienrefektorium, ein frühgotischer Raum mit schweren Kreuzgratgewölben. Im Film ist es Schauplatz grässlicher Leichenfunde und Tagungsort des Inquisitionstribunals. Auf dem Boden der Küche wird der junge Adson, gespielt von Christian Slater, von dem namenlosen Bauernmädchen verführt. Hier sind historische Weinkeltern aus zisterziensischer Zeit zu sehen.

◆ **Anfahrt:** Autobahn- und Zugverbindung von Frankfurt/Main und Köln nach Eltville. Das Kloster liegt etwa 6 km nordwestlich (Busverbindung).

◆ **Unterkunft:** Das **Gästehaus Kloster Eberbach** ist in einem historischen Wirtschaftsgebäude untergebracht. Die Zimmer sind relativ schlicht, aber keineswegs spartanisch, mit Dusche oder Bad. Tel. 0 67 23/99 31 09, Fax 99 31 00, www.klostereberbach.com. Im romantischen Dörfchen Hattenheim bei Eltville nächtigt man sehr elegant im **Kronenschlösschen,** dessen Restaurant auch verwöhnte Feinschmecker zufrieden stellt. Rheinallee, Eltville-Hattenheim, Tel. 0 67 23/6 40, Fax 76 63, www.kronenschloesschen.de.

◆ **Restaurants:** Zum Kloster gehört die gemütliche **Klosterschänke,** die herzhafte regio-

Überraschend lichtdurchflutet ist das im Film düstere Dormitorium

Bernhard von Clairvaux gründete die Abtei als erstes rechtsrheinisches Zisterzienserkloster. Die Klosterkirche wurde im 12. Jh. errichtet. Später hinzugekommene gotische Maßwerkfenster erhellen den kargen, leergeräumten Raum. Mit den schwedischen Plünderungen des Dreißigjährigen Kriegs und der Säkularisierung 1803 ist die zisterziensische Schlichtheit in die Kirche zurückgekehrt, die in der Barockzeit reich ausgestattet war: Die Eberbacher Mönche waren nämlich höchst erfolgreiche Winzer und bewirtschafteten die größte Anbaufläche des europäischen Mittelalters.

Vom Kreuzgang blieben der Nord- und Westflügel im gotischen Stil erhalten. Letzterer wurde um 1480 für die Bibliothek in Fachwerk aufgestockt. Besonders schön ist der spätgotische quadratische Kapitelsaal. Eine mächtige Mittelsäule trägt das Sterngewölbe, dessen Gewölbekappen mit zarter, um 1500 entstandener Ranken- und Blumenmalerei verziert sind. Der Speisesaal der Mönche entstand 1720–1724 und besitzt eine prachtvolle barocke Stuckdecke. Hier empfängt die hessische Landesregierung gerne ihre Staatsgäste und kredenzt dabei Tropfen aus dem heutzutage staatlichen Weinbau von Eberbach. Auch andere Gäste können in Eberbach Kultur und Wein genießen. Aber anders als die Bauernrebellen des 16. Jhs. bezahlen sie dafür.

nale Gerichte, wie Hessische Kartoffelsuppe, Rheingauer Spundenkäse und Eberbacher Weinfleisch, serviert. Tel. 0 67 23/99 32 99, www.klostereberbach.com. Vorzügliche, aber nicht zu teure Rheingauküche, darunter einen köstlichen Sauerbraten, gibt es im **Weinhaus und Hotel Zum Krug,** natürlich mit bestens sortierter Weinkarte. Hauptstr. 34, Eltville-Hattenheim, Tel. 0 67 23/9 96 80, www.hotel-zum-krug.de.

◆ **Info: Stiftung Kloster Eberbach,** Eltville im Rheingau, Tel. 0 67 23/9 17 81-11, -12 sowie -13, Fax 9 17 81 01, www.klostereberbach.de (April–Okt. tgl. 10–18 Uhr, Regelführungen Fr 15 Uhr, Sa/So 11, 13 und 15 Uhr; Nov.–März tgl. 11–17 Uhr, Regelführungen Sa/So 14 Uhr).

Wo Hagen Siegfried meuchelte: Das Odenwalder Felsenmeer

Kaum eine deutsche Landschaft ist reicher an Sagen und Mythen als der Odenwald. »Hier ragt die Vorwelt Siegfrieds in die Bilderwelt der Kindheit«, schrieb Theodor W. Adorno über Amorbach. Von Worms führen Nibelungen- und Siegfriedstraße quer durch das Mittelgebirge zwischen Oberrheinischer Tiefebene, Main und Kraichgau. Hier verlief der römische Limes, hier jagten die Burgunder, hier führt die ruhelose Seele des Rodensteiner Ritters nachts sein Gefolge durch die Lüfte zur »wilden Jagd«. Hinter der Burg Zwingenberg aus dem 15. Jahrhundert liegt die grandiose Wolfsschlucht, die Carl Maria von Weber zu seiner Oper »Der Freischütz« inspiriert haben soll.

Zwei Odenwalder Quellen, der Siegfriedbrunnen in Grasellenbach und der Lindelbrunnen im Mossautal, streiten darum, der Ort gewesen zu sein, an dem der eifersüchtige Hagen von Tronje den blonden Recken Siegfried meuchelte. Das althochdeutsche »odowalt« erinnert an einen Hain des germanischen Göttervaters Odin – vielleicht war es aber auch nur die Bezeichnung für den »Ödwald« abseits der kulturell früh erschlossenen Rheinebene.

Im Herbst veranstaltet die Gemeinde Reichenbach das beliebte »Felsenmeer in Flammen«: Eine musikalisch untermalte Licht- und Nebelshow verwandelt das mit 168 Hektar größte Felsenmeer der Gegend in Lautertal-Reichenbach in eine magische Farbenlandschaft. Da kommt die Nibelungenfantasie so richtig in Schwung. Fast glaubt man, sie alle zu erkennen: den Drachen, in dessen Blut Siegfried badete, die Zwerge, die den Nibelungenschatz bewachten, den finsteren Hagen, der Siegfried den Speer in die verwundbare Stelle an der Schulter stieß. Doch auch an ganz normalen Tagen wirkt das Felsenmeer geheimnisvoll und urzeitlich, besonders wenn Lichtflecken über die Granitblöcke huschen oder Nebelschwaden über den Waldboden kriechen. Zwei Riesen sollen sich hier mit Felsen beworfen haben, die so fantasievolle Namen wie Teufelskanzel, Riesensessel und Krokodilstränen tragen.

Die Geologen sehen das nüchterner: Die Felsenmeere sind im Erdaltertum hervorgequollenes Magma, das zu Quadern, sog. Wollsäcken, verwitterte. Diese wurden von eindringendem Wasser nach und nach abgerundet und sammelten sich in Tälern und Mulden. Schon die Römer, unter deren

Tatort Odenwalder Felsenmeer: geheimnisvoll und urzeitlich

Herrschaft die Via strata montana, die Bergstraße, ein wichtiger Handelsweg war, bauten hier mit Steinsägen und Keilen Granit ab. Vier der Granitsäulen des Trierer Doms, eine Palastaula des frühen 4. Jhs., stammen aus dem Gebiet des Felsbergs. Manch einen Block ließen die Römer unfertig zurück, so die schon im 15. Jh. erwähnte 27 Tonnen schwere »Riesensäule«, das über 12 Meter lange »Schiff« oder den »Altarstein«. Der dunkelgraue Melaquarzdiorit ist dem begehrten echten Granit zwar sehr ähnlich, muss aber anders gespalten werden, was die römischen Steinmetze nicht wussten.

»De Buggel nuff, de Buggel nunner«, geht es im Odenwald, der viele Gesichter hat: manchmal unheimlich wie am einzigen erhaltenen Galgen Deutschlands in Beerfelden, aber oft auch licht und heiter. Im Frühjahr verwandeln die Streuobstwiesen das Land in ein Blütenmeer, im Sommer leuchtet überall der rote Fingerhut am Wegesrand, im Herbst entfalten Buchen, Eichen und Ahornbäume ihre ganze Farbenpracht.

◆ **Anfahrt:** Das Felsenmeer liegt ca. 7 km nordöstlich von Bensheim/Bergstraße und ca. 16 km südlich von Darmstadt auf der südöstlichen Seite des Felsberges. Vom Naturparkplatz »Felsenmeer« erschließen Wanderwege das Areal.

◆ **Unterkunft:** Romantisches Ambiente bietet das **Landhaus Baur**, dessen Restaurant verfeinerte Odenwalder Spezialitäten serviert. Lippmannweg 15, Fischbachtal/Lichtenberg, Tel. 0 61 66/83 13, www.landhausbaur.de.
Ein Ferien- und Kurhotel mit rustikalen Zimmern ist der **Siegfriedbrunnen,** Hammelbacher Str. 7, Grasellenbach, Tel. 0 62 07/60 80, Fax 15 77, www.hotel-siegfried brunnen.de.
Preiswerte Gästezimmer hat der **Landgasthof Felsenmeer,** Lautertal-Beedenkirchen, Tel. 0 62 54/5 55, www.gast haus-felsenmeer.de.

◆ **Restaurants:** Deutschlands ältestes Gasthaus **Zum Riesen,**

Michelstadt und sein fotogenes Rathaus

Bunt treiben es auch die kleinen Fachwerkstädtchen: Weinheim mit seinem romantischen Marktplatz oder das mittelalterliche Michelstadt, dessen extravagantes spätgotisches Rathaus von 1484 mit seinem Spitzgiebel und zwei Erkertürmen ein besonders beliebtes Fotomotiv ist. Das Palmsche Haus von 1610 in Mosbach weiter südlich gehört zu den schönsten Fachwerkhäusern Süddeutschlands, und in Miltenberg beansprucht der fünfgeschossige Fachwerkbau »Zum Riesen« aus dem Jahr 1590, Deutschlands ältestes Gasthaus zu sein.

Vielleicht stand sogar die Gralsburg im Odenwald? 5 km südwestlich des berühmten Klosters Amorbach erhebt sich die Ruine der um 1200 errichteten Burg Wildenberg auf einem Bergvorsprung. Sie war das Vorbild für viele stauferzeitliche Profanbauten. Am großen Kamin im Palas hat Wolfram von Eschenbach vermutlich Teile seines »Parzival« vorgetragen, »hie ze Wildenberc«. War Wildenberg vielleicht gar Munsalvaesche, der französische »Mons sauvage« (wilde Berg) – Vorbild für Wolframs Gralsburg Montsalvat?

dessen Geschichte bis ins Jahr 1158 zurückreicht (das heutige Haus ist ein Fachwerkbau der Renaissance), serviert Fränkisch-Odenwalder Spezialitäten und empfiehlt dazu das jeweils passende Bier.
Hauptstr. 99, Miltenberg,
Tel. 0 93 71/98 99 48,
Fax 98 94 50, www.riesen-miltenberg.de.

Ein vorzügliches Odenwalder Gasthaus ist **Treusch im Schwanen,** das frischen Produkten aus der Umgebung internationalen Pfiff verleiht.
Rathausplatz 2, Reichelsheim,
Tel. 0 61 64/22 26,
Fax 8 09, www.treuschs-schwanen.com.

◆ **Info: Informationszentrum Felsenmeer im Odenwald,**
Hahnenbuschstr. 9,
Lautertal,
Tel. 01 62/6 84 68 84,
www.informationszentrum-felsenmeer.de

Darmstadts Mathildenhöhe: Weihestätte des Jugendstils

»Die erhobene Hand gegen die Kunst-Philister«, so rühmte Großherzog Ernst Ludwig (1868–1937) den eigenwilligen Hochzeitsturm des Architekten Josef Maria Olbrich (1867–1908), den die Darmstädter Bürgerschaft ihrem Großherzog im Jahr 1905 zur Vermählung geschenkt hatte. Erbaut wurde der 48 Meter hohe, schmale dunkelrote Backsteinbau mit um die Ecken geführten Fenstern allerdings erst 1908. Der eigenwillige Dachabschluss, als fünfzinnige Krone in Kupferblech mit violetten Verblendsteinen ausgeführt, erinnert tatsächlich an die Finger einer ausgestreckten Hand.

Von der Aussichtsplattform des Turms bietet sich ein Rundblick über Darmstadts Mathildenhöhe. »Eine Stadt müssen wir erbauen, eine ganze Stadt! Alles andere ist nichts!«, hatte Olbrich gefordert. Der Mitbegründer der Wiener Secession war eine der treibenden Kräfte der Künstlerkolonie, der u. a. die Architekten Peter Behrens und Alfred Messel, die Kunsthandwerker und Maler Hans Christiansen und Albin Müller sowie die Bildhauer Ludwig Habich und Bernhard Hoetger angehörten. Diese zwischen 20 und 32 Jahre jungen Männer wollten in Darmstadt ihren Traum von der Gestaltung einer neuen Lebenswelt verwirklichen und wurden dabei großzügig von dem kunstsinnigen und weltoffenen Großherzog gefördert. Dieser hatte William Morris und die Arts and Crafts-Bewegung in England kennen gelernt. Nun wollte er die Kunst seines Hessenlandes in der aufstrebenden Residenzstadt aufblühen lassen und mit Innovationen neue Möglichkeiten für Handwerk und Industrie schaffen.

So entstand zwischen 1899 und 1914 wie im Rausch ein Ensemble eigenwilliger Jugendstilbauten auf der Mathildenhöhe, einem ehemaligen Weinberg, den der Großherzog ab 1900 in eine Parkanlage im italienischen und englischen Gartenstil umwandeln ließ. Anfang des 20. Jhs. galt die Mathildenhöhe als Tempel der Architektur. Auch Gropius, Mies van der Rohe und Le Corbusier holten sich dort Inspirationen, denn ab 1910 ging man zu einer strengeren Ästhetik über, in der sich bereits die Sachlichkeit des Bauhauses ankündigte.

In vier Ausstellungen, 1901, 1904, 1908 und 1914, entwickelte sich der »Darmstädter Stil«. Die spektakulärste war sicher die dritte, die »Hessische Landesausstellung für freie und angewandte Kunst« (1908).

Das leuchtend weiße Ernst-Ludwig-Haus am Alexandraweg 26, 1900–1901 von Olbrich zur ersten Ausstellung »Ein Dokument Deutscher Kunst« als Atelierhaus der Künstlerkolonie errichtet, dient heute als Museum. Berühmt ist die Schaufront mit dem omegaförmigen Mittelportal: Seine Skulpturen »Mann« und »Weib« sowie die vergoldeten Pflanzenornamente stehen in starkem Gegensatz zur sonstigen äußeren Schlichtheit. Das Portal schmücken die Worte des Dichters Hermann Bahr, die zum Motto des Darmstädter Jugendstils wurden: »Seine Welt zeige der Künstler, die niemals war noch jemals sein wird.«

Sehenswert ist auch das Ausstellungsgebäude Olbrichs neben dem Hochzeitsturm, das 1908 für die dritte Ausstellung eröffnet wurde. Eine Treppenanlage führt hinauf zu einem baldachinartigen, klassizistisch anmutenden Bau, dessen Kuppel ein Mosaik nach Entwürfen Olbrichs ziert. Im Rahmen der Ausstellung waren auch die Wohnhäuser der Künstler zu besichtigen, einschließlich ihrer Innenausstattung: Türgriffe, Einzelmöbel, Glas, Porzellan, Grafik, Textilien und Schmuck in dekorativ-floralem, ornamentalem Jugendstil. Kunst und Leben sollten ineinander fließen. Leider sind von den einstmals 17 Häusern nur noch wenige original erhalten.

Ein exotisches Kleinod der Mathildenhöhe ist die Russische Kapelle am Nikolaiweg 18, die 1898 zur Hochzeit von Alice von Hessen und Zar Nikolaus II. entstand und mit reichem Mosaikschmuck und blattgoldbelegten Zwiebelhauben prunkt. Sie wurde nach Plänen des Petersburger Architekten Benois (1856–1928) im typisch russischen Kirchenstil von G. Jacobi und F. Ollerich ausgeführt. Obwohl sie eigentlich nichts mit Jugendstil gemein hat, prägt sie mit ihren drei vergoldeten Kuppeln und dem farbigen Mosaikschmuck bis heute wesentlich das Erscheinungsbild der Mathildenhöhe.

◆ **Anfahrt:** Autobahn- und Zugverbindung u. a. mit Frankfurt/Main und Mannheim. Die Mathildenhöhe östlich des Stadtzentrums ist mit dem Bus F (Oberwaldhaus) oder zu Fuß vom Darmstädter Schloss über die Erich-Ollenhauer-Promenade erreichbar.

◆ **Unterkunft:** Vornehm schläft man im **Maritim Rhein Hotel** mit Blick über die Stadt, einem feinem internationalem Restaurant und umfangreichem Wellnessangebot. Am Kavalleriesand 6, Tel. 0 61 51/ 30 30, www.maritim.de. Eine gemütlich-rustikale, preiswerte Unterkunft ist das **Hotel Prinz Heinrich,** dessen Fassade ganz mit Weinlaub zugewachsen ist. Bleichstr. 48, Tel. 0 61 51/8 13 70, www.hotel-prinz-heinrich.de.

◆ **Restaurants:** Im schönen Jugendstilbahnhof bietet das **Restaurant Fürstenbahnhof** feine mediterran inspirierte Küche. Beliebt ist auch die Bar. Am Fürstenbahnhof 3–4, Tel. 0 61 51/6 67 20, www.fuerstenbahnhof.de. Gute Bistroküche serviert **Müller & Müller**, Mühlstr. 60, Tel. 0 61 51/15 38 63, www.mueller-und-mueller.de.

◆ **Info: Tourist-Info Darmstadt,** Im Carree 4a, Tel. 0 61 51/95 15 00, Fax 9 51 50 50, www.proregio-darmstadt.de. **Mathildenhöhe:** Olbrichweg 13, Tel. 0 61 51/13 27 78, www.mathildenhoehe.info. Der Zutritt zum Gelände ist jederzeit möglich und frei. Ausstellung: Di–So 10–18, Do bis 21 Uhr, Museum Di–So 10–17 Uhr.

Ein Anblick wie an der Wolga und Newa: Russische Kapelle in Darmstadt

Romanische Vollendung: Der Dom zu Limburg

»Denn im glühendsten Abendlicht hob die herrliche Stiftskirche zum heiligen Georg ihre sieben Türme in die reinen Lüfte empor, und da es ein Samstag war, klang das abendliche Geläut so vollstimmig ihm entgegen, dass das Innerste seiner Brust davon erschüttert wurde.« So schwärmerisch beschreibt die »Spielmannslegende« (1833) von Paul Heyse den Anblick des Georgsdoms, der oberhalb der Altstadt des hessischen Limburg an der Lahn auf einem hohen Felsen thront und selbst Eilige, die mit Tempo 150 auf der Autobahn von Frankfurt nach Köln unterwegs sind, kurz aufschauen lässt. Eindrucksvoller ist jedoch der Blick von der alten, ab 1315 erbauten Lahnbrücke.

Der 1235 geweihte Dom vereint in großartiger Weise französische Frühgotik und rheinische Spätromanik. Nicht ohne Grund war er auf der Rückseite des 1000-Mark-Scheins der zweiten Serie abgebildet. Als diese Banknote 1964 gedruckt wurde, war der Dom noch felsengrau. Erst zwischen 1967 und 1973 erhielt er seine mittelalterliche Farbgebung aus weiß, rot, ocker und schwarz zurück. Seine sieben Türme mit ihren noch romanischen Rautendächern folgen bereits gotischer Symbolik: Sie stehen für die sieben Sakramente, die drei göttlichen und vier weltlichen Tugenden. Drei multipliziert mit vier ergibt zwölf: die Anzahl der Apostel und der Stämme Israels, aber auch die zwölf Tore des Himmlischen Jerusalem.

◆ **Anfahrt:** Autobahn- und Zugverbindung u. a. mit Frankfurt/Main und Köln.

◆ **Unterkunft:** Moderne, komfortable Zimmer in einem historischen, klassizistischen Altstadtgebäude bietet das **Dom Hotel Limburg** mit elegantem Restaurant »Die Prusse«, das gute neue deutsche und internationale Küche serviert. Grabenstr. 57, Tel. 0 64 31/90 10, Fax 68 56, www.domhotellimburg.de. Mit klassischer Eleganz überzeugen die Zimmer im **Zimmermann Romantik Hotel,** dessen Restaurant gute, mediterran inspirierte Küche auf den Tisch bringt. Blumenröder Str. 1, Tel. 0 64 31/46 11, Fax 4 13 14, www.romantik-hotel-zimmermann.de.

◆ **Restaurants:** Das in einem der ältesten Häuser Deutschlands, dem Werner-Senger-Haus, untergebrachte **Restau-**

Auf dem guten alten Tausend-Mark-Schein verewigt: der Dom zu Limburg

Bei der Restaurierung zwischen 1974 und 1991 kamen sensationelle farbenfrohe romanische Fresken zum Vorschein, darunter ein großes Wandbild des Baums Jesse im nördlichen Querhaus. Zu den kostbarsten Stücken des Domschatzes zählen die berühmte, um 965 entstandene und 1204 von Kreuzfahrern aus Konstantinopel mitgebrachte Staurothek, eines der bedeutendsten Goldschmiedereliquiare byzantinischer Herkunft weltweit, sowie das 980 in Trier gefertigte Petrusstab-Reliquiar.

Aber eigentlich ist die gesamte Altstadt von Limburg mit ihren liebevoll restaurierten mittelalterlichen Fachwerkhäusern ein Schatzkästlein. Im Garten des 1289 erbauten Gotischen Hauses Römer 2–4–6, einem der ältesten freistehenden Häuser Deutschlands, hat man eine Mikwe, ein jüdisches Kultbad, entdeckt. Das Werner-Senger-Haus (Rütsche 5) ist ein schönes steinernes Hallenhaus mit Fachwerkfassade aus dem 13. Jahrhundert. Am längsten wird man aber vor dem 1567 erbauten Haus der sieben Laster in der Brückengasse 9 verweilen, dessen geschnitzte Balkenköpfe die sieben Hauptlaster des Christentums darstellen: Hoffart, Geiz, Neid, Unkeuschheit, Zorn, Trägheit und Völlerei. Die achte Todsünde wäre, an Limburg nur vorbeizufahren.

rant Schinderhannes serviert zu Kaminfeuer und Kerzenschein historische Limburger Gerichte, zum Beispiel »Historisch gefüllten Braten auf Kraut und Schupfnudeln« oder »Gesottenes Rindfleisch«. Rütsche 5, Tel. 0 64 31/69 42, www.werner-senger-haus.de.

◆ **Info: Tourist-Info Limburg,** Hospitalstr. 2, Tel. 0 64 31/ 61 66, Fax 32 93, www.limburg.de.
Domführungen: Mo–Fr 11 und 15 Uhr, Sa 11 Uhr, So 11.45 Uhr, www.limburgerdom.de.
Domschatz- und Diözesanmuseum Limburg, Domstr. 12, Tel. 0 64 31/29 53 27, www.staurothek.de, 15. März bis 15. Nov. Di–Sa 10–13, 14–17 Uhr, So 11 bis 17 Uhr, sonst nur nach vorheriger Anmeldung.

Bei Dornröschen im Reinhardswald

»Rings um das Schloss aber begann eine Dornenhecke zu wachsen, die jedes Jahr höher ward, und endlich das ganze Schloss umzog, und drüber hinaus wuchs, dass gar nichts mehr, selbst nicht die Fahnen auf den Dächern, zu sehen war.« Ja, hier auf der Sababurg muss sie geschlafen haben, die lieblichste aller Prinzessinnen.

Mitten im Reinhardswald thront das Dornröschenschloss auf einem lange erloschenen Vulkan, zwischen Kassel und Göttingen auf der hessischen Seite des Weserberglands. Als die Brüder Grimm hier viele ihrer Märchen aufschrieben, war die 1334 errichtete und 150 Jahre später zu einem prachtvollen Jagdschloss ausgebaute »Zappenborgck« noch eine einsame Ruine.

Einen Prinzen gibt es heute auch auf der Sababurg, genauer gesagt einen Burggärtner. Gijsbert Vroegh heißt er, und in den letzten Jahren hat er viele alte Rosen im Burggarten wachgeküsst: die mittelalterliche Apothekerrose, das 500 Jahre alte Mairöschen und eine herrlich duftende tausendblütige Kletterrose, die sich schon bis zum Dornröschenzimmer der Burg hinaufrankt. Wenn sie Mitte Juni blüht, ist die Luft mit dem Summen der Hummeln erfüllt.

Da oben, im Turmzimmer, stach sich Dornröschen an der Spindel der bösen Fee: 60 Stufen musste der Prinz die Wendeltreppe hinaufsteigen. Hat es sich so zugetragen? Oder ist »La Belle au Bois Dormant« nicht eigentlich eines der französischen Märchen, die Dorothea Viehmann, Nachfahrin französischer Hugenotten, vor 200 Jahren den Grimms erzählte? Und war der »Urwald« der Märchendichter nicht eigentlich ein

◆ **Anfahrt:** Die Sababurg erreicht man über Kassel und Hofgeismar (bis dorthin auch Zugverbindung).

◆ **Unterkunft:** Das **Dornröschenschloss Sababurg** bietet romantische Zimmer und ein umfangreiches Programm, inklusive Dornröschenauftritten und Märchenaudienzen. Das Restaurant serviert Forellen und Wildbret aus dem Reinhardswald. Familie Koseck, Im Reinhardswald, Hofgeismar (Sababurg), Tel. 0 56 71/80 80, www.sababurg.de.

In einem Fachwerkhaus der malerischen Altstadt von Hofgeismar gibt es im Hotel **Zum Alten Brauhaus** komfortable Zimmer und internationale Küche. Marktstr. 12, Hofgeismar, Tel. 0 56 71/30 81, www.zumaltenbrauhaus.de.

Ausflug in die Märchen- und Sagenwelt des Reinhardswalds

alter Hutewald, ein Eicheln- und Bucheckernlieferant, den man von störenden Sträuchern freihielt? Erst seit 1907 darf ein 92 Hektar kleines geschütztes Areal wirklich wieder Urwald sein. Wie die Pfeiler einer Kathedrale ragen mächtige Eichen und Rotbuchen in den Himmel, ungestört legen sich die Baumriesen hier zum Sterben nieder. Roterlen und Faulbäume wachsen auf sumpfigem Boden, Adlerfarn und Pfeifengras erobern die Lichtungen, Vogelbeeren leuchten im üppigen Grün, zwischen Ebereschen und Birken glitzern Spinnweben im Sonnenlicht. Klopft da nicht ein Schwarzspecht? Ach, auch Wanderer sind unterwegs, und eigentlich viel zu viele.

Es gibt hier aber auch jede Menge zu sehen: Durch den Tierpark der Sababurg, der schon 1571 gegründet wurde und damit wohl Europas älteste zoologische Anlage ist, streifen Wisente, Tarpane, Wölfe und Luchse. Im Dornröschenschloss kann man jetzt wohnen, sogar im Turmdoppelzimmer mit Himmelbett, und wenns der Traumprinz ist, besorgt das Burghotel einen Standesbeamten.

◆ **Restaurants:** Auf einer begrünten Dachterrasse serviert das Restaurant **Blauer Dragoner** regionale Köstlichkeiten, z. B. Wildschweinragout. Garnisonsgalerie 4, Hofgeismar, Tel. 0 56 71/92 03 03, www.blauer-dragoner.de. Wo Rapunzel einst ihr Haar herunterließ, im Burgfried des Fachwerkstädtchens Trendelburg nördlich der Sababurg, bietet das **Hotel Burg Trendelburg** historisches Ambiente und »mittelalterliche Tafeleyen«. Steinweg 1, Trendelburg, Tel. 0 56 75/90 90, www.burghotel-trendelburg.com.

◆ **Info: Märchenland Reinhardswald Tourist-Info,** Markt 5, Hofgeismar, Tel. 0 56 71/5 07 04 00, www.reinhardswald.de. **Information Trendelburg,** Marktplatz 1, Tel. 0 56 75/7 49 90, Fax 74 99 30, www.trendelburg.de.

Tourismusinformation:

Deutsche Zentrale für Tourismus
Beethovenstraße 69
60325 Frankfurt / Main
Tel. 069/97 46 40
www.deutschland-tourismus.de

Tourismusinformationen der Länder:

◆ **Tourismus-Marketing Baden-Württemberg**
Esslinger Straße 8
70182 Stuttgart
Tel. 0711/23 85 80, Info- und Prospektbestellung: Tel. 01805/55 66 90,
www.tourismus-bw.de

◆ **Bayern Tourismus Marketing**
Leopoldstraße 146
80804 München
Tel. 089/212 39 70
www.bayern-tourismus.de

◆ **Berlin Tourismus Marketing**
Am Karlsbad 11
10785 Berlin
Tel. 030/25 00 25
www.berlin-tourist-information.de

◆ **Tourismus-Marketing Brandenburg**
Am Neuen Markt 1
14467 Potsdam
Tel. 0331/29 87 30
www.reiseland-brandenburg.de

◆ **Bremer Touristik-Zentrale**
Findorffstraße 105
28215 Bremen
Tel. 01805/10 10 30
www.bremen-tourism.de

◆ **Hamburg Tourismus**
Postfach 10 22 49
20015 Hamburg
Tel. 040/30 05 13 00
www.hamburg-tourism.de

◆ **Hessen Agentur**
Abraham-Lincoln-Straße 38-42
65189 Wiesbaden
Tel. 0611/774 80 91
www.hessen-tourismus.de

◆ **Tourismusverband Mecklenburg-Vorpommern**
Platz der Freundschaft 1
18059 Rostock
Tel. 0381/403 05 00
www.auf-nach-mv.de

◆ **Tourismus Marketing Niedersachsen**
Theaterstrasse 4-5
30159 Hannover
Tel. 0511/270 48 80
www.reiseland-niedersachsen.de

◆ **Nordrhein-Westfalen Tourismus**
Worringer Str. 22
50668 Köln
Tel.0221/17 94 50
www.nrw-tourismus.de

◆ **Rheinland-Pfalz Tourismus**
Löhrstraße103–105
56068 Koblenz
Tel. 0261/91 52 00
www.rlp-info.de

◆ **Tourismus Zentrale Saarland**
Franz-Josef-Röder-Str. 17
66119 Saarbrücken
Tel. 0681/92 72 00
www.tourismus.saarland.de

◆ **Tourismus Marketing Sachsen**
Bautzner Straße 45/47
01099 Dresden
Tel. 0351/49 17 00
www.sachsen-tour.de

◆ **Landesmarketing Sachsen-Anhalt**
Am Alten Theater 6
39104 Magdeburg
Tel. 0391/567 70 80
www.lmg-sachsen-anhalt.de

◆ **Tourismus-Agentur Schleswig-Holstein**
Wall 55
24103 Kiel
Service-Hotline 01805/60 06 04
www.sht.de

◆ **Thüringer Tourismus**
Weimarische Straße 45
99099 Erfurt
Tel. 0361/374 20
www.thueringen-tourismus.de

Pannenhilfe:

◆ Unter der bundesweit einheitlichen Rufnummer 01802/22 22 22 ist die Pannenhilfe des **Allgemeinen Deutschen Automobil-Clubs** (ADAC) rund um die Uhr vom deutschen Festnetz bzw. unter der Rufnummer 22 22 22 von allen Handynetzen aus erreichbar.

◆ Der **Auto Club Europa** (ACE) bietet 24 Stunden täglich über die Nummer 01802/34 35 36 Pannen- und Notfallhilfe.

◆ Der **Automobilclub von Deutschland** (AVD) hilft bei einer Panne unter der Service-Rufnummer 01805/16 25 16

Notruf bundesweit:

◆ Polizei: 110
◆ Notarzt: 112
◆ Feuerwehr: 112

Hotelreservierung:

◆ **Ehotel,** www.ehotel.de, Service-Hotline 01805/34 68 35. Gut strukturierte Website. Reservierungen auch telefonisch möglich. Von Stiftung Warentest empfohlen.

◆ **Hotel.de,** www.hotel.de, Service-Hotline: 01805/59 83 20. Einfache Bedienung. Weltweit 180 000 Hotels, zusätzliche Kurzreise-Angebote. Telefonische Buchungen möglich.

◆ **Freehotels.info**, www.freehotels.info. Online-Reservierungen für zahlreiche deutsche Städte.

Infos im Internet:

◆ **Baden-Württemberg:**

www.heilbaeder-bw.de Übersicht über alle Heilbäder und Kurorte in Baden-Württemberg. Beschreibungen sowie Tipps und Angebote.

www.kultur.baden-wuerttemberg.de Informationen zu den umfangreichen kulturellen Einrichtungen von Kunstausstellungen über Opern bis zu Konzerten und Filmfestivals.

◆ **Bayern:**

www.servicestelle.bayern.de/kultur/index.html Servicestelle der Bayerischen Regierung mit übersichtlichen Infos zu den Themen Freizeit und Kultur in Bayern. Viele weiterführende Links.

www.museen-in-bayern.de Gutes Verzeichnis aller nichtstaatlichen Museen in Bayern mit vielen wichtigen Infos.

www.muenchen.de Sehenswürdigkeiten und Veranstaltungskalender der Landeshauptstadt

◆ **Berlin:**

www.berlin.de/eventkalender Umfassender Veranstaltungskalender mit Konzerten, Festivals, Sportevents, Ausstellungen u.v.m.

www.berlin.de/museumsfuehrer/index.html Tolle Übersicht mit zahlreichen nützlichen Informationen zu der einzigartigen Museenlandschaft Berlins.

www.berlin.de/stadttouren Virtuelle Stadttouren mit unterschiedlicher Thematik; erleben Sie Berlin vom Heim-PC aus mit schönen 360°-Bildern und vielen spannenden Infos.

◆ **Brandenburg:**

http://www.kulturfeste.de Informationen, Programme und Termine zu zahlreichen kulturellen Veranstaltungen in Brandenburg.

◆ **Bremen:**

www.bremerhaven.de Rundum-Informationen zu allen Sehenswürdigkeiten und Freizeitaktivitäten in der Seestadt Bremerhaven.

www.universum-bremen.de Das Internetportal gibt einen guten Überblick über das berühmte Bremer Science-Center mit spannender Wissenschaft zum Anfassen und Miterleben.

◆ **Hamburg:**

www.hafen-hamburg.de Portal des größten Seehafens in Deutschland mit vielen interessanten Bildern und Informationen.

www.hamburg-magazin.de Umfangreiche aktuelle Informationen rund um die Hansestadt.

◆ **Hessen:**

www.reiseportal-hessen.de Gute Gesamtübersicht über das Reiseland Hessen.

◆ **Mecklenburg-Vorpommern:**

www.mecklenburgische-seenplatte.de Webseite des Tourismusverbands »Mecklenburgische Seenplatte« mit Infos rund um den Urlaub im Land der tausend Seen.

◆ **Niedersachsen:**

www.die-nordsee.de Eine der beliebtesten Urlaubsregionen Niedersachsens stellt sich in den schönsten Bildern vor. Auf der Homepage kann man sich seinen Nordseeurlaub maßschneidern lassen.

www.niedersachsen-karte.de Virtuelle Touristenkarte von ganz Niedersachsen mit nützlichen Infos zu unterschiedlichen Themenbereichen wie Unterkunft, Sehenswürdigkeiten oder Natur.

www.wasserreich-niedersachsen.de Porträt der unzähligen Seen, Flüsse, Kanäle und der Küste Niedersachsens, mit Hinweisen auf entsprechende Freizeitaktivitäten

◆ **Nordrhein-Westfalen:**

www.route-industriekultur.de Beeindruckende Ansichten des industriellen Erbes sowie der industriellen Zukunft im Ruhrgebiet. Insgesamt 400 Kilometer Rundwege zu unterschiedlichsten Themenbereichen des Industriereviers.

www.die-region.info (auch Rheinland-Pfalz) 151 Attraktionen und Sehenswürdigkeiten des Rheinlands werden hier reich bebildert vorgestellt.

◆ **Rheinland-Pfalz:**

www.museen.rlp.de Webseite des Museumsverbands Rheinland-Pfalz mit aktuellen Ausstellungen, Tipps und Veranstaltungen der nichtstaatlichen Museen.

www.burgen-rlp.de Die unzähligen Schlösser und Burgen bzw. deren geschichtsträchtigen Ruinen in Rheinland-Pfalz sind hier alphabetisch und bebildert zusammengestellt.

◆ **Saarland:**

www.bonjour-saarland.de Informationen zu Sehenswürdigkeiten sowie Wandern, Radfahren und Veranstaltungen im Dreiländereck.

◆ **Sachsen:**

www.sachsen-unter-dampf.de Sachsen ist ein Zentrum für Liebhaber alter Dampfzüge. Mit Hinweisen auf Museen, Vereine und Veranstaltungen sowie Termine für Fahrten mit den nostalgischen Zügen.

www.schloesserland-sachsen.de Burgen und Schlösser als Zeitzeugen der stolzen sächsischen Geschichte werden hier mit schönen Bildern und umfangreichen Informationen vorgestellt.

◆ **Sachsen-Anhalt:**

www.radtouren-sachsen-anhalt.de Jeden Monat werden neue Rad- und Wandertouren zu den schönsten Plätzen des Landes präsentiert.

www.tourismusband-elbe.de Informationen vor allem zur Natur- aber auch Kulturlandschaft rund um die Elbe mit Touren, Veranstaltungen etc.

◆ **Schleswig-Holstein:**

www.kulturnetz-sh.de Umfangreiche Webseite mit Infos rund um das Thema Kultur in Schleswig-Holstein; u.a. Veranstaltungen, kulturelle Einrichtungen, Preisverleihungen.

www.museen-sh.de Der Museumsverband Schleswig-Holstein bietet hier eine anschauliche thematische Übersicht über die Vielfalt der Museen des Landes.

◆ **Thüringen:**

www.thueringen.info Links zu allen touristisch interessanten Gemeinden Thüringens, mit Tipps zu Gastronomie und Übernachtung, unter anderem Urlaub in Bio- und Reiterhöfen.

Sachregister

Personenregister

Bildnachweis

Farbdia-Archiv Gunda Amberg/ Gunda Amberg: 3-2, 33, 75, 118, 170, 208, 216, 235, 237
Farbdia-Archiv Gunda Amberg/ Dr. Helmut Amberg: 47
Farbdia-Archiv Gunda Amberg/ Birkmann: 97, 218
Farbdia-Archiv Gunda Amberg/ Oskar Schraml: 50, 127, 187, 201, 273
Hans-Joachim Arndt: 141, 151
Bayrische Schlösser- und Seenverwaltung: 209
Heinz Gebhardt: 193
Bildagentur Huber: 163, 211, 229
Bildagentur Huber/Alfeld: 307
Bildagentur Huber/F. Damm: 153, 242, 267
Bildagentur Huber/Gräfenhain: 1, 37, 51, 71, 115, 183, 279
Bildagentur Huber/Krammisch: 27, 109
Bildagentur Huber/Radelt: 253
Bildagentur Huber/Römmelt: 160
Bildagentur Huber/R. Schmid: 17, 19, 149, 150, 198, 199, 220, 239, 255, 291, 305
Bildagentur Huber/G. Simeone: 55
Bildagentur Huber/Zyska: 32
IFA Bilderteam/Bowman: 43
IFA Bilderteam/Jochem: 248
IFA Bilderteam/Marc: 68
IFA Bilderteam/Poguntke: 99
IFA Bilderteam/Jose Fuste Raga: 165
IFA Bilderteam/Volker Rauch: 167
IFA Bilderteam/Siebig: 181
IFA Bilderteam/Otto W.: 63
laif/Babovic: 60, 73, 121, 133, 138
laif/Bialobrzeski: 6, 283
laif/Daams: 116
laif/Eid: 231
laif/Futh: 204
laif/Gaasterland: 111, 280
laif/Gaff: 107
laif/Gaff/Adenis: 29, 88, 146
laif/Galli: 84, 91
laif/Hartz: 52
laif/Henlein-Klover: 285
laif/Heuer: 189
laif/Hub: 59, 69, 171, 173
laif/Jehnichen: 122, 137
laif/Kirchner: 18, 23, 25, 145
laif/Kirchgessner: 164
laif/Ralf Kreuels: 156, 232, 257
laif/Linke: 261
laif/Modrow: 48, 102
laif/Müller H: 26
laif/Ogando: 259
laif/Hoa Qui: 178
laif/Raach: 226, 227
laif/Rabsch: 301, 309
laif/Shirley: 297
laif/Stern/Jonkmanns: 8/9
laif/Vogel: 93
laif/Vogel/Stern: 134
laif/Westrich: 299
laif/Zahn: 3-1, 95, 184, 206
laif/Zenit/Boening: 83, 87, 92
laif/Zenit/Langrock: 81
laif/Zielske: 20, 33, 35, 101, 114, 234, 268, 302
Werner Lieberknecht: 139
mauritius images/age fotostock: 14, 250
mauritius images/Wolfgang Filser: 175, 176
mauritius images/Karl Kinn: 262, 270
mauritius images/Robert Knöll: 221
mauritius images/Kolley: 202
mauritius images/Manfred Mehlig: 13
mauritius images/Merten: 7, 281
mauritius images/Werner Otto: 61
mauritius images/philocrome: 143
mauritius images/Rudolf Pigneter: 41
mauritius images/Bernd Römmelt: 213
mauritius images/Doug Scott: 179
mauritius images/Martin Siepmann: 195
mauritius images/Rainer Waldkirch: 57, 65
Hans-Peter Merten: 45, 169, 185, 191, 196, 214, 223, 224, 245, 252, 263, 265, 271, 275, 276, 286, 293, 295
Kirsten Scheffel: 66
Bernd Schmidt: 39
transit Archiv: 155
transit Archiv/Thomas Härtrich: 123, 125, 128, 131
transit Archiv/Peter Hirth: 103
transit Archiv: Thomas Klaeber: 154
transit Archiv/Thomas Schlegel: 105
Hanna Wagner: 132
Rainer Weisflog: 76
Günther Wessel: 288

Umschlag:
Titelbild: Bildagentur Huber/ Giovanni
Rückseite oben: laif/Hoa Qui
Rückseite unten: Bildagentur Huber/Gräfenhain
Umschlag hinten innen: laif/Linke

Unser Autor:

Der Reiseautor und Fotograf Wolfgang Rössig ist für zahlreiche deutsche und internationale Verlage tätig, für Polyglott besonders als Kubaspezialist. Wenn er nicht gerade in der Karibik, in Südamerika, in den USA, in Australien oder am Mittelmeer unterwegs ist, geht er gern in Deutschland auf Entdeckungsreisen. Denn wer die ganze Welt anschaut, gewinnt auch der Heimat immer wieder neue Facetten ab.

Polyglott im Internet: www.polyglott.de

Alle Informationen stammen aus zuverlässigen Quellen und wurden sorgfältig geprüft. Für ihre Vollständigkeit und Richtigkeit können wir jedoch keine Haftung übernehmen. Ergänzende Anregungen bitten wir zu richten an:
Polyglott Verlag, Redaktion, Postfach 40 11 20, 80711 München.
E-Mail: redaktion@polyglott.de

Impressum
Herausgeber: Polyglott-Redaktion
Autor: Wolfgang Rössig, München
Lektorat: Sylvi Zähle, München
Layout: Ute Weber, Geretsried
Titeldesign: Carmen Marchwinski, München
Bildredaktion: Margarete Heinemann
Karten: Polyglott Kartografie, München
Satz: Ute Weber, Geretsried
Druck: OAN Leipzig GmbH, Leizpig

PT 07A1

Erste Auflage 2007/2008

Printed in Germany
Dieses Buch wurde auf chlorfrei gebleichtem Papier gedruckt
ISBN 978-3-8268-2040-3